Succeeding
with
AI

인공지능으로 성공하기

인공지능을 작동시켜 사업에 활용하는 방법

벨코 크루닉 지음 **박진수** 옮김

Σ 시그마프레스

인공지능으로 성공하기 : 인공지능을 작동시켜 사업에 활용하는 방법

발행일 | 2021년 9월 10일 1쇄 발행

지은이 | 벨코 크루닉
옮긴이 | 박진수
발행인 | 강학경
발행처 | ㈜시그마프레스
디자인 | 고유진
편　집 | 윤원진

등록번호 | 제10-2642호
주소 | 서울특별시 영등포구 양평로 22길 21 선유도코오롱디지털타워 A401~402호
전자우편 | sigma@spress.co.kr
홈페이지 | http://www.sigmapress.co.kr
전화 | (02)323-4845, (02)2062-5184~8
팩스 | (02)323-4197

ISBN | 979-11-6226-344-0

SUCCEEDING WITH AI

* 책값은 뒤표지에 있습니다.

역자 서문

현재 세계 곳곳에서 인공지능 도입의 불길이 일고 있습니다. 이것은 우리나라도 예외가 아니어서 각 기관과 기업이 앞다투어 인공지능을 도입하려고 하고 있습니다. 제가 만나 본 분들도 한결같이 어떻게 하면 인공지능을 자신의 분야에 잘 도입할 수 있을까를 고민했습니다. 그러면서 항상 수반되는 질문이 "어느 정도 비용이 들까?"라는 것이었습니다. 이 말을 조금 바꿔 보면 "과연 인공지능 도입에 성공할 것인가?"라는 질문입니다.

인공지능 도입에는 상벌이 따릅니다. 실패하면 손해가 발생하고 성공하면 여러 가지 보상이 주어집니다. 그런 보상에는 사람들의 신뢰, 자신감, 성취감, 수익 창출, 비용 절감, 업무 과정 혁신 등이 포함됩니다. 그러므로 인공지능 도입의 성패는 인공지능 기술 못지않게 중요합니다.

이미 인공지능 기술이 상당한 수준에 오른 것으로 보입니다. 이곳저곳에 인공지능 알고리즘이 넘쳐 나기 시작했습니다. 그러므로 이제는 인공지능 기술 개발력보다는 인공지능 기술 도입 능력이 더 중요해진 시대가 되었습니다. 다시 말해서 인공지능을 어떻게 활용할 것인가, 어디에 활용한 것인가, 언제 도입할 것인가, 어떻게 그 과정을 이끌어 갈 것인가 등의 질문과 이에 대한 답변이 필요한 시대가 되었다는 말입니다.

이러한 질문들에 답변하려면 적절한 기준점이 있어야 합니다. 적절한 잣대가 있어야 인공지능의 도입 시기와 진행률과 성패 여부를 잴 수 있기 때문입니다. 이 책은 이러한 잣대와 기준점을 알기 쉬운 말로 설명합니다. 미지의 사냥터에 나가는 사람이라면 기본적으로 망원경과 나침반 등의 도구를 갖추는 게 바람직하듯이 인공지능 프로젝트 사업 기획을 하고 프로젝트를 이끌려면 기본적으로 프로젝트 전체를 조망할 수 있는 도구와 프로젝트 진행 과정과 성패 여부를 측정할 수 있는 도구가 필요할 것입니다. 이 책이 이러한 도구들을 제공합니다.

인공지능 비즈니스 모델, 인공지능 사업 기획/관리, 인공지능 프로젝트 기획/관리 같은 주제에 관심 있는 분이라면 이 책을 읽어 보시기를 권합니다.

참고로 이 책을 번역하는 동안에 몇 가지 용어를 알기 쉬운 말로 바꿨습니다. 예를 들면, 메트릭metric(계량)을 '지표'로 번역하고 비즈니스business를 문맥에 맞춰 '업무/경영/사업'으로 번역하고 매니저manager를 문맥에 맞춰 '경영자/관리자/책임자' 등으로 번역했습니다.

아무쪼록 이 책이 여러분에게 도움이 되기를 바랍니다. 감사합니다.

박진수(arigaram@daum.net)

저자 서문

오늘날 많은 인공지능 프로젝트가 진행되고 있지만 그중에 상당히 많은 프로젝트는 실패하고 말 것이다. 그렇지만 이 책을 익힌 여러분이라면 이처럼 실패할 운명을 지닌 인공지능 프로젝트에 아예 착수하지 않거나, 진행 중인 프로젝트를 성공으로 이끌 수 있을 것이다.

　나는 여러분이 손에 잡힐 만한 사업성과를 달성하게 하고, 현대의 산업 분야에 인공지능이 사용되는 방식에 영향을 끼칠 수 있게 할 생각으로 이 책을 썼다. 현재는 인공지능에 대한 논의가 성공한 응용 알고리즘과 성공한 사례를 연구하는 데 초점이 맞춰져 있다. 이런 논의에서는 인공지능의 인간 요소를 간과하고 있다. 우리는 이러한 인공지능 알고리즘들을 지켜보고 있고, 대규모 조직이 그러한 알고리즘들을 사용해 무엇을 했는지를 알지만, 사업에 성공할 수 있게 인공지능 프로젝트를 이끄는 데 필요한 지도력에 대해서 들어 본 적이 없고, 인공지능 프로젝트를 주도하기 위해 자체 조직에 적용할 수 있는 원칙에 대해서도 들어 본 적이 없다. 이로 인해 인공지능으로 할 수 있는 일에 대해 우리는 비현실적인 기대를 하게 되며, 이런 헛된 기대가 인공지능 프로젝트를 성공으로 이끌기 위해 리더가 취해야 하는 행위를 모호하게 이해하는 일과 결합되어 버리면, 진행 중인 많은 인공지능 프로젝트가 실패하게 된다.

　이 책에서는 인공지능 프로젝트 중에 성공할 것과 실패할 것이 서로 어떤 차이점을 드러내 보이는지를 다룬다. 한마디로 말한다면 **대리권**agency 문제인 셈인데, 여기서 대리권이란 인공지능이 갖추지 못한 능력을 말한다. 전통을 따라 전해 내려오는 지혜에 따르면, 프로젝트를 이끄는 팀이 인공지능 기술을 얼마나 잘 알고 있는가로 인공지능 프로젝트의 성공 여부가 좌우된다. 인공지능을 사용해 성공하는 일이 오직 기술력만으로 결정된다고 믿는 **믿음이 능력을 지닌 조력자**를 혼란스럽게 한다. 인공지능 프로젝트가 기술적으로 성공하려면 기술적인 기량을 갖춘 팀만 있으면 되지만, 여러분의 사업에 알맞게 인공지능을 구현하려면 기술적으로 성공해야 할 뿐만 아니라 사업성과까지 내야 한다.

하이테크란 새롭게 떠오르는 기술을 의미한다. 기술을 경험해 본 뒤에 이 기술을 도입하는 초기 단계부터 기술을 이해하며 체계화해야, 이에 따라서 비로소 하이테크 기술의 모범 이행사례가 개발되어 나온다는 점을 일종의 따름정리corollary[1]로 여길 수 있을 것이다.

이 책에서는 인공지능 사용과 관련된 모범 이행사례들을 소개한다. 이러한 모범 이행사례를 통해서 여러분은 향후 인공지능 프로젝트를 진행하면서 겪게 될 위험한 물살을 헤쳐 나가는 데 도움을 받을 수 있다.

이 책에서 여러분은 인공지능 프로젝트를 사업상의 성공으로 이끄는 방법과, 사업 측면에서 기술적 진행 상황을 측정하고 프로젝트를 경제적 방식으로 진행하는 방법을 알 수 있다. 또한 여러분이 실천에 옮길 수 있을 만한 결과를 얻게 하는 인공지능 프로젝트가 무엇인지를 정하는 방법과 그로 인한 성과를 이끌어 내는 방법을 배울 수 있다. 마지막으로, 이 책을 통해서 사업에 가장 큰 영향을 미치는 투자 기회를 찾는 데 보탬이 되는 기술적 해법을 분석하는 방법도 알 수 있다.

---

1   저자가 일부러 수학 용어를 쓴 것이라고 여겨 그대로 번역했다. 여기서 저자는 쉼표 앞의 문장을 선행 명제로, 쉼표 뒤의 문장을 후행 명제로 보고 있다._역주

이 책의 내용

나는 여러분이 인공지능 프로젝트를 이끌어 사업을 성공하게 하는 데까지 이를 수 있게 하려고 이 책을 썼다. 이 책을 통해서 여러분은 먼저 사업적 성공에 기여할 만한 인공지능 프로젝트를 선택하는 방법과, 그러한 프로젝트를 진행해 사업에 성공하는 방법을 알 수 있다.

이 책을 읽어야 할 사람

나는 이 책을 인공지능으로 성과를 내는 일을 맡고 있으면서도 기술을 이러한 성과를 내기 위한 수단으로 여기는 사업 책임자를 위해 썼다. 또한 그러한 사업 책임자를 도우면서 조언도 해야 하는 사업 주도 부서를 위해 썼다.

전제 조건으로, 이 책의 독자라면 소프트웨어 프로젝트를 성공으로 이끌어 가는 사업 주도 부서에서 일해 본 경험이 있어야 하며, 자기 부서에서 영위하는 사업 내용 중 기본 사항을 이해하고 있어야 한다. 이 책을 읽는 데 공학적 배경 지식이나 인공지능에 대한 심화 지식은 필요하지 않지만, 기술적 배경을 지닌 사람들과 사업적 배경을 지닌 사람들 간의 대화를 촉진하려는 열린 마음과 의지는 있어야 한다.

또한 나는 이 책을 조직을 이끄는 일이나 업무를 관리하는 일과 사업에 더 중점을 두고 일하는 데이터 과학자와, 인공지능 기반 방법들을 사업에 응용하는 일을 더 많이 배우고 싶어 하는 데이터 과학자를 위해 썼다. 일부러 특정 인공지능 기술들에 초점을 맞추지 않기 때문에 인공지능 기술에만 관심이 있는 사람이라면 이 책이 적합하지 않다.

이 책의 구성

이 책은 8개 장으로 구성되어 있다.

- 제1장에서는 오늘날의 인공지능 프로젝트 환경을 소개한다. 인공지능 프로젝트를 성공하게 하는 데 중요한 요소와, 그러한 프로젝트를 진행하기 위해 갖춰야 할 요소가 이 장에서 소개되며, 인공지능 프로젝트 진행 성과들에 맞춰 할 수 있는 사업 행위를 이해하는 데 도움이 될 것이다.

  또한 인공지능 프로젝트를 성공으로 이끌기 위해 거쳐야 하는 과정들을 추상적인 수준에서 훑어볼 수 있다.
- 제2장에서는 프로젝트 리더라면 알아야 할 인공지능 관련 주제들을 소개한다. 이 장은 인공지능을 사용하면 좋을 사업 문제를 찾아내는 일과, 해결해야 하는 사업 문제에 인공지능의 기능을 접목하는 데 도움이 된다. 또한 여러분이 속한 팀의 데이터 과학 기량 격차(프로젝트에 영향을 줄 수 있는 격차)를 발견하는 데도 도움이 된다.
- 제3장에서는 첫 번째 인공지능 프로젝트를 선택하는 일과, 사업 문제를 연구하기 위한 질문을 공식으로 만들어 보는 일에 도움을 받을 수 있다. 또한 인공지능 프로젝트를 선택할 때 피해야 할 함정과 모범적인 인공지능 프로젝트 사례를 제시한다.
- 제4장에서는 사업지표와 기술지표를 접목하는 방법과, 기술적인 진행 상황을 사업 용어 형태로 측정해 내는 방법을 보여 준다. 또한 첫 번째 인공지능 프로젝트를 시작할 때 흔히 접하게 되는 조직상의 장애물을 극복하는 방법을 보여 준다.
- 제5장에서는 머신러닝 파이프라인을 이해하고 프로젝트 수명주기 전반에 걸쳐 어떻게 개발할지를 이해하는 데 도움을 받을 수 있다. 사업상의 질문과 이에 필요한 데이터와 여러분이 사용해야 하는 인공지능 알고리즘 간에 균형을 맞추어 주의를 기울이는 방법을 보여 준다.
- 제6장에서는 인공지능 프로젝트에 적합한 머신러닝 파이프라인을 사용하고 있는지를 확인한다. 최소최대 분석MinMax analysis이라는 기법을 소개한 다음에, 이를 수행하는 방법과 그 결과를 해석하는 방법을 보여 준다.

- 제7장에서는 최적의 사업성과를 낼 수 있도록 정확하게 머신러닝 파이프라인의 적절한 부분을 선택해 내는 방법을 보여 준다. 또한 민감도 분석^{sensitivity analysis}이라는 기법을 소개하고 그 결과를 해석하는 방법과 장기간 진행되는 인공지능 프로젝트에서 시간의 흐름을 설명하는 방법을 보여 준다.

- 제8장에서는 인공지능 추세를 살피고 이러한 추세가 사용자에게 미치는 영향에 초점을 맞춘다. 이 장에서는 AutoML(데이터 과학자가 인공지능을 가지고 수행하는 일을 자동화하게 해 주는 도구) 같은 최신 기술 추세를 소개하고, 인공지능이 인과관계 및 사물 인터넷^{IoT} 시스템과 어떻게 관련되는지를 살펴본다. 또한 인공지능 시스템이 만들어 내는 오류와 사람이 흔하게 저지르는 오류를 대조해 보고, 프로젝트에서 이러한 차이점을 설명하는 방법을 보여 준다.

책의 구성에 대해 더 설명을 하자면 다음과 같다.

- 이 책에 실린 자료는 다학제적이어서 이를 이해하려면 이론과 실무를 결합해야 한다. 이 책을 구성하는 각 장에서는 일반적인 개념과 더불어 구체적인 사례를 제시하고, 각 개념과 이에 해당하는 각 사례를 서로 결합해서 상세히 설명한다. 새로운 사업 문제에 당면한 상황에서 각 장에서 배운 내용을 적용해 보는 데 도움이 될 수 있게 각 장의 끝부분에 연습문제를 두었다.

- 경영진이라면 처음에 나오는 네 개 장과 마지막 장의 내용 및 세부 사항을 모두 읽고 이해해야 한다. 이러한 각 장에 나오는, 사업에 초점을 맞춘 연습문제들이 있어서 이 책이 사업에 더 관심을 기울여야 하는 경영진 수준의 독자들에게까지 도움이 될 것이다. 연습문제를 건너뛰고 싶다고 할지라도 부록 B(연습문제 정답)에 제공된 정답을 주의 깊게 검토해 보는 게 바람직하다. 사업에 더 중점을 두는 독자도 제5장과 제6장과 제7장을 대략적으로라도 이해해야 하고, 기술에 더 중점을 두는 독자라면 이 3개 장을 더 자세히 이해해야 한다.

- 이 책에서 설명하는 개념 중에 어떤 것들은 다소 복잡하다. 그래서 나는 이러한 개념을 여러분이 처음으로 접하게 될 때, 개념과 관련된 모든 부분을 제시함으로써 여러분을 막막하게 하기보다는, 개념을 아주 추상적인 수준에서부터 설명해 나갈 생각이다. 일단 여러분이 기본 개념을 이해했다면, 이렇게 미리 알게 된 개념을 되새기면서 이후에 나오는 여러 장에서 그런 개념이 쓰이는 경우들을 세부적으로 살펴보면 된다. 여

러분은 "저자 선생, 이전에 나온 장에서 그 개념을 이미 다룬 적이 있지 않은가?"라고 질문할 일이 있을 것이다. 그렇다면 나는 "제가 확실히 그러기는 했지만 이번에는 그 개념을 새로운 맥락에 맞춰 적용하는 중입니다"라고 답할 것이다.

- 예를 들어, 나는 다양한 업종별 사례를 사용한다. 나는 여러분이 자신에게 익숙하지 않은 업종에서 나온 사례를 더 자세히 살펴보기를 바란다. 그래서 나는 여러분이 사업적 관점에서 쉽게 충분히 이해하는 데 필요한 사례들을 골라 두었다. 그런 다음에 여러분이 이 책에서 배운 기술적 개념들을 이러한 사업 사례에 적용하는 방법을 보여 줄 것이다. 이렇게 해야 여러분이 자신의 사업과 관련해 생긴 새로운 문제에 인공지능을 적용해야 할 때 길을 잃지 않고 자신의 처지를 확실히 파악할 수 있기 때문이다. 어떤 사업 문제든 서로 똑같은 경우는 없으므로, 익숙하지 않은 사업 영역에 직면하게 된 경우에도 새로운 문제에 수반되는 간단한 사업 개념을 미리 잘 이해하고 있어야 한다.

- 이 책에서 설명하는 방법들은 기본적인 기술 인프라와는 별개이다. 급속히 발달하고 있는 이러한 인프라는 클라우드나 온프레미스 빅데이터 시스템이나 개발 프레임워크 및 프로그래밍 언어들로 이루어져 있다. 나는 이 책에서 인공지능과 사업을 하나로 묶는 메커니즘에 초점을 맞추고 있으며, 이 책에 실린 자료가 지금부터 앞으로 몇 년 후까지 여러분에게 도움이 되기를 바란다. 또한 나는 여러 가지 기술에 대해 중립적 입장을 지키려고 하며, 오늘날 시장에 나와 있는 다양한 인프라 제품의 특성과 장단점에 대해서는 다른 책에서 논의할 여지를 남겨 두었다.

- 여타 사업 관련 도서들의 독자와 마찬가지로, 이 책을 읽는 독자들의 배경도 다양할 것이다. 사업과 인공지능이라는 주제의 범위가 너무도 넓지만, 인공지능 프로젝트 관리자라면 대체로 내가 사용하는 용어 중 대부분을 이미 알고 있을 것이다. 익숙하지 않은 용어를 만나게 된다면, 이러한 용어를 정의해 둔 부록 A(용어집)를 참조하자.

- 이 책에서는 다양한 주제를 다루며, 많은 사람들이 작업해 이루어 낸 성과가 이 책의 발판 역할을 했다. 이 책에는 '**4**' 같은 미주 표시가 많이 나온다. 부록 C(참고문헌)에서 그 번호에 해당하는 참고문헌을 찾을 수 있다. 나는 이 책에서 인용한 참고문헌을 목록 형태로 만들어 나열함으로써 그러한 참고문헌들이 이 책에 기여한 면을 밝히고 있을 뿐만 아니라, 이 책에서 논의한 주제와 관련해 더 자세한 내용을 여러분이 찾아볼 수 있게 하였다. 이러한 참고문헌은 무척 다양해서 그 범위는 폭넓은 청중을 대상으로 하는 인기 있는 교양서에서 시작해, 사업 전문가를 위해 실무에 중점을 둔 책을

거쳐, 학술 경영 출판물을 아우르고, 데이터 과학 이론에 대한 심층 지식이 필요한 기술용·학술용 참고문헌에까지 이른다. 이러한 참고문헌 목록이 여러분의 팀원 모두에게 흥미로울 수 있기를 바란다.

표지 그림에 대하여

이 책의 표지에 나오는 그림에는 'le Gouv d'Enfants de Vienne(비엔나의 어린 수녀)' 라는 제목이 달려 있다. 이 삽화는 자크 그라세 드 생 소뵈르Jacques Grasset de Saint-Sauveur (1757~1810)가 1788년에 프랑스에서 출판한 *Costumes Civils Actuels de Tous les Peuples Connus*(알려진 모든 민족의 현대 민간 복장)라는 제목을 달고 나온, 다양한 민속 의상 모음집에서 발췌한 것이다. 각 그림은 손으로 정교하게 그려서 채색한 것이다. 그가 수집해 둔 다양한 그림은 불과 200년 전에 세계 각지의 도시와 지방이 문화적으로 얼마나 떨어져 있었는지를 생생하게 드러낸다. 서로 격리된 채로 살던 사람들은 서로 다른 사투리와 언어를 사용했다. 거리나 시골에서 사람들이 입은 옷만 보고도 그들이 사는 곳이 어디고 그들의 생활이 어떠하며 무슨 일을 하고 어디에 머무르는지를 알 수 있었다.

그 이후로 옷을 입는 방식이 바뀌었고, 이로 인해 당시에는 너무나 풍부했던 지역별 다양성이 사라졌다. 이제 다른 도시나 지방이나 국가는 말할 것도 없고 다른 대륙의 주민들조차 구분해 내기가 어렵다. 아마도 우리는 더욱 다양한 개인 생활, 특히 더욱 다양하고 빠르게 진행되는 기술 기반 생활을 누리기 위해 문화적 다양성을 희생했던 것 같다.

컴퓨터 책 한 종을 다른 책과 구별하기 어려울 때면 우리의 출판사는 컴퓨터 경영의 독창성과 주도권을 기리기 위해 2세기 전의 풍부한 지역 생활의 다양성을 바탕으로 한 그림을 다시 살려 내 표지로 삼았다.

차례

1 소개

머신러닝 파이프라인

머신러닝 파이프라인 분석

7 인공지능 프로젝트를 성공으로 이끌기

8 사업에 영향을 미칠 수 있는 인공지능의 최신 경향

이번 장에서 다루는 내용

- 최신 인공지능 프로젝트 환경 현황을 파악하기
- 성공적인 인공지능 프로젝트에 '꼭 있어야 할' 요소와 '있으면 좋은' 요소를 구분하기
- 인공지능 프로젝트 성과에 맞춰 할 수 있는 사업 행위를 이해하기
- 인공지능 프로젝트에 성공하기 위해 거쳐야 하는 과정들을 추상적인 수준에서 훑어보기

오늘날 인공지능에 대한 주제가 기술 커뮤니티나 사업 커뮤니티의 관심을 끌고 있을 뿐만 아니라, 기술자가 아닌 일반 대중을 대상으로 하는 뉴스에서도 자주 등장한다. 인공지능에 대한 논의가 공공 정책 영역까지 침투하고 있는 상황이다. 그러므로 여러분이 속한 조직에서는 이미 인공지능과 빅데이터가 사업에 미치는 영향을 따져 보고 있을 가능성이 크며, 그렇다면 조만간 인공지능을 사용하는 프로젝트가 시작될 것이다. 나는 조직을 이끌 만한 사람들이 인공지능 프로젝트에 성공할 수 있도록 돕기 위해 이 책을 썼다.

컨설턴트이자 훈련 강사인 나는 빅데이터, 인공지능, 데이터 과학 같은 주제가 인기를

끌게 되면서 많은 고객과 함께 일해 보는 특권을 누릴 수 있었다. 이러한 고객은 스타트업 startup(신생 기업)에서 포천Fortune 100대 기업에 이르기까지 다양했다. 이러한 프로젝트들을 진행하던 중에 나는 산업의 새로운 모습을 목격했다. 그러한 모습 중에는 프로젝트가 성공하면서 수백만 달러를 벌어들일 만큼 바람직한 경우도 많았다. 이 중에는 그다지 알려지지 않은 프로젝트도 있었다. 처음부터 실패할 수밖에 없는 방식으로 관리되는 프로젝트도 있었다. 그런 프로젝트가 파멸을 맞이하기도 전에 수백만 달러나 되는 돈이 허공으로 흩어져 버렸다. 이 책에서 나는 여러분이 맡은 프로젝트가 그러한 운명에 처하지 않도록 돕고자 한다.

　IBM이 만든 왓슨이라는 인공지능 플랫폼에 대해 들어 본 적이 있을 것이다. 텍사스 의과대학교 부설 앤더슨 암 센터에서는 IBM과 제휴해 종양 전문의를 위한 자문용 도구를 만들었다. 그런데 해당 센터에서는 6,200만 달러나 지출하고 나서야 비로소 왓슨을 도입하지 않기로 결정한 것으로 알려졌다![5] 이런 사례를 통해서 우리는 뛰어난 기술력을 보유한 대기업이 이끄는 유명 프로젝트조차도 성공을 보장하지 못함을 알 수 있다.

　이 책에서 여러분은 인공지능을 성공적으로 사용하려면 여러분의 시야 밖에 있는 전문가의 손길과 통찰력이 필요하다는 점을 알게 될 것이다. 인공지능 자체가 경영 지식을 대체할 수는 없으며 인공지능이 데이터만 보고 추천하는 일만으로 사업을 개선할 수는 없다.

> **경고**　사업 책임자와 경영진이 "인공지능이 우리가 당면한 문제를 해결할 수 있으니까 우리는 적절한 기술 전문가를 고용해 데이터를 활용하면 그만일 뿐, 그 밖에 우리가 할 일은 없다"는 식으로 생각하거나, 모든 데이터 과학 팀이 "사업을 돌보는 일은 사업 책임자가 할 일이고, 우리는 그저 기술에만 집중하면 그만이다"라고 여긴다면 인공지능을 사용하고도 아주 쉽게 실패하고 말 것이다. 성공하려면 사업과 기술이 어우러져야 한다.

처음에는 이러한 상황이 실망스러워 보일 수 있지만, 자세히 살펴보면 오히려 프로젝트 리더에게는 좋은 소식이다. 여러분이 하는 사업까지 인공지능이 파악해 낼 지경이 되면 여러분은 일자리를 잃게 될 것이기 때문이다. 그런 능력을 인공지능이 지니지 못했기 때문에 여러분의 일자리가 당분간 보전되는 것이다. 그렇지만 인공지능을 제대로 적용하고 싶다면 인공지능을 여러분의 사업 영역에 접목하기 위한 특수 기량과 지식이 필요하다.

경고 인공지능 알고리즘에 대한 기술적 지식만으로는 인공지능을 사용해 사업성
과를 낼 수 없다.

이 책에서는 인공지능 기반 프로젝트를 실행하고 좋은 실적을 얻으려면 알아 두어야 할
사항을 알려 준다. 이 책에서는 여러분이 일반적인 기술 프로젝트를 수행할 수 있다고 가
정한다.

내가 가르치는 방법과 기술이 과정process[1]과는 별개이므로, 이 방법과 기술을 모든 규모
의 조직에서 사용할 수 있다. 이 책은 다양한 조직에서 인공지능 프로젝트에 성공할 수 있
게, 엄격한 점검표와 연속적인 단계를 제시해 한 가지 방식으로만 프로젝트를 수행하게
하기보다는, 프로젝트에 적용해야 하는 원리와 기량에 더 초점을 맞춘다. 이러한 원리와
기량을 배우면 성공하는 프로젝트가 되게 하는 데 필요한 기술을 모든 환경과 모든 과정
에 적용할 수 있다. 하지만 인공지능으로 성과를 내는 방법을 이야기하기 전에, 먼저 이 책
을 최대한 활용하는 데 필요한 기량부터 검토해 보자.

1.1 이 책은 누구를 위한 것인가?

인공지능을 활용해 사업성과를 올리는 방법을 나루는 데 필요한 정보가 충분히 출판되어
있지 않다고 생각된다면, 이 책이 적합하다. 인공지능과 데이터 과학 및 빅데이터를 기술
면에서 다룬 책은 많으며, 일부 대학교에서는 최근에 데이터 과학이나 인공지능 과정을 개
설하기 시작했다. 그 결과로 많은 데이터 과학자(및 학교)가 인공지능 기술을 많이 알게
되었다. 그러나 그들은 인공지능을 사업에 응용하는 일에 관해서는 그리 많이 알지 못한다.

나는 이 책을 인공지능으로 성과를 내야 하는 업무를 맡아 이러한 성과를 제공하는 수
단으로서 기술을 다루어야 하는 경영진을 위해 썼다. 또한 그러한 경영진을 도우면서 조
언도 해야 하는 참모 조직을 위해 글을 썼다. 이번 절에서는 이러한 경영진과 참모진이 책
을 따라가는 데 필요한 기술을 대략적으로 파악할 수 있다.

이 책을 최대한 활용하려면 다음 같은 자격이 필요하다.

- 여러분이 성공적인 소프트웨어 프로젝트를 주관한 부서의 일원인 적이 있어야 한다.

---

1 생산과정이나 업무과정 등을 모두 포함하는 개념. 단순한 '엔지니어링 프로세스'보다 포괄적인 개념으로 쓰이고 있어
서 '과정'으로 번역하였다._역주

프로젝트에서 애자일Agile[2]을 사용했는지 아니면 다른 소프트웨어 개발 방법론을 사용했는지는 중요하지 않다. 자바나 파이썬이나 그 밖의 프로그래밍 언어를 프로젝트에서 사용했는지 여부도 중요하지 않다. 중요한 것은 이번 프로젝트가 여러분의 첫 번째 소프트웨어 프로젝트가 아니어야 한다는 점이며, 이전에 사용한 기술을 바탕으로 소프트웨어 프로젝트를 성공하게 할 수 있다는 확신을 지녀야 한다는 점이다.

- 어떤 소프트웨어 개발 방법을 사용하든(애자일 여부에 관계없이) 여러분의 조직에서 소프트웨어 개발을 관리하는 방법을 여러분이 이해해야 한다. 여기에는 제때에 진행 상황을 추적하는 데 사용되는 요건, 결과물, 자원, 보고 방식에 대한 관리도 포함된다.

- 여러분의 조직 내 직위에 상응하는 수준에서 조직이 참여하고 있는 사업의 기본 사항을 이해하고 있어야 한다. 즉 조직의 일상적인 사업과 이에 관련된 내용, 조직에서 수행할 수 있는 사업 행위, 조직의 주요 수입원 및 예산 책정 과정에 관한 기본 사항을 이해해야 한다.

- 손익profit and loss, P&L[3]을 책임지는 참모라면, 사업을 통해 이익을 창출해 내는 방법과 사업에 성공하는 방법을 이해하고 있다고 가정해 보자.

- 사업에 대한 독자적 판단의 성공 여부를 평가하기 위해 사업지표business metrics[4]를 사용한 경험이 있어야 한다. 즉 여러분은 지표가 중요한 이유, 지표에 쓰이는 값들을 측정하는 방법, 사업에 부적합한 지표를 인식하는 방법을 알고 있어야 한다. 데이터 과학과 인공지능은 정량적[5] 분야이며, 사용되는 데이터 크기로 인해 몇 가지 사례만으로는 프로젝트가 얼마나 잘 진행되고 있는지를 직관적으로 느끼기가 어려운 분야이기 때문이다.

- 인공지능을 다루기 전에 공학에 관한 배경이나 상당한 선행 지식이 있어야 하는 것은 아니지만, 기술적인 배경을 지닌 사람과 사업적인 배경을 지닌 사람 간의 대화를 촉진하려는 열린 마음과 의지가 있어야 한다.

---

2 소프트웨어를 재빠르게 반복적으로 개발하기 위한 방법론_역주

3 회계학 용어이며 손실과 이익을 말한다. 이를 나타내는 재무제표는 손익계산서다._역주

4 여기서 말하는 metric은 '계량 기준'이나 '측정 기준'을 말하며, 수학·통계학·경제학 등의 분야에서는 '계량'이라고 부르고 컴퓨터 과학 분야에서는 '메트릭'이라고도 부른다. 그러므로 이 책에서 말하는 기술지표를 컴퓨터 과학에서는 '기술적 메트릭'이라고 부르고, 통계학이나 수학이나 데이터 과학에서는 '기술적 계량'이라고 부를 수 있다. 그러나 이 책에서는 사업 분야의 관례를 따라 '지표'라는 말로 번역했다._역주

5 즉, '분량을 재는 일이 기본인'_역주

여러분이 지니고 싶어 하는 선행 기술 지식과 관련해서 말하자면, 여러분이 인공지능 프로젝트에 참여하기로 마음을 먹기 전에 이미 해 본 적이 있는 선량한 관리자로서의 주의 의무due diligence[6]를 그대로만 이어 간다면 그것으로 충분할 것이다. 여러분은 인공지능 및 빅데이터 같은 기본적인 용어의 의미를 이해해야 한다. 인공지능 팀에 데이터 과학자가 필요하다는 점을 알아야 한다. 그리고 인공지능 알고리즘을 사용하기 전에 필요한 데이터를 수집하고 해당 인공지능 알고리즘을 훈련해야 한다는 점을 알아야 한다. 이러한 자격을 충족하는 한 여러분의 공식 직함이 무엇이든 간에 문제 될 게 없다. 조직 속에서 여러분이 맡은 직책이 중역일 수도 있고, 수석 부사장일 수도 있고, 제품 관리자일 수도 있을 것이다. 그게 아니라면 훨씬 더 큰 프로젝트의 일부를 맡아 일하는 팀 중 하나에 속한 소프트웨어 아키텍트이거나 사업에 더 중점을 두고 일해야 하는 데이터 과학자일 수 있다. 여러분이 속한 팀은 빅데이터 인프라상에서 일을 하거나 데이터 과학, 머신러닝, 인공지능, 통계 분야의 다양한 기술을 사용해 데이터를 분석하는 일을 할 수도 있다.

나는 또한 여러분이 속한 조직에 이미 데이터 과학에 대한 기초적인 기술 지식을 갖춘 팀이 있거나, 해당 분야의 전문가를 고용할 수 있거나, 최소한 그런 일을 배우려는 열정적인 공학자가 있을 것으로 예상한다. 웹 개발에 대해 알고 있는 팀원이 없다면 웹 프로젝트를 성공적으로 관리할 수 없다는 점은 이미 알 것이다. 인공지능도 다르지 않다. 여러분이 속한 조직이 이러한 기본적인 요건을 충족하는 한 대규모 조직이든 소규모 조직이든 관계없이 이 책에 나오는 기술을 사용할 수 있다.

> **경고** 기술을 사업 문제와 연결하는 방법에 주의를 기울이는 팀이라면 기술 영역이나 사업 영역이 제한되어 있는 상황에서는 자신들의 팀보다 (조금) 더 나은 전문가들로 이루어진 팀도 이길 수 있을 것이다. 기술 팀과 사업 팀이 서로 상대방이 하는 일에 진심으로 관심을 기울이지 않는다면, 이 책은 아무짝에도 쓸모가 없다.

여러분이 사업에 별로 관심을 두지 않고 인공지능 기법이나 알고리즘에 더 관심을 두고 있다면(또는 주로 학술적인 면에 더 관심이 있다면), 이 책이 적합하지 않다. 이 책에서 나는 인공지능 기반 방법들을 다루면서 기술이 아니라 전반적인 사업이라고 하는 맥락에서 이

---

6 '선량한 관리자로서의 주의 의무'는 원래 법률 용어로, 금융 분야 등에서도 사용한다. 어떤 일을 맡은 사람에게 기대되는 마땅한 책임을 의미한다. _역주

러한 방법들이 의미하는 바에 초점을 맞추기 때문이다.

> **참고** 데이터 과학자이면서도 인공지능을 사용해 사업성과를 키우는 방법에 관심이 있다면 이 책이 유용할 것이다. 이 책에서는 사업적 배경이 있는 독자일지라도 인공지능 작동 원리에 대한 기본기 정도는 기꺼이 배울 것으로 기대한다. 마찬가지로 여러분이 리더십에 더 초점을 맞춰야 하는 데이터 과학자라면 사업 측면까지 기꺼이 학습할 수 있어야 할 것이다.

인공지능의 기술 측면에만 관심이 간다면 그러한 면에 초점을 맞춘 책을 읽는 편이 좋다. 인공지능에 이제 막 익숙해졌다면 최근의 인공지능 분야 추세에 맞춰 학습을 해 보기에 좋은 도서로 R로 배우는 실무 데이터 과학*Practical Data Science with R*(임대경 역, 2017),[6] 케라스 창시자에게 배우는 딥러닝*Deep Learning with Python*(박해선 역, 2018)[7]이나 케라스 창시자의 딥러닝 with R*Deep Learning with R*(박진수 역, 2019)[8]을 추천한다(여러분이 즐겨 쓰는 프로그래밍 언어가 무엇인가에 따라 이 책 중에 하나를 선택해서 배우면 된다).

1.2 인공지능과 구현의 시대

인공지능을 처음 접하는 조직이라면 인공지능을 둘러싼 프로젝트를 가장 잘 구성하는 방법에 대해 크게 혼란스러워할 것이다. 이러한 혼란의 근본 원인은 학계와 산업계에서 가장 잘 사용되는 인공지능 기반 방법이 서로 다르다는 점에 있다. 이번 절에서는 이 두 가지의 차이점을 드러내 보이고 인공지능의 어떤 측면이 사업과 산업 분야에서 흔히 진행하는 프로젝트에 가장 적합한지에 대해 조언한다.

데이터 과학data science 같은 용어를 듣거나 "이 과학 논문에 설명된 방법을 사용해야 합니다" 같은 말을 들을 때면 새로운 과학 원리를 발견하려는 학계와 부지런한 과학자부터 떠올리기 쉽다. 최근에 널리 알려진 연구 중 다수가 인공지능 분야에서 진행되고 있기 때문에 확실히 그럴 수 있을 것이다.

> **경고** 인공지능을 사업 문제에 성공적으로 적용하는 일은 전통적인 학문적 의미의 연구라고 할 수 없다. 연구 자체를 수행한 대가를 받는 대학교(또는 산업계가 후원하는 기본 연구개발 인력)에 속한 연구원이 아니라면 연구를 더 한다고 해서 더 많은 수익을 창출해 낼 수 있는 게 아니다. 여러분에게는 인공지능 프로젝트를 구현

하기 위한 모범 이행사례가 필요하며, 이 책에서는 이러한 사례들에 초점을 맞춘다.

여러분이 전형적인 기업에서 일하는 경우일지라도 기존의 과학적 연구라는 틀 안에서 인공지능 인력을 조직해서는 안 된다. 새로운 인공지능 기법이 발견되어야 인공지능 분야에서 사업적으로 성공할 수 있는 것인지에 대한 논쟁이 전반적으로 벌어지고 있다. 인공지능 커뮤니티의 영향력 있는 목소리[9]에 따르면, 인공지능에 관한 한 우리가 지닌 기존 지식을 구현하기만 하면 되는 시대에 접어들고 있다고 한다.

AI 슈퍼파워(박세정 외 역, 2019)[9]에서 리카이푸Kai-Fu Lee는 오늘날 인공지능의 상태를 설명하기 위해 **구현의 시대**Age of Implementation와 **발견의 시대**Age of Discovery라는 용어를 사용한다. 그는 이미 알려진 과학적 발견(예 : 증기기관이나 전기)이 서로 다른 사업 분야와 여러 사회 분야에 널리 보급되어야 한다는 점에 비추어 볼 때 인공지능도 '구현의 시대'에 접어든 것으로 간주해도 된다고 말한다. 이것은 새로운 과학 원리를 바탕으로 정기적으로 새롭게 발견되는 것들(예 : 열역학 제2 법칙이나 엑스선의 존재)에 의해 진보를 이루는 '발견의 시대'와 대조된다. 우리가 구현의 시대에 있다는 그의 주장은 현재 인공지능 폭발의 배후에 있는 많은 기본 기술 원리가 오랫동안 연구계에 알려졌다는 사실에 근거한다.[7] 오늘날 우리가 하는 일은 알려진 인공지능 원리를 구체적인 사업 문제에 적용하는 것이다. 예를 들어 우리는 인공지능이 사진 속에 있는 물체를 인식하는 데 탁월하다는 것을 알고 있으며, 이제 우리는 그러한 그림 인식 기능을 사업이라는 맥락에서 사용하고 있다.

> **조언** 우리가 구현의 시대에 있다면 우리에게 가장 필요한 것은 인공지능을 신규 사업 분야에 잘 적용하기 위한 이행사례다. 이 책은 그러한 이행사례들을 설명한다.

리카이푸만 그런 주장을 펼치는 게 아니다. 또 다른 저명한 인공지능 선구자인 앤드루 응Andrew Ng은 연구 결과를 설명하는 학술 출판물을 더 많이 펴내기보다는, 이미 알려진 인공지능 기술을 사업 문제와 산업 문제에 더 폭넓게 적용해야 한다고 믿는다.[10]

이 글을 쓰는 시점에서는 인공지능의 장기적인 발전이 구현의 시대나 발견의 시대 중에 어느 것을 더 잘 대표하는지가 명확하지 않다. 이것이 노력을 기울여야 하는 한 분야로서의 인공지능 수준과 더 넓은 사회에 미치는 영향에 대해서는 명확하지 않을 수 있지만, **오**

---

7 그 문제에 관해서는 최근에 발표된 많은 논문이 인공지능의 새로운 기본 원리를 조사하기보다는 딥러닝을 새로운 문제 영역에 적용하는 방법에 더 초점을 맞추고 있다고 주장할 수 있다.

늘날 여러분이 경영계와 산업계에서 착수한 어떤 인공지능 프로젝트가 있는 상황 속에서 그 질문에 대한 답이 주어진다. 이러한 프로젝트가 진행되는 동안에 여러분은 구현의 시대에 걸맞은 사고방식으로 작업하는 셈이 되기 때문이다. 이처럼 이 책이 이미 알고 있는 바를 적용하는 데 초점을 맞추고 있으므로, 이제 사업이라는 맥락에서 인공지능으로 성공하는 방법에 관해 이야기를 해 보자.

> **경고**   거의 모든 산업용 프로젝트와 관련해서 말하자면, 여러분이 새로운 과학적
> 발견이 이루어져야만 진행해 나갈 수 있는 프로젝트를 꾸린다면 해당 프로젝트도
> 위험해지고 여러분의 경력에도 오점을 남길 가능성이 커진다.

1.3   인공지능으로 어떻게 돈을 버나?

인공지능을 사용하면 많은 돈을 벌 수 있다고(비영리 단체라면 '어떤 명분을 세우는 데 도움이 된다고') 생각하는 경우가 왕왕 있다. 이번 절에서는 인공지능과 수익 창출의 관계를 강조한다.

여러분은 다음과 같은 말을 들어 보았을 것이다.

$$데이터 + 인공지능 = 돈$$

이 공식이 부분적으로는 사실이다. 사실, 적어도 한 가지 상황에서는 이게 완벽한 사실이다. 돈이 비용을 의미한다면, 명백히 해당 시스템(및 이를 운영하는 사람)에 상당한 비용을 들여야 할 것이기 때문이다. 그러나 돈이 이익을 나타내는 것이기를 여러분이 바란다면, 방정식은 다소 다르게 보일 것이다.

$$데이터 + 인공지능 + \textbf{CLUE} = 이익$$

이 책은 방정식에 나오는 **CLUE** 부분에 관한 것이다. 나는 1.10 절에서 **CLUE**를 더 자세히 정의한다. 여기서 CLUE가 의미하는 바를 간단히 언급하자면, 여러분이 이익을 창출하는 방법을 생각해야(즉, CLUE 단서가 있게 해야) 한다는 점이다.

종종 사람들은 데이터와 기술이 앞으로 나아갈 길을 열어 주기를 희망한다. 이러한 희망에 유혹되어 데이터 과학 프로젝트를 진행해, 이익을 창출해 내는 방법에 대한 확신도 없이 상당한 투자를 지속하기도 한다.

조언 인공지능을 사용해 데이터를 분석한다고 해서 이익이 창출되지는 않으며, 분석을 바르게 할 때 비로소 적절한 이익이 주어진다는 중요한 통찰을 기억해 두어야 한다.

데이터 프로젝트를 진행해서 나올 성과에 대해 어떻게 반응할지 모르겠다면 그 성과를 받은 후에는 해당 성과로 무엇을 해야 하는지에 대한 단서clue가 없을 가능성이 있다. 기술을 사업 문제에 적절히 연계하는 사람이 돈을 번다. **기술과 사업을 연계하는 방법을 파악하기에 적절한 시기는 분석이 이미 완료된 후가 아니라 프로젝트를 시작하는 시점이다.** 현재와 가까운 미래에는 인공지능이 아닌 사람이 이러한 연계를 구상하고, 설계하고, 집행해야 한다.

항상 돈이 전부인 것은 아니다!

모든 조직이 수익 창출에만 관심이 있는 것은 아니다. 자선 단체나 비정부 비영리 단체(NGO)에서 일하는 경우라면 금전적이지 않은 목표(예 : 원조를 받은 사람 수)가 있다. 이러한 목표도 나름대로 의미가 있으며, 이 책에 나오는 방법들을 이러한 비영리 환경에도 온전히 적용할 수 있다.

논의를 간결하게 하기 위해서 나는 "인공지능으로 돈을 버는 방법은 X를 하는 것이다" 같은 문구를 자주 사용할 것이다. 이러한 모든 사례에서 설명하는 기술은 단순히 돈을 버는 일에만 국한되는 게 아니다. 나는 영리 부문이 비영리 부문보다 더 중요하다고 생각하지 않는다. 단지 '돈'에 비유해 설명을 쉽게 하려는 것일 뿐이다.

사람들을 돕는 데만 전념하는 비영리 단체라면 '돈'이라는 단어를 적절하고 수량화할 수 있는 다른 지표로 대체하자. 얼마나 많은 사람을 원조했나? 어느 정도까지 원조했나?

1.4 프로젝트가 성공하려면 무엇이 중요한가?

인공지능 프로젝트에 가장 중요한 점을 이야기하기 전에, 시간과 프로젝트 관리에 있어서 모범 이행사례가 되는 것들에 관해 이야기해 보자. 프로젝트에서 사용하는 모든 기술이 성공하는 데 똑같이 중요한 것은 아니다. 프로젝트의 모든 부분이 똑같이 중요한 것도 아니다. 프로젝트를 이루는 부분 중에 성공에 가장 중요한 부분에 시간을 집중 투입해야 한다.

인공지능 프로젝트를 이끌 때는 여러 가지 선택을 해야 하는데, 그러다 보면 길을 잃기 쉽다. 사용할 인프라, 빅데이터 처리 방법, 클라우드cloud[8]나 온프레미스on-premise[9] 솔루션 사용 여부, 사용할 인공지능 알고리즘 같은 다양한 기술 분야에 걸쳐서 이와 같은 선택을 해야 한다. 게다가 여기 제시한 각 범주별로도 여러분이 선택해야 할 사항들이 더 많이 있다.

이러한 추가 선택 사항 중에 구체적인 예를 몇 가지 들면 다음과 같다.

- 여러분이 클라우드를 사용하고 있다면 아마존 웹 서비스AWS,[11] 구글 클라우드 플랫폼,[12] 마이크로소프트 애저Azure[13]나 그 밖의 것 중에 어느 것을 선택할 것인가?
- 빅데이터 솔루션이 필요한가? 그렇다면 아파치 스파크Apache Spark,[14] 아파치 하둡Apache Hadoop,[15] 아파치 플링크Apache Flink[16] 중에 어느 것을 선택해서 사용할 생각인가?
- 어떤 감시 인프라나 보안 인프라가 필요한가?

이처럼 선택의 폭이 너무나 넓기 때문에, 방금 나열한 것 중에서 선택을 해야 할 때도 처음부터 경영진이 참여하게끔 만들고 싶을 수 있다. 그런 일이 벌어지는 것을 보게 된다면 여러분은 토론을 중단해야 한다. 여러분은 세부적인 내용을 파악하고 있으면서 동시에 해결하려는 사업 문제에 다시 집중해야 한다.

조언 다음 비유를 생각해 보자. 휴가를 내고 요트를 타러 가는 일과 인공지능 프로젝트를 진행하는 일 사이에는 서로 비슷한 면이 있다. 난생처음으로 항해를 하게 될지라도 경험 많은 선장이 함께 하기만 한다면 **요트가 바다를 가르며 나아가기에 적합한 배이기 때문에 항해 도중에 가라앉을 일은 없을 것이다.** 요트의 속도가 9노트인지 아니면 8노트로 제한되어 있는지는 이런 일과 관련성이 거의 없다. 요트 항해 휴가를 계획할 때 제일 먼저 물어볼 내용이 '어디로 항해할 것인지'여야 하는 것처럼, 인공지능 프로젝트와 관련해서 제일 먼저 물어볼 내용은 '분석해서 나온 결과에 어떤 식으로 적절하게 반응하게 할지'여야 한다.

적정한 인프라를 선택해야 하지만(**가라앉지 않을** 수준의 배를 골라야 하듯이 침몰하지 않

---

8 사외 전산 인프라 또는 임차해서 쓰는 전산 인프라_역주
9 사내 전산 인프라 또는 구내 전산 인프라_역주

을 만한 프로젝트를 골라야 한다) 인공지능 프로젝트 성공의 핵심 결과 요인은 연구상의 질문(연구 질문)에 대한 답변을 특정 사업 행위(경영 행동)와 얼마나 잘 연계하는지에 있다. 그와 같은 연계에 확신이 있으면, 주의를 집중함으로써 좋은 인프라를 선택할 수 있다.

> **조언** 인공지능 프로젝트를 개시할 때 경영진의 관심을 끌기 위한 최우선순위는 연구상의 질문을 특정 사업 행위에 연계하는 것이어야 한다.

인프라에 대해 말하자면, 상상할 수 있는 모든 인공지능 프로젝트를 지원할 수 있는 인프라부터 구축해야 한다고 생각하기 쉽다. 빅데이터 및 인공지능 프레임워크 공간에서는 선택의 폭이 넓다. 그러나 이러한 프레임워크는 단지 **조력자**일 뿐임을 늘 기억하자. 프로젝트 리더라면 자신이 구축하려는 **가치**value와 **조력자**enabler를 혼동하지 않도록 주의해야 한다. 여러분은 가치에 더 중점을 두어야 한다. 여러분은 먼저 인공지능 활용 사업이라는 측면에서 나올 만한 질문들을 구체적으로 파악하는 일부터 하고 나서 인프라에 대해 논의하는 게 바람직하다.

> **조언** 다양한 인공지능 프로젝트에서 서로 호환되지 않는 인프라 스택infrastructural stacks을 사용한다면, 인프라 공간에서 상당한 혼란이 벌어질 가능성이 크다고 인프라 공급업자들은 말한다. 여러 공급업자의 기술 스택 간에 실제적이면서도 실질적인 차이가 있기 때문에 인프라를 중요하게 고려해야 하는 것이 맞기는 하다. 다만 인프라에도 주의를 기울이는 게 바람직하지만, 여러분이 창출하려고 하는 사업 가치에 초점을 맞추는 일에서 벗어나서는 안 된다.

기술 스택 및 이와 관련해 고려해야 할 사항에 더 초점을 맞추기 시작하면 인프라에 과도하게 집중하게 될 수 있으며, 여러분이 구현해야 하는 일련의 데이터 과학 사용 사례에 집중하지 못할 수 있다. 여러분의 주의력도 유한한 자원이라는 점을 기억하자.

> **조언** **데이터는 새로운 석유 자원**data is the new oil이라는 식으로 비유하는 경우가 있는데, 이런 생각을 도입해 보자. 새로운 유전이 필요하다면 석유를 찾는 일과 유전이 어떻게 생겼는지를 이해하는 일에 최대한 초점을 맞춰야 한다. 나중에 생각해도 될 시추 장소를 미리 감안해 가면서 세계 최고 수준의 석유 시추 장비를 구입하는 일부터 하지는 않을 것이다. 이런 원리를 데이터에도 동일하게 적용할 수 있다. 시추

장비를 사기 전에 석유를 찾는 일에 먼저 집중하자.

'인프라로 시작하지 말자'는 규칙에는 한 가지 예외가 있다. 기업 규모가 크고 기업에서 이미 전반적으로 데이터 과학을 도입하기로 결정한 경우라면, 오늘날 인공지능에서 사용되는 기술을 최대한 폭넓게 지원하는 인프라가 필요할 수 있다. 가장 큰 데이터 과학 팀을 보유한 대기업만이 이렇게 할 지위를 누리고 있다고 볼 수 있는데, 나는 그런 기업이라면 지원해야 하는 데이터 과학 사용 사례를 정의하고 개발하는 일과 인프라를 구축하는 일을 **병행**해야 한다고 조언한다.

마지막으로, 이 분야[10]가 급속히 발전하고 있기 때문에, 이 책에서는 현재 사용할 수 있는 개별 프레임워크에 대해서까지 논의하지 않는다. 어떤 프레임워크는 그 밖의 것보다 낫지만, 이 책이 현세대 프레임워크보다 더 오래 살아남기를 바라기 때문이다.

1.5   10킬로미터 상공에서 본 머신러닝

인공지능을 사업 문제에 성공적으로 적용하려면 인간이 긴밀하게 참여해 공학적 기량과 사업적 기량을 발휘해야만 한다. 이번 절에서는 인공지능 사용 프로젝트를 성공으로 이끄는 과정에서 인간이 할 수밖에 없는 일을 설명한다.

인공지능과 머신러닝machine learning, ML(기계학습)은 서로 긴밀히 관련되어 있다. 머신러닝을 사용하면 사전에 데이터에 대한 지식[17]을 프로그램으로 짜서 넣지 않고도 컴퓨터가 데이터의 기본 패턴을 스스로 학습하게 할 수 있다. 오늘날 경영계와 산업계에서 진행되는 대부분의 인공지능 프로젝트는 (엄격히 말해서) 머신러닝의 한 분야에 속하는 알고리즘을 사용한다.[11] 전문가가 아닌 대중들은 머신러닝으로 무엇을 할 수 있는지에 대해 혼동하는 편이어서 머신러닝이란 게 데이터를 제공하기만 하면 **어떻게든** 인상적인 결과를 생성해 내는 마법의 상자 같은 것이라고 상상하기 쉽다.

어떻게 해서 그런 식으로 착각하게 되는지를 확실히 짚어 보자. 머신러닝은 답변을 생성

---

10 프레임워크를 포함한 각종 인프라 산업_역주

11 전통적으로 머신러닝 영역에 속하지는 않지만 인공지능이라고 볼 수 있는 알고리즘을 응용하는 로봇 공학 분야에서는 예외인 면이 있다. 머신러닝으로 정의되는 분야보다 더 넓은 영역을 지닌 인공지능이라는 분야에는 머신러닝뿐 아니라 로봇 공학 분야와 기계 인식(machine perception) 분야도 포함된다.[18] 오늘날 산업계에서 사용되는 프로젝트 범주들 중 정의 범위가 가장 넓은 것을 다루기 위해 이 책의 앞부분에 나오는 여러 장에서는 주로 머신러닝을 사용하는 프로젝트에 초점을 맞춘다.

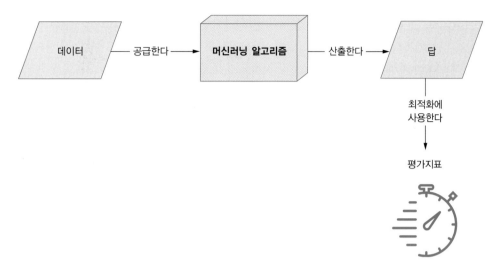

그림 1.1 머신러닝 알고리즘은 평가지표를 최소화하는 결과를 산출해 낸다. 이러한 일의 핵심을 말하자면, 머신러닝이란 미리 정의된 입력치가 미리 정의된 출력치 형식에 맞춘 답변이 되게 데이터를 변환하는 일인 것이다. 이럴 때 사업 목표에 맞는 평가지표를 고르는 일은 인간이 할 일이다.

하는 다양한 알고리즘(알고리즘이란 미리 정의된 일련의 단계를 말함)을 사용한다. 머신러닝 알고리즘은 출력과 관련된 일부 지표와 함께 특정 형식으로 데이터를 제공하는 경우에 제공한 지표의 최적 값을 표현해 내는 수학적 변환 과정[12]을 생성해 낸다. 머신러닝은 여러분이 잃어버린 것까지 발견해 내는 천재가 아니다. 머신러닝은 여러분이 제공하는 숫자에 대해 복잡한 수학적 과정을 바보처럼 수행해 가는 현자이기는 하지만, 그 숫자의 의미까지 이해하지는 못한다. 머신러닝 알고리즘의 유일한 목표는 **특정 지표를 최적화하는 이유를 모른 채로, 즉 신경을 쓰지 않은 채로** 주어진 평가지표에 최적인 값을 찾는 데 있다. 그림 1.1에는 머신러닝 알고리즘이 실제로 수행하는 작업이 나와 있다.

조언 비공식적으로 머신러닝을 규정한다면, 머신러닝이란 특정 형식에 맞춘 데이터를 입력받아 미리 정의해 준 출력 형식에 맞춰 답변을 생성해 내며, 평가지표라고 부르는 일부 수치를 최소화한다는 점만 빼고는 그 밖의 어떤 것도 보장하지 않는, 일부가 수학적 알고리즘으로 이루어진 응용 프로그램인 것이다.

---

12 이 수학적 변환 과정을 보통 '모델'이나 '모형'이라고 부른다. 일종의 수학적 함수라고 생각하면 이해하기 쉽다._역주

〈조언〉에 나온 정의에 따르면, 머신러닝은 확실히 마법 같은 게 아니고 알고리즘의 천재가 그 안에 숨어 있지도 않다. 머신러닝을 사용할 때의 요령은 머신러닝 알고리즘이 하는 일에 달려 있는 것이 아니라, 여러분이 머신러닝을 어떻게 사용하는가에 달려 있는 것이다.

데이터 과학자가 머신러닝을 사용하는 방법을 자세히 살펴보자. 누가 데이터의 형식이나 답변이나 지표들을 정의하는가? 머신러닝 알고리즘을 적용하는 방법을 이해하려면 「머신러닝에 대해 알아야 할 몇 가지 유용한 정보A Few Useful Things to Know About Machine Learning」[19]에 제공된 형식에 맞춰 머신러닝을 생각하는 게 도움이 된다.

$$\text{머신러닝} = \text{공식화} + \text{최적화} + \text{평가}$$

이 공식에 나온 각 용어를 다음과 같이 정의한다.

- **공식화**formulation : 머신러닝 알고리즘이 처리할 방법을 알고 있는 입출력 데이터와 관련되도록 사업 문제를 영리하게 설명하는 방법을 찾는 일을 말한다. 즉 사업 문제와 관련된 데이터를 머신러닝 알고리즘이 입력될 것으로 예상하는 형식에 맞게 꾸려 머신러닝 알고리즘에 제공한 다음, 해당 머신러닝 알고리즘이 제공하는 답변을 사업 상황에 맞게 해석하는 방법을 찾는 일이다.
- **최적화**optimization : 머신러닝 알고리즘이 내부적으로 수행하는 작업이다. 이는 최적해 optimal solution를 얻기 위해 수학을 적용하는 과정이다. 최적해는 어떻게 정의되는가? **평가지표**에 따라 정의된다.
- **평가**evaluation : 최적화 성공 여부를 측정하기 위해, 앞서 언급한 평가지표를 적용하는 일이다.

어떤 평가지표가 가장 적합한지, 그리고 데이터에 가장 적합한 형식은 무엇인지를 이해하는 일은 알고리즘 사용자의 몫이다. 그림 1.2는 머신러닝 시의 인간과 컴퓨터의 역할을 보여 준다.

그런데 잠깐, 그림 1.2에 나오는 개념들은 저마다 무엇을 의미하는가? 그런 개념들이 여러분의 사업과 어떤 관련이 있는가? 머신러닝이나 인공지능에 관한 한, **이것들은 여러분이 하는 사업에 대해서는 전혀 관심을 기울이지 않는다.** 사업은 여러분의 일인 것이다.

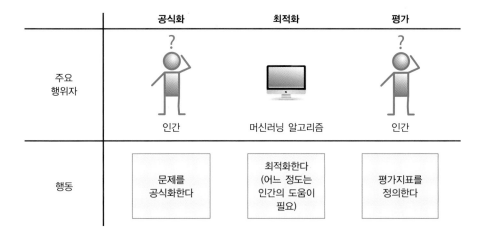

	공식화	최적화	평가
주요 행위자	인간	머신러닝 알고리즘	인간
행동	문제를 공식화한다	최적화한다 (어느 정도는 인간의 도움이 필요)	평가지표를 정의한다

그림 1.2 머신러닝은 공식화, 최적화, 평가의 조합이다. 컴퓨터가 스스로 할 수 있는 부분은 최적화뿐이다.

조언 여러분이 회사의 경영진이라면, 머신러닝을[13] 여러 가지 수치를 바탕으로 작동하는 블랙박스 장치로 여겨도 무방하다. 그렇다면 그 무지한 블랙박스에 지능을 집어넣어 줄 책임을 누가 떠맡아야 하는가? 적절한 **공식화**(데이터 과학자가 할 일)와 사업 관련 항목을 측징하기에 적절한 **평가지표**를 적용하는 일(데이터 과학자와 협력하는 경영진이 할 일)을 통해 인간이 해야 하는 것이다.

여러분이 데이터 과학자라면 여러분은 머신러닝이 무엇인지를 판정할 수 있다. 그러나 여기에 놓치기 쉬운 세부 정보가 있다. 알고리즘이 유일하게 보증하는 일은 평가지표를 최적화하는 일뿐이므로 **이러한 지표에 사업상의 의미가 있어야 한다.** 이러한 지표들을 여러분이 학술 논문에서 보았을 가능성은 없지만, 여러분의 사업에 구체적으로 관련시킬 수 없는 것도 아니다.

  데이터 과학 팀이 평가지표를 선택할 때는 경영진과 긴밀하게 협력해야 한다. 여기에 두려워할 만한 일이 존재한다. 많은 머신러닝 프로젝트에서 사업성과와 명확하게 연계되지 않는 평가지표를 사용한다는 점이다. 평가지표는 경영과 달리 머신러닝 이론과 역사에 뿌리를 두고 있다. 기껏해야 대부분의 기술과 **여러분이 얻고자 하는 사업성과는 서로 관련성이 있을 뿐 같은 지표인 것은 아니다.** 최악의 경우, 데이터 과학자가 사업 용어로 설명할 수 없는

---

13 정확히 말하자면 '머신러닝을 거쳐서 형성된 머신러닝 모델을'_역주

평가지표는 **여러분의 사업 범주에 도움이 되지 않을 것이다.**

> **조언** 여러분이 회사의 경영진이라면, 경영 발표 현장에서 알지 못하는 약어(예 : RMSE)를 듣게 되었을 때 그 자리에서 되물어보는 게 바람직하다.[14] 마찬가지로 머신러닝에 이런 원리를 적용한다면 여러분은 "그 지표의 수학적 정의를 말하지 말고, 이 지표가 지닌 가치를 내 경영과 연계하는 방법을 알려 주세요"라는 식으로 되물어 설명을 들어야 한다.

평가지표가 사업성과와 연결되어 있지 않다면, 블랙박스(즉, 머신러닝 알고리즘)가 난수(평가지표 값)를 생성한 다음에 여러분이 그 난수를 기반으로 경영하는 방법을 알아내는 일과 다름없어진다. 이럴 때는 여러분에게 행운이 있기를 비는 수밖에 없다!

1.6 있을 법한 사업 행위를 이해하는 일부터 하자

인간의 집중적인 참여와 관심이 인공지능 프로젝트를 만들어 낼 수 있게도 하지만 깨뜨리기도 한다. 이번 절에서는 모든 인공지능 프로젝트 진행 상황에서 질문해야 할 첫 번째 질문과, 모든 인공지능 프로젝트 중에 염두에 두어야 할 가장 중요한 생각을 설명한다.

단순히 사업상의 질문에 대한 답변을 아는 것만으로는 돈을 벌 수 없다. 어떤 행위를 취해야 돈을 벌 수 있다. 그리고 그러한 행위는 현실 세계에서 할 수 있는 것과 할 수 없는 것에 의해 제한된다(예를 들면, 있을 법한 경영 의사결정을 내릴 수 있는 가짓수에 의해 제한되는 경우가 있음). 사업 행위를 할 때에는 상사의 승인을 받아야 할 수도 있고, 외부와 협력 관계를 구축해야 할 수도 있으며, 전체 팀이 그 결정에 동의하게 해야 할 수도 있다. 이것이 우리가 말하고자 하는 현실이다.

> **조언** 현실 세계에 영향을 주기 위해 취할 수 있는 **훌륭하고 효과적인 행위의 가짓수는 상대적으로 적다.** 여러 가지 분석을 많이 할 수 있을지라도 여러분은 실행하기 힘든 결론을 얻을 수도 있다.

---

14 RMSE는 평균 제곱근 오차(root mean square error)라는 지표의 두문자이며, 이 지표를 구성하는 항들은 본질적으로 사업상의 개념과 관련되지 않은 수학 공식으로만 정의된다. 제4장에서는 사업 관련 지표를 사용해 RMSE를 표현하는 방법을 설명한다.

여러분이 수행할 수 있는 사업 행위의 한계가 다양한 형태로 나타날 수 있다. 그러한 한계는 조직이 지닌 지식이나 노하우의 한계 때문일 수도 있고 예산상의 한계 때문일 수도 있다. 조직의 내부 정치와 사람들을 모아야 하는 일 때문에 한계가 생길 수도 있고, 여러분이 기꺼이 싸우고자 하는 쟁의 때문에 벌어지는 결과일 수도 있다. 이러한 한계를 만들어 낸 원인이 무엇이든지 간에 여러분은 그 한계에 갇히게 된다.

많은 시간을 할애하고 분석을 진행해 몇 가지 결과를 얻은 다음에 "글쎄요. 이런 상황을 바꿀 수 있는 방법은 없을 걸요"라는 식으로 말할 수밖에 없을 수도 있다. 이런 식의 분석을 한다면 시간과 비용만 낭비하는 셈이겠지만, 이는 **예방**할 수 있는 낭비다.

> **조언** 답변을 얻고 나서 무엇을 하면 될지를 생각해 낼 수 없다면, 차라리 질문조차 하지 말자. 여러분이 인공지능 프로젝트를 개시할 때는 "내가 할 수 있는 행위는 무엇이며, 그러한 행위를 하려면 어떤 분석을 수행해야 하는가?"라는 질문부터 해야 한다.

여러분이 수행할 수 있는 사업 행위를 알게 되었다면, 이러한 행위들을 기반으로 분석 업무를 추진해야 한다. 그 반대의 경우도 마찬가지다. 그림 1.3은 수행할 수 있는 사업 행위와 수행할 수 있는 분석 간의 관계를 보여 준다.

데이터 속에는 항상 무언가가 내재되어 있기 때문에 수백 개 숫자를 분석하는 데 몇 시간씩 걸리기도 한다.[15] 종종 작은 데이터셋에서도 흥미로운 속성들을 찾아낼 수는 있다. 문제는 이러한 분석이 대부분 흥미로운 일이기는 하지만 실제로는 경영과 관련이 없다는 점이다. 분석에만 집중한다면 기껏 돈과 시간을 투자해 흥미로운 분석을 해 놓고도 그 결과에 맞추어 실천하는 방법을 알지 못할 수도 있다.

EDA라면 어떨까?

'분석을 수행하기 전에 분석으로 나온 결과를 가지고 어떤 일을 할 것인지부터 생각해 두

---

15 데이터로 경영을 개선하는 일이 새로운 것은 아니다. 빅데이터가 등장하기 전에 공장 내 생산과정과 업무과정(비즈니스 프로세스)을 개선하는 공간에서 수행되던 프로젝트의 역사는 오래되었다. 이러한 프로젝트에서 크기가 작은 데이터셋들을 썼지만 높은 수준의 통계 역량이 필요했고 상당한 시간과 복잡한 통계 분석 기술이 사용되었다. 그러한 많은 프로젝트는 식스시그마(Six Sigma)라고 하는 기법에 속한다. 식스시그마에 대해 자세히 알고 싶다면 **21**과 **22**를 참조하자.

자'라는 원칙에는 제한적인 예외 사항이 있다. 데이터 과학자가 데이터셋의 구조와 기본 속성을 이해하는 데 도움이 되는 탐색적 데이터 분석exploratory data analysis, EDA이 그러한 예외 사항에 해당한다. (프로젝트에 주어진 총예산에 비해) EDA에 덜 힘을 기울였다면 EDA부터 수행해 데이터셋을 더 잘 이해해 두는 편이 좋을 것이다.

그러나 규칙에 대한 예외 사항일 것이라고 주장하려면 EDA와 이에 필요한 모든 준비 작업(예 : 데이터 정리)은 더 큰 프로젝트에 비해서 훨씬 더 작은 노력을 기울여서 할 수 있는 것이어야 한다.

대신 EDA를 수행하는 데 필요한 노력이 프로젝트의 중요 부분을 차지한다면, 해당 데이터셋을 수집하는 일을 정당화해야 하고, EDA 수행의 대상이 될 데이터셋을 결정해야 하고, 해당 데이터를 살펴보는 데 가치가 있다고 생각하는 이유를 설명해야 한다.

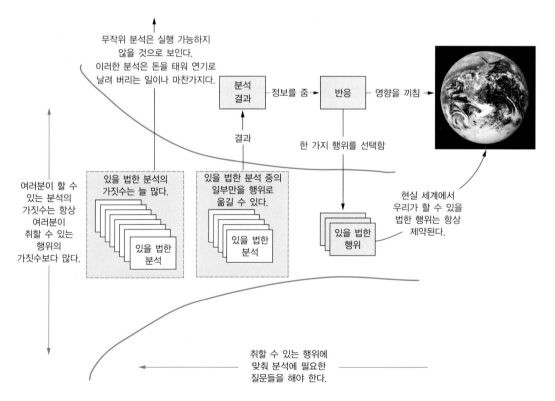

그림 1.3   여러분이 할 수 있는 사업 행위의 가짓수보다 더 많은 분석 행위를 여러분이 수행할 수 있다. 분석을 해서 나온 결론이 실천에 옮길 수 있는 것이 아니라는 점을 파악하기 위해 너무 많은 시간과 비용을 분석하는 데 쓰지는 말자(지구 사진은 위키백과[20]에서 가져왔다).

모든 인공지능 프로젝트에서 기억해야 할 가장 중요한 두 가지 아이디어는 다음과 같다.

1 수익은 여러분이 어떤 행위를 해야만 나온다. 행위는 하지 않은 채 분석만 하면 비용
   만 들 뿐이다. 일부 분석이 완료될 때 수익을 얻는 게 아니라, 적절한 사업 행위를 수
   행할 때 수익을 얻는다. 분석이 수익 창출의 원동력이 될 수는 있지만 회계라는 관점
   에서 볼 때 분석은 비용 계정에 해당할 뿐이다. 분석이 비용이 되게 하는 일을 멈추고
   좋은 사업 행위를 취하는 데 도움이 되게 할 때만 분석이 투자가 된다.

2 성공하려면 개별 부분이 아닌 전체 시스템에 집중하자. 여러분의 고객은 시스템의 개
   별 부분을 볼 수 없다. 예를 들어, 고객은 여러분이 사용하는 머신러닝 알고리즘에
   대해 신경 쓰지 않는다. 고객은 결과에만 관심을 둘 뿐이며, 그 결과는 시스템이 전
   체적으로 얼마나 잘 작동하는지에 달려 있다.

1.7 '데이터 속에 담긴 어떤 것'을 낚지 말자

자신들이 수행할 수 있는 사업 행위에만 집중하는 바람에 막상 프로젝트에 착수하지도 못
하는 팀은 일상적으로 두 가지 실패 상황에 직면하게 된다. 그들은 일반적으로 '다른 조직
에서 작동하는' 무언가를 따라 하거나 인공지능을 사용해 '데이터에서 무언가'를 찾는다.
이번 절에서는 이러한 방법이 실제로는 제대로 먹혀들지 않는 이유를 설명한다.

　타인에게 효과가 있던 어떤 한 가지 시스템의 일부를 복제해 봐야 효과가 없는데, 이는
그러한 복제 행위로 인해 타인이 자신의 상황에 맞게 내린 결정에 여러분을 가두어 버리기
때문이다. 반면에 여러분의 프로젝트는 사용자에게 딱 맞게 정의된 시스템을 전부 제공해
사업 문제를 해결할 수 있게 해야 한다. 여러분이 타인의 해법을 따라 한다고 해도 그러한
해법에 쓰인 시스템이 여러분의 문제와 여러분의 조직이라는 맥락에서도 유용할지를 알
수 없다. 그렇기 때문에 여러분은 복제한 시스템을 수정해 사업 문제를 해결하기가 너무
어렵다는 사실을 뒤늦게 깨닫게 될 수도 있다.

　그런 식으로 접근한다면, 여러분이 많은 데이터를 수집해 다양한 인공지능 기법들에 던
져 넣고는 그러한 기법 중에 하나가 여러분이 전혀 생각지도 못했던 행동 방침을 드러내
주리라고 기대해도 별무소용이다. 그게 된다고 가정해 보자. 그렇다고 해도 이제 막 분석
에 의해 신성시된 임의의 행위 중에 일부를 여러분이 실제로 이행에 옮길 가능성이 무엇이
란 말인가? 일상적인 사업 운영과 무관한 아이디어를 얻을 기회에 얼마나 많은 돈을 쓰고

싶다는 말인가?[16]

　때로는 예기치 않은 통찰을 얻어 실행에 옮길 수도 있기는 하다. 있을 법한 연구 결과에 의거해 행동으로 옮길 수 있는 사업 영역과 여러분이 수행 중인 연구가 서로 관련되어 있다면 타율이 훨씬 좋아진다. 예를 들어, 여러분이 들어 보았을 법한 유명한 일화 중 하나가 있는데, 어떤 분석을 한 결과로 슈퍼마켓에서 맥주와 기저귀가 종종 함께 구매된다는 사실이 밝혀진 경우가 그것이다. [23][17] 그런 일이 있은 후에 무슨 일이 벌어졌을까? 슈퍼마켓들은 아마도 맥주 옆에 기저귀를 갖다 놓았을 테고, 그에 따라 맥주가 잘 팔리는 현상을 목격했을 것이다. **분석 결과에 따라 반응할 수 있는 능력을 이미 슈퍼마켓들이 지니고 있었기 때문에** 맥주 판매량과 기저귀 판매량의 연관성에 관한 연구가 우선적으로 수행된 것이다.

단위당 100억 원의 이익

데이터 과학자가 사무실로 찾아와서 다음과 같이 제안했다고 해 보자.

데이터 과학자 : 기막히게 좋은 소식이 있습니다! 당신이 제게 준 데이터셋을 살펴봤더니 돈을 벌 수 있게 해 줄 환상적인 방법이 있는 것 같습니다.

여러분 : 대단하군요! 더 자세한 이야기를 듣고 싶네요! [혼자서 생각하기를 : 아주 타이밍이 절묘하구나. 우리는 지금까지 그 프로젝트에 엄청난 돈을 쏟아부었기 때문에 어떻게든 성공해야만 했는데 말이지.]

데이터 과학자 : 단위당 100억 원이나 되는 수익을 올릴 수 있는 방법을 찾았습니다.

여러분 : [혼자서 생각하기를 : 그럴 수만 있으면 얼마나 좋겠어.] 망할 가능성은 없나요?

데이터 과학자 : 제가 볼 때는 없습니다. 경쟁자가 없으니까요. 최소한 100개 단위를 공급할 수 있습니다. 그렇게 하기는 쉽습니다.

여러분 : [혼자서 생각하기를 : 와, 그러면 1조 원이나 되잖아!]

---

16 이 질문의 극단적인 예를 들자면 "그런 생각과 연관성이 있는 일을 전혀 하지 않으면서도 아주 새로운 사업을 할 수 있게 하는 아이디어가 있다면 이에 대해 얼마까지 투자할 수 있겠는가?"이다. 모든 벤처 캐피털리스트(venture capitalist, 모험 자본 투자자)는 이러한 상황에 직면한 적이 있으며, 그 산업계에서는 일반적으로 이런 경우에 "나라면 아무것도 지불하지 않을 것"이라고 답한다.

17 이 인기 있는 이야기는 내용이 맞지 않거나 바뀐 부분이 많기는 하지만, 논의를 전개하기 쉽게 흔히 오고가는 말을 가지고 토의해 보자.

데이터 과학자 : 저는 심지어 단위를 이루는 것들의 복지까지 배려하는 기관들과 함께 확인도 해 보았습니다. 그 기관들도 이런 생각에 호응하고 있습니다. 컨설턴트들도, 또한 관련 정부와 국민도 이런 생각에 호응할 것이라고 말합니다.

[여러분은 해당 계획을 이사회에 보고하는 상황을 생각해 본다.]

여러분 : 멋지군요! 아무튼 그 단위란 게 뭐죠?

데이터 과학자 : 코끼리입니다!

여러분 : [기가 막혀 하면서] 코끼리라고요?!

데이터 과학자 : 예, 알다시피 X 지역의 코끼리를 Y 지역으로 옮기면 코끼리가 훨씬 더 좋아지고 더 안전해질 것입니다. 이게 생태계에 아주 바람직합니다. 또한 제가 말했듯이 X 지역과 Y 지역의 정부와 시민도 좋아할 겁니다. 코끼리도 그런 상황을 좋아할 것이고, Y 지역에 있으면 코끼리가 더 안전할 것입니다. 코끼리의 복지를 걱정하는 자선 단체도 그런 상황을 좋아합니다. 우리는 Y 지역 정부로부터 100억 원을 벌어들일 수 있습니다….

[여러분은 무슨 말을 꺼내야 할지조차 몰라 한다. 그래도 여러분이 본능적으로 행동해서는 안 된다. 일단 심호흡을 한 다음에 리더답게 말하라.]

그런데 알고 보니 이게 다 꿈이었고, 꿈에서 깬 여러분은 "천만다행으로 꿈이었구나. 어쩐지 현실 같지 않더라니"라고 말한다. 하지만 여러분은 다시 꿈을 꾸어서는 안 된다. 꿈은 꿈일 뿐이어서 여전히 여러분은 좋은 사업 사례를 찾아야만 하는 상황에 머물러 있다. 여러분은 데이터 과학자가 해당 데이터에서 무엇을 찾아낼 수 있을지가 궁금하다.

데이터 속에는 항상 무언가가 있다. 예상치 못한 통찰이 들어 있을 수도 있고, 심지어 그것으로 엄청난 수익을 낼 잠재성도 있다. 방 속에 있는 코끼리가[a] '예상치 못했던 것, 통찰을 제공하는 것, 심지어 큰 수익성을 지니고 있는 것'이라고 할지라도, 그게 실행 가능하다는 점을 의미하지는 않는다. 여러분이 현재 당면한 사업을 코끼리를 옮기는 사업으로 바꾸기는 어려울 수 있다.[b]

---

a 즉, '데이터 속에 들어 있는 어떤 통찰이'_역주

b 이 코끼리 이야기를 생각해 내면서 나는 아무런 동물도 해친 적이 없다. 나는 코끼리를 옮겨 두는 일이나 현실 세계에서 코끼리를 이용해 돈을 버는 일을 옹호하지 않는다. 그저 꾸며 낸 사례일 뿐이다. 코끼리에 빗대어 꾸며 낸 이야기일지라도 어쨌든 코끼리가 등장하는 바람에 어떤 식으로든 기분이 상할 것 같으면, 코끼리가 아닌 햄스터나 돌로 만든 구슬이라는 식으로 생각해 보자.

1.8   인공지능은 원인이 아닌 상관관계를 찾는다!

제8장에서 자세히 다루겠지만 주의를 환기하는 말을 한 마디 하자면, 여러분이 미리 알아 두었으면 하는 일반적인 오해가 있다는 점이다. 즉 오늘날 경영계와 산업계에서 실행되는 인공지능은 인과관계를 찾아내는 게 아니라 상관관계를 찾아낸다. 이 점을 인식하는 게 무척 중요한 이유는, 인공지능을 처음 접하는 사람들이 복잡한 질문에도 대답할 줄 아는 인공지능을 본 후에 때때로 인공지능을 의인화해 버리거나, 종종 인공지능이 그저 **추측**만 할 때조차도 '인공지능이 **답의 배경 원인을 아는** 능력이 있기 때문에 그런 식으로 작동한다' 는 식으로 여기기도 하기 때문이다.

사람들은 인과관계에 기대어 산다. 주어진 시스템이 어떻게 작동하는지를 모를 때조차 사람들은 보통 그 시스템이 어떤 식으로 작동하는지에 대한 이론과 **모형**을 지니고는 한다. 만들어진 모형을 바탕으로 인간은 원인과 결과에 대해 추론할 수 있다. 우리가 이런 식으로 일을 하기 때문에 사람들은 인공지능도 그런 식으로 작동한다고 가정하는 경향이 있다. 이런 식의 가정은 적절하지 않다.

A와 B라는 게 함께 움직이는 것을 본 인간이라면 A와 B가 인과적으로 관련되어 있는 이유에 대한 이론(대부분 정확한 이론이 아니지만)을 쉽게 제시할 것이다. 인공지능은 인과관계에 대한 이론을 제시하지 못하며(게다가 그런 이론이 정확하다는 보장을 받을 일은 거의 없으며), 인공지능은 그저 "A와 B가 함께 가는 것 같다"라고만 말할 수 있을 뿐이다. 인간은 인과관계를 추론할 수 있지만 오늘날 실행되는 인공지능은 인과관계를 스스로 정립하지 못한다.

> **참고**   이웃을 볼 때마다 거리감이 느껴진다면, 여러분은 그들이 여러분을 좋아하지 않거나 무언가가 그들을 방해하고 있다는 식으로 생각할 수 있다. 여러분은 방금 사람들이 특정 방식으로 행동하는 이유에 대한 모형을 가정한 셈이다. 여러분이 다음번에 이웃을 볼 때 인공지능은 그 이웃이 여러분에게 거리감을 느낄 것이라고 예측할 수는 있겠지만, 어떤 식으로든 거기서 인과관계를 찾아낼 수 있는 인공지능 알고리즘은 거의 없다. 즉 인공지능 알고리즘들은 **그게 왜 그렇다**why it is에 대해서는 말하지 못하고 그저 **그게 그렇다**that it is라고만 말할 수 있다는 말이다.

여러분이 사업에 인공지능이 필요한 일을 생각할 때는, 사람이 인과관계 모형을 사용하는 경우와 인공지능의 작동 방식 간에 차이가 있다는 점을 염두에 두어야 한다.

- 즉 인공지능이 **패턴**이 아닌 **인과관계**를 알아서 찾을 것이라고 기대하는 일이 대부분의 경우에 현실적이지 않다는 말이다.
- 인공지능 알고리즘이 결정을 내린 이유를 설명해야 할 때는 알고리즘의 동작을 여러분 자신과 여러분의 말을 듣는 사람들이 이해할 수 있는 방식으로 번역해서 설명해야 한다는 점을 명심해야 한다.
- 오늘날 사용되는 대부분의 인공지능 알고리즘, 특히 빅데이터 분야에서는 변화를 안내하는 능력이 제한되어 있다. 이러한 능력은 여러분이 현재 있는 곳과 여러분이 가고 싶어 하는 자리 모두에 대한 데이터가 있는 상황에 한정되어 있다. 인공지능이 **패턴**을 인식하기 때문에 변화가 발생한 후에 세상이 어떻게 보일지에 대한 데이터가 없다면 (또는 새로운 데이터를 수집할 능력이 없다면) 인공지능이 여러분을 제대로 안내할 수 없다.

인과관계를 인공지능으로 대치한다거나 인공지능이 변화를 안내하게 할 생각이라면 언제나 주의를 기울여야 한다.

대부분의 산업용 인공지능 프로젝트에서는 인과관계를 다루지 않는다

인과성, 원인성에 관심이 있다면 부록 C의 **24~27**에 나오는 여러 출처에 해당 분야에 대한 상황이 요약되어 있으므로 참고하자. 인과성이 활발한 학술 연구 분야이기는 하지만 오늘날 산업계에서 진행하는 대부분의 인공지능 프로젝트에서는 이것을 다루지 않는다.

인과성을 광범위하게 사용하지 못하게 하는 장애물로는 해당 분야 전문가가 부족(특히 산업계 실무자가 부족)하다는 점과 더 성숙한 소프트웨어 지원이 필요하다는 점을 들 수 있다. 또한 학문적 환경 같은 복잡한 시나리오에서 인과성을 추론하게 되는데, 이럴 때도 상당한 제약이 따른다.

1.9   사업성과를 측정할 수 있어야 한다!

인공지능 프로젝트가 성공하려면 사업적 영향이라는 맥락에서 데이터 과학 프로젝트의 성과를 측정할 수 있어야 한다. 그리고 그 측정치를 정량화할 수 있어야 한다. 인공지능 알고리즘과 머신러닝 알고리즘은 프로젝트가 얼마나 잘 진행되고 있는지에 대한 피드백을 받기 위해 **직감적인 지표**gut feeling metrics를 사용할 수 없으므로 누군가는 정량적 지표quantitative metrics를 정의해야 한다. 이번 절에서는 인공지능 프로젝트라는 맥락에서 사용되는 사업지표에서 중요하게 고려해야 할 점과 함정을 설명한다.

인공지능이 사업에 끼친 영향을 데이터 과학자가 측정하기 전에 여러분의 사업을 현재 있는 상태 그대로 측정할 수 있어야 한다. 사업과 직접 연결된 몇 가지 수치 지표를 기반으로 사업이 얼마나 잘 진행되고 있는지를 측정할 수 있는 방법이 경영자에게 있어야 한다. 이러한 지표의 몇 가지 예를 들면 수익, 고객의 구매 횟수, 내부 투자수익률internal rate of return, IRR이 있다. 일단 여러분이 이러한 사업지표를 수립해 두었다면 해당 지표를 머신러닝 알고리즘에서 사용하는 기술적 평가지표에 연계하는 방법도 갖춰야 한다. 제4장에서는 그런 식으로 연계하는 방법을 자세히 설명한다.

사업을 영위하는 데 사용하는 방법이 무엇인가에 따라서 즉시 사용할 수 있는 사업지표가 있을 수도 있고, 사업지표를 직접 개발해야 할 수도 있다. 사업을 영위하면서 다양한 방법론을 사용해 그 결과를 측정할 수 있다. 이러한 방법론에 호기심을 갖고 탐구를 시작해 볼 시작점을 찾고 있다면, 리스Ries의 책[28]에 설명된 린 스타트업Lean Startup 방법론을 추천한다. 이 방법론이 스타트업에서 널리 사용될 뿐만 아니라 IT 환경을 구성할 때도 널리 사용되기 때문이다. 또한 루프틱Luftig과 오울렛Ouellette의 저서[1]에서 설명하는 BPEBusiness Performance Excellence(사업성과 지향의 초우량성 모형)도 감안하는 게 바람직하다.

> **참고**   여러분이 진행하는 데이터 과학 프로젝트를 감독하기 위해 여러분의 부서 수준에서 바로 쓸 수 있을 만한 사업지표가 없을 수도 있다. 이처럼 여러분이 사용할 만한 지표를 아직 갖추지 않았다면, 스스로 지표를 정의하자.

사용할 수 있는 사업지표를 저자인 내가 예로 들 수 있지만, 적절한 사업지표를 제대로 정의하기가 간단한 일이 아니어서 여러 가지 사항을 고려해야 한다. 해결하려고 하는 사업 문제에 대해 잘못된 지표를 정의해 두면, 여러분의 직원이 지표를 최대화하는 데만 노력하다가 정작 사업 문제를 해결하지 못하게 될 수 있다. 최소한 여러분이 사용 중인 방법론에서는 지표가 사업 목표 달성 여부를 올바르게 측정하는 데 도움이 되는지, 그리고 팀 수준의 지표가 개별 팀들을 공통의 목표를 향해 힘을 모으게 하는 데 도움이 되는지 확인해야 한다. 이 점을 다룬 출처는 다양하며,[1][2][29-33] 여러분은 몇 가지 지침과 관련된 일부 자료를 검토하고 싶을 것이다.

우수한 사업지표가 무엇인지를 알아차리면서 사업지표를 정의하는 일과 관련된 복잡성을 풀어내고 싶다면, 여러분의 사업을 운영하는 데 필요한 내용을 철저히 이해해 두기를 권한다. 사업을 운영하는 데 적합한 지표가 무엇인지를 알아야 하고, 마찬가지로 합리적 지표인 것처럼 보이지만 실제로는 사업에 성공하는 데 중요한 게 무엇인지를 측정하는 데 도움이 되지 않는 지표가 무엇인지도 알아차려야 한다. 예를 들어, 앞으로 6개월 동안 여러분의 사업을 감독할 때 수익을 늘리는 방향으로 나아갈지 아니면 사용자 수를 늘리는 방향으로 나아갈지를 선택하는 데 필요한 사항을 이해하는 게 여러분이 할 일이다.[18]

> **참고** 좋은 사업지표는 일부 사업성과와 직접 연관성이 있는 수치를 산출해 낸다. 이러한 지표는 행동에 초점이 맞춰져 있다. 추천 엔진recommendation engine의 경우를 예로 들자면, 좋은 사업지표라면 이익 증가를 기대할 수 있게 한다. 사업적 맥락에서 쓰기에 명확한 의미가 있지 않은 기술지표는 분명히 좋은 사업지표가 아니다. 정량적 사업지표가 없다면, 여러분은 직감 같은 것을 따라 프로젝트를 실행하고 있는 셈이 되고 만다.

사업성과를 수치로 측정할 수 없고 직감만 따라야 한다면 어떨까? 그렇다면 여러분은 적어도 인공지능 프로젝트에 관한 한 심각한 경쟁상의 불이익에 처하게 된다. 성과를 체계적으로 측정할 수 없는 사업이라면 인공지능 프로젝트를 진행하기에 적합하지 않다. 프로젝트의 진행 상황을 경영자의 직감에 의지해 측정한다면, 상당한 시간이 필요하고 그 리더가 상당히 많이 참여해야 한다. 경영자의 직감이 100% 정확하더라도 데이터 과학 팀이 경영자와 상담할 수 있는 횟수가 제한되어 있기 때문에 인공지능 프로젝트가 얼마나 잘 수행되고 있는지에 대한 데이터 점data points을 한두 개만 얻을 수 있다. 데이터 과학자가 너무

---

18 종종 초기 단계의 스타트업은 높은 성장을 추구한다. 이러한 스타트업은 수익을 내기 전에 단기적으로는 사용자를 늘리는 편을 더 선호한다.

적은 데이터 점을 기반으로 접근 방식을 최적화하기는 어려울 뿐만 아니라 종종 불가능하기까지 하다.

진행 상황을 측정할 사업지표가 없다면, 이미 "수학을 사용해서는 정량화할 수 없다"고 말한 데이터 팀에게 그것을 만들어 내도록 여러분이 요구하는 것이나 다를 바 없다. 나라면, 지표를 사용해 사업성과를 정량화할 수 없다면(최소한 대략적으로라도) 수학 기반 도구가 도움이 될 수 있다고 믿을 이유가 없다. 실수하지 말자. 인공지능 알고리즘은 수학 기반 도구다.

데이터가 많으면 결과가 보장되는가?

옆집에 사는 이웃 사람을 생각해 보자. 여러분은 그들에 대해 무엇을 알고 있는가? 이 책의 진도를 빼기 전에 잠시 짬을 내어 여러분의 이웃에 대해 생각해 보기 바란다.

잘했다. 다시 본문으로 돌아와 주어 고맙다! 여러분은 이웃에 대해 그들의 가족 구성원 수, 반려동물, 그들이 운전하는 자동차 등을 포함해 상당히 많은 정보를 알고 있을 것이다. 그들과 이야기를 나누거나 그들을 식사에 초대한 적이 있다면, 그들의 직장이나 취미나 선호하는 식이 요법 등의 더 많은 사항을 알게 되었을 것이다. 이제 여러분 자신에게 물어보자.

나는 작년에 이웃에게서 얼마나 많은 돈을 벌었는가?

여러분의 대답이 "이웃에게서 한 푼이라도 돈을 번 적이 없다"라면, 우리 모임에 속하게 된 것을 환영한다. 거의 예외 없이 모든 질문에 동일한 응답들을 하고는 한다.

나는 꽤 많은 경영진에게 같은 질문을 했다. 여러분이 상상할 수 있듯이, 그들 중 많은 사람은 업무에 능숙한 사람들이 사는 동네에서 산다. 그들의 이웃 사람들은 대체로 재산도 많고 꽤 많은 돈을 굴린다. 그리고 그들 중 대부분은 이웃으로부터 전혀 돈을 번 적이 없다. **성공적인 경영진조차도 아무렇게나 쌓은 지식으로 돈을 버는 일에 특별히 성공하지 못한다.**

조직들은 흔히 누군가(의뢰인, 고객, 경쟁업체, 직원)에 대해 더 많이 알수록 더 많은 수익을 올릴 수 있다는 가정을 한다. 이는 어떤 종류의 데이터가 필요한지를 여러분이 모를 경우에만 참이므로, 어떤 무작위적인 우연으로 인해 그 모든 데이터에 유용한 무언가가 있기를 바란다. 그 때문에 여러분은 데이터가 많을수록 좋다고 생각하는 것이다. 처음에 데이터로 무엇을 해야 하는지를 잘 알고 있으면 훨씬 더 도움이 된다.

이웃을 대상으로 하는 사업을 펼쳐 돈을 벌고 싶다고 해도, 해당 이웃에 대해서 많이 알아야만 하는 것은 아니다. 여러분(또는 여러분의 회사)이 이웃에게 무엇인가를 팔 수 있는 사업 분야에서 이웃이 물건을 사기로 결정하는 방식을 알아야 한다. 모든 데이터가 동등한 가치를 지니고 생성되는 것은 아니며 일부 데이터는 불필요하다.

마지막으로, 여러분이 궁금해한다는 가정하에 사족을 덧붙이자면, 이번 사례에서 제시한 질문에 두 번째로 흔히 듣게 되는 대답은 "내가 돈을 얼마만큼 벌었다"가 아니라 "내 이웃과 친하지 않아서 그 사람을 잘 알지 못한다"이다.

1.10 CLUE란 무엇인가?

오늘날 많은 데이터 과학 프로젝트에서는 "데이터를 살펴본 우리 팀원의 마음에 떠오르는 가설을 시험해 보자"는 생각 그 이상도 아니고 그 이하도 아닌 무질서한 접근 방식을 따른다. 데이터에서 찾은 것들 중에 실행으로 옮길 만한 것이 거의 없다는 점을 상징하는 게 바로 '방 안에 든 코끼리'다. 데이터에서 최종적으로 찾아낸 결과가 기껏해야 수익 창출 여부가 불확실한 것이면서, 길고 예측할 수 없는 연구 프로젝트의 대상이 될 가능성이 있다.

가설을 생성하고 평가한 다음에 이를 비용 효율적으로 관리하는 체계적인 과정이 없다면 여러분은 어떤 단서clue를 놓치고 있는 셈이다. 그림 1.4는 CLUE(단서)의 요소를 보여 준다.

CLUE

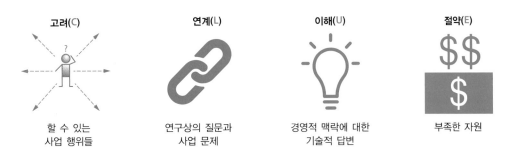

고려(C)	연계(L)	이해(U)	절약(E)
할 수 있는 사업 행위들	연구상의 질문과 사업 문제	경영적 맥락에 대한 기술적 답변	부족한 자원

그림 1.4 CLUE의 요소. CLUE를 이루는 각 요소에 대해 뛰어난 답변을 하지 못하는 인공지능 프로젝트라면 어려움을 겪을 것이다.

CLUE는 다음 용어들의 두문자를 모은 것이다.

- **고려**Consider**(있을 법한 사업 행위를 심사숙고한다)** : 여러분이 어떤 사업 행위를 취할 수 있는가? 어떤 사업상의 결정을 내릴 수 있는가? 그러한 결정에 대해 있을 법한 선택지는 무엇인가? 어떻게 해야 이러한 선택지들 중에서 가장 좋은 선택지를 선택할 수 있는가?
  어떤 사업 행위를 취할 수 있는지 알게 되면 "왜 그런 행위를 취하지 않았는가?"라는 질문을 자연스럽게 하게 된다. 분명히 여러분은 그러한 행위를 취하기 전에 대답해야 할 약간의 의문점과 질문거리를 지녔을 것이다. 좋은 소식이다! 이제 여러분에게는 인공지능으로 답해야 할 사업상의 질문이 있다.
- **연계**Link**(연구상의 질문과 사업 문제를 연계한다)** : 여러분이 펼칠 수 있는 사업상의 선택지 중에서 선택하는 데 필요한 정보는 데이터 과학이 답해야 하는 연구상의 질문research question[19]으로 연결된다. 일반적인 데이터 과학 프로젝트에서 답할 수 있는 형식으로 연구상의 질문을 해야 한다. 사업 문제, 즉 취해야 할 사업 행위를 연구상의 질문에 연계해야 한다.
- **이해**Understand**(답을 이해한다)** : 선택한 데이터 과학 기반 방법으로부터 답이 나올 때 그 답이 무엇을 의미하는지를 어떻게 알 수 있는가? 여러분은 데이터 과학 기반 방법들 (예 : RMSE 같은 지표)로부터 산출해 낸 기술지표를 사업 영역에 맞추기 위해 어떤 식으로 변환할 수 있는가? 그 문제와 관련해, 일상적인 사업 회의에서 얼마나 많은 사람들이 RMSE가 의미하는 바를 알고 있겠는가? 회의 참가자들이 RMSE의 의미를 모른다면 왜 RMSE라는 지표를 사용해 결과를 발표해야 하는가?
- **절약**Economize**(자원을 절약한다)** : 자원이 부족하다. 투자된 자원 대비 가장 큰 기대 수익을 얻어 낼 수 있는 방식으로 데이터 과학 프로젝트를 실행하자.

이후 장에서 이러한 각 요소에 대해 자세히 설명하겠지만, 이러한 단계들이 중요한 이유를 간단히 살펴보자.

여러분은 사업 측면에서 선택지를 관조하기 시작해야 한다. 실천에 옮기기 힘든 것들을 데이터 속에서 많이 찾을 수 있을 것이다. 그 반대로, 실천에 옮길 수 있는 행위는 훨씬 적다. 실천에 옮길 수 있는 몇 가지 행위부터 착수해야 한다.

---

19 즉, 데이터 과학자나 기술 팀이 연구개발을 할 때 마땅히 해야 할 질문_역주

기술지표는 사업지표가 아니다

여러분이 작은 운동용품점을 경영한다고 가정해 보자. 여러분이 취할 수 있는 사업 행위 중 하나는 '스노보드를 구매해 둘 것인지 아니면 산악 자전거를 구매해 둘 것인지'라는 선택지 중에서 하나를 선택하는 일이다.

어떤 사업 행위를 취하고 있는지 알게 되면 두 가지 질문이 생긴다. 그 행위를 아직까지 수행하지 않은 이유는 무엇이고, 우려되는 사항은 무엇인가? 글쎄, 여러분은 앞으로 다가올 3개월 동안의 수요를 걱정해서 그러는 것일 수도 있다. 이제 여러분에게는 "과거 기온 추세와 예상 평균 기온을 기준으로 볼 때 향후 3개월 동안 자전거나 스노보드를 몇 대나 팔 수 있을까?"라는 질문이 생겼다.

데이터 과학자는 수학 공식과 컴퓨터와 소프트웨어를 가지고 일한다. 그들은 머신러닝 알고리즘과 더불어 사용할 몇 가지 평가지표를 정의하지만, 프로젝트 리더는 이러한 평가지표에 대응하는 사업 가치를 이해하기 위해 사업 영역 전문가와 협력해야 한다.

매주 세 대의 자전거를 파는 경우에 자전거 세 대를 재고로 유지하는 데 드는 비용을 데이터 과학자들은 얼마로 계산하는가? 재고가 없어서 세 대의 자전거를 판매할 기회를 놓쳤다면 그러한 비용은 얼마나 될까?[a] 이것이 CLUE를 이루는 글자들 중에 U가 의미하는 바이다. 사업 계획을 발표하는 자리에서 "RMSE가 2.83이다"라는 말을 듣는 것과 "잘못된 예측으로 인해 한 달에 7,000달러에서 1만 2,000달러에 해당하는 비용이 발생할 것이다"라는 말을 듣는 것 중 어느 쪽이 이해하기에 더 좋은가?

---

a 이것이 사업 영역 전문가가 필요한 이유이다. 재고 비용은 얼마인가? 이윤은 얼마인가?

참고   여러분만 RMSE를 들어 본 적도 없고 그것이 무엇이며 경영과 어떤 관계가 있는지를 궁금해하는 것은 아니다. **사업 담당자도 막상 기술지표를 보면 혼란스러워한다.** RMSE 값이 2.83이라고 할 때, 이 값을 나타내는 단위가 달러인가, 미터인가, 점수인가? 사업 문제 유형에 따라 해당 RMSE는 앞서 언급한 모든 단위가 될 수도 있고 그렇지 않을 수도 있다. 데이터 과학자라면 사업 담당자에게 발표할 때에는 항상 사업지표를 사용하자. 여러분은 기술지표를 사업 용어로 번역하기에 더 나은 위치에 있으므로 회의를 열기 전에 먼저 그렇게 해야 한다. 어떤 이유로든 여러분이 기술지표를 사업지표로 변환할 수 없다면, 수학적인 성향이 훨씬 덜한 경영 담

당 사용자가 기술지표를 **발표 회의 중에 암산해 가며** 이해할 수 있기를 기대해야 하는
데, 그럴 수 있겠는가? 제3장과 제4장에서는 기술지표와 사업지표를 연계하는 과
정을 설명하고 부록 A에서는 RMSE에 대해 설명한다.

있을 법한 사업 행위들이 무엇인지를 일단 여러분이 알고 나면 해당 행위들 중에 하나를
선택하는 데 도움이 되는 인공지능 프로젝트를 개시할 수 있다. 모든 프로젝트에 할당된
자원은 한정되어 있으므로 이러한 자원을 잘 관리해야 한다. 여러분이 수립한 프로젝트의
기반(예 : 데이터를 얻고 프로젝트에서 실행하기 위해 형성해야 하는 소프트웨어 아키텍처
나 경영 관계)을 먼저 적절하게 구성해 다져 두어야 한다. 그렇지 않으면 이를 변경하는 데
큰 비용이 든다. CLUE를 이루는 글자들 중에 E라는 글자는 절약^{economize}을 상징하는데,
이는 프로젝트 관리와 데이터 과학 모범 이행사례를 결합해 프로젝트를 진행할 때 최적으
로 자원을 배분하기 위한 방법에 관한 것이다.

여기서 가장 중요한 주제는 성공적인 경영진이 이미 잘 알고 있는 관리 도구를 사용해
적절하게 구성된 인공지능 프로젝트를 관리할 수 있다는 것이다. CLUE는 여러분이 알고
있는 기존 이행사례와 데이터 과학 프로젝트에 특화된 이행사례 사이의 접착제 역할을
한다.

1.11 인공지능 프로젝트를 선택하고 실행하는 방법에 대한 개요

이 책의 나머지 부분에서 나는 인공지능으로 구체적인 사업성과를 얻기 위한 과정을 구성
한다. 여기에서 이 과정을 간단히 살펴보자(그림 1.5).

이 과정은 항상 동일한 순서로 실행되어야 하는 일련의 단계가 아니라, 성공적인 인공지
능 프로젝트에서 해결되어야 하는 고려 사항 모음으로 이해되어야 한다. 주어진 고려 사
항이 기존 과정 중에 일부 과정을 거치며 이미 해결된 경우에는 꼭 수정할 필요가 없다.

인공지능 프로젝트 진행 과정에 성공하려면 여러분은 다음 사항들을 수행해야 한다.

- 성공으로 가는 길을 바로잡기 위해 가장 중요한 목표(CLUE를 지니는 일)와 프로젝트
를 지원하는 일을 바로잡기에 좋은 목표를 서로 구분한다.

  내가 앞서 언급한 항해 예시에서 가장 중요한 질문은 "어디로 항해하고 싶은가?"였
다. "여러분이 타고 있는 보트의 최대 속도는 얼마인가?"가 아니다. 마찬가지로, 인

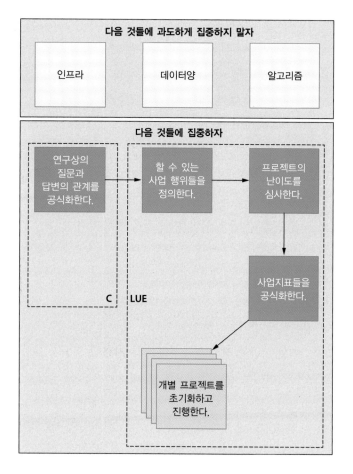

그림 1.5 성공적인 인공지능 프로젝트가 사용해야만 하는 과정을 추상화하여 나타낸 개요. 이 작업흐름은 CLUE 를 이루는 모든 요소가 여러분이 진행하는 프로젝트에 녹아 있는지를 확인하는 방법을 보여 준다.

공지능 프로젝트에서도 CLUE는 여러분이 사용 중인 인프라나 데이터 볼륨 모음이나 최근에 발표된 이국적인 인공지능 알고리즘에 대한 지식보다 더 중요하다.

- 여러분이 취할 수 있는 사업 행위들을 사용해 분석에 착수하자. 그렇게 하는 대신에 "이미 보유한 데이터에 대해 인공지능 알고리즘을 사용해 보자"라고 말하면서 분석에 착수한다면, 데이터에서 무언가를 발견하게 되더라도 그 발견을 기반으로 어떤 사업 행위를 취해야 할지를 모르게 될 가능성이 있다.

- 일단 여러분이 취할 수 있는 사업 행위를 이해해 놓고도 여러분이 그 행위를 아직까지 수행하지 않은 이유를 고려해 보라.

일반적으로 질문이나 불확실성이 그러한 이유에 포함되므로, 이게 프로젝트에서 답해야 할 연구상의 질문을 찾아내는 방법이 된다. 사업 수준에서 본다면 그러한 질문은, 답이 나왔다면, 여러분이 어떤 행위를 취하게 하는 질문인 것이다.

사업 관점에서 하게 되는 한 가지 질문에 답하려면 한 개에서 여러 개에 이르는 연구상의 질문이 필요할 수 있음을 이해하는 게 중요하다. 예를 들어, 여러분은 "어떤 물품들을 섞어 재고로 보유해야 할까?" 같은, 지나치게 많은 의미가 내포된 질문을 다음 같은 몇 가지 연구상의 질문으로 나누어 볼 수 있다. "재고로 지닌 물품 중에 가장 잘 팔리는 물품은 무엇인가? 재고로 지닌 물품들에 대해 공급 가능 업체들이 얼마나 공급해 줄 수 있는가? 이러한 물품의 향후 예상 매출은 어떻게 되는가?" 여러분은 그 밖의 질문도 생각해 낼 수 있을 것이다.

- 모든 프로젝트가 똑같이 가치 있거나 똑같이 쉬운 것은 아니다. 여러분도 이미 알고 있듯이, 가장 쉽게 구현할 수 있는 고부가가치 프로젝트를 먼저 일정표에 올릴 수 있게 분류해야 한다.

- 사업 행위로 인한 결과를 측정하는 데 사용할 사업지표를 공식화하자. 인공지능 프로젝트가 직면하는 일반적인 오류 중 하나는 이러한 결정이 사업에 미치는 영향을 신중하게 고려하지 않은 채로 기술적인 결정부터 내리는 것이다. 사업지표는 경영진이 사업을 운영하는 데 도움이 될 뿐만 아니라 인공지능과 사업 팀이 모두 그 중요성에 동의하는 정량적 지표다. 이 사업지표는 각 연구상의 질문에 특화될 수 있거나 단일 사업지표가 여러 연구상의 질문에 적용될 수 있다.

- 연구상의 질문에 답할 수 있게 따로 열심히 노력해 보자. 연구 관점에서 하게 되는 한 가지 질문에 대응하는 한 가지 프로젝트에 착수할 필요는 없으며, 프로젝트가 답해야 하는 정확한 연구상의 질문의 개수는 연구상의 질문, 팀의 전문성, 질문들에 대한 답변(또는 질문들에 대해 획득하는 데이터)의 난이도에 따라 달라진다.

이 과정이 끝나면 여러분은 성공과 차별화에 유리한 일련의 인공지능 프로젝트를 갖게 된다. 여러분은 이러한 프로젝트를 구현하기가 얼마나 어려운지를 알게 될 것이다. 인공지능이 답을 제공하면 취할 수 있는 구현 가능 사업 행위가 있으며, 해당 행위가 사업에 얼마나 유익한지를 측정할 방법이 있다는 점을 알게 될 것이다.

CLUE를 대기업에만 적용해 볼 수 있는가?

CLUE는 인공지능 프로젝트가 성공하기 위해 답변해야 하는 질문을 강조하는 데 중점을 둔다. 이러한 질문은 조직의 규모에서 비롯되는 게 아니라 인공지능이 기능을 하는 방식들에서 비롯된다. 따라서 CLUE는 조직의 규모와 상관없이 모든 인공지능 프로젝트에 적용할 수 있다.

대규모 조직은 상대적으로 대규모인 팀들을 조율해야 하며 해당 커뮤니케이션이나 CLUE 과정의 일부를 관리하도록 특별히 배정된 사람이 있을 수 있다. 또한 일반적으로 소규모 조직에 비해 거쳐야 할 조직상의 과정들이 더 많다. 직원 수가 적은 초창기 스타트업이라면 CLUE의 모든 구성요소를 더 비공식적으로 처리할 수 있으며, 한 명의 직원이 다른 많은 업무와 병행해 전체 CLUE 과정을 관리할 수도 있다.

오히려 소기업에서 CLUE나 이와 동등한 과정을 사용하는 의미가 더 크다. 이러한 과정을 거치게 되면 여러분은 애초에 실행 불가능한 분석상의 질문에 답하기 위해 쓸데없는 돈을 들이지 않아도 된다. 포천 10대 기업 중에 한 곳으로부터 자금을 지원받아 진행하는 프로젝트라면 10인으로 구성된 팀이 6개월 동안 잘못된 방향으로 나아가는 바람에 생긴 문제조차도 복구할 수 있다. 하지만 10인으로 구성된 스타트업이라면, 비슷한 문제에 부딪쳤을 때 과연 살아남을 수 있을까?

1.12 연습문제

이번 장에서 다루는 내용을 더 잘 이해하려면 이 연습문제를 풀어 보는 게 좋다. 이 책에 나오는 연습문제에서는 모범 이행사례와 빠지기 쉬운 함정과 인공지능 프로젝트들을 사업과 관련지어 강조하고 강화한다. 연습문제를 건너뛰고 싶다면 해당 질문들에 대한 답이라도 읽어 보기를 권한다.

이번 장에서 설명하지 않은 몇 가지 새로운 개념들을 여기서 새로 도입할 수 있지만 여러분은 이미 이런 개념들에 익숙해져 있어야 하고, 그렇지 않다고 해도 여러분의 능력을 발휘해 잘 이해해 두어야 한다. 일부러 이런 식으로 새로운 개념을 연습문제에서 도입하는 셈인데, 이는 이번 장에서 여러분이 배운 기술과 개념을 새로운 사업 상황에 **응용**하는 데 도움이 된다.

연습문제에 대한 답은 이 책의 끝부분에 실린 부록 B에 나온다.

1.12.1 단답형 질문

다음 질문에 '참' 또는 '거짓'으로 답하자.

질문 1: 인공지능으로 상당한 돈을 벌려면 늘 많은 데이터가 필요하다.

질문 2: 인공지능 프로젝트를 개시할 때는 적절히 사용할 기술 도구를 선택하는 일부터 해야 한다.

질문 3: 때로는 단순한 인공지능 알고리즘으로 큰 사업성과를 달성할 수 있다.

질문 4: 일부 도구를 사용해 인공지능 프로젝트를 크게 자동화할 수 있다. 이러한 도구를 사용하는 것만으로 경쟁사보다 중요하고 지속적인 우위에 설 수 있음을 보장받는다.

질문 5: 인공지능으로 돈을 벌려면 수학이나 물리학이나 컴퓨터 과학 분야의 박사 학위가 필요하다.

질문 6: 모든 인공지능 박사는 인공지능으로 돈을 버는 방법을 알 수밖에 없게 된다.

질문 7: 모든 인공지능 도구의 가치가 같다.

질문 8: 여러분이 프로젝트 담당자여서 평가지표를 정의하는 일을 데이터 과학 팀에 맡겼다고 해 보자. 안타깝게도 데이터 과학 팀은 사업에 관한 지식이 충분하지 않아서 여러분이 이해하기 힘든 지표를 들이밀었다. 이를 '지니 계수'라고 해 보자. 데이터 과학 팀이 해당 지표를 잘 다루기만 한다면 프로젝트가 여러분의 사업에 도움이 될 것이다.

1.12.2 서술형 질문 : 문제 파악

어떤 한 가지 전제적 프로젝트나 이에 뒤따르는 여러 개별 프로젝트를 진행하는 중에 취해진 행위들에 대해 간략하게 서술하는 내용이 있다고 하자. 그렇게 설명하는 상황에 대해 여러분은 어떻게 생각하는가?

질문 1: 여러분의 팀과 다소 비슷하게 조직되어 운영되는 IT 팀에서 일하는 친구가 X라고 부르는 도구를 사용하고 Y라고 부르는 접근 방식을 써서 크게 성공했다. 그렇다면 여러분도 그런 도구와 접근 방식을 사용해야 하는가?

질문 2 : 포천 100대 기업에 포함되는 X라는 회사가 페타바이트 규모의 데이터를 보유한 인프라를 구축하고 광범위한 인공지능 문제를 해결할 수 있는 다양한 도구를 구입해 인공 지능에 대한 노력을 시작한다고 하자. 또한 이러한 모든 도구를 사용하고 정비하는 팀도 구성했다. 그렇다면 여러분도 동일한 도구들을 구입해야 하는가?

질문 3 : 다른 사람이 성공적으로 채택해 활용한 사례를 바탕으로 인공지능에 대한 노력을 기울여 보려고 한다고 하자. 여러분은 인공지능 관련 경험이 풍부한 컨설턴트에게 산업계 에서 자주 볼 수 있는 인공지능 사용 사례에 관해 질문할 수 있는가?

질문 4 : 다음 접근 방식에 있어 문제점은 무엇인가? 여러분은 인공지능의 영상 인식률이 점점 더 좋아지고 있음을 지켜보고 있다고 하자. 여러분은 올림픽 스케이트 경기 영상을 인식하고 인공지능을 적용해 점수를 산정해 내는 인공지능 프로젝트를 시작할 계획이다. 이러한 인공지능을 사용하면 심판이 점수를 매길 때까지 기다릴 필요 없이 스케이트 경기 가 끝나자마자 예상 점수를 시청자에게 보여 줄 수 있다. 이 인공지능 솔루션이 다음번 올 림픽이 열리기 전까지 준비되어야 한다.

질문 5 : 다음과 같은 계획을 수립할 생각을 하는 게 바람직한가? 여러분의 회사가 최종 소비자 대상 제품을 생산하지만 엄격한 규제를 받는 산업에 속해 있다고 하자. 여러분이 변경한 모든 사항을 규제 기관에 알려야 하며 변경 사항은 법적 준수 여부를 기준으로 평 가된다(거의 배타적으로). 일반적인 변경 사항이 승인되는 데는 5년이나 걸린다. 여러분은 인공지능을 사용해 고객들이 인터넷에 올리는 의견과 고객 만족도를 파악할 계획이다. 이 런 과정을 나타내는 전문 용어는 정서 분석$^{sentiment\ analysis}$(감정 분석)이다.

질문 6 : 다음 제안에 담긴 문제가 무엇인가? 우리는 이 인공지능을 사용하면서 우리 고객 의 행위 패턴을 인공지능에 집어넣을 것이고, 그러면 인공지능은 고객이 결정을 내리게 된 원인을 밝혀 줄 것이다.

질문 7 : 여러분은 사업성과를 측정하는 데 사용할 수 있는 사업지표를 정의하기가 쉽지 않은 분야에서 일하고 있다. 어떤 사람이 인공지능을 사용하고 기술지표만을 기반으로 사 업상의 결정을 내리자고 제안했다고 해 보자. 이런 생각이 바람직한가?

요약

- 머신러닝이란 문제의 공식화, 최적화, 결과에 대한 평가를 조합한 것이다. 인공지능이 (대체로) 유일하게 스스로 할 수 있는 부분은 최적화다. 그 밖의 모든 일을 인간이 해야 한다.

- 인공지능이 연구상의 질문에 대한 답변을 제공할 때는 수익이 발생하지 않다가 여러분이 사업 행위를 취할 때 비로소 수익이 발생한다. 항상 "어떤 사업 행위를 취할 수 있는가?"라는 질문부터 하자.

- 인공지능은 'A가 주로 B 인근에 있다' 같은 식으로 표현할 수 있는 상관관계 패턴을 찾는 일과 주로 관련이 있다. 인공지능의 능력만으로는 인과관계를 처리하거나 변화하는 세계를 다루기가 상당히 어렵다.

- 인공지능으로 성공하려면 여러분이 펼칠 수 있는 사업 행위를 고려하는 일Consider, 연구상의 질문을 여러분이 펼칠 수 있는 사업 행위에 연계하는 일Link, 사업 상황에서 연구상의 질문에 대한 답을 이해하는 일Understand, 부족한 자원을 절약하는 일Economize을 의미하는 CLUE가 필요하다. 이러한 요소들이 전혀 없으면 인공지능 프로젝트를 망치기 쉽다.

- 여러분은 모든 인공지능 프로젝트에서 표준화된 작업흐름을 사용해야 한다. 이 작업흐름은 여러분이 펼칠 수 있는 사업 행위를 분류하고, 연구상의 질문을 정의하고, 추적할 사업지표를 정의하고, 프로젝트의 난이도와 비용을 추정하는 것으로 구성된다.

사업에 인공지능을 활용하는 방법

이번 장에서 다루는 내용

- 프로젝트 리더가 인공지능에 대해 알아야 할 사항
- 인공지능 사용으로 혜택을 받는 사업 문제 찾기
- 인공지능의 기능들과 해결 중인 사업 문제를 일치시키기
- 데이터 과학 팀이 보유하고 있는 기술과 인공지능 프로젝트에 필요한 기술 간의 차이점을 찾아내기

인공지능에 대해 학습하는 데 수년이 걸릴 수 있지만, 이 분야가 워낙 빠르게 발전하기 때문에 그렇게 수년을 훈련하여 숙련된 데이터 과학자조차도 상당한 시간을 투자해 꾸준히 학습을 해야 한다. 인공지능 서적 및 논문 시장은 주로 인공지능 기술과 관련된 정보로 형성되어 있다. 지식이 넘쳐 나는 바람에 인공지능을 관리하는 데 필요한 지식과 인공지능 시스템을 구축하는 공학자에게 필요한 지식을 서로 구별하기가 어렵다.

이번 장에서는 인공지능 및 머신러닝 측면들 중에서도 인공지능 프로젝트를 이끌어 가는 일을 이해하는 데 필요한 측면을 설명한다. 또한 인공지능을 응용하면 이득을 볼 수 있

는 사업 문제를 찾는 방법도 알려 준다. 이번 장에서는 인공지능의 기능을 여러분이 수행할 수 있는 사업 행위와 연계해 이미 어떤 통찰을 얻었다고 간주하고, 이를 실천할 수 있게 하는 방법들을 사례 중심으로 제시한다.

　나는 이번 장과 이후 장에서 제시할 사례들을 서로 다른 사업 영역들에서 뽑았다. 일부 사례는 여러분에게 익숙하지 않은 사업 영역에서 비롯될 수 있다. 그렇지만 이게 오히려 인공지능을 성공적으로 적용하기 위한 주요 기술 중 하나인 '인공지능 기능'을 처음 접하는 경영 상황에 적용해 볼 수 있는 좋은 기회가 된다.

2.1　인공지능에 대해 무엇을 알아야 하는가?

인공지능 프로젝트는 경영학, 컴퓨터 과학, 수학, 통계학, 머신러닝을 결합해서 진행해야 하므로 매우 복잡하다. 이번 절에서는 인공지능에 대한 기술적 지식이 인공지능 프로젝트를 관리하는 데 필요한 기본 지식이 되지 못하는 이유를 설명한다. 분석적 배경이 없는 인공지능 프로젝트 리더라면, 이러한 모든 개념을 파악해야 최상의 결정을 내릴 수 있다고 생각하면 이해하기 쉽다.

　상황은 더 나빠질 수 있다. 데이터 과학자들이 익숙하지 않은 개념에 대해 이야기할 뿐만 아니라 이러한 개념이 **여러분이 알고 있을 수도 있지만** 완벽히 기억해 낼 수 없는 것처럼 보일 수 있다. 데이터 과학자들이 사용하는 전문 용어는 종종 통계 용어에 뿌리를 두고 있다. 여러분이 MBA 과정을 밟는 중에 통계학 수업을 한두 번 들었을 수도 있고, 한편으로 여러분은 그 과정에서 다루는 모든 주제에 특별한 관심을 기울이지 않았을 수도 있다. 그래도 걱정하지 말자. 프로젝트를 성공으로 이끌어 가기 위한 가장 중요한 결정에는 통계에 대한 광범위한 지식이나 인공지능 알고리즘에 대한 세부 정보가 필요하지도 않고 그런 것들로 이점을 누릴 필요조차 없다.

　인공지능 프로젝트를 관리하기 위해 알아야 할 사항은 다른 프로젝트를 진행할 때와 똑같다. 즉, 프로젝트의 방향과 성공을 적절히 이해하기 위한 방법과, 프로젝트 진행 과정을 모니터링하는 데 쓸 지표와 과정을 정의하는 방법이 필요할 뿐이다. 일단 여러분이 그러한 방법들을 이해했다면, 인공지능 프로젝트를 관리하는 일은 이전에 여러분이 감독해 보았던 프로젝트를 실행하는 일과 비슷해진다.

인공지능 프로젝트 관리는 경영과학의 또 다른 응용이다

이해하기 쉬운 분야를 예로 들기 위해 여러분이 공장을 관리하고 있다고 가정하면, 여러분이 현장에서 일하는 십장만큼 훌륭한 노동자가 되어야 공장을 운영할 수 있으리라고 생각하지 않았을 것이다. 마찬가지로 상당수의 중역이 공장 관리는 잘하지만 손재주가 없다는 점도 확실하다.

IT 프로젝트에도 동일한 원칙이 적용된다. 여러분의 데이터베이스를 관리하는 사람(즉, 데이터베이스 관리자)뿐만 아니라 여러분조차도 정말로 데이터베이스를 알아야 하는가? 여러분은 데이터베이스 프로젝트를 관리하기 위해 데이터베이스 관리자(DBA)가 되어야 한다고 생각하는가?[a] RDBMS 시스템을 유지하는 데 필요한 기술로부터 해당 프로젝트의 사업 측면과 구축 측면을 분리하는 방식으로 데이터베이스 프로젝트를 관리할 수 있다.

공장이 어떻게 작동하는지를 공장 관리자가 알면 그러한 지식의 혜택을 받을 수 있는 것처럼, 인공지능에 대한 기술적 지식을 갖춘다고 해서 그 지식이 프로젝트 리더에게 해를 끼칠 일은 없다. 그러나 십장이 공장을 관리하는 방법을 알고 나서 공장을 적극적으로 관리하게 되면 그로 인해 정작 십장이 해야 할 세부적인 일에 집중할 수 없게 된다. 마찬가지로 인공지능 프로젝트 리더라면 마땅히 관리적인 측면에서 고려해야 할 사항에 더 집중해야 한다.

그럼에도 불구하고 나는 인공지능 프로젝트를 관리할 때는 인공지능의 내부 작동 방식의 세부적인 면에도 상당히 집중해야 하는 반면, 공장이나 데이터베이스 프로젝트를 관리할 때는 그 정도로 세부 사항에 집중할 필요가 없다는 느낌을 자주 받게 된다. 이는 인공지능 분야가 다른 분야와 확연히 달라서 그런 것이 아니라, 단순히 인공지능 분야가 훨씬 참신한 분야이기 때문이다.[b] 공장의 경우라면 경영 지식이 제조에 대한 전문 지식

---

a 누군가는 인공지능이 공장이 아니라고 주장하고 싶을 수도 있다. 확실히 인공지능이 공장이 아니기는 하지만, 둘 다 데이터베이스 프로젝트인 것도 아니다. 우리는 중역이 DBA(database administrator, 데이터베이스 관리자)가 되지 않은 채로도 데이터베이스 프로젝트를 관리하는 방법을 배웠다. 어떤 한 가지 직업이라는 측면에서 볼 때에 관리란 조직과 프로젝트를 운영하기 위한 몇 가지 보편적인 원칙과 인공지능에도 적용되는 지식을 기반으로 하는 것이다.

b 그렇다. 좋은 데이터 과학자를 찾기가 어렵고 현재는 드물기까지 하다. 오늘날 그들 중 일부는 감독과 비교되는 것을 싫어할 수 있다. 하지만 초기 철도가 건설되던 무렵의 철도 교대 감독이 흔한 기량을 갖추었다고 생각하는가? 아니면 데이터베이스가 도입되던 무렵에 데이터베이스 관리자의 기량이 흔한 것이었겠는가? 그래서 나는 인공지능 관련 직업이 젊다고 말하는 것이다.

과 다를 수 있다는 점을 이해할 수 있게 할 만큼 경영 이론이 충분히 발전해 왔다. 더 많은 세월을 겪으면서 마침내 우리는 기량들을 서로 구분할 수 있게 하는 방법과 시스템을 구축할 수 있게 되었다. 즉, 공장을 경영하는 데 필요한 기량과 제품을 만드는 데 필요한 기량이 서로 다르다는 점을 구분할 수 있는 지경에 이르게 된 것이다. 이 책의 목표는 인공지능 분야에서도 서로 다른 기량이 필요하다는 점을 인식할 수 있도록 돕는 데 있다.

경영진의 의사결정과 관련된 대부분의 인공지능 개념들을 사업 용어의 형태로 사업 책임자들에게 설명할 수 있다. 이상적으로는 데이터 과학자가 그렇게 할 수 있게 만들어야 한다. 그렇게 할 수 없다면 인공지능 분야 전문 지식과 사업 관련 전문 지식을 모두 갖춘 사람들로 프로젝트 팀을 보강해 의사소통이 될 수 있게 도와야 한다.

> **참고**   사업상의 결정을 내리기 위해 데이터 분석법을 더 잘 이해해야 한다는 생각이 든다면, 그것은 여러분에게 분석법에 관한 지식이 부족해서 생기는 문제가 아니라 데이터 분석법을 잘 아는 전문가와 의사소통이 잘 안 되어서 생기는 문제인 것이다.

인공지능 프로젝트를 관리하기 위해 알아야 할 지식은 인공지능 관련 개념을 사업에 연계하는 방법이다. 즉, 다음 질문에 답할 수 있으면 그만인 것이다.

- 인공지능으로 무엇을 할 수 있으며 사업에 어떻게 이용할 수 있는가?
- 어떤 유형의 인공지능 프로젝트부터 시작해야 하나?
- 인공지능이 사업에 얼마나 도움이 되는지를 측정하려면 어떻게 해야 하는가?
- 인공지능 프로젝트를 어떻게 관리해야 하는가?
- 부족한 자원은 무엇이며 자원을 최대한 잘 배정하려면 어떻게 해야 하는가?

이 책의 나머지 부분에서는 인공지능 프로젝트를 실행하기 위해 이미 보유한 관리 기술을 아주 조금만 수정해 적용하면 되게끔 데이터 과학 프로젝트를 구성하는 방법을 보여준다.

2.2 인공지능은 어떻게 사용되는가?

적절한 사업상의 행위를 하면 돈을 벌 수 있다. 돈을 벌 수 있다는 점에 이끌려 우리는 사용 중인 모든 시스템에 인공지능을 적용하려 들 것이고, 그러다 보면 인공지능이 여러분에게 어떤 행위를 취하라고 지시하는 상황에 이르게 된다. 이번 절에서는 어떻게 그러한 상황이 벌어지는지를 설명한다.

인공지능, 머신러닝, 데이터 과학이 새로운 것처럼 여겨지겠지만, 이것들은 오래전부터 사업을 성공하게 하는 일에 있어서 모종의 역할을 해 왔다. 역사적으로 보면 돈을 벌기 위해 어떤 형태의 데이터를 분석했던 직업이 많았다. 이러한 전문 분야의 예로는 계리사와 정량 분석가가 있다. 공정 기술 및 품질 개선 과학에 통계적 방법을 적용하는 전문가들은 사업성과를 개선하기 위해 역사적으로 오랫동안 데이터를 분석해 왔다. 인공지능으로 인해 분석과 사업을 서로 관련짓는 방식이 바뀌는 것이 아니라 분석을 수행하는 방법과 분석의 기능(및 비용)만 바뀌는 것이다. 인공지능이 현재(및 미래) 사업에 부합되는 방식과 전통적으로 사업과 관련하여 수행해 온 데이터 분석 간에는 상당히 비슷한 면이 있다.

사업상의 문제에 인공지능을 적용할 기회를 찾아내는 방법을 이해하려면 먼저 인공지능을 사업 문제에 성공적으로 적용하기 위해 어느 정도 높은 수준까지 고려해야 하는지를 이해해야 한다. 데이터를 사용해야 할 일을 알아내는 문제에는 모두 해당 과정을 설명하는 공통 패턴이 있다. 우리가 데이터를 수집하고 분석한 후에 비로소 반응한다는 패턴 말이다. 이런 루프loop(순환 고리)는 단순하지만 오래전부터 쓰인 제어 루프인데, 이 루프의 요소를 이해하는 게 중요하다. 인공지능은 그저 해당 루프를 이루는 요소 중의 하나인 분석 과정에 새로운 기능들을 보태는 역할을 할 뿐이다. 그림 2.1은 이러한 요소들이 상호작용하는 방식을 보여 준다.

그림 2.1의 요소는 다음과 같다.

- 감지sense : 루프의 감지 부분은 분석 대상 데이터를 가져오는 곳이다. 빅데이터 이전 시대의 대부분의 기업용 시스템에서는 데이터가 서로 다른 데이터베이스에 들어 있었다. 빅데이터 시스템의 경우에 데이터 레이크data lake[1]에 데이터를 저장하는 경우가 흔하다.

---

1 데이터셋을 날것 그대로 대규모로 저장하는 저장소_역주

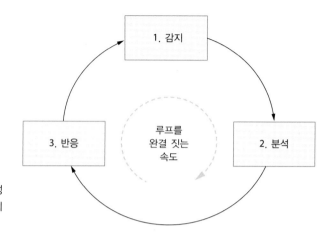

그림 2.1 감지·분석·반응 루프. 성공적인 분석 프로젝트에는 이 루프를 이루는 세 가지 요소가 모두 있어야 한다.

- 분석analyze : 이제 인공지능을 데이터셋에 적용할 차례인데, 그림에 보이는 상자는 이 과정을 나타낸다. 인공지능이 나오기 전에는 더 간단한 알고리즘(예 : PID 컨트롤러[34])을 사용하거나 사람이 개입(예 : 은행의 수동 대출 승인)했다. 분석에 도움이 되는 인공지능 도입이 최근에 있었던 발전 때문인 것으로 여겨지지만, 사실 1956년에 이미 인공지능에 관한 연구가 시작되었다.[35] 우리는 이미 수십 년 동안 컴퓨터화된 시스템을 사용해 분석을 수행해 왔던 것이다. 다만 오늘날에는 최신 인공지능 기술을 통해 전산 분석을 훨씬 더 잘 할 수 있게 되었다는 점이 다르다!
- 반응react : 반응기reactor, 즉 효과기effector[2]는 실제 세계에서 행위를 담당하는 부분이다. 그 반응을 사람이나 기계가 할 수 있다. 사람이 하는 수동 반응의 예로는 분석 결과를 기반으로 관리 결정을 내리는 많은 의사결정 지원 시나리오가 있다. 자동 반응의 예로는 로봇 시스템, 스마트 온도계,[36] [37] 자율 주행 차량[38]이 있다.

루프를 완결 짓는, 즉 루프를 닫는 속도는 사건이 발생한 순간과 반응이 수행되는 순간 사이의 시간으로 결정된다. 루프를 완결 짓는 속도가 얼마나 중요한지는 분야별로 다르다. 고주파 거래 시스템에서는 반드시 최대한 빠르게 루프를 완결해야만 한다. 그 밖의 상황에서는(예 : 고고학 연구에서 데이터 분석을 수행하는 경우) 루프를 완결하는 데 걸리는 시간이 더 느려져도 괜찮을 수 있다. 때로는 시간이 임무필수 요소가 되기 때문에 마감기한

---

2 신경 신호에 반응해 어떤 행위를 하는 '말단 신경'에서 가져온 개념으로 보인다. 그래서 생물학에서 번역 용어를 차용했다. 제어 분야에서는 '반응부'나 '리액터'라고 부르기도 한다._역주

을 준수해야 할 때 그러한 점을 보장하는 능력도 중요하다. 자율 주행 차량의 경우에 인공지능이 지정된 시간보다 더 오래 분석만 하고 있으면 안 된다.

> **참고** 루프를 완결하는 속도는 시스템이 데이터를 수집하는 빈도에 따라 달라진다. 때때로 시스템에서 데이터를 간헐적으로 수집해도 될 때가 있다. 어떤 경우에는 데이터가 시스템에 도달하는 즉시 데이터를 분석해야 할 때가 있다. (이를 스트리밍 분석이라고 한다.)

감지·분석·반응 루프를 적용할 때 중요하게 고려할 점은 누가(또는 무엇이) 반응하는가이다. 이는 어떤 자동화된 방식으로 반응하는 시스템 그 자체일 수 있다. (자율 주행 차량이 이런 식으로 반응한다.) 또는 분석 결과에 따라서는 인간이 반응해야 할 수도 있다. 후자의 경우가 오늘날 데이터 과학을 응용하는 기업에서 훨씬 더 일반적인 현상이다.

감지·분석·반응 루프를 폭넓게 적용해 볼 수 있다

감지·분석·반응 루프를 다양한 규모에 걸쳐 응용할 수 있다. 단일 장치 수준(예 : 네스트Nest[36] 및 에코비ecobee[37] 같은 스마트 온도계), 어떤 업무과정business process, 여러 팀, 어떤 기업 전체, 스마트 시티(지능화 도시), 또는 더 큰 지리적 영역 수준에 이르는 다양한 규모에 따라 알맞게 적용할 수 있다. 나는 감지·분석·반응이라는 패턴으로 이루어진 루프가 미래에 재난 구호 및 전염병 추적이나 전염병 예방에 동원되는 시스템에서부터 전체 사회 수준에 이르기까지 폭넓게 적용될 것으로 믿는다.

감지·분석·반응 패턴은 빅데이터 및 데이터 과학 영역에 국한되지 않는다. 이러한 패턴은 개발과정development process이나 조직과정organizational process이라는 분야에도 적용된다. 여러분은 경영과학에서 정의하고 사용하는 다양한 형태의 제어 루프를 알고 있을 수 있다. 이러한 루프 개념의 예로는 PDCA,[39] [40] OODA,[41] [42] CRISP-DM[43] 등이 있다. 이러한 개념에는 여기서 다룬 감지·분석·반응 패턴과 공통점이 있으며, 이 패턴을 더 정교화한 것이라고 보면 된다. 감지·분석·반응 패턴은 생물학에도 적용된다(예 : 문어나 그 밖의 동물이 하는 행위[44]). 어떤 분야에서는 사람들이 루프의 반응 부분을 효과기effector라고 부르기도 한다.[45]

모든 업무과정의 자동화는 감지 · 분석 · 반응 루프를 응용한 것일 뿐이다. 인공지능을 사용하면 이전에는 자동화된 반응이 불가능했던 일부 문제 영역에 루프를 적용할 수 있다.

자동화된 데이터 분석이 최근에 발전했는가?

완전하게 전산화된 분석을 사용해 완전히 자동화되고 빠른 감지 · 분석 · 반응 루프를 사용하는 일조차 새로운 것은 아니다. 특히 알고리즘 거래와 결합된 자본 시장은 이 패턴을 대규모로 구현한다. 사물 인터넷[46]과 로봇 공학의 발전으로 인해 이처럼 완전히 자동화된 대규모 폐쇄 제어 루프가 물리적 시스템에 훨씬 더 널리 채택될 것이다.

2.3   인공지능의 새로운 기능은 무엇인가?

인공지능의 발전으로 인공지능이 새로운 분석 기능을 제공하게 되면서 감지 · 분석 · 반응 루프의 적용 가능성이 커졌다. 이번 절에서는 이러한 새로운 기능을 설명한다.

인공지능 및 빅데이터의 새로운 점은 자동화된 분석이 더 저렴해지고 더 빨라지고 더 우수해졌으며(빅데이터 시스템 사용) 훨씬 더 큰 데이터셋에서도 작동할 수 있게 되었다는 점이다. 이제는 영상 인식이나 음성 인식처럼 사람이 개입해서 분석을 해야 했던 분야에서조차도 컴퓨터로 분석을 수행할 수 있게 되었다. 이 새로운 인공지능 기반 기능 덕분에 전체 감지 · 분석 · 반응 루프는 이전에는 적용하는 것이 경제적이지 않았던 상황에서 실행 가능해졌다.

자동화를 실현할 수 있는 인공지능의 예

다음은 인공지능 도입으로 이전에 사람이 수행해야 했던 작업을 자동화할 수 있는 몇 가지 예이다.

- **한 언어에서 다른 언어로의 자동 번역** : 언어 번역은 새로운 것이 아니며 인간이 처음부터 해 온 일이다. 새로운 점은 인공지능이 이제 자동 번역이 가능한 수준에 도달해 번역 웹 서비스가 실용화되었다는 것이다.[a]

- **자율 주행 자동차** : 지난 250년 동안 우리는 언제나 사람이 운전해야 하는 형태로 된 자동차를 사용해 왔다.[b] 인공지능을 사용하면 새롭게 인간 운전자가 필요 없는 자동차를 만들 수 있을지 모른다.

- **안과 질환 진단 능력** : 우리는 모두 글자판으로부터 멀리 떨어져 서서 안과 의사와 검안사가 지시하는 대로 글자를 읽고 나서 밝은 빛을 응시하고는 했다. 이제는 단순한 망막 이미지에서 당뇨병성 망막증을 감지하는 인공지능의 능력까지 새로 활용할 수 있게 되었다.[49]

- **댓글을 읽을 수 있는 능력** : 웹 사이트에 달린 댓글을 충분히 읽다 보면 사람들이 어떤 주제에 대해 긍정적으로 반응하는지 아니면 회의적으로 반응하는지를 추측할 수 있다. 이제 인공지능도 이런 일을 할 수 있다. 인공지능은 인간이 할 수 있는 것보다 훨씬 빠르고 저렴하게 훨씬 더 많은 수의 댓글을 읽을 수 있으며, 청중이 주로 긍정적인 반응을 보이는지 아니면 회의적으로 반응하는지를 알려 준다. 우리는 이런 기능을 **정서 분석**sentiment analysis이라고 부른다.[c]

- **제품 추천** : 누구에게나 자신이 좋아할 만한 책이나 영화나 물품을 추천해 주는 친구가 있게 마련이다. 인공지능이 (아마존 웹 사이트에서 하듯이) 이런 역할을 맡아 한다면, 우리는 이것을 **추천 엔진**이라고 부른다.

역사적으로 데이터셋의 크기가 작을 때는 사람도 인공지능이 분석하는 일과 동일한 수준의 분석을 수행할 수 있었다. 어떤 경우에는 인공지능이 분석해 낸 결과가 인간이 분석해 낼 수 있는 결과보다 더 나쁠 때가 있다. 그러나 인공지능은 장기적으로 볼 때 더 경제적이며 인간이 살펴보기에 너무 큰 데이터셋에서도 작동할 수 있다.

---

a 현실상의 번역 시스템에 쓰이는 실제 제어 루프에는 일반적으로 최소 두 개의 제어 루프가 있어야 한다. 그중에 1개 루프는 한 언어에서 다른 언어로 번역하는 일을 맡고, 나머지 1개 루프는 이 서비스에 대한 수익을 창출하는 역할을 맡는다. 두 번째 루프가 필요한 번역에 대한 정보를 수집하고, 분석하고, 번역 서비스 제공 업체를 위해 돈을 벌 수 있는 작업을 수행하는 방식으로도 작동할 수 있다.

b 바퀴가 달린 최초의 자체 추진 차량은 1769년에 발명되었으며,[47] 1870년에 최초의 가솔린 구동 차량이 등장했다.[48]

c 이 글을 쓰는 시점에서 인공지능은 인간만큼 웹 콘텐츠를 잘 읽지 못하며 냉소주의적인 내용과 텍스트 내의 미묘한 점이 담긴 문구로 인해 어려움을 겪고 있으며, 이에 따라 문구가 전달하려는 기본 주제조차 놓치는 경우가 많다. 그러나 "지난 3개월 동안 제품에 대한 정서가 개선되었는가?"라는 질문에 답하는 정도라면 인공지능은 역할을 충분히 훌륭하게 담당할 수 있고, 여러분이나 내가 할 수 있는 것보다 훨씬 비용이 덜 드는 방식으로 답변할 수 있다.

인공지능에 있어서 새롭지도 않고 특별히 다를 것도 없는 점을 들자면, 분석만으로는 수익을 창출할 수 없다는 것이다. 이전 예시에서 제공된 사용 사례 중 어느 사례에서도 돈을 버는 방법에 대해 이야기하지 않았다. 이러한 사용 사례 중 일부 사례에서는 확실히 수익을 창출할 수 있기는 하지만(예 : 사람보다 더 잘 운전하는 자율 주행 차량), 그 밖의 사례인 경우에는 인공지능으로 수익을 창출하는 방법이 명확하지 않을 수 있다.

인공지능이 열악한 사업까지 지원하지는 못한다

때로는 인공지능 기반 분석이 아무리 우수하더라도 수익을 내지 못할 수도 있다. 교통 표지판을 대충 만드는 제조업체가 해당 표지판에 대한 여론을 떠보기 위해 정서 분석을 수행하기로 했다고 가정해 보자. 제조업체는 이 분석에서 손실을 입을 가능성이 있다. 운전자의 정서가 교통 표지판 공급업자를 선택하는 데 실질적인 영향을 미치는지는 분명하지 않다(또는 표지판에 대한 정서는 표지판이 놓여 있는 곳에서 결정되는 게 아니라 공급업체에서 어떤 선택을 하느냐에 달려 있다).

분석을 수행하게 된다면 여러분은 이에 따른 비용을 지불해야 한다. 여러분이 분석 결과를 바탕으로 반응을 하다 보면 이익이 생길 수도 있기는 하다. 그러나 분석 결과를 얻은 후에 취할 수 있는 사업 행위가 없다면, 그러한 분석은 항상 손실만 가져다준다.

2.4 인공지능 기반 수익 창출

인공지능이 감지·분석·반응 루프를 통해 분석을 개선할 수 있게 해 준다면, 여러분은 인공지능으로 어떻게 수익을 올릴 수 있는가? 인공지능을 통해 감지·분석·반응 루프를 적용할 수 있는 상황을 찾아서 여러분이 펼칠 수 있는 사업 행위 중 하나가 해당 루프를 사용해 자동화될 수 있도록 하면 된다. 이번 절에서는 이런 방법을 보여 준다. 그림 2.2는 인공지능으로 돈을 버는 일반적인 과정을 보여 준다.

인공지능이 제공하는 기능들로 인해 이 제어 루프를 새로운 맥락에 적용해 볼 수 있게 되었다. 그러나 감지·분석·반응 루프를 성공적으로 적용하려면 루프를 이루는 모든 성분이 기술적으로도 타당한지를 확인해야 한다.

- 감지 측면에서는 인공지능 지원 분석을 수행하는 데 필요한 데이터를 수집할 수 있어

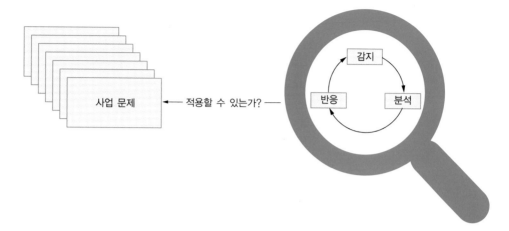

그림 2.2　여러분이 수행할 수 있는 행위 중 하나에 감지 · 분석 · 반응 루프를 적용할 만한 사업 문제를 찾을 수만 있다면 여러분은 인공지능으로 수익을 창출할 수 있다.

야 한다. 제3장에서는 여러분이 선택한 인공지능 기반 방법에 맞게 데이터를 적절히 수집했는지를 확인하는 방법을 설명한다.

- 분석 측면에서 볼 때 여러분은 여러분이 활용할 수 있는 인공지능 기술로 할 수 있는 일의 범위에서 벗어나지 않도록 해야 한다.
- 반응 측면에서는 분석 결과를 사업에서 실제로 구현할 수 있는 일 중 하나와 연결해야 한다. 여러분이 취할 수 있고 할 수 있을 법한 사업 행위를 목록으로 만든 다음에 "이 사업 행위에 더 나은 정보를 제공할 수 있는 인공지능 분석 방법이 있는가?"라고 질문해 보자.

감지 · 분석 · 반응 루프가 사업 문제에 적용될 수 있다는 점을 여러분이 알게 된다면 그러한 사업 문제를 인공지능으로 해결할 수 있다는 점도 알게 된다. 예를 들어 보자.

2.4.1　의료 진단에 적용된 인공지능

여러분이 대형 병원의 소프트웨어 개발 팀에 속해 있다고 가정해 보자. 팀의 목표는 병원의 임상 및 진단 절차에 인공지능을 적용하는 것이다. 이번 절에서는 인공지능이 도움이 될 수 있는 사용 사례를 찾는 방법을 보여 준다.

　이 예를 작고 관리하기 쉽게 유지하기 위해 단일 진단 작업흐름, 즉 눈 검사를 받는 환자에 집중하겠다. 그렇다면 우리는 환자의 망막 이미지를 촬영해 질병이 있는지를 확인해

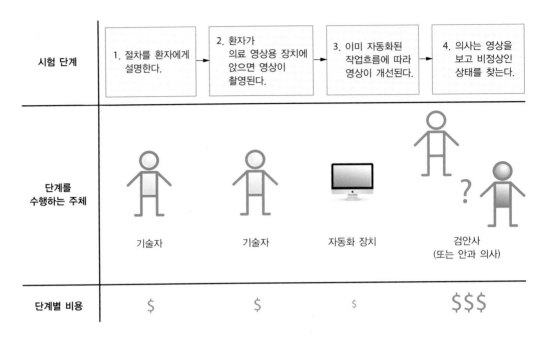

그림 2.3 일상적인 검안의 작업흐름. 우리는 이 작업흐름의 일부를 자동화하기 위해 인공지능을 적용할 것이다.

할 것이다. 이 절차가 그림 2.3에 표시된 단계로 구성되어 있다고 가정해 보자.[3]

그림 2.3에 표시된 작업흐름은 다음 단계들로 구성된다.

1 환자에게 검안 절차를 설명한다. 이 단계에서는 검안사의 개입을 최소화하면서 기술자가 이를 수행할 수 있다.
2 환자가 영상 장치에 앉으면 영상을 촬영한다. 이 단계를 기술자가 수행한다.
3 이미 자동화된 장치가 영상을 개선한다.
4 검안사가 영상을 읽어 비정상 상태를 찾는다. 필요하다면 다른 의사들과 더 상담한다.

이제 여러분은 인공지능이 쓰일 만한 곳을 찾을 수 있다. 이 작업흐름에는 인공지능을 적용할 수 있는 세 단계, 즉 환자와의 두 번의 상호작용 및 영상 최종 판독이 있다.

---

3 실제 검안과정은 더 복잡하며, 설명을 쉽게 하려고 여기에서는 이 절차를 단순화했다.

어떤 분석을 해야 할지 생각하면서 시작하지 말자!

"어떤 분석을 수행할 수 있는가?"라는 질문으로 시작하지 않는 이유를 설명하기 위해, 인공지능이 여러분을 위해 무언가를 할 수 있음을 아는 것을 기반으로 분석을 시작하는 시나리오를 구성해 보자.

여러분은 애플이 만든 시리[50] 같은 음성 도우미가 있고 음성 인식이 나날이 개선되고 있음을 알고 있다. 기계로 환자에게 브리핑을 할 수 있도록 음성 비서 기능이나 음성 인식 기능을 챗봇에 결합하면 어떨까? 이 멋진 기술로 기꺼이 작업하는 우수한 데이터 과학 팀이 있다면, 여러분에게는 행운이다. 이것은 인공지능의 좋은 응용 사례처럼 보인다. 그렇지 않은가? 간단한 프로토타입을 만들어 보자!

안타깝게도 이러한 프로토타입에 소요되는 시간은 낭비되고 만다. 기술자가 하는 일을 인공지능으로 대체한다고 해도 큰 효과를 누리기 어렵다. 기술자가 환자에게 브리핑을 하는 데 소요되는 시간은 상대적으로 짧기 때문이다. 그보다 더 중요한 점은 기술자가 여러 언어, 장애, 연령 및 기계와의 상호작용에 대한 편안함을 포함해 다양한 환자 집단에게 서비스를 제공하고 있다는 것이다. 인간인 기술자는 이렇게도 다양한 사람들로 구성된 집단일지라도 잘 응대할 수 있다. 그러나 현시대에 활용할 수 있는 인공지능으로 그렇게 잘 응대하기는 어렵다. 이는 검안을 받으러 온 사람들 중에는 인공지능 비서와 음성으로 대화하는 일에 익숙하지 않은 사람도 있을 수 있기 때문이다.

여러분이 가진 아이디어는 흥미로운 기술을 기반으로 했다. 이 사용 사례는 본질적으로 흥미롭고, 공상 과학에서 직접 따온 내용이다. 많은 공상 과학 이야기들 속에는 환자가 인공지능 의사와 이야기하는 장면이 있다. 문제는, 통제할 수 없는 요인으로 인해 사업 행위 시에 처음부터 수익을 얻지 못할 만한 상황에 우리가 인공지능을 적용해 보려 했다는 점이다.

이는 누구나 쉽게 빠지기 쉬운 함정이다. 사업 환경에서 인공지능을 사용해 일하는 사람은 모두 자신이 우수한 사업적 사례를 가지고 있다고 주장하지만, 종종 사업 사례는 사후에 고려하는 게 바람직한 사항이었을 수 있으며, 팀이 초기에 프로젝트에 흥분한 것은 흥미로운 인공지능 기술을 다루어 볼 기회를 얻을 수 있다는 기대감 때문이었을 수 있다.

기술자가 담당하던 일을 인공지능으로 대체하는 데 성공하지만 이 프로젝트를 통해 수익을 내는 게 처음부터 불가능해지는 최악의 상황도 있을 수 있다. 다시 말해서 인공지능을 잘 구현한다고 해도 열악한 사업 사례를 구제하지는 못한다는 말이다.

이 검안과정에 인공지능을 더 잘 적용하기 위해 체계적인 접근 방식을 사용해 보자. 여러분은 수행할 수 있는 영역 행위domain action(전문 분야 활동, 도메인 행동)부터 나열해 보고 나서야 그다음에 해당 작업에 감지·분석·반응 루프를 적용할 수 있는지를 확인할 수 있다.

> **조언** "내가 수행할 수 있는 영역 행위는 무엇인가?"라는 질문으로 시작하자. 여러분이 수행할 수 있는 영역 행위의 가짓수가 제한되어 있으므로 적은 수의 사용 사례만 고려하면 된다.

이 작업흐름에서는 기술자와 환자 간에 두 가지 상호작용이 벌어지며, 검안사나 안과 의사는 안구 질환의 유무를 확인하기 위해 안구 영상을 읽는다. 대략적인 정보를 환자에게 설명한 다음에 좋은 영상을 촬영할 수 있게 환자를 영상 장치에 앉게 하는 식으로 상호작용이 이루어진다. 여러분은 설명하는 일을 자동화할 수 없는 이유를 조금 전에 보았다. 환자를 앉히는 일이라면 어떨까? 이를 위해서는 로봇 공학 전문 지식이 필요하며, 경영진은 여러분이 속한 회사가 로봇 회사가 아니라 소프트웨어 개발 회사라는 점을 간과하지 말라는 식으로 주의를 줄 것이다. 여러분의 경우에 환자와 직접적으로 상호작용하는 영역에서 실행할 수 있는 행위는 존재하지 않는다.

영상 해석이라면 어떨까? 특정 안구 질환에 대한 영상을 해석하는 일은 복잡하며, 어떤 경우에는 검안사가 중요한 조건을 놓칠 수 있다. 전문적인 해석에도 비용이 많이 든다. 안구 질환을 진단할 때 도움이 되는 대체 시스템을 만들 수 있다면 병원에서 비용을 절약할 수 있을 것이다. 이런 식의 사용 사례라면 더 살펴볼 만한 가치가 있다.

그래서 데이터 과학 팀이 더 연구해 본 결과, 컴퓨터 비전 기술을 의료 진단에 적용하는 일이 상당히 발전해 왔음을 알게 되었다고 하자. 구글에 소속된 팀이 중등도 증상에서 중증에 이르는 당뇨병성 망막증 사례를 진단할 수 있는 인공지능을 개발했다[49]는 점을 여러분이 알아냈다. 그리고 여러분에게는 인공지능을 훈련하기에 충분한 과거 검안 데이터가 있다. 감지·분석·반응 루프가 이 사용 사례에 적용되는지 확인하려면 여러분은 감지 부분만 다루면 된다. 이는 쉬운 일이다. 이미 환자의 망막 영상이 있고 그 영상을 인공지능 시스템으로 보낼 수 있기 때문이다.

2.4.2 인공지능 수익화를 위한 일반 원칙

이전 예에서는 하나의 사업 시나리오에서 인공지능을 사용할 기회를 찾는 방법을 보여 주

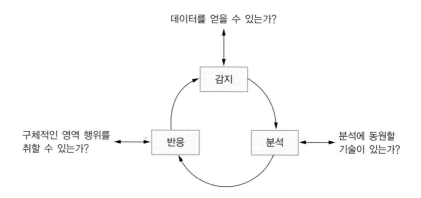

그림 2.4 인공지능을 사업 문제에 적용하기 위한 일반 원리. 감지·분석·반응 루프를 이루고 있는 모든 부분을 구현할 수 있는지를 확인하자는 게 핵심이다.

었다. 이번 절에서는 이런 사례를 통해 뽑아낼 수 있는 일반적인 원리를 설명하겠다. 그림 2.4에 이러한 인공지능 적용 원리가 나와 있다.

그림 2.4에 표시된 접근 방식은 감지·분석·반응 루프의 각 부분을 다룬다.

- 감지 : 필요한 데이터를 수집할 수 있는가? 해당 데이터를 수집하는 데 비용이 얼마나 드나?
- 분석 : 인공지능이 이상적인 상황에서 분석을 수행할 수 있는가? 아니면 인공지능과 비슷한 일을 하는 데 성공한 사람이 있는가? 인공지능이 그러한 능력을 가지고 있다는 것이 잘 알려져 있는가? 여러분의 팀에는 이러한 인공지능 기반 방법을 적용하는 데 필요한 전문성이 있는가? 적용하기가 얼마나 어려운가?
- 반응 : 가치가 있고 인공지능을 적용할 수 있을 만한 한 가지 영역 행위를 찾는다. 그 행위의 경제적 가치는 무엇인가? 이 정보를 통해 해당 행위를 인공지능으로 자동화하는 것이 경제적으로 가능한지를 판단할 수 있다.

제3장과 제4장에서는 경제적인 측면과, 감지·분석·반응 루프의 적용을 다루기 위해 사업지표를 사용하는 방법을 설명하겠다. 그렇지만 당분간은 루프의 반응 부분과 분석 부분을 다루는 방법에 집중하자. 그러자면 여러분은 다음 두 가지 질문에 답해야 한다.

1 인공지능으로부터 혜택을 받을 수 있는 영역 행위를 찾는 데 도움이 되게끔 여러분의 사업을 체계적으로 생각할 수 있는 방식이 있는가?

2 수준 높은 인공지능 기능이란 무엇인가?

이 두 질문에 대한 답을 알고 나면 2.4.1 절에 나오는 것 같은 분석을 수행해 인공지능을 사용해서 실행해 볼 수 있는 사용 사례를 찾을 수 있다.

인공지능으로 돈을 버는 일은 인공지능이 인간보다 똑똑하다는 사실을 기반으로 하지 않는다

이번 장(및 제1장)에 나오는 사례는 인공지능을 사용해 성공하려면 인공지능을 사업과 연계하는 것이 특정 알고리즘 및 기술보다 훨씬 더 중요하다는 점을 보여 준다. 인공지능은 초인적 지능을 회의 석상에 앉히지 않는다. 인공지능은 영상 인식처럼 제한된 영역에 한해서 인간 같은 능력을 발휘할 뿐이다. 다만, 이러한 인공지능 기능을 경제적으로 적용할 수 있으며 인간이 할 수 있는 것보다 더 큰 데이터셋을 사용해 운영할 수 있다. 하지만 여러분은 여전히 인공지능의 기능을 사용해 사업을 개선할 수 있는 방법을 파악해야 한다.

인공지능은 대규모 데이터셋을 처리할 수 있는 능력 때문에 때때로 인간의 지능보다 더 뛰어난 통찰력을 발휘하기도 한다. 그러나 복잡다단한 분야에서는 여전히 인공지능이 인간보다 뒤처져 있다. 돈을 버는 방법을 인공지능이 스스로 알아낼 수는 없다.

피터 드러커는 일을 옳게 하는 것보다는 옳은 일을 하는 게 더 중요하다고 믿었다.[a] 인공지능은 여러분이 더 나은 분석을 할 수 있도록 돕는 데 쓰이는 수단이다. 그리고 여러분이 옳은 일을 하는 데 도움을 줄 수 있지만, 여러분만이 인공지능이 올바른 문제에 적용되도록 보장할 수 있다.

---

a 「경영 효율성을 위한 관리(Managing for Business Effectiveness)」라는 논문4에서 : "효능(effectiveness)과 효율 (efficiency)의 혼선은 근본적으로 옳은 일을 하는 것(doing the right things)과 일을 옳게 하는 것(doing things right) 사이에 있는 것이다. 이처럼, 해서는 안 될 일을 효율적으로 하는 것만큼 쓸모없는 일은 없을 것이다."

2.5   영역 행위 찾기

이제 인공지능 적용이라는 것이 단순히 일부 영역 행위에 감지·분석·반응 루프를 적용하는 문제라는 것을 이해했으므로, 다음 질문은 '수행할 수 있는 영역 행위를 체계적으로 찾는 방법'이어야 마땅하다. 이번 절에서는 이를 찾는 방법을 보여 준다.

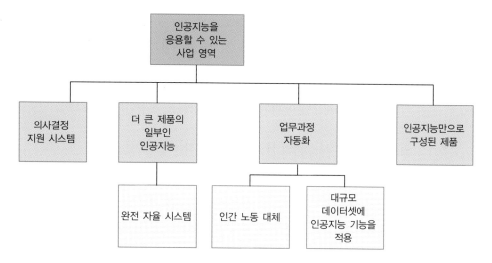

그림 2.5 사업에서 수행하는 고수준 역할을 기반으로 한 인공지능 분류. 이 분류를 사용해 여러분이 인공지능의 도움을 받아 펼칠 수 있는 사업 행위를 유도할 수 있다.

인공지능이 사업에서 수행할 수 있는 높은 수준의 역할은 제한되어 있다. 그림 2.5는 이러한 역할을 보여 준다.

인공지능을 다음에 열거된 것들의 일부로 사용할 수 있다.

- **의사결정 지원 시스템** : 인공지능은 조직에 속한 직원이나 관리자가 더 나은 의사결정을 내릴 수 있도록 도와준다. 이러한 시스템의 사용 범위는 중역이 전체 조직에 영향을 미치는 의사결정을 내리는 데 도움을 주는 일부터 직원들의 일상 업무를 지원하는 일에 이르기까지 다양하다.

- **더 큰 제품** : 인공지능을 어떤 제품에 속한 한 가지 부품처럼 쓸 수 있다. 이러한 제품에는 인공지능으로 가능하게 할 수 있는 기능들이 있지만, 그러한 기능들은 순수한 인공지능 기능은 아니다. 이 책에서 든 예로는 집 청소 로봇(룸바[5] 같은 것)이나 스마트 온도 조절기(에코비 및 네스트 같은 것)가 있다. 완전 자율 시스템의 경우, 인공지능이 시스템 운영을 안내하고 인간이 개입하지 않아도 알아서 결정을 내린다.

- **업무과정 자동화** : 인공지능은 업무과정의 일부 단계를 자동화한다. 때때로 업무과정 자동화는 인간의 노동을 대체하기 위해 수행된다. 또 다른 경우에는 인간이 처리하기 힘든 대규모 데이터셋을 처리하기 위해 수행된다.

- **인공지능만으로 구성된 제품** : 인공지능 도구를 제품으로 포장해 다른 조직에 판매할 수 있다. 예를 들어 교통 표지판 영상을 인식할 수 있는 인공지능 제품을 자율 주행 차량 제조업체에 판매할 수 있다.

이번 절의 나머지 부분에서는 이러한 각 항목을 설명한다.

2.5.1 의사결정 지원 시스템의 한 부분을 담당하는 인공지능

오늘날 기업에서 데이터 과학을 사용하는 가장 흔한 시나리오를 들라고 한다면, 인공지능이 의사결정 지원 시스템으로 사용되는 경우를 예로 들 수 있다. 이번 절에서는 인공지능을 이러한 시스템의 일부로 사용해 영역 행위를 찾는 방법을 보여 준다.

의사결정 지원 시스템의 한 부분으로 인공지능이 쓰이는 경우는 영역 행위를 도출하기에 가장 쉬운 시나리오이다. 모든 의사결정 지원 시스템에서 여러분은 이미 결정해야 하는 선택지에 집중하고 있다. 의사결정 지원 시스템의 한 부분에 인공지능을 사용할 때는 의사결정을 지원하는 사용자(또는 관리 팀)를 고려해야 한다. 그런 다음에 그들이 내릴 수 있는 결정의 스펙트럼을 열거한다. 마지막으로 여러분은 다음 질문을 스스로 해 보아야 한다. "이처럼 있을 법한 선택지 중에 한 가지를 선택하려면 어떤 정보가 필요한가?" 그런 다음에 프로젝트는 해당 정보를 제공하도록 구성된다.

인공지능이 경영진을 돕는다

여러분이 대규모 제조 운영을 지원한다고 가정해 보자. 이 작업에는 매일 수천 개의 부품을 배송하는 여러 대규모 공급업자가 참여한다. 여러분이 속한 조직에 있어서 가장 큰 비용이 드는 문제는, 공급업자가 공급하는 부품 중 특정 비율만큼 결함이 있는 경우에 조직이 이 문제를 해결하기 위해 많은 시간을 제조과정에 할애해야 한다는 점이다. 이러한 문제를 해결하려면 큰 비용이 든다. 더 나쁜 점은 제조업체에서 자체적으로 생산하는 최종 제품의 품질이 저하될 수 있다는 것이다.

개별 공급업자가 사업의 큰 부분을 차지하지만, 이 분야를 소수의 대규모 공급업자가 지배하고 있어서 여러분은 공급업자에게 제품의 품질을 개선하도록 강요하기 어렵다고 하자. 이럴 때 인공지능이 제조 운영을 위해 관리 팀을 어떻게 도울 수 있는가?

이런 질문에 대한 답을 찾으려면 여러분은 먼저 관리 팀이 구현할 수 있는 것이 무엇이고 실행할 수 있는 게 어떤 것인지에 대한 선택지를 나열해야 한다. 조직은 개별 공급업자에 대한 영향력이 거의 없기 때문에 조직에서 취할 수 있는 유일한 사업 행위는 공급업자를 변경하는 것이다.

공급업자를 변경하려면 어떤 질문에 답해야 하는가? 여기서 우리는 있을 법한 답 한 가지에 집중한다.

이상적으로는 품질이 저하되기 전에 미리 공급업자를 바꿔 품질 저하를 예방하는 게 바람직하다. 하지만 그 시점에 이르기도 전에 벌써 제조운영을 하는 과정에서 비용이 발생했다. 그래서 공급업자와 협력 관계를 끝내기로 결정하기가 어렵다. 공급업자와 협력 관계를 유지하는 데 드는 비용이 얼마인지 모르기 때문이다. 이상적으로는 공급업자의 품질 추세가 어디로 향하고 있는지에 따라 여러분은 능동적으로 행동할 수 있기를 바란다. 여러분은 품질 추세가 개선되고 있는 공급업자를 잘라 내고 싶어 하지 않는다. 품질이 급격히 좋아지고 있다면 여러분은 굳이 공급업자를 바꿀 시점을 잴 필요도 없을 것이다.

방금 설명한 경영진의 대응 방식을 바탕으로, 우리는 이제 인공지능을 사용해 품질의 과거 추세를 분석하고 향후 품질 추세를 예측할 수 있다면 관리에 유용한 시스템을 갖게 될 것임을 알게 되었다. 이것이 의사결정 지원 시스템의 한 부분에 인공지능을 사용하는 예이다.

이 예는 또한 자신의 사업 사례에 알맞게 인공지능을 만들어 사용하는 편이 다른 사람에게 효과가 있었던 인공지능 솔루션을 도입하는 경우보다 더 나은 이유를 보여 준다. 여러분이 속한 회사가 해당 공급업자와 거래하는 거래처들 중에서도 비교적 훨씬 더 많은 거래를 하는 거래처라면, 회사의 관리 팀은 단순히 공급업자를 바꾸는 대신에 관계를 유지할 조건을 협상할 수 있을 것이다. 이러한 관계를 조정하는 예로는 공급업자 측 경영진에 문제를 제기하거나 결함이 있는 부품에 대해 금전적으로 보상을 요청하는 경우 등이 있다.

하지만 이런 조정 행위는 여러분의 회사보다 더 큰 공급업체가 할 수 있는 일인 것이지 상대적으로 작은 여러분의 회사가 할 수 있는 일은 아닐 것이다. 그런데 규모가 훨씬 더 큰 조직에 맞출 수 있게 일반화된 인공지능 솔루션을 사용하면 여러분이 취할 수 없는 행위들에 집중할 수 있을지 모른다.

이 시나리오의 마지막 질문 : 여러분이 속한 조직이 여러 부서로 이루어진 대규모 조직이라고 가정할 때, 의사결정 지원 시스템에서 사업 행위를 지원하도록 요청해야 하는 세분화 수준은 어느 정도인가? 여러분은 분석을 수행하는 팀의 책임 범위와 실행 범위 내에 있는 선택지들을 직접 고려해야 한다.

> **경고** 여러분이 취할 수 있는 행위를 찾으려면 반드시 적절한 규모로 이뤄진 조직을 선택해야 한다. 그런데 스무 가지가 넘는 선택지가 나온다면 여러분이 지나치게 세분화했기 때문일 것이다.

인공지능을 의사결정 지원 시스템의 일부로 사용하는 일에 대해 논의할 때에 부딪히게 될 위험성으로는 그 일에 너무 깊이 빠져드는 경우를 들 수 있다. 고위 경영진을 위한 의사결정 지원 시스템의 일부로 인공지능을 적용하는 경우라면 여러분은 조직에서 일하는 각 개별 작업자가 취할 수 있는 행위를 분석해서는 안 되고 고위 경영진이 수행하는 행위를 분석해야 한다. 인턴이 입사한 첫날에 취할 수 있는 행위를 분석하지 말자.

> **조언** 꼭 고위 경영진이 의사결정자일 필요는 없다. 각 고객에 대한 추가 정보가 포함된 현황판을 표시하고, 다가오는 고객을 영업 팀에 추천하는 인공지능을 상상해 보자. 그러나 그 인공지능은 최종 선택을 개별 영업 전문가에게 맡긴다. 이러한 인공지능도 의사결정 지원 시스템이다.

2.5.2 더 큰 제품의 일부인 인공지능

또 다른 일반적인 상황은 인공지능 기능이 더 큰 제품의 일부가 될 때 발생한다. 이런 상황에서 핵심적인 특징은 최종 고객이 인공지능 자체를 구매하지 않는다는 것이다. 인공지능을 사용하지 않고는 발휘할 수 없는 기능을 해당 인공지능이 포함된 제품이 지니게 된 데 대해서 소비자가 비용을 지불하는 것일 뿐이다. 이번 절에서는 인공지능이 어떤 제품의 일부로 쓰일 때의 방법을 보여 준다.

제품 자체의 일부인 인공지능은 그 자체만으로 이미 아주 중요하다. 예를 들면 스마트 스피커(아마존 알렉사,[52] 구글 홈,[53] [54] 애플 홈팟[55])에서 자율 주행 차량에 이르는 다양한 제품이 있다. 인공지능을 어떤 제품을 다른 제품과 차별화하기 위한 수단으로 여길 수 있지만, 일반적으로 인공지능을 고객에 대한 가치 제안의 원동력으로 생각하는 것이 바람직하다.

조언   제품에 인공지능 기능이 들어 있다고 해서 제품을 특별하게 여겨 구매하는
사람은 거의 없다. 핵심 질문은 "제품이 고객에게 제공하는 가치는 무엇인가?"이다.

"우리는 인공지능을 사용한다"라는 말이 마케팅·자금 조달 기법으로 여겨지던 때도 있었
지만, 그런 시절은 끝났다. 시간이 흐르면 인공지능은 오늘날 자동차에서 엔진이 작동하
듯이 자율형 제품에서 핵심 역할을 맡게 될 것이다. 인공지능 없이는 어디로도 갈 수 없게
되는 것이다. 그러나 대부분의 자동차 구매자는 특정 엔진에 관심을 두기보다는 자동차를
타고 한곳에서 다른 곳으로 갈 수 있게 하는 이동성에 더 관심을 둔다.

제품의 일부인 인공지능

인간에게도 영향력을 끼치는 인공지능 제품의 예를 들자면, 인공지능 기반 장치를 보안
시스템의 일부로 사용하는 주택 경비 회사가 있다. 그러한 시스템이 취할 수 있는 관련
행위는 무엇인가? 한 가지 예를 들자면, 침입자가 있다고 생각되면 경보를 울리는 행위
를 들 수 있다.

다양한 비용 및 책임을 고려하는 경영진이라면 잘 훈련을 받은 운영자가 모니터링 센
터에 근무하다가 언제든지 실시간으로 경보를 울리거나 경찰을 부르는 최종 행위에 착수
해야 한다고 요구할 것이다. 상황을 모니터링할 자리에 앉힐 운영자 수를 경영진이 정해
줄 수도 있다. 한 사람이 여러 보안 자산을 한 번에 모니터링할 수 있다면, 이런 식으로
관리하는 게 훨씬 더 수익성이 있을 것이다.

이러한 시스템에서는 모니터링 센터에 앉아 있는 운영자를 인공지능이 돕게 할 수 있
다. 인공지능이 얼굴을 인식할 수 있다면, 집에 사는 가족이 아닌 사람이 집에 있을 때 경
고음을 울릴 수도 있다. 그런 다음에 인공지능이 이러한 점을 운영자에게 알릴 수 있고,
운영자는 해당 상황을 지켜보다가 필요하다면 경보를 울릴 수 있다.

인공지능이 더 큰 제품의 일부분이 되어 작동한다면 해당 제품은 물리적 시스템 내에서 작
동하는 셈이 된다. 고객은 제품에 인공지능이 들어 있기 때문에 비용을 지불하는 게 아니
라 제품이 어떤 기능을 하기 때문에 비용을 지불하므로 제품이 어떻게 기능하는지부터 생
각해 보자. 시스템이 수행할 수 있는 잠재적인 행위는 무엇인가? 있을 법한 행위들을 알고

나면 다음에 할 질문은 "시스템이 이러한 행위들을 각기 언제 수행해야 하는가?"이다.

> **참고**   인공지능이 더 큰 제품의 일부를 이루고 있다면 제품 자체는 완전 자율형 제
> 품이 되거나 일부 기능을 자동으로 수행하는 혼합형 제품이 될 수 있는데, 혼합형
> 이라면 그 밖의 작업을 인간에게 의존하게 될 수 있다.

완전 자율형 제품의 일부인 인공지능

완전 자율 시스템의 예로는 룸바 같은 진공 청소 로봇을 들 수 있다. 이 경우에는 진공
청소기로 방 전체를 청소해야 한다. 진공 청소기와 관련성이 있는 영역 행위는 "어디로
가야 하고 어떤 장소를 피해야 하는가?"이다.

인공지능을 사용해 환경을 탐색하는 기능을 해당 장치에 장착할 수 있다. 이러한 인공
지능은 정교한 항법 시스템에서 상대적으로 간단한 연산 장치에 이르기까지 다양할 수
있다는 점에 유의하자. 로봇 청소기는 인공지능을 사용해 방에 놓인 가구들의 배치 상태
를 학습하고 해당 배치 상태가 바뀐 내용을 인식할 수 있다. 또한 배터리 용량이 클수록
방 구조를 더 정교하게 파악해 처리할 수 있으므로 시간 집약적인 시행착오 접근 방식을
사용하여 장애물을 파악한 다음에는 장애물을 쉽게 피할 수 있다.

용량이 더 큰 배터리라는 사례를 통해 우리는 인공지능 알고리즘을 선택하는 일보다
전체 시스템을 구성하는 방법이 더 중요하다는 점을 알 수 있다. 몇 년 전까지만 해도 크
게 개선된 인공지능 탐색 기능에 많은 시간과 비용을 소비하기보다는 차라리 고용량 배
터리를 추가해 작동 시간을 늘리는 편이 더 수월하고 가성비가 좋았다.

완전 자율형 제품이라고 하는 맥락에서 볼 때, 제품이 취할 수 있는 행위뿐만 아니라 일부
행위와 결과가 바람직하지도 않고 허용되지도 않는다는 점도 고려해야 한다. 여러분은 룸
바가 계단을 알아서 내려오는 기능이 있는 값비싼 로봇 청소기가 되기를 바라지는 않을
것이다.

제품의 기능이 어떻게 진화할까?

인공지능을 더 큰 제품의 일부로 사용할 때는 초기 제품에 넣고자 하는 기능을 고려해야할 뿐만 아니라 나중에 보탤 제품 기능까지 고려해서 전체 이정표를 짜 두어야 한다.

종종, 여러분이 제작하는 제품은 고객에게 배송되는 물리적 시스템인 경우가 많다. 예를 들어 인공지능으로 움직이는 자율 주행 차량의 경우에는 차량 자체를 배송한다. 일단 차량을 배송한 후에는 소프트웨어만을 업그레이드하는 식으로 기능을 추가할 수 있다. 하지만 자동차에 들어 있는 센서와 이펙터(엔진, 브레이크, 조향 장치, 경적, 깜빡이, 전조등 같은 것들)[a]는 바꾸지 말아야 한다. 고객이나 사용자에게 물리적 시스템을 배송한 후에는 설계 시 예상하지 못했던 새로운 작업을 수행할 수 있는 기능을 추가하지 못하는 경우가 많다. 미래에 어떤 자율 주행 차량을 보유하든 간에 차량의 기능 중 일부 기능은 자동차가 제조될 때 고정되고 그 후로는 변경하기 어려울 것이다.

---

a 센서를 감지기라고 부르기도 하며, 이펙터를 효과기 또는 액추에이터라고 부르기도 한다._역주

2.5.3 인공지능을 사용해 업무과정의 일부를 자동화하기

산업계와 대중 매체 모두에서 주목을 받고 있는 인공지능의 용도 중 하나는 인공지능을 사용해 이전에 사람이 필요했던 행위를 수행하게 하는 일이다. 이번 절에서는 인공지능을 적용해 기존 업무과정을 최적화하는 방법을 보여 준다.

작업흐름의 일부를 자동화하는 인공지능

CCTV 카메라와 경비원을 사용해 모니터링하는 시설이 있다고 가정해 보자. 화면을 보는 일은 경비원의 작업흐름 중 한 부분에 해당한다. 인공지능은 영상을 살피다가 비정상적인 상황을 발견하면 영상 내 해당 부분을 강조 처리함으로써 경비원의 작업흐름에서 이 부분을 더 효율적이게 만드는 데 사용될 수 있다.

인공지능을 사용해 업무과정의 일부를 자동화하려는 경우에 먼저 해당 과정을 간단히 그

려 본 다음에 "인공지능을 사용해 이러한 단계를 더 효율적으로 만들거나 제거할 수 있는 가?"라고 질문하자. 이는 한 가지 작업을 인공지능을 사용하는 다른 작업으로 대체하는 일에 해당한다. 이전에는 인간이 수행하던 작업을 이제 인공지능이 수행하는 것이다.

인공지능과 인간의 능력이 다르기 때문에 사람들이 인공지능을 사용해 수행하는 작업을 일대일로 대체하기가 복잡하고, 이렇게 하려면 큰 비용이 든다. 대부분의 작업흐름에는 몇 가지 핵심 작업이 있게 마련인데, 시간이 가장 많이 걸리는 작업까지는 자동화할 수 있다고 하더라도, 이런 핵심 작업까지 자동화하기는 어려운 것으로 알려져 있다!

실제로 기존 과정 중에 특정 단계에 인공지능을 적용하는 일만 하면 될 때가 있지만, 일반적으로 업무과정까지 재설계하는 일까지 해야 할 때도 있다. 재설계를 할 때는 현재 기술로 쉽게 자동화할 수 있는 작업을 작업흐름에서 따로 떼어 내야 한다. 그런 다음에 시간이 많이 걸리거나 인간이 담당할 때는 문제가 많이 발생하지만 인공지능으로 처리하기에는 쉬운 부분에만 인공지능을 배정한다.

인공지능으로 새로운 일자리를 만든다

인공지능을 사용해 자동화하는 일은 논란이 되는 주제이다. 인공지능이 인간을 대신하여 어떤 행위를 수행하게 되었는데, 그런 행위가 근로자의 주 업무였다면, 그 근로자는 이제 일자리에서 쫓겨날 위험이 있다.

일자리를 없앨 때는 상당한 비용이 들 것을 고려해야 한다. 가장 중요한 것은 일자리를 잃게 된 근로자에게 드는 비용이다. 금전적인 비용만 드는 게 아니라 공공의 이익과 회사에 잔류하게 된 근로자의 선의를 해치는 비용도 들게 된다. 어떤 업무과정을 자동화하는 일에 관해 논의할 때는 인간을 배려하면서 이런 자동화가 종종 제로섬 게임이 된다는 점을 이해하는 게 중요하다.

인공지능 도입을 계획하면서 인공지능으로 일자리를 대체하려고만 한다면 실제로는 기회를 놓치는 셈이 되고 만다. 인공지능을 사용하면 이전에는 불가능했던 사업이나 경제적이지 못했던 사업을 새롭게 할 수 있다. 이 시나리오는 인공지능 시스템을 구축하고 지원하는 일을 담당할 일자리뿐만 아니라 그러한 사업에 수반되는 그 밖의 모든 일자리도 창출한다.

예를 들어, 주인이 일하는 동안에 인공지능이 반려동물을 돌보게 할 수 있다. 지금은 어떤 사람도 대가 없이는 이런 일을 하고 있지 않다. 왜냐하면 동물을 돌보는 일에는 노동력이 들기 때문이다. 반려동물을 돌보면서 재밌게 놀아 주는 인공지능이 있을지라도 인공지능이 할 수 없는 드문 상황(예 : 반려동물에 의학적 문제가 있는 것으로 보이는 상황)을 처리할 수 있게 루프의 한 부분을 담당해 줄 사람이 필요하다. 이러한 인공지능은 반려동물을 돌보는 사람을 위한 일자리를 창출한다. 이러한 직업에 필요한 일의 100%를 사람이 처리해야 했다면, 이러한 직업은 경제적이지 않다는 이유로 아예 생겨나지도 않았을 것이다. 반려동물을 돌보는 일 중에 대부분을 인공지능이 담당하고, 예외적인 상황만 사람이 처리한다면 이러한 직업도 존재할 수 있게 된다.

2.5.4 인공지능만으로 구성된 제품

때로는 많은 경영 상황과 다양한 고객에게 적용할 수 있다고 생각하는 인공지능 솔루션이나 인공지능을 지원하는 인프라 솔루션이 있을 수 있다. 이런 일이 발생하면 그러한 인공지능 솔루션은 그 자체로 가치가 있으며 독립 실행형 제품으로 포장되어 판매될 수 있다. 이번 절에서는 인공지능 솔루션을 온전한 개별 제품으로 판매하려는 경우에 생각해 보아야 할 몇 가지 사항을 설명한다.

여러분이 개발할 수 있는 어떤 인공지능 기능에 대해 기꺼이 비용을 지불하고자 하는 고객이 있다면, 여러분은 인공지능만으로 충분한 제품을 지닌 셈이다. 역사가 오래되고 다양한 분석 솔루션(예 : SAS[56]나 IBM의 SPSS[57])을 공급하는 기업들이 있으며, 고객이 사용할 수 있는 형태로 복잡한 분석 기능을 내장한 인공지능 기반 솔루션이 있다면, 유구한 역사를 이어 가는 제품으로 여겨질 수 있다.

> **조언** 여러분이 어떤 제품을 판매하고 있다고 해 보자. 그렇다면 이 제품을 구매할 의사가 있는 고객을 찾을 수 있는지 여부가 관건이다. 판매주기와 관련하여 생각해 볼 때, 제품 자체가 인공지능을 기반으로 한다는 사실은 판매 시 고려할 그 밖의 어떤 사항보다는 부차적이다.

하지만 인공지능을 기반으로 제품을 만들 때는 특별한 고려 사항을 해결해야 한다. 여러분은 인공지능에 대한 지식과 관련해 조직과 팀의 능력을 올바르게 평가해야 한다. 전례 없는 인공지능 솔루션을 개발하는 일과, 알려진 인공지능 기능을 새롭고 구체적인 상황에 적용하는 일 사이에는 엄청난 간극이 있다.

실무적으로도 두 가지 일에는 상당한 사전 전문 지식이 필요하며, 아주 다른 분야라고 할 수 있다. 인공지능을 온전한 한 가지 제품으로 판매할 때는 해당 제품의 초기 버전을 공급하는 능력만 필요한 게 아니라 경쟁에서 이기는 능력도 필요하므로, 이 두 가지 능력을 모두 따져 보아야 한다.

경고   인공지능 연구만을 전문으로 하는 전문가 팀이 여러분을 돕지 않는 한, 기존 인공지능 기능을 새로운 상황에 적용해 오던 일이나 계속하자. 이때까지 타인이 보여 주지 못한 새로운 기능이 있는 인공지능 제품을 개발하는 일은 예측하기도 어렵고 개발하기도 어려우며 위험하기까지 하므로 피하는 게 바람직하다.

반면에 흔한 인공지능 기능을 이해하고 그러한 기능을 새 제품에 적용하는 일 정도로 그친다면 위험을 크게 줄일 수 있다. 예를 들어 인공지능은 영상의 맥락을 잘 인식하는 것으로 알려져 있다. 이것이 인공지능의 흔한 기능성이다. 해당 기능을 특정 영역에 적용할 수 있다면, 여러분은 시장에서 살아남을 만한 제품을 지닐 수 있을 것이다. 한 가지 예로, 공장 생산 라인의 결함을 인식할 수 있는 소프트웨어를 들 수 있다. 여러분이 이 제품을 누구에게 팔 수 있는지를 알고 있다면, 비록 소프트웨어의 기능은 흔한 것일지라도 그 중요성은 커질 수 있다.

내 인공지능 제품이 널리 적용되는가?

어떤 인공지능 제품들의 경우에는 (분명히) 광범위하게 적용할 수 있는 일반적인 프레임워크 형태를 띠지만, 또 다른 제품들은 한 가지 문제 범주에만 적용할 수 있게 특화되어 있다.

인공지능이 한 가지 범주에 속한 문제만 해결할 수 있는 경우에, 여러분이 해당 인공지능 솔루션을 사용해 새로운 사업 행위를 실현할 수 있는 여러 예를 찾을 수 있다면, 이 인공지능 솔루션만으로 구성된 제품을 만들어 낼 수 있다. 반면에 인공지능으로 새로운 사업 행위를 만들어 낼 수 있는 사례를 하나밖에 찾아내지 못한다면, 인공지능이 더 큰 제품의 일부로만 쓰이게 하는 편이 더 나을 것이다.

인공지능을 살아남게 할 만한 새로운 사업 행위를 파악하려고 할 때는 2.5.1, 2.5.2,

2.5.3 절에 나오는 기법들을 적용할 수 있을 것이다. 그러나 이러한 기법들을 여러분의 사업에 적용하는 대신에 잠재 고객의 업무에 적용하는 게 더 좋을 수도 있다.

2.6 인공지능 기능 개요

2.5 절에서는 적절한 인공지능 기능과 짝을 지을 수 있는 경우에 해당 행위를 취할 수 있는 사업상의 질문을 알아내는 방법을 보여 주었다. 이번 절에서는 "내가 하는 사업과 관련된 문제를 해결하는 데 쓸 수 있을 만큼 광범위한 인공지능 기능 분야가 있는가?"라는 질문에 답하는 데 도움이 되는 인공지능 기능 분류를 제공한다. 그림 2.6에는 이러한 인공지능 기반 방법들을 분류한 경우가 나와 있다.

이 분류법은 빌 슈마르조Bill Schmarzo의 저서[58] [59]에서 제시한 원래 분류법을 고친 것으로, 인식 작업에서도 인공지능이 사용된다는 점을 강조하기 위해 '비정형 데이터 사용'이라는 범주를 추가한 것이다. 인공지능 전문가와 사업 전문가 간의 토론을 이끌 목적으로 이 분류 체계가 작성되었다. 이 분류에 나오는 범주들은 다음과 같다.

- **결과를 더 빨리 안다.** 여기에서 인공지능은 결과를 더 빨리 알아내는 데 도움이 되며, 이는 많은 상황에서 사업 가치가 있다.[58] [59] 여러분이 자동차 제조 공장을 운영하고 있는

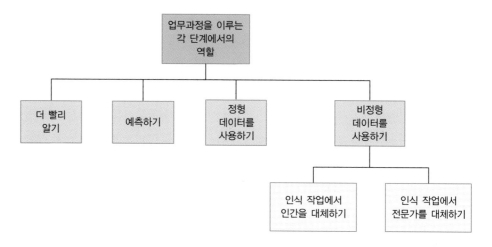

그림 2.6 인공지능 기능을 기반으로 한 분류. 이 프레임워크는 광범위한 인공지능 기능 영역을 묶음으로써, 처리 중인 사업 문제에 적용 가능한지를 재빨리 확인해 볼 수 있게 한다.

상황에서 공장의 한구석에서 만든 부품을 사용해 자동차를 조립해야 한다고 해 보자. 어떤 자동차 부품이 막 만들어진 상태에서 해당 부품에 결함이 있다는 점을 알게 되면, 그 부품을 즉시 폐기하고 자동차를 조립할 때 절대로 쓰지 말아야 한다. 이렇게 하는 게 부품을 자동차에 장착해서 고객에게 보내고 나서야 부품에 결함이 있다는 사실을 아는 것보다는 훨씬 더 바람직하다.

- **현재 추세를 기반으로 미래에 발생할 만한 사건 중 일부를 예측한다.** 여러분은 이미 2.5.1 절에서 이 기술을 본 적이 있는데, 그 부분에서는 과거 추세를 기반으로 공급업자의 미래 품질을 예측할 때 이 기술을 사용했다.

- **정형 데이터를 사용한다.** 때로는 이미 보유하고 있는 관계형 데이터베이스 중 하나에서 원하는 답변을 찾을 수 있다. 특히 대용량 데이터를 보유하고 있다면 더욱 그렇다.[58][59] 이미 테이블 형태로 된 데이터[4]에서 잘 작동하는 인공지능 기반 방법들이 있다.[5]

- **비정형 데이터를 사용한다.** 또한 글, 사진, 영상, 음성 같은 다량의 비정형 데이터를 처리하고 이해하는 데도 인공지능 방법들이 도움이 될 수 있다.[58][59] 이 경우에 사진 기록, 영상 녹화, 음성 녹음 속에 담긴 맥락을 인공지능 기반 방법들을 사용해 인식할 수 있다.

- **인식 작업에서 인간을 대체한다.** 비정형 데이터 사용의 하위 범주에 해당하는 이 범주는 최근 몇 년 동안 인공지능이 영상 인식 같은 단순 인식 작업에서 인간의 능력에 필적하고 심지어 그보다 뛰어나다는 사실을 기반으로 한다.[62][63] 인간이 쉽고 본능적으로 수행하는 간단한 인식 작업을 이 범주에 해당하는 인공지능이 수행할 수 있다고 생각하면 된다. 이러한 작업의 예로는 사진 속에서 특정 물체를 인식하는 경우가 있다.

- **인식 작업에서 전문가를 대체한다.** 이 하위 인공지능 기능 범주에 쓰이는 인공지능이 비정형 데이터도 이해하는 것이어야 하지만, 여기서 인공지능은 인간 전문가가 필요할 만큼 고수준에 해당하는 인식 작업까지 수행하는 것을 말한다. 그러한 인간 전문가는 수년간에 걸친 훈련을 통해 본능화한 기량을 발휘한다. 이에 대한 사례로는 인공지능으로 의료 영상을 해석하는 경우가 있다. 최근 몇 년 동안 인공지능은 어떤 경우에는 인간 전문가에 필적하는 수준에서 의료 영상을 해석하는 능력을 보였다.[64][65]

---

4 즉, 정형 데이터_역주

5 이러한 방법의 예로는 그레이디언트 부스팅(gradient boosting, 경사도 증폭)이 있다. 이 방법의 기술적 세부 사항에 관심이 있다면 위키백과[60]와 캐글(Kaggle) 웹 사이트[61]에서 벌어지는 토론을 참조하자.

이제 여러분은 2.5 절에서 제시한 사업 문제에 적용할 만한 인공지능 솔루션을 우리가 어떻게 찾았는지를 알 수 있게 되었다. 그러한 모든 사례에서 여러분은 행동으로 옮길 만한 사업 문제를 먼저 찾은 다음에 여러분이 취할 수 있는 영역 행위를 찾는다. 여러분은 "그림 2.6에 표시된 여섯 가지 인공지능 기능 범주 중 하나를 이 사업 문제에 적용할 수 있을까요?"라고 물어볼 수 있다.

인공지능 기반 방법들을 모두 나열할 수 있는가?

이 책을 포함하여 인공지능에 담긴 모든 기능을 책 한 권으로 설명할 방법은 없다. 인공지능은 빠르게 발전하는 분야이며 새로운 방법과 애플리케이션이 개발되며 인공지능 기능이 날로 변화한다. 개별 인공지능 기반 방법의 세부 사항에 관심이 있다면, 최신 인공지능 기능을 자세히 안내할 만큼 숙련된 데이터 과학자나 컨설턴트가 필요하다.

이번 절에 제시된 분류 체계가 인공지능 전문 지식까지 대체하는 것은 아니지만, 이 분류 체계는 사업 전문가와 인공지능 전문가 간의 토론을 체계적으로 구성할 수 있게 하는 방법이다.

이런 곳에서는 사업을 담당하는 사용자라도 쉽게 이해할 수 있는 방식으로 일반적인 용어를 사용하며 개념을 제시한다. 인공지능 전문가라면 이번 장에 제시된 분류 체계를 사업상의 질문에 적용할 수 있는지 확인하는 방법들과 알고리즘을 분류해 놓은 내용에 대한 빠른 점검표로 사용할 수 있다.

2.7 유니콘 소개

이번 장에서는 인공지능 기술로 인한 혜택을 누릴 만한 사업 문제를 판정하는 방법에 대해 설명했지만, 여러분이 이제 막 제안한 솔루션을 구현하는 데 필요한 지식을 여러분의 특정 개발 팀이 가지고 있는지는 의문이다. 이번 절에서는 이 질문에 답할 수 있게 여러분을 돕는다.

우리가 인공지능 프로젝트에 사용하는 기술은 아직 새롭고 드문 것이며, 데이터 과학자와 데이터 공학자가 보유해야 하는 기량에 대해 산업계에서는 여전히 조금 혼란스러워한다. 그런 기량이 드문 것이기 때문에 그런 기량을 갖춘 전문가야말로 유니콘처럼 찾아보기 힘든 사람이라는 농담이 있다. 이번 절에서는 종종 **유니콘의 속성처럼 여겨지는** 기량들을 설명하는 일부터 한다. 그런 다음에 대부분의 실제 팀이 이러한 기량을 모두 갖추지 못하는 이유를 설명하겠다. 마지막으로, 실행 중인 특정 인공지능 프로젝트에 필요한 모든 기량을 팀이 지니고 있는지를 확인하는 방법을 보여 주겠다.

2.7.1 데이터 과학 유니콘

데이터 과학이라는 용어는 많은 기량을 포괄하는 용어로 여겨지기도 한다. 2013년에 수행된 설문 조사에는 데이터 과학의 한 부분을 차지하는 영역들이 스물두 개나 나열되어 있다.[66] 이러한 영역의 예로는 통계, 경영과학OR, 베이즈 통계, 계획법programming 같은 주제가 있다. 상황은 더 나빠지고 있다! 심지어 오늘날에는 확실히 중요한 것으로 여겨지는 새로운 영역도 생겼다(예 : 딥러닝).

> **참고** 데이터 과학 유니콘이라면 이러한 각 영역에서 확실히 세계적 수준의 전문가여야 하는가? 아니다. 이 영역들은 개별적으로도 매우 복잡한 영역이다. 주요 대학의 많은 저명한 교수들은 이러한 영역 중 한 가지에 전문가가 되기 위해 시간과 노력을 온전히 쏟아붓는다. 대부분의 경우에 세계 어느 누구도 이러한 모든 분야에서 전문 지식(앞서 언급한 교수의 기량과 비슷한 수준이라고 여길 만한 지식)을 가지고 있지 않다. 설혹 그러한 유니콘이 존재한다고 할지라도, 그 사람만을 위해 예산을 쏟아부을 인공지능 프로젝트가 있을까?

데이터 과학이라는 범위 안에 다양한 기량이 포함된 이유는 무엇일까? 서로 다른 기량이 서로 다른 실용 문제를 푸는 데 도움이 되기 때문이다. 있을 법한 모든 데이터셋에서 한 가지 머신러닝 방법이 그 밖의 모든 방법을 능가하는 경우는 없다.[6] 인공지능 커뮤니티가 실제적이고 실용적인 문제를 해결할 때 어떤 방법이 그 밖의 방법보다 더 우수했기 때문에 이처럼 다양한 방법이 출현한 것이다. 수년이 흐른 후에 우리는 다양한 분야에 펼쳐져 있는 여러 방법을 조합해서 사용하는 지경에 이른다.

---

6 이것은 또한 공짜 점심 불가 이론(No Free Lunch Theorem)[67]으로 알려져 있다.

유니콘을 키우는 방법

선도적인 데이터 과학자들이 현재까지 알려진 방법들을 모두 배우는 일부터 했을까? 뛰어난 데이터 과학자가 되려면 먼저 유명한 데이터 과학자의 기량에 필적하는 기량을 갖춰야 하는가? 아니다. 종종 단 두 명밖에 되지 않는 뛰어난 데이터 과학자의 기량들도 서로 일치하지 않는다. 숙련된 데이터 과학자들 사이에서도 한 사람은 적어도 다른 사람이 익숙하지 않은 분야에 대한 전문 지식을 보유하게 될 것이다.

숙련된 데이터 과학자의 기량은 종종 특정 유형의 인공지능 기반 방법을 써서 문제를 해결하는 과정에서 습득된다. 그들은 **자신들이 일하는 영역에 속한 어떤 구체적인 문제를 해결하는 데 필요했기 때문에** 이러한 특정 인공지능 기반 방법을 배워야 했던 것이다. 신규 프로젝트를 진행하다 보면 이전에 핵심 영역에 속하지 않았던 신규 영역에서 새로운 기량들을 갖추게 된다. 예를 들어, 2011년까지만 해도 오늘날 딥러닝으로 알려진 작업을 하는 사람이 산업계나 학계에 거의 없었다.

여러분이 유니콘이 되고 싶다면 해결할 가치가 있는 문제를 해결하자. 그 과정에서 강력한 기량들을 습득하게 될 것이다.

관리자는 팀의 일원이 될 데이터 과학자를 고용할 때 두 가지 면을 살펴보아야 한다. 초기 인공지능 프로젝트에서 사용할 수 있는 핵심 기량을 보유함과 동시에 새로운 기량을 학습하는 능력도 갖춘 후보자를 찾아야 한다. 그 과정에서 데이터 과학자가 새로운 방법을 많이 배워야 할 가능성이 높다. 선임 데이터 과학자를 고용할 때는 한 벌이나 되는 인공지능 기반 방법들에 대해 강력한 배경이 있는가만 따지지 말자. 선임 데이터 과학자는 다양한 방법을 사용해 구체적인 문제를 해결해 본 경력이 있어야 한다.

조언 데이터 과학은 팀 스포츠이다. 데이터 과학의 일부인 모든 지식을 완전히 다루려면 전체 팀이 필요하므로 상호 보완적인 기량을 갖춘 팀을 구성해야 한다.

초기 데이터 과학 팀을 어떻게 구성해야 하는가? 팀에는 사업 문제를 이해하는 데 충분한 사업 전문 지식도 필요하고, 초기 분석을 수행하고 인공지능이 문제를 해결할 수 있는지를 결정하기 위한 인공지능 기반 방법에 대한 충분한 전문 지식도 필요하다. 완전한 인공지능 솔루션을 제시하는 과정에서 팀은 몇 가지 새로운 기량을 배워야 한다.

2.7.2 데이터 공학자라면 어떨까?

인공지능에 대해 논의할 때 우리는 종종 단일 시스템만으로 처리하기 어려워서 전담 인력이 필요할 만큼 큰 프레임워크로 처리해야 하는 빅데이터를 운영하는 일에만 관심을 기울이는 경향이 있다. 데이터 과학자는 빅데이터 프레임워크를 사용하는 데는 능숙하지만 이러한 프레임워크의 세부 사항에 대해서까지 전문가라고 할 수 없다. 따라서 빅데이터 프레임워크 자체를 사용하는 데 주력하는 전문가가 따로 필요하다. 우리는 그들을 **데이터 공학자**(데이터 엔지니어)라고 부른다. 데이터 과학과 마찬가지로 빅데이터 또한 그 영역이 넓다.

빅데이터 공간에서 유일하게 인기를 끄는 제품인 아파치 하둡 프레임워크[15]를 예로 들어 보자. 몇 년 전으로 거슬러 올라가 보면, 선도적인 하둡 공급업자 중 하나가 펴낸 배포판은 스물세 가지 개별 컴포넌트(소프트웨어 구성요소)로 구성되어 있었으며, 각 컴포넌트별로 별도의 책을 만들어도 될 만큼 각 컴포넌트가 아주 컸다.[68]

데이터 공학 산하에 속하는 지식의 분량은 단일 빅데이터 프레임워크에 대한 지식의 분량보다 훨씬 더 크다. 데이터 공학자는 종종 온프레미스 환경뿐만 아니라 클라우드 환경에서도 자신이 맡은 일을 운영할 수 있어야 한다. 아마존 AWS,[11] 마이크로소프트 애저[13] 및 구글 클라우드 플랫폼[12] 같은 클라우드 서비스의 플랫폼은 서로 다르며 그 사이에 큰 간극이 있다. 즉, 여러분이 고용한 데이터 공학자는 빅데이터 프레임워크를 다루는 데 필요한 전문 기량들 외에도 선택한 클라우드 플랫폼을 다루는 데 필요한 기량들을 보유할 필요가 있다.

데이터 과학자에게 적용되는 동일한 제약점이 데이터 공학자에게도 적용된다. 데이터 공학자도 인간이므로 모든 것을 알 수 없다는 말이다. 데이터 공학자는 주요 빅데이터 프레임워크를 구성하는 요소 중에 몇 가지에 대해서만 전문가이다.

2.7.3 그래서 유니콘은 어디에 있는가?

이런 말을 하고 싶지는 않지만, 데이터 과학 및 데이터 공학의 일부인 방법, 제품, 기술에 대해 강력한 전문 지식을 모두 갖춘 사람을 찾아낼 가능성은 거의 없다. 기껏해야 개별 데이터 과학 주제나 데이터 공학 주제에 대한 경험이 풍부하고 다른 관련 주제에 대해 충분히 숙지해 자신이 잘 알지 못하는 분야의 전문가와 이야기할 수 있는 수석급 인재 몇 명을 찾을 수 있을 뿐이다.

최근 몇 년 동안 대학에서 데이터 과학 주제 및 데이터 공학 주제와 관련된 교육과정과 학위를 제공하기 시작했지만, 더 나은 교육을 통해 이 문제를 해결할 수 있을 것 같지는 않다. 지식 범위가 너무 넓으므로, 이러한 기관이 학생들에게 무엇을 가르칠 수 있는지에 대한 기대를 현실에 맞춰야 한다.

경고 프로젝트 리더는 팀이 보유한 기량과 프로젝트에 필요한 기량을 구별해야 한다. 여러분은 기량 격차를 인식하고 이를 메워야 한다. 선임 데이터 과학자와 아키텍트가 해당 분야의 모든 것을 알고 있다고 가정하지 말고, 그들이 알아야만 한다는 식으로 기대하지 말자. 이런 식으로 기대하다 보면 기량 격차를 인식하지 못하게 된다.

프로젝트 리더는 팀 내 지식 격차가 어디에서 생기는지를 알아야 한다. 팀이 아직 보유하고 있지 않은 기술과 관련하여 인공지능 프로젝트를 시범적으로 진행해 보면, 이러한 지식 격차를 해소해야 한다는 것을 알 수 있다. 여러분은 **격차 분석**gap analysis을 적용하면 된다.[69] 현재 팀이 보유하고 있는 기량과 팀에 필요한 기량 간의 격차를 분석하는 예가 그림 2.7에 나와 있다.

그림 2.7 팀이 보유한 기량과 팀에 필요한 기량 간의 격차 분석. 이 분석을 통해 부족한 기량을 해결할 방법을 계획할 수 있다.

여러분은 다음 단계를 적용해 격차 분석을 수행하면 된다.

1 먼저 여러분의 기술 팀과 협력해 고수준의 기술적 해법을 빠르게 적어 본다. 이 기술적 해법에 소요된 시간과 이를 구현할 가능성을 일치시킨다. 프로젝트만 고려하고 있다면 해법은 상위 수준에 해당하는 것이어야 한다. 곧 프로젝트를 시작할 계획이라면 초기의 기술적 해법에 상당한 세부 정보가 필요하다.

2 해법을 기반으로 프로젝트에서 식별된 사용 사례를 해결하는 데 필요할 것으로 예상되는 기술적 기량 목록을 작성한다. 기량들을 요약한 이 내용은 해결하려는 사업 문

제에 대해 잘 알고 있고, 이를 해결하는 데 필요하며 수준이 높은 기술적 접근 방식을 신속하게 식별해 낼 수 있을 만큼 기술적 전문 지식을 충분히 갖춘 사람들이 작성해야 한다.

3 팀원들이 이미 지니고 있는 기량들은 무엇인가? 팀에게 그들이 지닌 기량이 무엇인지를 묻되 인공지능과 데이터 공학에 대해서는 가정을 하지 말자. 이 두 영역은 아주 높은 수준의 기술이 필요한 분야이며 근거 없는 가정을 쉽게 해서는 안 되는 분야이기 때문이다.

4 필요한 기량과 현재 기량 간의 격차를 알아낸다. 팀이 프로젝트를 진행하는 데 겪을 수 있는 어려움을 추정할 때 이렇게 기량을 나열해 둔 목록이 유용하다. 이 목록을 잘 간수하자. 이 사업 관점에서의 질문을 해결하는 프로젝트를 진행하기로 결정하였다면, 격차를 줄여 나갈 계획을 세워야 한다. (여러분은 팀을 교육하거나 새로운 팀원이나 컨설턴트를 채용해 지식 격차를 해소할 수 있다.)

항상 현재 상황을 기반으로 격차 분석이 수행된다는 점을 알자. 여러분이 인공지능 프로젝트의 가능성 여부를 따져 보기만 하는 중이라면, 기술적 해법의 개요를 바탕으로 이 격차 분석을 대략적으로 수행해야 한다. 프로젝트가 진행되고 있는 중이라면, 더 자세한 기술적 해법을 출발점으로 삼아야 한다. 이 말은 여러분이 프로젝트 수명주기 동안 일반적으로 격차 분석을 여러 번 수행하게 된다는 의미다.

질문하는 방식에 유의하자

여러분이 기술적 기량의 격차에 대해 물어본다는 것은 기술 담당 직원에게 당신에게는 없는 전문 분야를 인정하라고 요구하는 일이나 다름없다. 조심스럽게 다루지 않으면 상대방의 분노를 폭발하게 할 만한 질문인 것이다. 질문하기 전에 '기술적인 기량이 없다는 점을 팀원이 쉽게 인정할 수 있는 분위기를 조성하는 것이 리더 역할을 맡은 여러분의 임무'라는 점을 생각해 보자.

이러한 분위기를 조성하기 위해 선호되는 기법 중 하나는 팀원 간의 신뢰를 구축한 다음에 이러한 문제에 대해 이야기하는 것이다. 유용하다고 생각되는 다른 기법들로는 기량을 비공개적으로 요구하는 기법, 익명으로 된 설문 조사지를 작성하게 하는 기법, 신뢰할 수 있는 중개자에게 팀 구성원과 함께 주제에 접근하도록 요청하는 기법이 있다.

2.8 연습문제

이 책에서는 프로젝트를 실행할 때 사용할 수 있는 실용적인 기량을 개발하도록 돕고자 한다. 연습문제를 통해 이번 장에서 배운 기량들을 새로운 경영 상황에 적용해 보자.

2.8.1 단답형 질문

다음 질문에 간단히 답해 보자.

질문 1 : 여러분의 회사에서 실패한 프로젝트에 대해 생각해 보자. 그 프로젝트에 인공지능 기반 구성요소가 이미 하나 들어 있었다고 해도 똑같은 방식으로 실패했을까?

질문 2 : 팀이 보유한 기술적 기량과 이 프로젝트에 필요한 기량 간의 격차를 이해할 수 있을 만큼 데이터 과학 및 데이터 공학에 대한 충분한 지식이 여러분에게 있는가?

질문 3 : 여러분이 팀원들과 충분히 좋은 관계를 유지하고 있고, 팀원들은 자신들이 보유한 기량의 한계를 거리낌 없이 인정하는가?

2.8.2 시나리오 기반 질문

설명된 시나리오에 맞춰 다음 질문에 답하자.

질문 1 : 감지 · 분석 · 반응 루프를 적용할 때 중요한 기량 중 하나는 패턴의 반응 부분에서 누가 집행할 것인지를 식별하는 것이다. 다음 시나리오들에 맞게 질문에 답해 보자. 누가 또는 무엇이 행위를 수행하고 감지 · 분석 · 반응 루프의 반응 부분을 충족하게 할 것인가?

- **시나리오 1** : 여러분은 자율 주행 자동차를 만들고 있으며, 여러분이 사용하고 있는 인공지능은 모든 조건에서 완전 자율 주행을 가능하게 할 것이다(소위 5 단계 자율 주행 차량. 다시 말하면, 운전자가 운전할 일이 없는 자동차).
- **시나리오 2** : 여러분은 고객에게 제품을 제안하는 추천 엔진을 작성하는 중이다.
- **시나리오 3** : 여러분은 집의 온도를 제어하는 스마트 온도 조절기를 조절하는 인공지능 프로그램 한 개를 작성하고 있다.

질문 2 : 인공지능을 사용해 새 일자리를 만든다. 여러분의 조직에서 아직 제공하지 않고 있는 신규 서비스를 제공할 수 있게 할 만한 인공지능 기능을 예로 들어 보자. (그러한 일자리가 이 연습문제의 답으로 간주되려면 해당 일자리는 인공지능을 구축하는 소프트웨어 개발 팀과는 아주 무관한 일이어야 하며, 그러한 일자리를 차지하게 된 사람이 개발 팀을 만날 가능성이 없어야 한다.)

질문 3 : 의료 시설에서 인공지능 알고리즘을 사용한다고 가정하자. 예를 들어 그곳이 한 대형 병원의 방사선과라고 해 보자. 영상 분류 분야에서 최고 수준에 오른 인공지능 전문가를 팀에 두고 인공지능 측면을 다루게 된 여러분은 운이 좋다. 여러분은 그 전문가가 의료 영상을 정상이나 비정상으로 분류하는 인공지능 알고리즘을 개발할 수 있을 것이라고 확신하지만, 그 전문가는 이전에 헬스케어(건강 관리, 보건의료)와 관련해서 일한 적이 한 번도 없다고 해 보자. 의료에 적용할 수 있게 작동하는 인공지능 제품을 개발하기 위해 여러분이 해결해야 할 그 밖의 고려 사항은 무엇인가?

질문 4 : 앞서 나온 병원 환경 사례를 여러분이 종사하는 산업계의 분류 문제에 적용해 보자. 의료 산업과 비교해 여러분이 속한 산업에 새롭게 존재하는 고려 사항은 무엇인가?

질문 5 : 인간의 역할을 대체했지만 인간만큼 잘 해내지 못하고 있는 인공지능의 사례를 들어 보자.

질문 6 : 보안 카메라 제조업을 하는 여러분의 회사에서는 사진 속에서 사람을 검출해 내는 인공지능 알고리즘을 개발했다. 사업 내 역할의 분류와 관련해서 이러한 인공지능 용례를 어떻게 분류할 수 있는가?

질문 7 : 보험 회사에서 사고 현장의 정적 이미지를 기반으로 하여 자동차의 어느 부분이 손상되었는지를 인식할 수 있는 인공지능 프로그램을 개발했다고 하자. 이 인공지능 프로그램이 손해 사정인을 대체할 수 있는가?

요약

- 인공지능 알고리즘을 세부 사항까지 속속들이 아는 전문 지식이 있어야만 인공지능 프로젝트를 관리할 수 있는 것은 아니다. 그 대신에 여러분은 인공지능 프로젝트로 얻게 될 이점을 사업 용어로 설명하는 방법을 알아야 한다. 어떤 사업 문제가 해결되고

있는가? 인공지능이 제공하는 사업상의 이점은 무엇인가? 그 혜택은 어떻게 측정되는가?

- 여러분은 체계적인 과정을 통해 여러분이 할 수 있는 사업 행위와 인공지능을 적용할 수 있는 사업 행위를 찾아낼 수 있다. 그림 2.5에서 설명한 분류법을 조직에 적용해 보자.

- 인공지능 기능은 정형 데이터와 비정형 데이터를 더 빨리 파악하고, 예측하고, 처리하고, 인지하는 작업을 수행할 수 있는 능력을 기반으로 한다.

- 인공지능이 구체적인 사업 행위를 알려 주는 분석을 수행하기 때문에 사업에 도움이 될 수 있다. 인공지능 기능을 기반으로 하는 분석 부분과 여러분이 수행할 수 있는 구체적인 사업 행위를 기반으로 하는 반응 부분을 사용해 감지 · 분석 · 반응 루프를 적용할 수 있을 때 인공지능을 활용할 기회가 발생한다.

- 인공지능, 데이터 과학, 데이터 공학이라는 주제를 모두 다룰 수 있는 전문가는 없다. 프로젝트 리더는 팀이 보유한 지식과 능력의 상대적 격차를 식별하고 해소해야 한다.

첫 번째 인공지능 프로젝트 선택하기

3

이번 장에서 다루는 내용

- 여러분이 속한 조직의 인공지능 기능들에 걸맞은 인공지능 프로젝트를 선택하기
- 인공지능 프로젝트의 우선순위를 정하고 먼저 착수할 인공지능 프로젝트를 선택하기
- 사업 문제와 관련하여 연구상의 질문을 공식화하기
- 인공지능 프로젝트를 선택할 때 피해야 할 함정과 그러한 프로젝트의 모범 이행사례

분석 조직을 꾸려 이 조직이 오래 살아남게 하고 싶다면 복잡한 기술적 도전 과제들이 포함된 인공지능 프로젝트부터 착수해서는 안 된다. 초기 프로젝트로는 명확하고 실천 가능한 결과를 신속하게 제공할 수 있는 것을 선택해야 한다. 여러분은 최적의 시기에 성공할 수 있게 전체 과정을 구성해야 한다.

이번 장에서는 어떻게 하면 여러분이 첫 번째 인공지능 프로젝트를 잘 선택할 수 있는지를 보여 준다. 또한 인공지능 프로젝트에서 사용하는 연구상의 질문이 여러분이 해결해야

할 사업 문제를 올바르게 반영하는지를 확인하는 방법을 알려 준다. 마지막으로, 신생 인공지능 팀이 흔히 빠지기 쉬운 함정을 목록 형태로 제시한다.

3.1 신생 인공지능 팀에 적합한 프로젝트 선택하기

나는 여러분의 장기적인 목표가 일련의 성공적인 인공지능 관련 프로젝트를 제공함으로써 상급 조직의 성공을 도울 인공지능 팀을 구축하는 것이라고 가정해 보겠다. 이를 위해서는 성공적인 인공지능 팀이 취할 여정을 이해해야 한다. 이번 절에서는 그 여정을 설명한다.

> **조언** 일회성 인공지능 프로젝트를 추구하는 경우라면 기성 솔루션 제품을 구입하거나 외부 협력업체와 계약하는 편이 더 나을 수 있다.

리더가 내려야 하는 가장 중요한 결정은 팀이 수행해야 하는 초기 인공지능 프로젝트의 우선순위를 어떻게 정할지에 관한 것이어야 한다. 또한 결정을 내리기 전에 결정에 따른 영향을 이해해야 한다. 즉 인공지능 팀의 성공이나 실패를 이해하려면 성공한 모습과 실패한 모습이 어떠할지를 먼저 이해해야 한다.

3.1.1 성공한 모습

레프 톨스토이는 안나 카레니나[20]에서 다음과 같이 썼다.

> 행복한 가정은 모두 서로 닮아 있다. 불행한 가정은 서로 다른 모습으로 불행하다.

마찬가지로 성공하는 인공지능 팀은 모두 닮아 있다. 그러한 팀 중의 하나인 여러분의 인공지능 팀이 전문 지식(그리고 아마도 인원수)을 늘리고 점점 더 복잡한 문제를 해결하고 있다고 하자. 실패한 인공지능 프로젝트들은 여러 가지 오류로 인한 결과이며(이 중 대부분은 3.4 절에 설명되어 있음), 이러한 프로젝트들 때문에 여러분의 인공지능 팀이 와해될 수 있다. 이번 절에서는 신속하게 배포할 수 있으면서도 상당한 사업 가치를 제공할 수 있는 프로젝트부터 진행해야 하는 이유를 살펴본다.

여러분의 조직에서 인공지능 작업을 시작하는 경우에(또는 여러분이 기존 분석 조직의 구성원인 경우에도) 다음 세 가지 영향력을 받게 된다.

1 **풍부한 기회** : 여러분은 역사적으로 산업계에 없었던 기술(즉, 인공지능 기술과 빅데이터 기술)을 사용해 운영하고 있으며, 조직이 보유한 많은 데이터셋에 이러한 기술을 최초로 적용한 사람이다.

2 **제한된 시간 및 자원** : 여러분에게는 분석에 전념할 자원이 제한되어 있다. 여러분이 생각해 둔 인공지능 프로젝트들을 이끌 자격이 있는 사람이 충분하지 않을 가능성이 있다.

3 **성공은 여러분을 더 강하게 만든다** : 사업을 통해 돈을 벌게 되면 시간이 지남에 따라 분석에 동원할 자원이 늘어난다. 경영진은 가치를 제공한 우수 실적 팀에 투자하게 마련이기 때문이다. 보조 역할을 하는 데이터 과학자조차도 성공한 역사가 있는 프로젝트에 참여하기를 바랄 것이다. 이런 식으로 몇 가지 쉬운 문제부터 해결해 내면 더 큰 문제를 해결하는 데 필요한 자원을 더 쉽게 얻을 수 있다.

이런 환경에서 여러분은 어떻게 성공할 것인가? 난이도에 상관없이 먼저 큰 성과(예 : 상당한 금전적 가치를 제공하는 프로젝트)에 집중하는 것이 합리적인가? 절대 아니다. 오늘 어려웠던 일이 내일이 되면 더 쉬워질 테니, 금전적 가치가 높으며 빠르게 이행될 수 있는 프로젝트부터 시작하자.

> **조언** 초기 프로젝트들을 재빨리 완수해 내면 여러분이 더 빨리 배울 수 있다는 게 핵심이다. 여러분이 소속 회사에서 데이터 및 사업 문제에 인공지능을 적용한 첫 번째 사람이라면 인공지능으로 성공할 수 있는 기회가 더 많이 주어진다. 솔직히 말해서, 그러한 환경에서 쉽게 승리할 수 있는 일을 찾아내지 못한다면 인공지능은 여러분의 사업에 도움이 되지 못한다.

여기서 또 다른 비유를 들어 보겠다. (기회와 관련하여) 팀의 위치는 사냥감이 풍부한 사냥터를 찾는 사냥꾼과 비슷하다. 돈을 벌 수 있는 기회가 사냥감이고 여러분이 선사 시대의 사냥꾼이라면, 여러분은 사냥감이 풍부한 환경에서 사냥하게 될 것이다(그림 3.1 참조).
  성공적인 분석 조직을 구축하는 일은 사냥꾼으로 살아남아 번영하는 일과 비슷하다. 이제 자신에게 물어보자. "내가 그런 위치에 있었다면 사냥터에서 제일 큰 동물부터 사냥하려고 했을까?"
  다음 세대에 자신의 유전자를 전달하는 데 성공한 선조들의 길고 뚜렷한 발자취의 끝자

복잡한 인공지능 프로젝트

간단한
인공지능 프로젝트

그림 3.1   사냥터에는 많은 토끼와 거대한 매머드가 있다. 어떤 동물을 먼저 잡아야 하는가?

락에 여러분이 마지막 후손으로 서 있다는 이유 외에 다른 이유를 댈 수 없다면, 대답은 아마도 '아니요'일 것이다. 여러분의 선조들에게는 생존에 필요한 상식과 기량이 있었다. 처음부터 매머드를 쫓아서 사냥에 성공할 수 있게 할 만한 사냥 기술 따위는 없다! 여러분이 이 책의 저자인 나와 같다면, 그 매머드가 몸을 돌릴 때에 여러분은 매머드 따위는 아예 포기하고 멀리 달아나 평생 채식주의자로 살 가능성이 있다. 하지만 토끼를 잡는 일 따위라면 나조차도 성공할 수 있다고 믿고 싶다. 성공한 사냥꾼이라면 모두 토끼 정도는 잡을 수 있어야 한다(그림 3.2 참조). 그렇지 않은가?

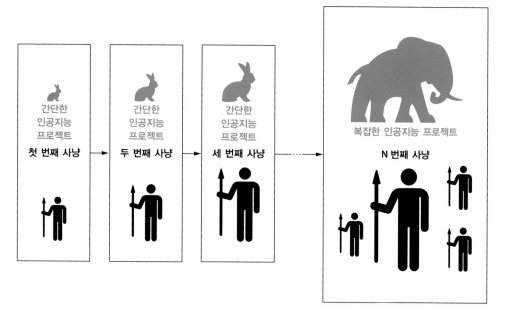

그림 3.2   쉬운 일부터 하자. 이 프로젝트들을 잘 수행하면 여러분의 평판이 좋아지고 기량이 늘어나 나중에 더 어려운 사냥도 해 볼 수 있게 될 것이다.

프로젝트의 사업 가치가 높다고 여겨지더라도, 여러분은 운영 환경으로 인도하기까지 오랜 시간이 걸리고 기술적으로 어려운 프로젝트부터 착수하고 싶지는 않을 것이다. 팀을 사냥꾼에 비유한다면, 더 쉬운 프로젝트는 프로젝트 세계의 토끼에 해당한다.

> **조언**   일단 여러분이 좋은 사냥꾼으로 알려지면 부족원 중에 나머지 사람들이 매머드를 사냥하는 일을 도우려 할 것이다. 인공지능 팀이 경영진과 함께 배우고 탄탄한 명성을 쌓으면 더 많은 자원을 얻을 수 있다. 그럴 때가 비로소 난이도가 높은 인공지능 프로젝트를 수행할 때다.

간단한 일부터 착수해 이를 바탕으로 발전한 사례 한 가지

중장비를 제작하던 대규모 엔지니어링 회사가 인공지능을 사용하는 일에 관심을 가졌었다. 초기 프로젝트는 비교적 간단했고, 사용된 인공지능 기술은 거의 모든 머신러닝 소개 교과서에서 찾을 수 있을 정도에 해당하는 것이었다. 분석 작업은 장비에서 발생하는 문제에 대한 기본적인 군집화와 기본적인 추세 예측으로 구성되었다. 그러나 장비 고장에 대한 데이터양이 많기 때문에 분석 유형은 이 회사에서 제조한 전체 장비 라인에 대해 수동으로 수행할 수 있는 것이 아니었다. 이 사업 사례의 세부 내용들은 그런 운영에만 국한된 것이었지만, 수익화 사례는 간단하고 직선적이었다. 고위 경영자는 프로젝트를 시작하는 게 좋겠다는 생각에 동의했고, 인공지능이 조언한 바에 따라 사업 행위를 취하는 일에도 동의했다. 취해야 할 사업 행위(분석을 기반으로 한 행위)는 장비를 정비하는 데 필요한 자원을 장차 할당하기 위한 방안을 바꾸는 것이었다.

소규모 팀이 프로젝트의 기술 측면을 빠르게 완성했고, 결과를 채택해 자원 할당 방안을 즉시 조정하도록 경영진을 간단히 설득할 수 있었다. 이렇게 해서 얻게 된 강력한 사업 사례로 인해 인공지능 팀 리더는 모든 대규모 조직에서는 불편하지만 피할 수 없는 현실인 다양한 조직적 제약과 관료주의로 인한 장애물을 처리할 수 있었다. (그리고 인공지능 팀은 다음 프로젝트를 수행하던 시점에서 이처럼 많은 장애물을 피하는 방법을 배웠다.)

이런 식으로 만든 솔루션으로 인해 인공지능 팀은 선망을 얻게 되었고 경영진과도 좋은 관계를 맺을 수 있었다. 이에 따라 인공지능 팀은 자원이 필요할 때 언제든 제공받을 수 있었고 신규 인력을 채용해 더 어려운 프로젝트를 수행할 수 있었다. 그럼에도 불구하고 팀은 다음번 프로젝트도 기술적으로 볼 때 상대적으로 단순한 것을 선택함으로써 다시 한번 큰 사업성과를 이루어 냈다. 이런 식으로 인공지능 팀이 더 좋은 평가를 받게 되면 더 많은 자원에 접근할 수 있게 되는 게 '선순환'이다. 여러분이 상상할 수 있듯이, 오늘날 그 팀은 훨씬 더 커졌고 산업계에서 가장 복잡한 것으로 여겨질 만한 인공지능 프로젝트를 수행한다.

3.1.2   실패한 모습

큰 실패를 방지하려면 무엇을 피해야 하는가? 그렇다. 개별 소규모 인공지능 프로젝트가 실패할 수 있는 방법은 다양하지만, 전체 인공지능 팀이 실패하는 일반적인 방법은 하나뿐이다. 전체 팀 실패는 인공지능 팀이 나중에 실패하게 될 단일 인공지능 프로젝트에 모든 것을 걸 때 발생한다.

사냥꾼 이야기를 확장해 보자. 사냥꾼은 어떻게 실패하는가? 하루가 끝나 갈 무렵에 사냥에 성공한 사냥꾼에게는 먹을 것이 있지만, 사냥에 실패한 사냥꾼에게는 먹을 것이 없게 된다. 실패한 사냥꾼은 왜 사냥감이 풍부한 환경에서도 굶어 죽게 생겼는가?

사냥감이 풍부한 환경에서는 가장 큰 동물을 사냥하는 데 실패해도 굶주리지 않게 되는 게 당연하다. 그런데도 가장 큰 동물을 쫓는 데 너무 많은 시간을 보내는 바람에 굶어 죽게 된 것이다. 작은 동물을 사냥함으로써 기량을 연마하고 배를 잔뜩 불렸을 때가 큰 동물을 사냥하기에 적당한 때다.

> **참고** 인공지능에 인력을 이제 막 투입하게 된 경우라면 가장 크고 어려운 기회를 처리할 수 있을 만큼 충분히 큰 팀을 구성하기는 어렵다. '큰 기회를 먼저 찾아가자'라는 위험한 접근 방식은 팀을 무너뜨릴 수 있는 위험한 도박이다.

기술적으로 까다로운 프로젝트부터 착수하기로 하면 설혹 그 일의 가치가 더 크더라도 위험에 빠질 수 있다. 프로젝트가 복잡하다면 다른 중요 프로젝트를 실행하기에 충분한 자원이 분석 팀에 없을 수 있다. 여러분이 지닌 모든 계란이 한 바구니에 담기게 된 셈이다.

의료 진단은 어려운 문제다

인공지능에 관심이 있는 병원의 일원으로서 인공지능을 사용해 종양학과를 지원하는 가장 규모가 큰, 현실적이면서도 혁신적인 프로젝트에 도전한다고 가정해 보자. 여러분은 종양학과의 의사결정 지원 시스템을 구축하기 위해 대규모 프로젝트 팀을 구성한다. 그러나 암은 복잡한 질병이며 병원에 소속된 의사들은 임상 지침에 맞춰 일을 처리하는 방법에 대해 최종 결정을 내린다.

이제 여러분은 수십억 원의 투자가 필요한 복잡한 프로젝트를 진행하게 되었으며, 지나치게 광범위한 문제를 해결하려고 한다. 여러분은 또한 최종 사용자(종양 전문의)와 꾸준한 신뢰 관계를 쌓아 오지 않았으므로 최종 사용자들은 인공지능 시스템이 내놓는 결과물에 회의적이다. 설상가상으로 그들은 처음부터 회의적이었다! 다른 문제와 관련해 먼저 도입되어 작동 중인 시스템 프로토타입이 빈약한 성과를 내고 있었기 때문이다. 여러분은 이미 수십억 원을 투자한 프로젝트를 두 배로 늘리는 방법 외에는 대안이 없는 악순환에 갇히게 된다.

더 간단한 문제에 집중하면서 의사와 좋은 관계를 구축하는 일부터 했다면 팀이 훨씬 더 잘나갔을 수 있다. 먼저 말해 둘 것은, 암은 한 가지 질병을 지칭하는 게 아니라 다양한 질병을 아우르는 말이라는 점이다. 예를 들어 최근에 인공지능이 심장 부정맥 관련 의료 영상[64]을 잘 진단해 내면서부터 인공지능 사용이 크게 늘었다. 일부 심장병 전문의와 좋은 관계부터 맺은 다음에 더 어려운 프로젝트를 수행했다면 어땠을까? 심장학 책임자가 다른 과에 속한 동료들에게 여러분의 전문 지식을 기꺼이 추천했다면 여러분이 성공하는 데 지장을 받지 않았을 것이다.

그림 3.3은 여러분의 팀이 지닌 초기 기량에 비해 너무 어려운 프로젝트를 수행하면 어떤 일이 발생할 수 있는지를 보여 준다.

　때로는 복잡한 프로젝트로 시작했음에도 불구하고 행운이 따를 수도 있다. 여러분이 성공적인 프로젝트를 만들어 내기까지 경영진이 여러분을 끝까지 믿어 줄 수도 있으며, 이렇게 해서 성공하면 나중에 더 큰 노력을 기울여야 할 때 도움이 될 수도 있을 것이다. 그러나 그러한 지원에 승부를 거는 게 현명한 것인가, 아니면 여러분의 가장 소중한 자원(여러분의 팀에게 주어진 시간)이 한 번의 큰 프로젝트에서 산산이 흩어져 버리는 게 더 큰 위험 요인인 것인가? 또한 이런 식으로 성공하게 되면 미래에는 더 큰일을 더 잘 해내야만 사람들의 기대치에 부응할 수 있다는 점을 기억하자. 만일 운 좋게 첫 번째 프로젝트가 성공하더라도 이제 다른 크고 위험한 프로젝트를 찾아야 하는 것이다. 운발이 다하기까지 얼마나 걸리겠는가?

　데이터 과학 팀을 운영할 때 만날 수 있는 실제적인 위험으로는 복잡한 프로젝트를 수행하는 일, 잘못된 길을 너무 오래 고집하며 걷는 일, 부족한 자원을 독점하는 일, 노력에 비해 보여 줄 게 없는 일을 들 수 있다. 그러는 동안에 상당한 비용이 발생한다. 또한 여러분

복잡한 인공지능 프로젝트

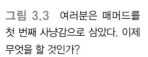

그림 3.3 여러분은 매머드를 첫 번째 사냥감으로 삼았다. 이제 무엇을 할 것인가?

은 결과를 신속히 내놓지 못하는 값비싼 프로젝트를 경영진이 어쩔 수 없이 계속 지원하게 하고 만다. 차라리 컴퓨터 전원을 끊어 버리는 게 더 낫겠다는 식으로 그들이 판단하게 된다면 어떻게 할 것인가?

경고   여러분이 의사결정 지원 시스템으로 사용될 인공지능 프로젝트를 구축할 때, 기업 조직에게는 인공지능 기반 분석 결과를 바탕으로 실천하는 방법을 배울 시간이 필요하다. 프로젝트의 기술적 부분이 완료되기 전에 여러분의 사업 팀이 긴장부터 하면, 여러분의 프로젝트는 시작되자마자 끝나고 만다.

3.2   인공지능 프로젝트의 우선순위 정하기

여러분은 올바른 첫 번째 인공지능 프로젝트를 어떤 식으로 고를 것인가? 그것은 사업 관점에서 실행할 수 있어야 하고 가치가 있어야 하며 단순해야 한다. 즉, 각 프로젝트는 실천에 옮길 수 있는 결과를 여러분의 사업에 제공할 수 있어야 한다. 또한 중요한 사업 가치를 지녀야 하며 결과를 제공하기가 얼마나 어려운지를 예측할 수 있어야 한다. 이번 절에서는 해당 기준을 충족하는 프로젝트를 골라 목록을 작성하는 방법을 보여 준다. 그림 3.4는 프로젝트 목록을 작성하는 데 사용해야 하는 과정을 설명한다.

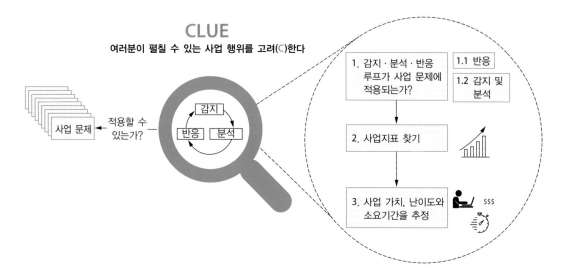

그림 3.4   CLUE의 C 부분을 사용하면 실행 가능한 인공지능 프로젝트 목록을 작성하고 그 복잡성을 추정할 수 있다.

즉 그림 3.4에서는 다음과 같은 요소를 보여 준다.

1 먼저 팀이 담당하는 모든 사업 영역을 살펴보자.

2 인공지능을 적용하고 감지·분석·반응 루프의 모든 요소를 다룰 수 있는 영역은 어디인가? (이 단계에 대한 좋은 참조는 제2장에 나오는 그림 2.4이다.)

　　– 취할 수 있는 행위를 찾아서 반응 과정으로 시작하자. (자세한 내용을 알고 싶다면 3.2.1 절을 참조하자.)

　　– 그런 다음에 루프의 감지 및 분석 측면을 포괄할 수 있는지를 확인하자. (자세한 내용을 알고 싶다면 3.2.2 절을 참조하자.)

3 인공지능 프로젝트가 사업 목표를 달성하는 데 얼마나 도움이 되는지를 측정하는 데 사용할 사업지표를 결정한다. (자세한 내용을 알고 싶다면 3.2.3 절을 참조하자.)

4 주어진 인공지능 프로젝트의 사업 가치를 추정한다.

5 이 사업 사례를 구현할 때의 난이도와 소요기간을 추정한다(3.2.4 절).

나는 여러분이 속한 조직이나 여러분이 펼치는 사업을 잘 모르기 때문에 여러분만이 인공지능 프로젝트의 사업 가치(4단계)를 추정할 수 있다고 가정하겠다. 이번 절의 나머지 부분에서는 이 작업흐름의 다른 단계를 구현하는 방법을 보여 준다.

3.2.1 반응 : 인공지능이 답해야 할 '사업상의 질문' 찾기

제2장을 읽었다면 이미 여러분은 인공지능이 사업에서 수행하는 역할을 기반으로 하는 인공지능 분류법을 알고 있을 것이다. 이 분류법은 반응 루프에서 사용할 수 있는 사업 행위를 이끌어 내는 좋은 방법이다. 이번 절에서는 해당 분류법을 적용하는 방법을 보여 준다.

관련 없는 부분을 하나씩 제거하는 과정을 거치면서 감지·분석·반응 루프에서 적절한 반응 부분을 찾는다. 먼저 모든 사업 영역을 살펴보자. 그런 다음에 인공지능 분류법을 높은 수준으로 적용해 인공지능의 혜택을 받을 영역을 결정한다(제2장의 그림 2.5에 설명됨). 그림 3.5는 해당 분류법을 사용해 루프의 반응 부분을 포함하는 영역 행위를 발견하기 위하여 토론을 촉진하는 방법을 보여 준다.

그림 3.5는 인공지능의 기존 사업 관련 분류를 단순히 적용하고 인공지능이 답해야 하는 사업 문제를 찾기 위해 설계된 질문을 한다. 사용 방법에 대한 예를 들어 보겠다.

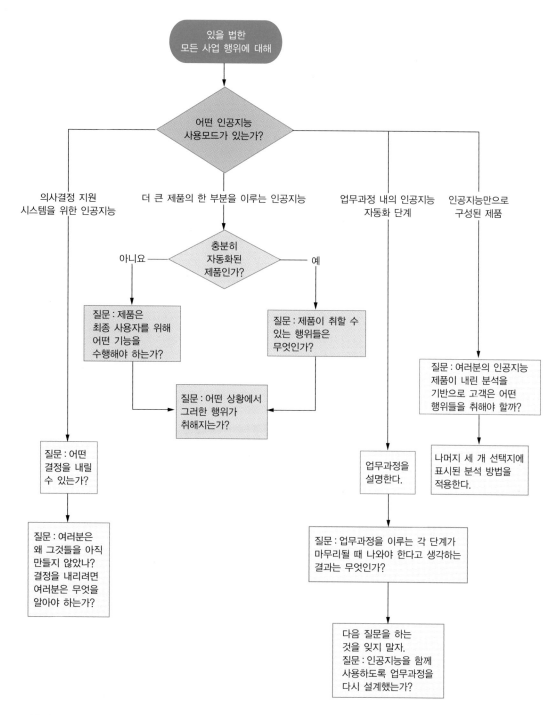

그림 3.5 감지 · 분석 · 반응 루프의 반응 부분 : 인공지능이 대응할 수 있는 사업 문제 찾기. 사업에서 인공지능의 역할을 파악한 후 여기에 나온 질문을 하자.

명목상으로는 독립업체이지만 실제로는 더 큰 가맹점 본사에 소속되어 있는 어떤 소매점과 여러분이 함께 일한다고 해 보자. 어떤 업무 처리과정이든 그것을 변경할 때에는 가맹점 본사의 승인이 필요하며, 인공지능이 수익을 개선할 수 있음을 보여 줄 때까지 소매점 점주는 인공지능을 도입해 달라고 요청하지 않을 것이다. 따라서 소매점 점주는 아직 업무과정을 변경하거나 자동화할 의향이 없으며, 다만 상품 구성(점포에 몇 종류 품목을 몇 개씩 둘지를 정한 내용)을 변경할 가능성이 있다고 해 보자.

조언   인공지능 기반 솔루션에 대해 회의적인 점주는 여러분이 현실에서 종종 넘어야 할 고개다. 기술자들은 인공지능 기능을 당연한 것으로 여기곤 하지만, 업주들은 그것에 대해 회의적일 수 있다. 더 크고 효과적인 인공지능 프로젝트가 채택될 수 있게 하려면 먼저 신뢰를 얻어야 한다. 소매점 점주의 입장이 되어 보자. 여러분이 이제 막 가맹 사업을 시작한 본사 관리자에게 가서 "모든 가맹점포의 처리과정을 바꿔 보면 어떨까요? 각 가맹점에 인공지능이라고 부르는 것을 도입해 보고 싶은데, 어떨지 모르겠네요"라고 말을 건다면 어떻겠는가?

이런 사례에서 인공지능을 사용하는 유일한 일이라고는 매장 관리 자체를 돕는 일뿐이다. 이것은 분명 의사결정 지원 시스템을 만드는 예이다. 의사결정 지원 시스템을 위한 지점용 인공지능에 나오는 그림을 살펴보자. "점주는 어떤 결정을 내릴 수 있으며, 그가 아직까지 결정을 내리지 않은 이유는 무엇인가?"라는 질문을 이 시점에서 해 볼 수 있다. 바로 여기에서 본사 관리 팀이 지금 할 수 있는 일이라고는 상품 구성을 변경하는 일(즉, 서로 다른 선반에 각기 다른 물품을 쌓는 일)뿐임을 알게 된다. 이것은 감지·분석·반응 루프 중에 반응 부분에 해당한다.

여러분이 대답하고 있는 사업상의 질문은 "이전 판매량을 기준으로 내 점포에서 가장 수익성이 높은 상품 구성은 무엇인가?"이다. 이제 루프의 감지·분석 부분을 살펴볼 수 있게 되었다.

첫 번째 사업 문제를 발견하자마자 멈추지는 말자

진도를 빼기 전에, 이 소매점에서 인공지능을 사용할 수 있는 다른 선택지가 있는지 살펴보자. 그림 3.5를 다시 보자. 인공지능을 어떤 '대형 제품의 한 가지 구성품'처럼 사용할 수 있는 방법이 있는가? 음, 이미 가게에는 영상 감시 시스템이 있다. 그 영상 감시 시스템을 인공지능과 함께 사용할 수 있는가? 소매점 점주가 점포의 상품 구성을 최적화하려는 경우, 관리에 필요한 인공지능 기능과 영상 감시 기능은 무엇인가? 실행할 수 있는 사업상의 추가 질문을 찾는 방법은 다음과 같다.

- 고객이 제품을 본 후에 다른 곳으로 갔는가? 그 제품이 경쟁 제품보다 비싼가?
- 고객이 재고가 없는 제품을 찾았는가? (그들은 해당 제품이 진열된 곳으로 다가가서는 제품이 없는 것을 확인하고 가게에서 나갔다.)

인공지능을 사용해 이러한 질문에 답할 수 있다면 상품 구성 최적화에 도움이 되고 실행해 볼 수 있는 사용 사례를 여러분이 찾았을 수 있다. 그림 3.5를 사용한다면 각 사업 영역별로 여러 사용 사례를 생성할 수 있다는 점을 기억하자.

그러나 영상 분석을 위해 인공지능을 사용하는 데 너무 많은 시간을 투입하기 전에, 이것은 해결하기 쉬운 문제가 아니라는 점과 이러한 인공지능 프로젝트를 구현하는 데 시간이 걸린다는 점에 유의하자.

여러분은 프로토타입 개발에 착수하기 전에 발견한 사용 사례에 대해 소매점 점주에게 어떻게 생각하는지를 물어보기로 결정한다. 잘한 일이다! 해당 점주가 "점포에서 이러한 인공지능을 사용하게 하는 데 대한 법률 및 홍보 측면을 걱정한다"라고 말했다고 하자. 그렇다면 그들은 영상 분석 기능을 사용하는 데 관심이 없었던 것이다. 어쨌든 이런 식으로 질문함으로써 여러분은 차후에 설혹 개발에 성공하더라도 어차피 사용하지 못하게 될 인공지능 솔루션을 쓸데없이 구현하는 데 드는 비용을 절약한 셈이 되었다.

3.2.2 감지 · 분석 : 인공지능 기반 방법과 데이터

루프의 반응 부분을 설정했으면 사용할 인공지능 알고리즘을 확정하고, 이 알고리즘에서 사용할 데이터가 충분한지를 확인해야 한다. 이번 절에서는 인공지능 기반 방법들과 데이터 간의 관계를 설명한다.

여러분이 인공지능에 능숙하지 않다면, 광범위한 인공지능 및 머신러닝 알고리즘을 아주 잘 고안할 수 있는 전문가의 도움이 필요하다. 쉽게 말해서 인공지능 분야가 너무 넓고 너무 빠르게 변하기 때문에 전문가를 대체할 만한 능력을 한 권의 책으로 익히기는 어렵다. 그럼에도 불구하고 제2장의 그림 2.6에 제시된 분류법은 논의를 구성하는 데 도움이 되고, 여러분이 사업상의 질문에 적용할 수 있는 고수준 인공지능 기능을 마음속에 떠올리는 데 유용할 수 있다.

사용할 인공지능 기반 방법의 유형에 대해 생각해 보았다면 그림 3.6에 나오는 것처럼 여러분은 해당 방법들과 데이터 간의 관계를 인식해야 한다.

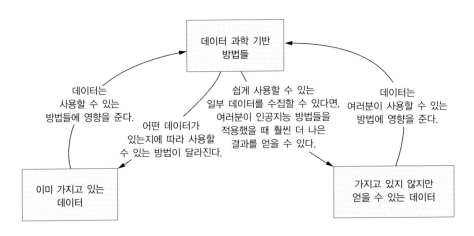

그림 3.6 데이터 과학 기반 방법과 데이터는 서로 연결되어 있으며 서로 영향을 끼친다. 인공지능을 훈련하는 데 필요한 데이터를 어디서 얻을 수 있는지를 묻지 않은 채로 인공지능 기반 방법들로부터 논의하지는 말자.

사용할 계획인 데이터와 인공지능 기반 방법을 항상 함께 고려해야 한다. 우리는 데이터를 팀이 보유한 데이터와 팀이 수집할 수 있는 데이터라는 두 가지 범주로 나누어 볼 수 있다.

조언 수집할 수 있는 데이터란, 조직 내 어느 곳인가에는 있지만 팀에서 즉시 사용할 수 없는 데이터를 말한다. 조직 외부에 있는 공급원에서 얻을 수 있는 데이터이거나 협력업체로부터 구입할 수 있는 데이터일 수도 있다. 이러한 데이터에 접근하려면 종종 협상을 하거나 계약을 맺어야 한다.

데이터를 수집할 때 고려할 사항

데이터 수집 행위에는 많은 함정이 있으므로 신중하게 관리해야 한다. 최소한 다음 질문을 하자.

- 이 데이터를 학습하게 하려고 여러분이 선택한 머신러닝 알고리즘은 무엇인가? 어떤 데이터 포맷이 필요한가? 이 알고리즘을 학습하게 하려면 어느 정도의 데이터가 필요한가? 어떤 품질이어야 하는가?
- 이 데이터를 공급하는 곳은 어디인가?
- 누가 데이터셋을 소유하나?
- 이 데이터셋을 획득하는 비용은 얼마인가? 데이터를 획득하는 데 얼마나 걸리는가? 해당 데이터에 접근하려면 협상(또는 법률적 효력이 있는 계약서에 서명하는 일)이 필요한가?
- 이 데이터셋이 프로덕션(운영 환경) 시스템에서 얻은 데이터 포맷과 얼마나 밀접하게 일치하는가? 훈련 데이터를 사용하기 전에 미리 처리해야 하는가? 데이터에 레이블을 지정해야 하는가?
- 데이터셋을 저장하려면 얼마나 큰 데이터 인프라가 필요한가?
- 초기 데이터셋이 생성된 후라면 새로운 데이터를 어떻게 수집할 것인가?
- 조직 내에 일부 데이터가 있지만 여러분의 팀이 해당 데이터에 접근할 수 없을 가능성이 있는가? 조직 내에 있는 일부 데이터에 접근할 수 없는 경우가 종종 있다. 데이터는 윤리나 규정이나 사내 개인 정보 보호 정책의 이유로 기밀이 될 수 있다.
- 법적·윤리적 고려 사항(저작권, 개인 정보 보호 정책, 기대 사항 등)은 무엇인가? 데이터를 수집할 때는 항상 윤리, 조직이 수립한 정책, 규정(GDPR[71] 및 HIPAA[72] [73] 등)을 고려해야 한다.

이 점검표를 살펴보면, 경우에 따라서는 머신러닝 알고리즘에 필요한 데이터를 쉽게 수집할 수도 있음을 알 수 있다. 그렇지 않은 경우에는 데이터를 사용할 수 없거나 수집하기에 너무 큰 비용이 든다는 점을 알 수 있다.

앞 절에 나왔던 소매점 사례에서, 여러분을 돕는 데이터 과학자는 한 가지 머신러닝 방법을 사용해 판매 추세를 예측하고 또 다른 방법을 사용해 상품 구성을 최적화할 수 있다며 여러분을 안심시킨다. 이러한 알고리즘이나 방법을 어떻게 부르든 큰 의미가 없다. ARIMA^{자기회귀누적이동평균}, LSTM^{장단기 기억} 및 OR^{경영과학} 같은 말이 불현듯 나올 수 있다.

이러한 방법들을 적용하려면 과거 판매 데이터가 필요하다. 이런 데이터라면 조직 내부에서 사용할 수 있으며 프로젝트에서 즉시 접근할 수 있다. 여러분은 이제 감지·분석·반응 루프의 모든 요소를 충족하는 사용 사례를 확인했다. 이런 사용 사례라면 인공지능 프로젝트를 진행할 대상 사례로 삼을 만하다.

음식을 인식하는 인공지능

인공지능을 사용해 음식 이미지를 인식하게 할 때, 데이터와 알고리즘 사이의 관계에 대한 또 다른 예를 볼 수 있다. 식품 가공 공장이라는 상황이라거나, 내부에 카메라가 있고 인공지능을 사용해 오븐에 넣은 음식을 자동으로 인식할 수 있게 인터넷에 연결된 지능형 오븐[74]을 쓰는 상황이라고 해 보자.

이러한 오븐을 만들려면 이미지를 인식할 수 있는 인공지능 알고리즘을 사용해야 하며 (이 글을 쓰는 시점에서는 합성곱 신경망들 중에 몇 가지 형태를 여기에 응용할 수 있었다) 이러한 인공지능 기반 방법을 훈련하기 위한 데이터가 필요하다. 이 데이터는 다양한 종류의 음식 사진으로 구성된다.

프로젝트를 시작할 무렵에는 회사가 보유하고 있는 음식 사진이 많지 않을 것이다. 그러나 데이터를 수집할 수 있을 만한 외부 데이터 공급원이 있을 것이다. 이러한 데이터 공급원의 예로는 음식 사진이나 오븐 사용자가 요리하는 음식 사진을 제공하는 웹 사이트를 들 수 있다. 여러분이 보유하고 있지는 않지만 언제든 수집할 수 있는 데이터를 제공하는 공급원에서 음식 사진을 수집할 때는 더 생각해 보아야 할 점이 있다. 저작권 및 개인 정보 보호법을 준수하는지를 확인해야 한다는 말이다.

데이터 수집의 또 다른 흥미로운 측면은 수집하는 데이터 중에 어떤 것들은 인공지능을 학습시키기에 이상적인 데이터와 미묘하게 다르다는 점이다. 오븐에 있는 카메라의 위치와 카메라의 종류가 달라지면 오븐 속 접시에 놓인 음식 사진(일반적으로 웹에서 볼 수 있음)이 촬영한 음식 사진과 조금씩 다르게 보일 수 있다. 또한 오븐 속은 기름기가 많은 곳이며 유리에 묻은 기름이 오븐에 있는 음식 이미지에 영향을 줄 수 있다. 웹에서 찾아볼 수 있는 음식 사진은 기름기가 묻은 렌즈로 촬영한 게 아니다!

여러분이 사업상의 질문 중 어떤 질문들을, 여러분이 찾을 수 있었던 최고수 데이터 과학자조차 모르던 인공지능 기술의 혜택을 받아 풀 수 있다면 어떨까? 여러분이 찾을 수 있었던 최고수 인공지능 전문가들조차 그처럼 특별한 인공지능 기술에 대해 전혀 익숙하지 않다면, 이런 기술을 활용해 인공지능을 배포할 만큼 강력한 능력을 지닌 팀을 구성할 수도 없을 것이므로, 그런 기술을 아예 고려 대상에서 제외하자.

빅데이터인가? 아니면 스몰데이터인가?

빅데이터가 사람들의 마음속에 각인되어 있는 상황이다 보니 빅데이터셋을 아예 전제한 상태에서 인공지능에 관한 대부분의 대화가 이루어진다. 확실히 빅데이터가 필요하기는 하다. 즉 수백만 명이나 되는 사람이 각자 수백 장이나 되는 사진을 고해상도로 촬영해 저장한다면 확실히 대용량 저장소가 필요하다.

하지만 빅데이터는 인공지능 알고리즘이 사용할 수 있는 데이터 종류 중 하나일 뿐이므로 빅데이터[a]만 생각하거나 아니면 스몰데이터[b]만 생각해서는 안 된다. 결정을 내리는 데 필요하다면 모든 데이터 유형을 함께 생각하자. 때로는 빅데이터가 담긴 데이터셋이 필요하지 않거나 그것을 아예 얻을 수 없는 경우가 있다. 예를 들어 분기별 성과는 분기마다 한 번씩 발생한다. 약물을 연구한다면 수백만 명이나 되는 환자를 모집할 수 없다. 교통사고는 흔하지만 (다행히) 연간 수조 번씩 측정되지는 않는다.

어떤 데이터셋들은 그 크기가 작지만 그 안에 중요한 산출물에 대한 정보가 들어 있을 수 있다. 또한 데이터셋을 수집하는 데 큰 비용이 들 수 있다. 런던 소재 로이드 같은 재보험 시장을 생각해 보자. 이런 재보험 시장에서는 보험 청구액을 수억 파운드 단위로 측정하므로 데이터셋의 크기는 크지 않지만, 그 안에 담긴 내용이 중요하기 때문에 이 데이터셋을 획득하려면 많은 돈을 지불해야 한다.

---

a 컴퓨터 한 대로 처리하기 힘들 만큼 대량인 데이터_역주
b 컴퓨터 한 대로 처리할 수 있을 만큼 소량인 데이터_역주

3.2.3 사업지표를 사용해 인공지능 프로젝트의 성공 여부 측정하기

감지·분석·반응 루프의 모든 부분이 특정 사용 사례에 적용되도록 함으로써 여러분은 이 사례가 기술적으로 가능하고 실행할 수 있는 것인지 확인했다. 그러나 그것이 수익에 어떤 영향을 미치는지를 어떻게 알 수 있는가? 이번 절에서는 인공지능 프로젝트의 결과

를 측정하기 위해 사업 영역 지표들을 사용해야 하는 이유를 보여 준다.

인공지능은 지표[1]를 재어야만 작동되는 것이지만, 여러분이 사업 목표를 달성하려면 인공지능을 사용해야만 한다. 그러므로 이 사업 목표를 사업지표라는 형태로 표현해야 한다. 사업을 개선하기 위한 질문에 대해 나온 답이 얼마나 가치가 있는지를 사업지표가 나타내야 한다. 측정된 지표가 "수익이 10% 개선되었다"와 같이 정확한 단일 숫자여야 할 이유는 없다. "수익이 8%에서 12% 사이로 개선되었다"와 같은 방식으로 대략적으로 추정하는 값이어도 된다.

경고   모든 인공지능 프로젝트별로 사업지표를 다 정의해야 한다. 인공지능 기반 방법은 본질적으로 하드 데이터hard data[2]로만 작동한다는 점에서 정량적 방법[3]이다. 프로젝트 성과를 측정하는 데 사용할 수 있는 사업지표를 먼저 정의할 수 없다면 인공지능을 사용하지 말자.

적절한 사업지표를 선택할 수 있다는 것은 결코 무시해서는 안 되는 사업적 기량이다. 하지만 다행인 것은 여러분의 조직에서 지표들을 적절히 사용할 수만 있다면, 여러분이 인공지능을 적용하려는 영역에 이미 사업성과를 측정할 때 쓰는 것과 똑같은 사업지표가 정의되어 있는 것이나 마찬가지라는 점이다. 인공지능이 사업을 얼마나 개선하는지를 이 지표로 측정해야 한다.

있을 법한 사업지표의 예

주의해야 할 점은 적절한 사업지표란 항상 조직에 특화된 것이어야 하며, 다른 사람에게 도움이 된다는 이유만으로 선택해서는 안 된다는 점이다. 다음 지표들은 이런 규칙의 예외가 아니며 일부 조직들에서 사용할 수 있는 **예시다**.

- 여러 공급업자 중에서 선택할 때 쓸 만한 지표 중 하나는 **제품에 해당 부품을 사용할 때 발생하는 총비용**일 수 있다. 이 비용에는 해당 부품의 사용으로 인해 발생하는 기타

---

1   통계학 용어로는 계량, 컴퓨터 과학 용어로는 메트릭_역주
2   고정된 값들로만 이루어진 데이터_역주
3   즉, '계량적 방법'_역주

관련 비용이 모두 포함되어 있으므로 단순한 부품 단가와는 다르다. 이 비용에는 해당 부품이 파손되어 있는 제품을 통째로 바꿔 주거나 수리하는 비용까지 포함된다.

- 새 도서를 얼마나 많이 인쇄할지를 논의하는 출판사라면, 실제 책 판매로 인한 예상 수익이 좋은 지표가 될 수 있다. 이것은 인쇄된 책의 누적 비용, 서점이나 다른 보관 시설에 책을 보관하는 데 드는 누적 비용, 판매할 것으로 예상되는 일정과 가격, 자본비용 같은 요소를 모두 포함하기 때문에 판매량당 수익과 다르다.
- 3.2.1 절에 나온 예시처럼 여러분이 상품 구성을 최적화해야 하는 소매점 점주라고 가정해 보자. 해당 소매점에 대한 적절한 사업지표 중 하나는 "순소득의 변화가 상품을 구성하는 모든 품목과 얼마나 관련이 있었는가?" 하는 것이다. 순이익은 상품을 구성하고 있는 개별 품목들의 판매량뿐만 아니라 해당 상품의 구성 변경 비용, 보관 비용, 운송 비용, 각 개별 소매점과 관련된 기타 많은 비용의 영향을 받는다.

좋은 사업지표란 조직의 요구 사항과 측정 중인 구체적인 사업성과에 맞춰 설정한 것이어야 한다.

좋은 조직지표를 수립하는 데 필요한 권장 사항을 이 책에서 모두 제시할 수는 없다. 그러한 일 사체만을 다뤄도 책 한 권이 될 것이기 때문이다. 어쨌든 나는 좋은 사업지표라고 하는 것은 조직에 특화된 것이어야 하고, 수량화할 수 있어야 하고, 측정할 수 있어야 하고, 여러분이 바라는 성과와 관련이 있어야 하고, 의도하지 않은 귀결로 흐르지 않게 하는 것이어야 한다는 점을 지적하고 싶다.

> **조언** 때때로 여러분의 조직에서 사업지표를 사용하고 있지만, 측정하는 내용이 잘못되어 사업을 운영하는 데 도움이 되지 않는다고 생각할 때가 있을 것이다. 이러한 상황이라면 인공지능 프로젝트를 시작하기 전에 지표를 수정하고 고정된 지표를 사용해 인공지능 프로젝트를 진행해 얻는 최종 성과를 측정하자. 그렇지 않으면 잘못된 사업성과가 나오는 방향으로 인공지능을 최적화하는 꼴이 되고 만다.

인공지능 프로젝트의 사업 기여도를 측정하는 데 사용할 사업지표를 선택했다면 이제 임곗값을 정의할 수 있다. 이 **임곗값**이라는 것은 프로젝트가 가치가 있으려면 인공지능을 감독하는 행위를 통해 달성해야 하는 최솟값을 나타낸다. 예를 들어, 여러분이 사용하기로 선택한 사업지표가 '수익 증대'인 경우에 인공지능 프로젝트의 가치를 높이려면 수익이 연간 20억 원 이상 늘어나야 한다는 게 임곗값이 될 수 있다.

소매점 사례의 임곗값

임곗값은 조직의 비용 구조나 수익 구조에 따라 달라지므로 늘 조직별로 다르다. 여러분은 사업을 담당하는 팀에게서 임곗값을 구해야 한다. 다음은 3.2.1 절에서 제시한 소매점 사례에서 목표치들을 획득하는 예이다.

여러분 : 인공지능 프로젝트를 진행해 순이익이 1% 증가할 수만 있다면 상품 구성 방식을 바꿀 의향이 있으십니까?

본사의 가맹점 관리자 : 상품 구성을 바꿀 생각은 있지만 새 공급업자와 계약하려면 비용이 크게 듭니다. 공급업자가 계약서에 도장을 찍게 하는 데 드는 비용, 즉 금전적 비용만 드는 게 아니라 관리자도 주의를 기울여야 하고 계약서에 서명하는 일에 쓰이는 시간도 생각해 봐야 합니다. 우리가 수립하려는 지표에 제가 서명해야 하는 신규 공급업자 수를 반영해야 합니다. 특히, 신규 공급업자를 일원화하는 일에 동의하고 서명할 정도가 되려면 신규 공급업자당 **순이익이 0.3%는 늘어나야 합니다**. 따라서 모든 신규 공급업자를 통틀어서 겨우 1%가 늘어나는 경우만 보고 상품 구성을 바꾸겠다고 말하기는 어렵습니다. 신규 공급업자가 3개 업체라면 또 모르겠지만 20개 업체나 된다면 신규 공급업자당 늘어나는 순이익이 너무나 작을 텐데 그러면 곤란합니다.

이 예에서 **순이익**이 지표이고 각 신규 공급업자당 0.3%가 임곗값이다.

이제 프로젝트에 사용할 지표를 수립했으므로 해당 지표를 사용해 인공지능 프로젝트 진행으로 인한 성과를 측정할 수 있는지를 확인해야 한다. 여러분은 인공지능 전문가에게 사업지표를 제시하고 팀이 해당 지표를 사용해 인공지능 프로젝트 성과를 보고할 수 있는지를 확인해 보라고 요청한다. 이에 따라 여러분의 전문가는 해당 사업지표와 인공지능 프로젝트에서 사용하려는 기술적인 평가지표 중 하나(예 : RMSE 같은 것)를 서로 연계해야 한다. 제4장에서는 이러한 사업지표와 기술지표를 서로 연계하는 방법을 보여 준다.

조언 여러분이 달성하려는 사업성과를 사업지표로 올바르게 측정할 수 있고, 해당 사업지표를 사용해 기술 진행 상황을 보고하는 방법을 기술 전문가가 알고 있다면, 해당 사업지표를 인공지능 프로젝트에 쓰기에 적합하다.

그러한 사업지표를 찾을 수 없으면 어떻게 해야 할까?

인공지능 프로젝트를 측정하는 데 쓸 만한 사업지표를 쉽게 찾아내기 어렵다면, 이는 커다란 위험을 경고하는 신호다. 달성하고자 하는 사업성과를 정량화할 수 없다면 자신과 동료에게 먼저 "인공지능 프로젝트를 개시해야 할까?"라고 자문해 보아야 한다.

사업지표를 정의할 수 없으면 인공지능 프로젝트에 대한 가치 임곗값도 정의할 수 없다. 임곗값이 없으면 프로젝트 진행으로 인한 성과가 사업에 사용할 수 있을 만큼 충분한 게 될지를 알 수 없다. 사업지표와 임곗값이 없으면 인공지능 프로젝트의 사업 가치를 추정할 방법이 없으므로, 프로젝트에 드는 비용에 비해 프로젝트로 인한 성과가 더 효율적인 것인지도 알 수 없다. 어떤 경우이든지 간에 좋은 사업지표가 없으면 일련의 결정을 직감적으로 할 수밖에 없을 것이므로 인공지능 프로젝트를 관리하기가 점점 더 어려워질 것이다.

인공지능 프로젝트에 반영할 사업지표를 선택할 수 없다면 이는 사업지표가 잘못 구성되었기 때문일 수 있으며, 이런 경우에 여러분이 사업에 가치를 부여할 수 있을지는 몰라도 사업을 측정할 수는 없는 상황이 되어 버린다. 또한 그러한 상황이라면 전혀 사업 가치가 없다는 점을 나타내는 것일 수도 있다. 또는 인공지능 프로젝트가 핵심 사업과 너무 단절되는 바람에 인공지능 프로젝트를 진행한 성과를 바탕으로 무엇을 해야 할지를 사업이 알지 못함을 나타낼 수도 있다. 그러한 프로젝트는 아무리 잘된다고 할지라도 위험하다.

때로는 명확한 사업 가치가 있을지라도 경영진이 그러한 사업 가치를 형체가 없는 것으로 인지하거나 측정조차 하지 못하는 경우도 있다. 이러한 형체가 없는 자산, 즉 무형 자산의 예로는 직원의 사기와 브랜드 가치가 있다. 이는 무형 자산을 단일 숫자로 측정하는 대신에 범위를 사용해 측정할 수 있다는 점을 경영진이 알지 못할 때 발생한다. 사업을 할 때 형체가 없는 수량을 측정하려면 범위를 사용해 측정하는 모범 이행사례를 살펴보면 되는데, 이에 대한 많은 예를 허버드[Hubbard]의 저서[75]에서 참조할 수 있다.

3.2.4 인공지능 프로젝트의 난이도 추정하기

이제 여러분이 고려 중인 인공지능 프로젝트를 기술적으로 실현할 수 있다는 점을 확인했고, 사업적 영향과 사업 가치를 측정할 방법도 여러분에게 있게 되었다. 실행 가능한 인공지능 프로젝트인지를 판단하려면 비용, 구현 난이도, 소요기간을 알아야 한다. 이번 절에서는 이러한 수량을 추정할 때 고려할 사항을 자세히 설명한다.

난이도를 추정하려면 인공지능 프로젝트에 사용할 기술적 해법에 대한 윤곽을 대충이라도 잡아 보아야 한다. 데이터 과학자와 데이터 공학자로 구성된 팀의 담당자와 소프트웨어 아키텍트software architect(소프트웨어 구축가, 소프트웨어 건축가)가 이러한 윤곽에 맞춰 함께 작업해야 한다. 있을 법한 인공지능 프로젝트들을 여러분이 선택한 프로젝트와 비교하기 위해 개략적으로라도 해법에 대한 윤곽을 제시하는 게 목표다.

일단 윤곽을 그렸다면 이를 사용해 프로젝트를 배포하기까지의 난이도, 비용, 소요기간을 추정하자. 이것들은 다른 인공지능 프로젝트 선택지와 비교하기 위해 쓰는 대략적인 추정값이다.

인공지능 프로젝트의 난이도를 추정하기 위해 고려할 사항

인공지능 프로젝트 난이도를 추정할 때는 다음 고려 사항들에 유의하자.

- 필요한 데이터를 수집하는 데 필요한 시간을 고려하자.
- 데이터 크기에 알맞은 인프라를 갖췄는가? 빅데이터 프레임워크가 필요한가?
- 대규모 데이터셋을 사용하는 경우에 데이터를 처리하고 인공지능 알고리즘을 훈련하는 데 필요한 시간을 고려하는 일을 잊지 말자.
- 팀이 이 사용 사례를 다루는 데 필요한 모든 기량을 갖추고 있는가? 기량 간에 격차가 있다면 무엇인가? (제2장에서 설명했듯이 팀 리더는 팀의 지식 격차를 알고 있어야 한다.)
- 프로젝트가 기술적으로 가능하다는 점이 확실한가? 여러분은 제안된 인공지능 기반 방법들을 팀이 구축하게 할 생각이 들 만큼 충분히 이해하고 있는가? 또는 프로젝트가 가능하다고 여길 만큼 여러분이 인공지능 분야를 잘 알고 있는가?

일단 여러분이 인공지능 프로젝트의 세부 사항을 설명할 수 있게 되었다면, 여러분의 조직에 익숙한 추정 방법론을 사용해 다른 소프트웨어 프로젝트도 추정할 수 있다.

조언 사람들은 유난히 추정을 잘하지 못하며 [75] 해법에 대한 밑그림을 기반으로 추정해야 하는 경우나 사람들이 잘 모르는 기술 분야에서 추정해야 하는 경우에는 더욱 그렇다. 여러분이 하는 추정이 필연적으로 무척 거칠 것이다. 이런 추정은 다른 인공지능 프로젝트 선택지를 비교하기 위한 것일 뿐이며 이 추정값을 바탕으로 관리에 대해 확신에 찬 약속을 해서는 안 된다.

이제 여러분에게 필요하고 여러분이 실천에 옮길 수 있는 인공지능 프로젝트 목록을 작성하는 데 필요한 모든 정보가 있다. 여러분은 제안된 프로젝트가 진행할 수 있는 것인지 그리고 기술적으로도 가능한 것인지를 확인하는 방법을 알고 있다. 여러분은 인공지능 프로젝트의 사업 가치를 측정하는 방법을 알고 있으며 비용, 난이도, 소요기간을 대략적으로 추정할 수 있다. 이제 진행할 첫 번째 인공지능 프로젝트를 선택할 차례이다. 다음 절에서는 첫 번째 인공지능 프로젝트를 실행하기 위해 선택하고 준비하는 과정을 안내한다.

3.3 첫 번째 프로젝트 및 첫 번째 연구상의 질문

3.1 절에서 논의했듯이, 사업 조직의 장기 자산인 인공지능 팀을 구축하는 것이 여러분의 목표라면 초기 프로젝트가 간단해야 하고 신속히 진행해 볼 수 있는 것이 되게 해야 한다. 따라서 실행할 첫 번째 인공지능 프로젝트를 선택하는 기준은 단순함이다. 이에 맞춰 여러분은 빠르게 배포할 수 있고 상당한 사업 가치를 낼 수 있는 프로젝트를 선택해야 한다. 여러분이 그런 프로젝트를 선택했다면 다음을 수행해야 한다.

- 프로젝트가 답변해야 할 연구상의 질문을 정의한다(3.3.1 절).
- 실패할 것 같으면 아예 빠르게 실패하도록 프로젝트를 구성한다(3.3.2 절).

이번 절의 나머지 부분에서는 연구상의 질문을 정의하는 방법과 빠른 실패의 의미를 설명한다.

3.3.1 연구상의 질문 정의하기

여러분은 첫 번째 인공지능 프로젝트를 선택했다. 이 프로젝트에는 답해야 할 명확한 사업상의 질문이 있으며 해당 질문은 사업상의 결정권자가 이해할 수 있는 형식으로 작성된다. 이제 이 질문을 인공지능이 이해할 수 있는 형식인 '연구상의 질문'으로 변환해야 한다. 이번 절에서는 연구상의 질문이 사업상의 질문과 일치하는지 여부를 확인하는 방법을 보여 준다.

여러분이 어떤 제조업체라고 가정할 때, 연구상의 질문이 "공급업자들의 제품 품질에 맞춰 공급업자 A나 공급업자 B 중 누구와 함께 가야 할까?"라고 가정해 보자. 이 질문에 답하려면 인공지능이 필요하지만, 문제가 있다. 인공지능은 공급업자라는 개념이 의미하는 바를 전혀 모른다.

인공지능이 사업 개념을 이해하지 못함

인공지능 기능에 익숙하지 않은 사람들은 종종 인공지능이 인간의 능력을 벗어나는 새로운 사업 반응(경영 반응)을 찾을 수 있다고 생각한다. 그러나 현재 수준의 인공지능으로는 거의 불가능한 일이다.

어떤 소매점 한 곳을 쓱 살펴보고 바로 수익을 개선하는 방법을 알아낼 수 있는 인공지능 알고리즘은 없다. 그 이유는 인공지능이 소매점이나 제품이나 수익이라는 단어의 의미를 모르기 때문이다. 인공지능은 공급업자가 무엇인지도 전혀 알지 못한다. 그러한 용어들은 모두 사업 개념을 나타낸다. 또한 인공지능은 어떤 점포의 모니터링 영상을 분석하는 일에 인공지능 사용과 관련된 윤리적 고려 사항이나, 홍보와 관련된 고려 사항, 법적 고려 사항이 있을 수 있음을 이해하지 못한다.

사람은 사업 개념을 이해할 수 있지만 이러한 개념에 관한 데이터는 인공지능·머신러닝 알고리즘이 예상하는 형식으로 포장되어야 한다. 이것이 바로 데이터 과학 팀이 할 일이다. 그러려면 데이터 과학 팀은 연구상의 질문부터 작성해야 한다. 연구상의 질문이란 사업상의 질문을 인공지능이 이해할 수 있는 형식으로 변환한 것으로 여기면 된다.

기술 분야의 계약 언어

인공지능 기반 방법은 기술 분야에서 작동한다. 해당 분야에서 사용되는 언어는 본질적으로 계약에 다름 아니며, "X 형식으로 입력을 제시하면 Y로 대답하겠다고 보장한다" 같은 형식으로 되어 있다. 이러한 계약은 종종 복잡하며, 정확한 의미를 이해하려고 한다거나 말한 내용의 실제 의미를 온전히 이해하기를 바란다면 해당 분야의 전문가가 필요하다.

이러한 계약 언어의 구체적인 예를 몇 가지 들어 보겠다.

- 고전 통계 방법을 기반으로 하는 인공지능에서는 가설 검정 언어를 사용한다. "$p=$

0.05일 때, 공급업자 A와 공급업자 B의 부품 표본 간에 통계적으로 유의한 차이가 있는가?"

- 영상 인식을 기반으로 하는 인공지능은 다음과 같은 머신러닝 언어로 표현된다. "이것이 부품 사진이라면 다른 계급에 비해 결함이라고 표시한 부품 계급과 훨씬 더 유사하다고 95%만큼 확신할 수 있다." 또한 인공지능은 계급 간에 부품을 올바르게 분류하는 데 전반적으로 98%의 정확도에 도달한다고 말할 수 있다.

- 출판계에서 1쇄가 3개월 만에 판매되는 경우에 2쇄를 낼 때 인쇄해야 하는 실제 도서 수량을 예측하기 위해 사용되는 인공지능은 시계열 모델을 기반으로 할 수 있다. 사용된 모델에 따라서 있을 법한 한 가지 연구상의 질문을 예로 들면 "이전 3개월 동안의 판매량을 기준으로 95% 신뢰 구간으로 향후 3개월 동안의 도서 판매량을 예측하자"일 수 있다.

여러분이 데이터 과학자가 아니라면 아마도 지금 머리가 돌 지경일 것이다. 이런 문장들이 의미하는 게 뭐란 말인가? 괴짜 같은 문장이 아닌가? 원래 그런 것이니, 여러분의 말이 맞다! 인공지능 기반 방법은 사업 담당자가 이해할 수 있는 형식으로 정의되는 게 아니라 컴퓨터와 데이터 과학자가 이해할 수 있도록 추상적인 형식으로 정의된다. 사업 문제를 해결하려면 문제를 인공지능 언어로 변환해야 한다. 이것이 내가 머신러닝이 공식화, 최적화, 평가의 조합이라고 여기면서 언급하는 문제의 '공식화'라는 의미다. 그림 3.7은 이 과정을 보여 준다.

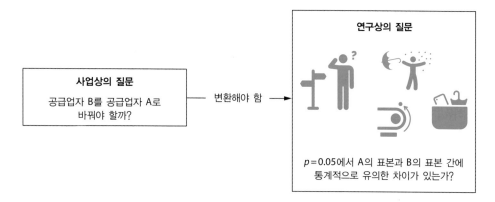

그림 3.7 사업상의 질문을 연구상의 질문으로 변환하기. 인공지능은 사업 개념을 이해하지 못한다. 통계에 익숙하지 않은 경우에 연구상의 질문 수식을 이해하기 어려울 수 있다.

인공지능 전문가의 임무는 적절한 연구상의 질문을 선택하고 이를 인공지능 기반 방법이 사업상의 질문과의 관계를 손상시키지 않고 대답할 수 있는 형식으로 변환하는 것이다.

경고 사업 팀과 데이터 과학 팀이 밀접하게 소통하지 않으면 프로젝트가 잘못되는 경우가 많다. 사업상의 질문이 잘못된 연구상의 질문으로 부정확하게 번역되어 질문하지도 않은 내용에 대한 답변을 얻을 수 있다. 그런 답변을 사용해 잘못된 사업 행위를 취하면 문제가 더욱 복잡해진다.

이러한 변환 작업은 팀이 사업 영역과 인공지능 영역을 모두 이해해야 할 만큼 아주 복잡하다는 점을 이해해야 한다. 이 변환은 간단하지 않다. 있을 법한 모든 사업 행위를 평가하는 변환은 거의 불가능하다. 사업상의 질문과 연구상의 질문 간의 불일치를 방지할 의무는 사업 책임자에게 있다.

잘못 짝 지은 사업상의 질문과 연구상의 질문

다음은 사업 책임자나 데이터 과학자가 서로 대면해서 말하지 않으면 알아채기 힘든 방식으로 사업상의 질문과 연구상의 질문이 잘못 짝 지어지는 예이다.

사업 책임자 : 여러분이 분석을 마치고 나서 제시할 만한 한 가지 답변을 예로 들어 주세요.

데이터 과학자 : 우리에게는 공급업자 A가 공급업자 B보다 실제로 더 낫지 않다면 우리가 얻은 결과를 얻을 확률이 5%에 불과하다는 것을 추론할 수 있는 충분한 통계적 증거가 있습니다.

사업 책임자 : 그래서 여러분은 공급업자 A가 공급업자 B보다 낫다고 말씀하시는 건가요? 제 생각에는 지금부터 3개월 후에 좋은 공급업자가 필요한 큰 프로젝트가 있을 것으로 예상합니다. 저는 공급업자 B를 공급업자 A로 교체할 계획입니다. 공급업자 A에게 주문할 수량을 100배 늘리겠습니다. 여러분의 분석에 따르면 사업상의 결정을 그렇게 하는 게 타당합니까?

데이터 과학자 : 음, 우리가 알고 있는 것은 우리가 검정한 표본에서 A가 B보다 낫다는 점입니다….

사업 책임자 : [혼자서 생각하기 : 이것 재미 있군. 이 사람들이 쓰는 전문 용어가 의미하는 게 뭐지? 이건 단순히 예나 아니요로 대답할 수 있는 문제가 아니야. 더 자세히

살펴봐야겠어….] 잠깐만요. 방금 제가 말한 내용과 어떻게 다른가요? 이해 충돌에 대한 충분한 근거가 있다고 보고할 만한 상황을 예로 들어 주세요…. 그리고 공급업자 B를 배제하는 게 여전히 잘못된 것일 수 있습니다.

데이터 과학자 : 글쎄요…. 추론하기에 충분한 통계적 증거가 있다고 제가 말할 때, 음… 우리는 지난주에 우리에게 주어진 표본만을 근거로 삼을 뿐입니다. 3개월 후에도 여전히 그렇다고 말하기는 어렵습니다. 또한 우리가 검정한 표본 크기보다 100배나 더 많이 주문한다면 공급업자 A가 동일한 수준의 품질을 제공할 수 있다고 말하기 어렵습니다.

사업 책임자 : 알겠습니다. 공급업자 A와 B의 개선 추세를 고려해야 한다면 어떻게 해야 할까요? 저는 현재 추세가 계속된다면 3개월 안에 어떤 일이 일어날지를 알아야 하겠습니다. 저는 3개월 안에 공급업자 A가 배송할 부품 1만 개를 주문하려고 합니다. 여러분의 분석에 따르면 이러한 행위들이 타당한가요?

데이터 과학자 : 아니요, 그렇지 않습니다. 우리는 다른 유형의 분석을 해 보아야 …

인공지능 프로젝트 사업 책임자를 위한 모범 이행사례

'잘못 짝 지은 사업상의 질문과 연구상의 질문'이라는 글상자는 사업 책임자와 데이터 과학자가 완전히 서로 다른 질문을 바탕으로 이야기하는 바람에 끔찍하게 잘못될 수 있는 프로젝트의 예를 보여 준다. 그러나 그 대화가 이루어지기 전까지는 서로 같은 이야기를 하고 있지 않다는 점을 알아차리지 못할 것이다. 다음은 인공지능 프로젝트를 시작하는 사업 책임자를 위한 모범 이행사례를 제공한다.

- 여러분이 이해하지 못할 만큼 고도로 기술적인 연구상의 질문을 제안하는 문서에 서명하지 말자. 그 대신에 데이터 과학자를 소집해 회의를 하자. 이상적으로는 강력한 사업적 배경과 인공지능 배경을 모두 지닌 사람이 이 회의를 진행해야 한다. 조직 내에 그러한 사람이 없으면 컨설턴트를 고용해서라도 도움을 받아야 한다.

- 데이터 과학자에게 제안된 연구상의 질문이 생성할 수 있는 몇 가지 있을 법한 답변을 제공하도록 요청하자.

- 시나리오 분석을 실행한다(이전 예시에서와 같이). 연구상의 질문에 대한 답변을 가지고 그것이 말하는 것을 설명한다. 그런 다음에 여러분이 품고 있는 모든 가정을 언급

하면서 여러분이 내릴 정확한 사업상의 결정을 설명한다.

- 데이터 과학자가 제공하는 답변을 어떻게 해석할지를 거듭 검토한다. 간명하면서도 기술적이지 않은 용어를 사용하자.

- 무언가를 오해하더라도 어리석게 보일까 걱정하지 말자. 이 단계에서 오해를 풀 수 있다면 나중에 많은 돈을 절약할 수 있다. 잘못된 인공지능 프로젝트가 실행될 때까지 기다리는 모습이야말로 정말 멍청하게 보일 것이다.

- 답변을 바탕으로 여러분이 취하려는 사업 행위를 명확하게 설명하자. 이러한 사업 행위가 합리적인지 물어보자.

- 계획된 사업 행위에 대해 데이터 과학자가 단순한 '예'나 '아니요' 이외의 다른 방식으로 응답하는 경우에, 분석 결과만을 기반으로 그러한 사업 행위를 취할 때 잘못될 만한 상황을 조사하자.

- 인공지능 전문가와 함께 연구상의 질문을 추가로 탐색하는 일을 두려워하지 말자. 연구상의 질문이 의미하는 바에 대해 자세히 알아보자. 마찬가지로 사업에 관한 세부 정보를 가지고 데이터 과학자를 교육하자.

- 사업상의 질문과 연구상의 질문을 완벽하게 짝 짓기가 힘들다는 점을 이해하자. 사업 문제가 지닌 모든 측면을 연구상의 질문으로 정확하게 포착할 수 있는 경우는 거의 없다. "이러한 측면이 여러분에게 중요한가?"가 질문이어야 한다.

- 고도의 기술 용어를 사용해 사업 문제를 논의하지 않도록 주의하자. 모든 회의 참가자 간에 공유되지 않는 용어는 기술과 사업 간의 불일치를 은근슬쩍 감춰 버리는 수단이 되고 만다. 철저히 토론함으로써 연구상의 질문과 사업 문제가 서로 일치하는지를 확인하지 않으면, 실제로는 중요하고 세부적인 사업상의 정보를 기술 팀이 알아서 채우도록 하는 꼴이 되고 만다.

- 기술 팀을 만날 때는 언제나 사업 전문가를 함께 데려가 중요한 세부 사항을 설명할 수 있게 하자. 사업 문제를 규정한 내용이 모호한 상황에서 기술 팀이 최적의 사업상의 결정을 내릴 것이라고 기대하는 것은 현실적이지 않다.

경고   인공지능 팀이 작업을 시작하기 전에 항상 연구상의 질문에 대한 시나리오 분석을 수행하자. 잘못된 연구상의 질문을 하면 프로젝트가 성공할 확률이 거의 0에 수렴한다.

연구상의 질문을 정의할 때 기억해야 할 마지막 사항은 사업상의 질문에 대한 대응이 '사업상의 질문당 하나의 연구상의 질문'이 아니라는 점이다. 한 가지 사업상의 질문을 다루기 위해 여러 가지 연구상의 질문이 필요할 수 있다. 실제로는 드물지만 여러 가지 사업상의 질문에 한 가지 연구상의 질문으로 답변할 수 있는 경우도 있다.

3.3.2 실패할 것 같으면 차라리 빨리 실패하자

여러분은 인도하기 쉬운[4] 프로젝트가 될 것이라는 가정하에 이 첫 번째 인공지능 프로젝트를 시작하는 중이다. 그러나 여러분이 프로젝트를 대략적으로 추정했다면, 프로젝트에 착수한 후에는 프로젝트를 인도하기가 처음에 생각했던 것보다 더 어렵다고 느낄 수 있다. 이번 절에서는 여러분이 그러한 초기 인공지능 프로젝트를 어떻게 관리해야 하는지를 설명함으로써 프로젝트가 예상보다 더 어려운 경우에도 즉시 명확하게 대응할 수 있게 할 것이다.

> **조언** 성공 속도를 높이려면 프로젝트에 대한 인도과정을 최적화해야 한다. 사냥감이 풍부한 사냥터에서는 사냥을 오래 할수록 더 많은 사냥감을 잡게 마련이다. 여러분이 인공지능에 노력을 쏟게 된 초기에는 쉽게만 보이는 프로젝트를 고집해서는 안 되었지만, 그것을 면밀히 검사해 보기도 어려웠을 것이다. 그 대신, 그런 프로젝트들을 조기에 중단한 다음에 나머지 프로젝트에 할당된 시간을 사용해 더 쉬운 프로젝트를 개시하자.

프로젝트에 대한 실증 실험proof of concept으로 시작해 신속히 프로토타입부터 만들어 보아야 한다. 이 프로토타입은 네 가지 목적을 제공한다.

1 프로젝트를 제공하는 데 필요한 전문 기술 지식을 공학 팀이 갖추고 있음을 보여준다.
2 여러분이 식별한 감지·분석·반응 루프의 한 부분을 이루고 있는 분석을 담당할 인공지능을 구체적으로 구현한다. 이렇게 하고 나면 여러분은 루프의 또 다른 부분을 이루고 있는 반응 부분을 테스트할 수 있게 된다(예 : 필요한 사업 행위를 구현하기가 얼마나 어려운지를 시험해 볼 수 있다).

---

4 즉, 프로덕션(운영 환경)으로 배포하기 쉬운_역주

3 프로토타입을 분석함으로써 더 많은 데이터나 다른 머신러닝 알고리즘에 노출되었을 때 제안된 시스템 솔루션이 어떻게 작동하는지를 확인해 볼 수 있다. 이 책의 제6장과 제7장에서는 이 분석이 수행되는 방법을 보여 준다.

4 프로토타입을 만듦으로써 여러분이 진행하는 인공지능 프로젝트를 구현하기가 얼마나 어려운지를 알 수 있다. 예상했던 것보다 훨씬 더 어렵다면, 이런 면이 금방 명백해질 것이다.

이런 과정을 여러 번 거치면서 경험을 쌓은 팀이 될 때까지는 실행에 옮기는 데 시간이 많이 걸리는 프로젝트에 얽매이지 마라. 사냥꾼은 먹잇감 한 마리를 잡지 못했다고 굶어 죽지 않는다. 먹잇감 한 마리를 너무 오랫동안 잡으려고 하다가 굶어 죽는 것이다.

> **조언** 여러분이 진행하던 프로젝트가 예상보다 어려우면 일단 중단한 다음에 그보다 쉬운 프로젝트부터 진행하자. 우연히 지옥문에 이르게 되었다면, 뒤돌아서 달려라!

3.4 피해야 할 함정

인공지능 프로젝트를 실행할 때 피해야 할 함정 중에 흔한 게 몇 가지 있다. 중요한 함정들 중에 일부를 예로 들면 다음과 같다.

- 감지·분석·반응 루프 중에 반응 부분을 담당하는 조직에 속한 행위자와 소통하지 않거나, 심지어 인공지능 프로젝트가 순조롭게 진행될 때까지 그들과 전혀 함께 일하지 않는 것
- 다른 프로젝트나 조직의 사용 사례(및 지표)를 가져다 쓰는 일
- 온갖 신문의 1면을 장식할 수 있을 만큼 유행하는 인공지능 프로젝트들을 진행하는 일
- 지속적으로 우위에 설 수 있게 할 만한 도구를 사서 쓸 수 있다고 믿거나, 더 나아가서 온갖 도구를 다 사서 쓸 수 있다고 믿는 일
- 분석한 내용을 아무렇게나 데이터 속으로 던져 넣으면서 성과가 나오기를 바라는 일
- 분석 결과 대신에 '직감'을 바탕으로 진행해야 할 프로젝트를 선정하는 일

이번 절에서는 이러한 각 함정을 자세히 설명한다.

3.4.1 사업 팀에 대한 협력 관계 구축 실패

인공지능을 의사결정 지원 시스템으로 사용할 때, 좋은 분석 내용을 인공지능에 공급하는 것만으로는 충분하지 않다. 인공지능 기반 분석을 통해서 권장받게 된 특정한 사업 행위를 여러분이 잘 실행해 주어야 한다. 즉, 분석 결과와 사업 행위를 서로 연계하는 일에 대해 경영진이 관심을 기울여야 한다. 이번 절에서는 인공지능 팀이 자신들이 내어놓는 인공지능 분석을 기반으로 사업 행위를 취할 조직의 팀과 좋은 관계를 맺어야 하는 이유를 강조한다.

> **조언** 분석론analytics(분석학)은 자동차의 속도계와 같다. 속도계가 너무 빨리 달리고 있다고 알려 주면 운전자는 자동차의 속도를 줄여야 한다. 프로젝트나 조직의 운전자는 누구인가?

비전문가는 분석 결과를 잘못 해석할 수 있다. 비전문가가 분석의 한계를 이해하지 못하고 분석의 기본 가정을 위반하는 문제는 고전적이기까지 하다. 3.3.1 절에서 연구상의 질문과 사업상의 질문이 잘못 정렬되었을 때 나온 문제가 그러한 예에 속한다.

개인적으로 나는 여러 조직이 분석 보고서를 개별 사업 팀들에 전달하는 것을 목격했다. 보고서를 전달받은 개별 사업 팀들은 데이터 과학자를 투입하지 않은 채로 사업 행위를 개시했다. 이러면 언제나 실수하게 마련이다.

> **조언** 분석해서 나온 결과에 어떻게 대응할지를 논의하는 모든 모임을 분석 전문가가 대표해야 한다. 여러분은 사업 팀이 분석 결과와 분석 결과에 따른 처방을 완전하고 정확하게 이해하고 있는지를 확인해야 한다. 의도한 사업 행위에 비추어 볼 때 분석 결과가 유효해야 한다.

여러분이 분석 프로젝트를 맡은 리더라면 분석 결과를 인도한다고 해서 여러분의 일이 마무리되는 게 아니다. 분석가가 내린 처방이 성공적으로 실행될 때 비로소 여러분의 일이 마무리된다. 여러분은 분석을 구현할 팀과 좋은 업무 관계를 구축해야 한다. 분석 담당자가 특정한 사업 행위를 처방한 경우에 그 처방이 실행되게 돕고 그 처방을 따라야 할 여러분의 의무를 과소평가하지 말자.

3.4.2 남의 것을 가져다 쓰는 일

사람들은 종종 자신을 둘러싼 사람들과 조직들에게 효과가 있었던 것을 모방하고 싶어 한다. 그 결과로 여러분은 내가 **이식 프로젝트**transplant project라고 부르는 것을 볼 수 있게 된다. 여기서는 어떤 기업이 인공지능 팀을 구성하기로 결정하고, 다른 조직이 수행한 것과 비슷한 인공지능 프로젝트를 개시한다고 가정해 보자. 이번 절에서는 이식이 왜 나쁜 생각인지를 설명한다.

이식 프로젝트에 대한 사례는 많다. 예를 들면 '자체 추천 엔진을 갖자'거나 '고객이 쓴 의견을 대상으로 정서 분석을 하자' 같은 프로젝트가 있다. 때때로 이러한 프로젝트들이 사업이라는 맥락에서 볼 때는 타당할 수 있지만, 누군가에게서 소문을 들은 후에 자신의 사업 상황에 맞춰 분석해 보지도 않은, 말 그대로 그저 생짜 사용 사례인 경우가 너무나 흔하다.

> **참고** 어떤 이유로, 사람들은 사업상의 이식 수술이 아닌 실제 이식 수술에 대해 생각할 때 더 상식적이다. 이웃 사람의 몸속에서 건강하게 활동하던 신장을 이식받는다고 해서 그게 자신의 몸속에서도 잘 활동하리라는 법은 없다. 여러분의 사업에 적용할 때, 이식한 게 이전과 다른 방식으로 활동하게 해야 하는 이유는 무엇인가?

다른 사람에게 잘 맞는 프로젝트를 맹목적으로 채택하는 대신에 그 프로젝트가 아주 다양한 인공지능 프로젝트 후보 중에 하나가 될 수 있다고만 생각하자. 이번 장에 제시된 분석적 접근 방식을 사용해 먼저 시작해야 하는 인공지능 프로젝트를 선정하자.

3.4.3 로켓 없이 달을 탐사하기[5]

세계에서 가장 큰 기술 기업 중 상당수가 데이터 사용을 기반으로 큰돈을 벌었다. 핵심적으로 구글, 마이크로소프트, 바이두 같은 회사는 인공지능에 크게 의존해 성공한다. 그런 회사는 상당한 연구 능력이 있으며 중요한 인공지능 발전 기회를 놓치지 않게 하는 일에 앞서 있다. 이번 절에서는 여러분의 조직이 이러한 회사를 맹목적으로 추종해서는 안 되는 이유를 설명한다.

---

5 여기서 '달 탐사'란 혁신적이고 도전적인 과제를 의미한다._역주

여러분이 최고위 경영자라고 상상해 보자

여러분이 연간 30조 원을 벌어들이는 회사를 운영하고 있고 인공지능 관련 사업을 한다고 해 보자. 한 단계 더 나아가 향후 10년 내에 누군가가 인공 일반 지능AGI [76]이라고 하는, 강력하고 인간 수준의 지능에 근접하는 인공지능을 발명할 가능성이 1%라고 가정해 보자. 인공 일반 지능이 무엇인지를 검색해 보려고 해도 정보를 찾지 못하겠다면 그 대신에 자율 주행 차량[38]을 떠올려 보자. 마지막으로 여러분은 경쟁업체가 인공지능에 막대한 투자를 하고 있음을 알고 있다고 해 보자.

그렇다면 여러분은 인공지능에 상당한 돈을 투자하고 숙련된 연구원을 고용해 인공지능에 관한 지식의 최전선을 넓혀 나가겠는가? 아니면 인공지능에 투자하는 대신에 다음과 같은 위험을 감수하겠는가?

- 경쟁사가 인공 일반 지능이나 자율 주행 차량 기술을 개발한다. 여러분의 회사는 더 나은 위치에 있었는지 모르지만, 그것을 시도조차 하지 못했다!
- 여러분의 실수가 앞으로 수년 동안 모든 경영대학원에서 다루어질 것이다.

'여러분이 최고위 경영자라고 상상해 보자' 글상자의 논리는 구글, 마이크로소프트, 바이두 같은 기업에도 적용되지만, 많은 기업이 이러한 기업들의 행위에 대한 근거를 이해하지 못한 채 이러한 기업을 모방하는 바람에 결국 불행해지고 마는 경향을 띤다. 그렇다. 거대 기업들이 인공지능에 노력을 기울여 상당한 수익을 얻고 있기는 하다. 그들은 또한 인공지능을 연구하는 데 많은 투자를 한다. 그들이 인공지능을 연구하는 데 기울이는 노력을 따라가기 전에 "나는 같은 사업에 종사하고 있는가?"라고 자문자답해 보자.

여러분이 강력한 인공지능(또는 인공 일반 지능[76])을 위해 중요한 것을 발명했다면, 여러분은 그것으로 수익을 내는 방법을 알고 있는가? 대형 소매점을 생각해 보자. 이들은 발명한 인공지능을 최대한 활용할 수 있는가? 아마 아닐 것이다. 소매점에서 할 사업은 구글이 하는 사업과 다르다.

여러분이 인공지능 기술을 사용해 구체적인 사업 문제를 해결해 준다면 여러분은 회사로부터 더 많은 혜택을 얻을 수 있다. 즉, 새로운 인공지능 지식을 습득하는 일을 좋아할 뿐만 아니라 아주 현명하기까지 한 연구원과 업무 처리과정으로 구성된 팀이 여러분의 조직에 필요한 게 아니라, 기존 인공지능 기술로 사업 영역에서 돈을 버는 방법을 아는 사람이 여러분의 조직에 필요하다는 말이다.

작은 일에 성공함으로써 더 큰 일에 필요한 혜택을 더 많이 누리게 되는 방식을 이해하지 않은 채로 자신의 조직보다 더 부유한 조직을 모방해서는 안 된다. 대부분의 조직에서는 인공지능 지식을 쌓는 것이 성공으로 이어지는 게 아니라 인공지능 성과를 사업에 연결하는 방법을 아는 것이 성공으로 이어진다. 연구에 중점을 두기보다는 응용에 중점을 둔 데이터 과학 팀이 필요하다는 말이다. 그렇다고 뛰어난 박사 학위 소지자를 고용해서는 안 된다고 말하는 것은 아니지만, 그는 여러분의 인공지능 담당 팀이 혜택을 누리게 하기 위해 인공지능을 잘 적용할 줄 아는 전문가여야 하며, 이럴 때 지도력이 나온다는 말이다.

3.4.4 데이터로 이루어진 바다를 살펴보려고 고급 도구를 사용하는 일

또 다른 일반적인 함정은 인공지능이나 빅데이터 도구를 구입해 데이터를 보고 통찰을 찾아낸 다음에 발견된 통찰로 수익을 창출할 수 있다고 여기는 믿음이다. 인공지능을 채택하는 일부 조직은 인공지능 채택과정 초기에는 올바른 도구를 찾는 데 힘을 집중해야 한다는 태도를 취할 수도 있다. 이번 절에서는 이것이 피해야 할 함정인 이유를 설명한다.

> **조언** 도구를 사용해 창출하는 수익이 보잘것없다면 왜 그런지에 관한 설명이 필요하다. 도구를 구입하는 시점부터 이것을 사용해 수익을 창출하는 최종 시점에 이르기까지, 즉시 사용할 수 있는 도구를 가장 바람직하게 적용하는 방법을 잘 이해하게 될 때까지 공급업자들에게 자세히 묻자.

대부분의 업종에서 인공지능으로 수익을 창출하기는 결코 쉬운 일이 아니다. 많은 도구가 이러한 목표를 달성하는 데 도움이 될 수 있다고 주장하지만 이러한 도구만으로 수익 창출 문제를 해결할 수 있을 것 같지는 않다. 도구를 설치하고 실행하는 것만으로도 수익을 창출할 수 있게 하는 도구가 있더라도, 여러분이 현재 다루는 도구는 상품화된 사용 사례일 뿐이다. 누군가는 이미 그 제품을 가지고 수익을 창출하고 있지 않은가 말이다!

> **조언** 초기에는 구체적인 사업 가치를 제공하는 인공지능 프로젝트를 찾는 데 초점을 맞춰야 한다. 도구는 이러한 프로젝트를 가능하게 하는 조력자에 불과하다.

도구를 팔아야 할 공급업체의 영업사원이 "대규모 데이터 레이크를 구축한 다음에는 데이터 과학자에게 일을 맡기면 그만입니다. 데이터 안에 반드시 어떤 통찰 같은 게 들어 있을 테니까요"라는 식으로 여러분을 유혹할 수도 있을 것이다. 대규모 데이터셋을 분석할 때 예상치 못하게 어떤 통찰들을 얻어 낸 사례를 여러분이 전달받았을 수도 있다. 그러나 그러한 상황들은 드물고 예측할 수 없는 것들이다. 허황된 이야기에 의지하지 말자. 감지·분석·반응 루프의 분석 부분부터 따져 보려고 하지 말자. 우리가 이 책에서 설명하고 있는 인공지능 성공 방정식에서는 항상 반응 부분부터 따져 본다.

> **경고** 여러분이 지닌 데이터 속에는 언제든지 특별한 무언가가 깊이 숨어 있을 수 있다. 적절히 분석하기만 하면 엄청난 돈을 벌 수 있게 하는 예상치 못한 경영 아이디어를 얻을 수도 있다. 이런 게 가능하기는 하지만 이는 확실히 보장되지 않고 예측할 수 없으며, 해당 경영 아이디어를 여러분이 채택해야 하는 주요 전략으로 쓰기에 타당한지는 미지수다. 더 나쁜 것은, 여러분이 잡기를 기대하던 값비싼 참다랑어가 의외로 깊은 바닷속에 사는 끈적끈적한 괴물일 수도 있다는 점이다. 큰 물고기를 낚으려고 모험하기보다는 예측 가능한 성공을 할 수 있게 초기 인공지능 프로젝트를 구성하자.

3.4.5 CLUE 대신 직감을 사용하기

종종 기술적 아이디어에 지나지 않는 우연한 방식으로 인공지능 프로젝트를 실행하기로 결정하는 일이 있다. 여러분이 그저 기초 기술을 경험하고 싶어서 인공지능 프로젝트를 진행해 보는 일은 스포츠카를 구입하는 일과 거의 같은 일이라고 할 수 있다. 이번 절에서는 직감을 따르면 사업성과가 좋지 않은 이유를 설명한다.

소매 고객의 행동 영상을 분석하기

3.2.1 절에 나오는 소매점으로 돌아가 상품 구성 최적화 문제를 다시 살펴보자. 그 절에서는 두 가지 접근 방식이 제안되었다. 하나는 판매 추세 예측에 기반했고 다른 하나는 고객 행동 영상 인식을 기반으로 했다.

데이터 과학자라는 입장에서는 고객 행동 영상 인식이 기술적으로 더 흥미로운 프로젝트일 것이다. 오늘날 많은 기술 팀은 그런 프로젝트에 큰 흥미를 보일 것이다. 이런 프로젝트에서는 최첨단 인공지능 영상 인식 기능을 사용하겠지만, 정작 판매를 예측할 때는 이전부터 있어 온 시계열 분석 방법을 사용할 가능성도 있다.

때로는 그와 같은 기술적 매력이 팀이 프로토타입을 만들기로 결정하는 데 필요한 전부가 되며, 내 안에 내재된 데이터 과학자로서의 역할에 비추어 보면 나는 이런 충동을 확실히 이해할 수 있다. 하지만, 이는 일종의 '직감'이나 '행운'에 기대는 고전적 접근 방식과 다름이 없다.

이번 예에서 이런 접근 방식이 잘못된 실수인 이유를 확인하려면 3.2.1 절에서 사례로 들었던 경우를 떠올려 보자. 본사에서 근무하는 가맹 점포 관리자와 대화를 나누어 본다면 여러분의 사업이 고객 행동 영상을 분석하는 데 따르는 법적 효과나 홍보 효과가 충분치 않다는 점을 알 수 있을 것이다. 여러분이 노력을 기울인 덕분에 기술적으로는 성공할지 몰라도 프로젝트 결과가 사업화 대상으로 채택되지는 않을 것이다. 프로토타입을 제작하는 시점에 이르기 전에 여러분이 사업 책임자들에게 프로젝트를 제안하던 상황에서 무엇인가 모르게 답답함을 느낀 적이 있었다면, 여러분은 아마도 기술적인 성공이 다가 아니라는 점을 곧 깨닫게 될 것이다.

또한 여러분이 인공지능 프로토타입을 계속 구축할 수 있도록 본사 가맹점 관리자를 설득했더라도, 여러분은 성공을 측정하는 데 필요한 사업지표를 정의하는 일에는 실패했다. 이제 여러분은 프로젝트를 관리하는 일과 관련해 문제에 부딪히게 되었다. 다행히 여러분이 제안한 프로젝트가 진행되게 되었고, 초기에는 성공을 거두었다고 가정해 보자. 프로젝트 성과물을 실제 운영 환경에서 쓸 수 있게 내보내도 되는지를 여러분은 어떻게 알 수 있는가? 고객 행위를 얼마나 정확하게 인식해야 하는가? 인식하는 과정에서 실수를 할 수 있는가? 그렇다면 어떤 상황에서 실수하는가? 어떤 실수가 가장 해로운가?

여러분은 어떤 인공지능 프로젝트를 먼저 실행할지를 결정할 때 직감에 의존하는 일을 최대한 지양해야 한다. 3.2 절에서는 실행하기에 가장 좋은 프로젝트를 올바르게 결정하는 데 필요한 단계를 보여 주었다. 첫 번째 프로젝트를 선택할 때 직감에 의존해 정답을 제공하기에는 변화하는 부분이 너무 많다. 여러분은 프로젝트가 실행 가능하고 기술적으로 구현할 수 있으며 사업 가치가 있는 것인지를 확인해야 한다. 여러분은 프로젝트 비용, 그리고 제안된 기술적 해법의 윤곽 및 난이도를 알아야 한다. 1~2분 동안 문제에 대해 생각하는 것만으로 인공지능 프로젝트의 모든 속성을 평가할 수 있을 가능성은 거의 없다.

조언 무엇보다도 참여도가 높고 중요한 사내 회의 중에 모든 사람이 즉시 "이건 좋은 생각 같습니다!"라고 외치는 상황이 있는지 확인하자. 그러한 사회적 상황은 사람들이 집단으로 이끌어 낸 합의를 반증하는 데 필요한 신중한 분석을 수행하도록 장려하는 데 전혀 도움이 되지 않는다. 요컨대, 집단적 사고를 조심하자는 말이다.

하지만 우리는 MVP 접근 방식을 사용하고 있다!

일부 팀은 소프트웨어 프로젝트를 개발하기 위해 애자일이나 린 스타트업[28]이라는 방법론을 사용한다. 린 스타트업 방법론에서는 고객에게 의견을 자주 물어볼 수 있을 만큼 적당히 작은 작업 덩어리로 프로젝트를 나눠서 진행하라고 권장한다. 이 작업 덩어리를 **최소 기능 제품**minimum viable product, 즉 MVP[a]라고 한다. 린 스타트업 방법론 중 한 부분에 따르면 고객이 MVP를 달가워하지 않을 때는 소위 **피벗**pivot이라고 불리는 형태로 시도해 볼 수 있다고 한다.

어떤 사람들은 여러분이 MVP를 구축하고 있기 때문에 처음에 낸 인공지능 아이디어 중 일부를 재빨리 선정해 고객에게 보여 준 다음에 고객의 의견을 확인하는 일부터 해야 한다고 주장할 것이다. **그러지 말자!**

MVP를 사용하면 현실적인 제품에 비해 많은 이점을 누릴 수 있으며 CLUE는 린 스타트업 전략과 잘 결합될 수 있다. 그러나 MVP만으로는 CLUE가 해결하는 것과 동일한 문제를 해결하지 못한다. 그러한 예를 들어 보겠다.

- 여러분이 어떤 직감에 따라 MVP를 선택했다면, 여러분은 분석용 솔루션들을 채택할 의지와 능력이 사업 담당자에게 있는지를 알기도 전에 프로젝트부터 시작한 셈이다.
- MVP가 여러분이 잘못된 길을 더 빨리 가고 있음을 보여 줄 수는 있지만, 여러분은 처음부터 잘못된 길을 가고 있는 셈이다.
- 여러분이 할 수 있는 분석에 대해 직감을 대입하려고 생각했다면(감지·분석·반응 루프의 반응 부분부터 착수하는 일에 비유할 수 있음), 여러분은 분석 결과를 기입해

---

a 다른 것에 의존하지 않고 작동하는 데 필요한 최소한의 기능을 갖춘 제품이라는 뜻_역주

둔 뺑뺑이를 돌리는 것이나 다름없다. 여러분은 자신이 하는 분석을 통해 사업이 어떻게든 구현할 수 있는 성과를 얻을 수 있기를 바라며 기도한다.

MVP는 인공지능 프로젝트를 선택하고 실행하는 일에 직감적인 접근 방식을 도입했다는 점을 홍보하기에 좋은 변명거리가 되지 못한다. MVP는 여러분이 잘못된 길을 가고 있다는 사실을 발견하는 비용을 줄이면서도 실패 비용을 줄이기 위한 것일 뿐이다. 피벗을 할 수 있는 능력을 아무렇게나 프로젝트를 실행하기 위한 변명거리로 삼아서는 안 된다. 이는 인공지능에 관한 아이디어를 아무렇게나 많이 내놓고는 그중에 제대로 된 놈이 하나쯤은 걸리리라고 바라는 것이나 마찬가지이다.

CLUE 접근 방식은 MVP 및 린 스타트업과 통합되고 호환된다. CLUE 분석에서 C 부분은 첫 번째 인공지능 프로젝트를 선택하는 일에 관한 것이며, 이러한 프로젝트는 직감이 아닌 분석을 기반으로 하는 MVP가 될 수 있다.

오늘날 인공지능 프로젝트 실패의 가장 큰 원인이 기술일 수 있다. 그러나 기술적으로 성공한 프로젝트 중에서도 비용을 지불한 기업에서조차 사용하지 않는 프로젝트가 너무 많다. 이러한 인공지능 프로젝트는 결코 시작되어서는 안 되지만, 프로젝트의 가치를 직감을 동원해 잘못 판단하는 바람에 착수해서는 안 될 프로젝트에 착수하는 경우가 흔하다.

3.5   연습문제

다음 질문은 각각 구체적인 경영 시나리오를 제공한 다음에 해당 시나리오에 대한 후속 질문을 한다. 다음 질문에 답하자.

질문 1 : 여러분이 출판업계에서 일하고 있는데 종이책, 전자책, 오디오북을 동시에 배포하는 게 더 나은지 아니면 차례로 배포하는 게 더 나은지 궁금하다고 해 보자. 또한 종이책을 먼저 펴내어 배송할 수 있도록 한다면 다른 형식으로 된 책을 펴내기까지 얼마나 기다려야 할까? 이러한 구성을 염두에 두고 다음에 나오는 질문에 답해 보자. "여러분은 어떤 사업지표들을 사용해야 하는가?"

질문 2 : 사업 책임자라면 사업상의 질문과 이를 측정할 적절한 지표를 정의하자. 조직에 직접 적용할 수 없는 시나리오(예 : 자선 행위와 관련된 일부 시나리오)를 가정해 보자. 비영리 단체를 운영하는 동안 취할 수 있는 행위에 대해 생각해 보자. 제3장에서 소개한 기술을 사용해 첫 번째 가상 사업상의 질문과 성공을 측정하는 데 사용할 지표를 선택한다.

질문 3 : 이전 실습에서 사업상의 질문을 확인했으면 수석급 인공지능 전문가와 함께 점심을 먹고 사업 문제에 대해 이야기해 본다. 연구상의 질문을 어떻게 공식화했는지 물어보자. 제3장에 설명된 과정을 사용해 답이 여러분이 취하려는 사업 행위를 지지하는지 여부를 확인하자. 그리고 점심을 먹는 동안 그러한 연구상의 질문에 답할 데이터셋을 어떻게 찾을 수 있는지에 대해 이야기하자. 그 데이터셋을 얻을 수 있다고 생각하는가?

요약

- 인공지능이 새로운 사업에 도입될 때 인공지능은 사냥감이 풍부한 사냥터에 놓이게 된다. 여러분이 지닌 모든 자원을 동원해 난이도가 높은 프로젝트를 추구하다가 실패하게 되면 여러분은 무너지게 된다. 대신 사업을 할 만한 가치가 크고 신속하게 완성할 수 있는 간단한 프로젝트부터 해 보자.
- CLUE를 사용해 인공지능 프로젝트를 선택하고 구성한다. CLUE의 C 부분(그림 3.4)을 사용하면 구현 및 실행이 가능한 인공지능 프로젝트 목록을 작성해 프로젝트의 크기와 가치를 추정할 수 있다.
- 인공지능이 답을 내야 하는 사업상의 질문을 기술적인 측면에 맞는 형식으로 변환해 연구상의 질문을 정의해야 한다. 이때 정확하게 변환하지 않으면 사업성과를 망칠 수 있다. 프로젝트를 시작하기 전에 시나리오 기반 테스트를 함으로써 연구상의 질문을 확인해 본다.
- 사업지표를 사용해 인공지능 프로젝트의 진행 상황을 측정한다. 프로젝트 및 조직에 알맞게 사업지표를 사용자 맞춤형으로 만들어야 한다. 성공을 측정할 사업지표가 없다면 인공지능 프로젝트를 시작하지 말자.
- 실패할 것 같으면 아예 빠르게 실패하도록 인공지능 프로젝트를 구성하자.
- 실증 실험부터 시작하자. 프로젝트가 생각보다 어려워지면 일단 중단하고, 그 대신에 더 쉬운 프로젝트부터 진행하자. 목표는 **다음번 성공을 위한 시간 최적화**다.

• 인공지능 프로젝트를 실행할 때 피해야 할 일반적인 함정이 있다. 여기에는 관련 사업 책임자와의 관계 구축 실패, 사용 사례 이식, 로켓도 없이 '달을 탐사하는' 프로젝트 채택, 임의 도구(또는 임의 분석)에 너무 많은 희망을 두기, CLUE를 사용해 판단하지 않고 직감으로 판단하기 등이 포함된다.

사업과 기술의 연계

이번 장에서 다루는 내용

- 사업지표와 기술지표를 연계하기
- 기술 진행 상황을 사업 용어로 측정하기
- CLUE를 이루는 과정 중에 L과 U 부분을 적용하기
- 기술적 진보를 측정하는 데 수반되는 조직상의 장애물을 극복하기

제3장에서는 첫 번째 인공지능 프로젝트를 선택했다. 이제 여러분에게는 프로젝트에서 답변해야 하는 연구상의 질문이 있게 되었다. 이번 장에서는 사업 문제를 여러분이 구축 중인 기술적 해법과 지표를 기준으로 상호 연계함으로써 해당 프로젝트를 올바르게 구성하는 방법을 보여 준다. 또한 기술적 진보를 사업성과로 변환할 때 기술적 진보가 의미하는 바를 이해하는 방법도 보여 준다. 마지막으로, 사업과 기술을 연계하는 방법을 탐구할 때 흔하게 만나게 될 조직적 장애를 피하는 방법을 보여 준다. 하지만 그 모든 것에 도달하기 전에 먼저, 왜 일반 조직이 데이터가 아닌 직관을 기반으로 인공지능 프로젝트 결정을 내리는 함정에 빠지는지를 설명하겠다.

4.1 프로젝트는 공중에서 멈추지 못한다

프로젝트를 진행하는 일은 모두 자동차 운전보다는 비행기 조종과 비슷하다. 비행기를 조종할 때는 어떤 사건이 벌어졌을 때 비행기를 갓길에 세워 두고 문제를 해결할 수 없다. 비행을 멈출 수 없기 때문에 계속 날면서 문제를 해결해야 한다. 이번 절에서는 이러한 상황 때문에 조직으로 하여금 데이터가 아닌 본능에 따른 결정을 많이 내리도록 장려할 수밖에 없는 이유를 보여 준다.

프로젝트가 시작되면 사람들이 일을 하고 돈과 시간을 투자하게 된다. 모든 팀 구성원이 프로젝트가 성공하기를 바라므로 무엇인가를 해야 한다는 압력이 팀에 가해진다. 그리고 프로젝트가 시작되면 프로젝트의 수준과 상관없이 모든 팀원은 자신에게 할당된 작업에만 전념하게 된다. 그러나 방향성이 명확히 주어지지 않으면 팀원들은 프로젝트가 성공하는 데 있어서 가장 중요한 행위라고 생각하는 일부터 할 가능성이 크다. 모든 관리자가 알고 있듯이 팀 구성원은 프로젝트의 우선순위가 무엇인지 알지 못한 채로 남들과 따로 떨어진 상태에서 작업하는 경우가 많다. 어떤 일부터 먼저 해야 하는지를 알지 못하기 때문에 잘못된 일을 하는 것이다.

관리자도 사람이다. 최선의 방법이 무엇인지 모를 때조차 관리자는 여전히 사업에 대한 결정을 내려야 하는데, 이는 프로젝트가 진행 중일 때 중요한 일이 벌어질 뿐만 아니라 그런 상황에서도 결정을 내려야 하기 때문이다. 지도 원리가 없는 경우에 관리자는 자신들이 아는 유일한 방식으로 프로젝트를 도우려고 할 것이다. 직감에 의존해 진행하는 프로젝트가 산업계에 흔한 이유다.

인공지능 프로젝트가 무엇을 얼마나 잘하고 있는지 어떻게 알 수 있는가? 간단한 말로 답변하자면, 좋은 사업성과를 얻을 때 잘되고 있다는 것이다. 하지만 좋은 사업성과를 얻고 있는지 어떻게 알 수 있는가? 인공지능 프로젝트에 어떤 좋은 성과가 있는지를 직관적으로 느끼기 어려운 상황의 전형적인 예를 살펴보자.

4.1.1 좋은 추천 엔진은 무엇인가?

여러분이 대형 소매점에서 쓰는 추천 엔진을 담당하고 있다고 해 보자. 이 소매점이 20만 가지 제품을 판매하고 있으며, 총 8,000만 명의 고객이 매일 200만 개에 가까운 제품을 조회하고 있다. 여러분이 만든 추천 엔진은 모든 고객에게 구매에 관심을 둘 만한 제품을 추가로 제안한다. 여러분이 추천 엔진을 방금 업데이트했다고 하자. 최신 업데이트를 한 다음에도 시스템이 올바른 방향으로 움직이고 있는지를 어떻게 알 수 있을까?

전체적으로 몇 가지 제품을 살펴볼 수 있겠지만 그렇게 하더라도 최신 변경 사항이 모든 고객에게 잘 들어맞는지를 실제로는 알 수 없다. 그런 식으로 살펴보는 대신에 여러분은 시스템의 전체 동작을 **요약**하는 몇 가지 지표를 개발해야 한다. 이러한 지표는 모든 제품과 모든 고객에게서 전반적인 성과를 보여 줄 수 있어야 한다.

이런 상황에서 쓸 만한 대안이 있는데, 이 대안은 내가 포천 500대 기업이라는 상황에서 (이 기업들이 더 잘 알았어야 했을 상황에서도) 사용한 것으로, 다음과 같다.

- 추천 엔진이 제공하는 권장 사항을 수작업으로 살펴본 다음에 그것이 어떤 한 사람에게 무슨 의미가 있는지를 확인하는 게 바로 그 대안이다. 분명한 것은, 한 가지 문제는 '이치에 맞는 게' 무엇인가 하는 점과 서로 다른 두 시험관이 어떻게 해야 동일한 기준을 갖도록 할 것인가 하는 점이다. 이 접근 방식으로는 권장 사항에 대해 안정적이고 반복 가능하며 정확한 점수를 보장하기가 어렵다.

- 추천 엔진에 대한 과학 논문(예 : 「추천 시스템 평가Evaluating Recommendation Systems」[77])에서 볼 수 있는 다양한 지표를 응용하기. 이러한 지표에 대한 한 가지 예로 참신성[78]을 들 수 있는데 이 지표는 사용자가 알지 못했던 새 품목이 얼마나 많이 추천되있는지를 측정하기 위한 것이다. 종종 그러한 기술지표가 모든 사업 측면에 긍정적인 영향을 미치는지 여부가 명확하지 않을 때가 있다. 어떤 소매점이 정원용 호스를 비축하고 있다는 사실을 내가 몰랐을 수도 있지만, 내가 그런 일에 관심을 둘 이유가 있는가?

- 개선된 추천 사항들로 인한 매출 증가를 측정하기. 이 접근 방식은 명확히 사업과 관련성이 있으며 모호하지 않다. 판매 증가를 테스트하기 위해 프로덕션(운영 환경)에 추천 엔진을 완전하게 인도해 줄 필요는 없다. 또한 제한된 고객 하위 집합에 대한 테스트를 수행해 추천 엔진의 진행 상태를 측정할 수도 있다.

인공지능 프로젝트의 본질은, 몇 가지 표본을 간단히 검사해 나온 결과로부터는 느낌을 얻기가 어렵다는 것이다. 정의에 따르면, 여러분이 인공지능을 사용하는 이유는, 가장 좋은 일이 무엇인지에 대하여 답이 자명하지 않거나 어느 한 사람이 수작업으로 검사하기에는 데이터 크기가 너무 크기 때문이다.

참고 인공지능 프로젝트의 이러한 특성으로 인해 인공지능 프로젝트를 관리하는

그림 4.1   프로젝트가 일단 시작되었다면 결정들이 내려져야 한다. 여러분은 어느 비행기를 타고 싶은가?

일은 다른 소프트웨어 프로젝트를 관리하는 일과 다르다. 추천 엔진보다 웹 애플리케이션에서 어떻게 나아지는 편이 더 좋은지를 말하기가 훨씬 쉽다. 팀이 다음에 어떤 작업을 해야 하는지를 궁금해할 때 비슷한 문제가 나타난다.

일단 프로젝트가 시작되었다면, 결정들이 내려져야 한다. 그러한 결정이 체계적인 방식으로 내려지는 것이 좋다. 그림 4.1은 다른 분야를 비유하며 체계적인 결정과 **느낌**에 기반한 결정을 서로 대비시킨다.

4.1.2   직감이란 무엇인가?

여러분은 사업상의 결정을 내리는 이유를 설명할 수 없을 때면 **직감에 따라 결정을 내린다.** 회의에 참석한 사람들이 고개를 끄덕이면서 "그거 말이 되네요!"라고 말해도 여러분은 자신이 잘 설명했는지를 확신할 수 없다. 사람들은 종종 여러 사람과 어울릴 목적으로 고개를 끄덕이며 수긍한다. 그러므로 회의에 참석하지 않은 사람도 동일한 데이터를 보고 동일한 결정을 내릴 때 비로소 여러분이 그 무언가를 잘 설명한 것이라고 볼 수 있다.

　직감에 따라 결정을 내린다고 해서 그게 잘못된 결정이라는 점을 의미하지는 않지만, 인공지능 분야에서 직감적인 결정을 바람직하게 내리기는 쉽지 않다. 이는 비록 직감적인 결정이 올바른 것이었다고 해도 그런 결정은 다른 누군가가 같은 결정을 내릴 가능성이 낮고, 비슷한 상황에서 다른 누군가가 항상 똑같은 결정을 내릴 가능성도 낮으며, 조직에서 결정을 통해 배울 가능성도 낮다는 점을 의미한다. 직감적으로 내린 몇 가지 결정이 우연히 이루어지더라도 이러한 일관성 부족은 모든 프로젝트에서 프로젝트의 위험성을 높이는 신호가 된다.

　사업지표를 기반으로 의사결정을 내리면 그러한 결정을 설명할 수 있고 반복할 수 있으며 예측할 수 있다. 또한 새로운 팀원에게 올바른 결정을 내리고 과거의 결정을 조직으로부터 배우는 방법을 쉽게 가르칠 수 있다.

4.2　사업 문제와 연구상의 질문을 연계하기

지금까지 이 책에서 나는 인공지능으로 해결하기 위해 실행할 수 있는 사업 문제를 선정하는 방법과 사업지표를 사용해 사업성과를 측정하는 방법을 보여 주었다. 여러분은 첫 번째 인공지능 프로젝트를 선택하는 일을 했다. 이번 절에서는 해당 인공지능 프로젝트를 실행하는 방법에 대해 자세히 설명한다. 첫 번째 단계는 연구상의 질문을 사업상의 질문과 연계하는 것이다.

지금 가지고 있는 정보에 따라 행동하자!

프로젝트를 관리하는 일과 비행기를 조종하는 일 사이에는 비슷한 점이 또 있다. 제한된 시간에 맞춰 조종해야 한다는 점이다. 예를 들어 비행기의 계기판을 보니 갑자기 연료가 한 시간 분량밖에 남지 않았다면 어떻게 하겠는가? 불필요하고 비용이 들 수 있지만, 가능한 한 빨리 착륙하려 하지 않겠는가? 알고 보니 그냥 연료계의 결함일 뿐이라면 어떻게 해야 할까? 한 시간 동안 기다려 보면 그런 것인지를 확실히 알겠지만, 그때는 너무 늦을 것이다. 여러분은 즉시 어떤 행위를 취하면서 최선의 결정을 내려야 한다.

　프로젝트를 관리할 때 문제에 대한 더 많은 데이터를 수집한 후 더 나은 결정을 내릴 수 있는 상황과 해당 정보를 얻는 데 드는 비용 사이에서 비슷한 이분법에 직면하게 된다. 이러한 이분법을 해결하는 올바른 방법은 정보를 얻기 위해 기다리는 비용과, 정보를 얻은 후 내릴 수 있는 결정의 가치를 비교하는 것이다. 정보 비용과 가치에 초점을 맞추고 더 나은 정보의 기대 가치(또는 '완벽한 정보의 기대 가치'[75][79])를 이해해야 한다.

　시간 민감성으로 인한 후속 결과는 프로젝트 관리 결정을 내리기 위해 우리가 사용하는 모델들 중에 대부분이 반복적으로 개발된다는 점이다. 이게 여러분에게는 이미 익숙한 것이다. 프로젝트 비용 모델링이 전형적인 예다. 처음에 여러분은 대략적인 견적으로 시작해 프로젝트를 시작할 가치가 있는지를 따져 본다. 프로젝트가 진행되고 새로운 정보를 찾으면 모델 비용을 더욱 세분화할 수 있다.

인공지능 프로젝트에 있어서 연구상의 질문과 사업 문제를 연계하려면 적절한 연구상의 질문이 있고 적절한 사업지표를 사용하고 있는지 확인해야 한다. 여러분은 CLUE 과정에 따라 이를 수행하며, 이제 CLUE의 L 부분을 다룰 때가 되었다.

4.2.1   CLUE의 L 부분 소개

1.10 절에서 나는 CLUE를 자세히 정의했다. 이제 CLUE의 L 부분에 대해 이야기해 보자. 연구상의 질문과 사업 문제를 **연계**Link하자. 연구상의 질문과 적절한 사업지표를 면밀히 조사하고 더욱 정제함으로써 이렇게 할 수 있다. 그림 4.2(및 이번 절의 나머지 부분)는 이러한 연계 작업을 수행하는 방법과 그것이 필요한 이유를 안내한다.

사업 문제와 연구상의 질문을 올바르게 연계하려면 적절한 연구상의 질문과 사업지표가 있는지를 확인해야 한다. 그렇다. 여러분은 이미 제3장(CLUE의 C 부분을 수행할 때)에서 연구상의 질문과 사업지표에 대해 생각해 본 적이 있는데, 거기에서 프로젝트 간 분류에 필요한 세분성에 대해서도 생각했다. 그때는 프로젝트 순위를 매기고 실행할 첫 번째 인공지능 프로젝트를 선택하는 데 필요한 한 가지 정밀도 수준만 필요로 했다. 이제 여러분은 해당 프로젝트를 실행하고 있으므로 더 잘 추정해야 한다.

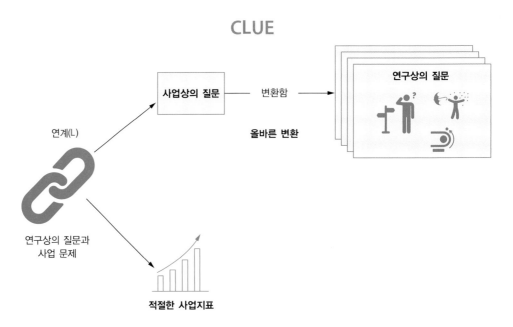

그림 4.2   사업과 기술의 연계. 여러분은 사업상의 질문과 사업지표 간에 적절한 관계가 있는지를 확인해야 한다.

게다가 프로젝트를 실행할 팀이 초기 시범 진행에 참여한 팀과 다른 팀일 가능성도 있다. 여러분의 새로운 팀이 다른 기량들을 지니고 있을 수도 있고, 심지어 문제에 접근하는 방법에 대한 생각이 다를 수도 있다. 같은 팀일지라도(일반적으로 소규모 조직 및 노력 투입의 초기과정인 경우), 이번에는 인공지능 프로젝트의 세부 사항에 더 집중하고 초기 추정값을 구체화할 수 있어야 한다.

> **참고**   이처럼 반복적으로 개선하는 방식은 제3장에서 내가 옹호했던 '일찍 실패하기' 철학을 반영한 것이다. 여러분이 인공지능 프로젝트에 관해 처음부터 여러 질문을 하며 프로젝트를 개시했지만 그러한 질문에 대답할 수 없었다면, 여러분은 프로젝트를 침몰시키고 말 것이다. 이렇듯 프로젝트 초기에 하는 질문에 대한 답변이 프로젝트 실행을 정당화한다는 점을 알았을 때만 여러분은 연구상의 질문을 세부적으로 다듬는 일 같은 추가 투자를 할 수 있을 것이다.

4.2.2   적절한 연구상의 질문이 있는가?

3.3.1 절에서 이미 논의했듯이 적절한 연구상의 질문에 대한 답은 해당 답을 기반으로 수행할 사업 행위들을 지지해야 한다. 여러분은 데이터 과학자와 사업관리 팀 간의 대화를 통해 이를 결정하며, 그러면서 있을 법한 답에 대한 시나리오와 해당 답을 기반으로 계획된 사업 행위를 설명해 연구상의 질문을 테스트해 본다.

인공지능 프로젝트를 시작할 때 이런 연습을 반복하는 이유는 사전조사를 하려는 목적이 있을 뿐만 아니라 여러분이 해결하려는 사업 문제에 인공지능 프로젝트를 수행하는 팀이 익숙해지도록 하기 위해서다.

> **참고**   여러분의 조직이 인공지능을 시범 운용하는 스타트업이나 소규모 팀의 일원이라면, 프로젝트를 시작할 때 여러분이 펼칠 수 있는 사업 행위를 인공지능 팀에 설명하는 일은 덜 중요하다. 소규모 회사에서는 팀원이 사업 목표에 대한 이전 대화에 이미 참여했을 수 있기 때문이다. 그러나 대규모 조직에서는 일반적으로 CLUE의 C 부분을 수행한 팀이 인공지능 프로젝트 팀과 다르다.

답하려는 적절한 연구상의 질문이 있다는 것을 알게 되면 인공지능 팀이 문제 해결 방법을 논의하도록 한다. 해당 알고리즘의 결과를 평가하는 데 가장 많이 사용할 평가지표를 식별할 수 있도록 고려 중인 머신러닝 알고리즘의 개략적인 개요만 알면 된다. 이제 우리는 인공지능 프로젝트를 평가하기 위해 일반적으로 사용하는 지표(및 사용해야 하는 지표)를 자세히 살펴볼 수 있다.

4.2.3 지표는 어떤 질문에 답할 수 있어야 하는가?

인공지능 프로젝트를 실행하는 데 적합한 지표가 있는지를 어떻게 알 수 있는가? 좋은 지표라고 하는 것은 프로젝트에서 접하게 될 사업상의 질문에 답하기 때문이다. 이번 절에서는 이러한 사업상의 질문의 예를 제공한다.

> **경고** 오늘날 산업계의 평균적인 인공지능 소프트웨어 팀에 "여러분에게 좋은 사업 사례가 있는가? 그리고 여러분의 제품이 사업 측면에서 얼마나 잘나가고 있는지를 알고 있는가?"라고 묻는 일은 그다지 쓸모 있는 일이 아니다. 프로젝트에 많은 시간과 돈을 쓴 팀이 현장에 배치될 때 어떤 식으로 말할 것으로 기대하는가? 나는 그들이 당연하다는 듯이 "예!"라고 말할 것이라고 본다.

그러므로 프로젝트를 실행할 때 답할 수 있는 가장 중요한 질문은 다음과 같아야 한다. "이 프로젝트를 위해 내가 묻고 싶은 사업상의 질문에 대한 답변을 얻을 수 있을까?" 다음은 프로젝트를 진행하다가 마주하게 될 몇 가지 흔한 질문이다.

- 현재 상태에서 오늘 내가 소프트웨어를 배포하면 얼마나 많은 돈을 벌거나 잃게 될까?
- 오늘 제품을 배포할 수 없다면, 배포하기 전에 결과가 얼마나 개선되어야 할까?
- 현재보다 5% 더 나은 결과를 얻기 위해 1억 원을 더 투자해 볼 가치가 있는가?

좋은 프로젝트 지표는 그러한 질문에 답할 수 있어야 한다. 하지만 오늘날 인공지능 프로젝트에서 사용되는 일반적인 지표는 얼마나 좋을까?

4.2.4 기술지표를 기반으로 사업상의 결정을 내릴 수 있는가?

이게 여러분의 첫 번째 인공지능 프로젝트가 아니라면, 여러분은 일부 기술지표가 진행률 형태로 표현된 사업 회의에 참석해 보았을 것이다. 여러분이 인공지능 프로젝트에 참여해 본 적이 없더라도 조만간 그런 회의에 참석하게 될 것이다. 이런 경험이 일반적으로 어떻게 보일 것인지를 간단히 살펴보자.

여러분이 어떤 프로젝트의 의사결정자이고, 해당 프로젝트가 더 일반적인 기술지표 중 하나인 RMSE[1]를 지표로 사용한다고 가정해 보자. 팀은 현재 RMSE 값이 5.143이라고 발표했다. 다음 질문에 간단히 답해 보라.

- 전체 프로젝트 예산 중 5%에 해당하는 돈을 RMSE 개선에 투자할 가치가 있는가?
- RMSE를 얼마나 개선해야 하는가?
- 3.1415927로 개선한 것으로 충분한가?

이러한 질문에 답할 수 없는(또는 도대체 RMSE가 무엇인지를 궁금해하는) 대다수 사람에게 나는 몇 가지 간단한 질문을 해 보겠다.

- 내가 설명한 것과 비슷한 발표를 본 후에 여러분은 인공지능 프로젝트에 영향을 미치는 사업상의 결정을 내린 적이 있는가(또는 다른 사람들이 내리는 것을 본 적이 있는가)?
- 회의에서 청중이 RMSE가 무엇인지 알고 있다는 것을 어떻게 확인했는가? 그들은 사업상의 결정을 내리는 데 즉시 적용할 수 있도록 그들이 RMSE를 아주 잘 알아야 한다는 점에 유념하자.
- RMSE가 무엇인지를 잘 알고 있는 소수의 사람들이 회의에서 가장 영향력 있는 목소리를 낼 수 있도록 그러한 회의에서 어떤 메커니즘이 사용되었는가?

여러분이 이 쉬운 질문들에 모두 답했다면 더 어려운 질문으로 넘어가 보자.

- 그 회의에 참석한 사람들에게 왜 RMSE가 제시되었을까?
- RMSE 값을 3.1415927로 개선한 일이 지금부터 1년 후에 사업 측면에서 무슨 의미가 있을 것이라고 팀이 생각했는지를 여러분은 어떻게 알 수 있는가?

기술지표 값을 기반으로 사업상의 결정을 내리기는 어렵다. 대부분의 사업 책임자들은 그런 방식을 알려고 하지 않을 것이다. 사업지표가 보여 주는 가치를 기술지표 값으로 변환할 수 있는 사람이 회의에 참석하는 것은 간단한 문제가 아니다. 그 사람의 목소리에 귀를 기울여야 하고 결정을 내리는 일에 그 사람이 영향력을 끼쳐야 한다. 또한 RMSE 값을 3.1415927로 개선한 게 어떤 사업성과가 있을 것으로 기대될지가 명확하지 않다.

---

1 RMSE에 대한 정의가 부록 A(용어집)에 나온다.

조언   사업 회의를 하면서 새로운 기술지표를 배울 게 아니다. 그렇게 하려고 시도
하면 따라 하기 어렵게 강의하는 교수가 이끄는 난해한 대학 수업처럼 보이는 회의
역학이 발생할 수도 있다. 서로가 서로에게 결정을 떠넘기게 되고, 사람들은 수업
용 자료를 알고 있다는 확신이 없기 때문에 말하기를 두려워하며, 이에 따라 상황
을 이해하기보다는 참석한 사람들의 성격에 맞춰 결정들이 내려지게 된다.

예로 든 이런 상황은 결코 가설이 아니다. 모든 인공지능 프로젝트에서는 성과를 개선하
기 위해 추가로 지출할 만한 가치가 있는지 여부를 결정해야 하기 때문이다. 마찬가지로
경영진은 프로젝트를 더 추구할 가치가 있는지 또는 인공지능 팀을 다른 프로젝트에 다시
배당하는 게 더 나은지를 결정해야 한다.

분명히 일반적이고 피할 수 없는 사업상의 질문에 어떤 지표로 답할 수 없다는 것은 그
지표가 기술 팀에는 유용하지만 경영자에게는 덜 유용하다는 것을 의미한다. 여러분이 이
러한 상황에 처해 있다면 그림 4.3에서 볼 수 있듯이 기술지표가 저 멀리 달아나 버린 사
례를 겪은 것이나 다름없다.

사업 회의에서 기술지표를 제시할 때 생기는 또 다른 문제로는 인공지능 프로젝트의 신
입 공학 관리자들을 교육하는 데 부정적인 영향을 미친다는 점을 들 수 있다. 신입 공학
관리자의 입장에 서 보자. 신입 관리자가 보기에 대부분의 다른 숙련된 관리자가 사업상
의 결정을 내리기 위해 기술지표를 사용하는 것처럼 보일 것이다. 아무도 "그 기술지표가
사업과 어떤 관련이 있는가?"라고 질문하지 않는다. 신입 관리자는 RMSE를 사업상의 결
정과 연계하는 방법을 직관적으로 알고 있는 모든 동료가 기술지표와 사업을 연계하는 게

기술지표

그림 4.3   기술지표는 야
생을 향해 달아나기로 유명
하다. 이런 꼴을 보려고 기
술지표를 사업 회의로 끌어
들이는 게 아니다.

확실해 보인다고 결론짓는다면, 신입 관리자이기에 RMSE라는 지표에 어리둥절해할 수는 있지만, 그래도 용서될 수 있다.

그런 직책을 맡은 많은 신입 관리자는 결국 RMSE가 무엇인지에 대한 기술적 세부 사항을 배우게 될 것이고, 그에 따라 (어떻게든) 사업상의 결정을 내리려고 할 것이다. 때때로 불행한 신입 관리자는 RMSE가 3.1415927의 값으로 개선될 때 어떤 놀라운 일이 발생한다는 결론만 기억하고, 또한 π 상숫값마저 어떤 근사치로 바꿔 버리는 일까지 하게 된다.

> **참고**   모든 데이터 과학자는 RMSE를 개선하려고 할 때 결코 π 값을 사용하면 안된다는 점을 알고 있다. 그 대신에 사용할 올바른 값은 e(약 2.7182818)여야 한다. 농담이 아니라, 사업이라는 맥락에서 볼 때 좋은 RMSE 값이란 없으며, 사업지표에 대한 한 가지 좋은 값(예를 들면 수익 창출 같은 것)만 있을 뿐이다.

불행히도 앞서 설명한 상황이 오늘날 많이 벌어진다. 드물기는 하지만 회사에서 모든 기술지표를 잘 알고 있는 사업 팀을 고용할 여력이 있는 경우에는, 기술지표를 직접 제시하는 편이 오히려 합리적일 수도 있다. 이런 상황이라면 여러분에게도 좋다! 여러분이 기술에 정통한 관리자를 고용할 수 있을 만큼 부유한 회사에서 일하고 있는 것이기 때문이다.

우리는 '지 마피아'이다!

여러분의 회사가 지 마피아G-MAFIA(Google, Microsoft, Amazon, Facebook, IBM 및 Apple)에 속해 있거나 지 마피아의 일원이라고 여겨도 될 만큼 우량한 회사라고 가정해 보자. 그렇다면 아마도 여러분의 팀은 인공지능 분야 박사 학위 소지자이면서 RMSE(또는 제시된 그 밖의 기술지표)가 무엇인지를 잘 아는 관리자로 채워질 만큼 운이 좋을 것이다.

회의를 열어 평상시처럼 회의를 진행하고 끝내는 실험을 해 보자. 제시된 기술지표를 기반으로 어떤 사업상의 결정이 내려졌는지 확인하자. 사업상의 결정을 내린 사람들에게 방에 머물면서 그러한 기술지표에서 기대하는 사업성과를 종이에 적어 달라고(말하지 말고 쓰도록) 요청하자. 그런 다음에 종이에 적힌 성과 기대치들을 비교하고 서로 얼마나 비슷한지 확인하자. 제시한 자료에 대해 서로 공통으로 이해하는 면이 있는가, 아니면 사업성과에 대한 기대치가 서로 매우 다른가?

나는 여러분이 익명으로 연습하기를 권유한다. 이 연습을 통해 매우 다른 성과 기대치를 얻는 경우(흔한 일), 그 기대치가 서로 다른 이유에 대해 쉽게 이야기해 볼 수 있을 것이다. 이것은 누가 얼마나 정확한 성과 기대치를 써냈는지에 관해 토론하는 것보다 더 생산적이다.

이번 장의 나머지 부분에서는 기술지표를 사업지표로 변환하는 방법을 보여 준다. 어떤 식으로 기술지표가 사업지표로 변환되는지를 여러분이 살펴본다면, 뛰어난 사람들이 이 일을 즉시, 실시간으로, 머릿속에서, 동일한 방식으로 아주 능숙하게 할 수 있다고 하는 말을 내가 의심하는 이유를 알게 될 것이다.

4.2.5   이해하지 못하는 지표는 잘못된 사업지표다

일반적인 인공지능 프로젝트의 주요 문제 중 하나는 내가 **기술적 연막**technology smokescreen이라고 부르는 것인데, 이는 다음과 같은 방식으로 작동한다.

1   기술적 개념 중 몇 가지(예 : RMSE나 기타 기술지표)가 여러분에게 제공된다.
2   여러분은 RMSE가 무엇인지부터 이해하려고 한다.
3   이러다 보면 누가 먼저 포기할지를 결정하는 게임이 된다. 개념이 무엇을 의미하는지를 데이터 과학자가 설명하려고 하는 상황이 되거나 여러분이 그 의미를 이해하려고 애써야 하는 상황이 되어 버린다.
4   잠시 후에 모든 사람이 피곤해하게 되며, 그래도 어떤 결정을 내려야만 하므로, 지금까지 나타난 개념을 이해하는 한도에서 결정을 내리게 된다.

여러분이 데이터 과학자라면, 공감하는 능력을 갖추자

여러분이 데이터 과학자라면, 다양한 기술지표의 의미를 알기 위해 여러분은 얼마나 오래 공부를 했는가? 그것들을 사용하여 작업하고 있는 다양한 문제 영역에서 그것이 의미하는 바를 이해하는 일에 아주 익숙해질 때까지 얼마나 걸렸는가? 그렇게 걸린 시간을 발표에 소비한 시간과 비교해 보았을 때, 사업에 관심을 두는 청중에게 기술지표가 의미하는 바를 어떻게 설명할 수 있겠는가?

사업 청중(사업에 관심이 있어서 자발적으로 회의에 참석한 사람들)이 대학에서 머신 러닝 수업을 듣는 일반 학생보다 더 빨리 개념을 배울 것이라고 기대하는 것이 현실적인가? 대학생은 아마도 수학에 대한 관심 때문에 그 분야를 선택했을 것이라는 점을 생각해 보라!

대부분의 경우에 그러한 상황은 아무도 의도하지 않은 상태로 나타난다. 팀은 정직하게 사업을 가르치기 위해 노력하고 있으며 사업이 이 방식대로 이루어진다면 팀이 상황에 기여하고 있는 것이다.

이러한 상황에서 기술지표를 이해하려는 노력은 늘 함정의 한 부분을 차지한다. 그 대신에 이번 장에서는 성공에 도움이 되는 사항에 집중하겠다. 여러분이 이해하지 못하는 개념이 무엇인지에 대해 질문하는 게 아니다. 이러한 개념이 사업상의 결정과 관련이 있는 것인지에 대해 질문하는 것이다.

기술지표에 대한 이 질문의 답변은 항상 "아니요"이다. 모든 기술지표는 사업상의 결정과 관련이 없거나 사업상의 결정을 간단하게 만드는 다른 사업지표와 관련이 있다. 전자의 경우라면 처음부터 지표를 발표해서는 안 되었을 것이다. 후자의 경우라면 해당 사업지표가 제시되었어야 했을 것이다. "RMSE란 무엇인가?"를 질문하는 게 아니다. "돈과 RMSE의 교환비가 어떻게 되는가?"를 질문하자는 것이다.

RMSE가 무엇인지를 아는 사람들은 "RMSE를 돈으로 환산하기가 쉬울 때가 많다!"라며 반대할 수 있다. 하지만 RMSE를 사업지표로 쉽게 환산할 수 있다면 RMSE 대신 사업지표를 사용하기도 쉽기 때문에 사업지표를 사용해야 한다.

경고 가끔 여러분은 이해하기 힘든 기술지표를 보게 될 것이다. 회의를 하던 도중에 그러한 지표를 배우면서 그 자리에서 즉시 사업지표로 환산할 생각을 아예 하지 말자. 그 대신 사업지표 형태로 발표해 달라고 요구하자.

암산이 작동하지 않을 때

이 글상자는 청중 속에 앉은 데이터 과학자들을 대상으로 하는 것이다. 여러분은 RMSE에 익숙할 테니 RMSE가 이해하기 쉬운 개념이라고 반박할 수 있겠지만, 그렇다면 관리자가 이해하기를 기대하지 않는 이유는 무엇인가? 확실히 RMSE를 배우기가 그다지 어렵지 않을 수도 있을 것이다. 그렇지 않은가?

RMSE가 모든 사람이 이해할 수 있는 간단한 개념이라는 데 동의하더라도 늘 RMSE 대신 사업지표를 사용해 발표를 해야만 하는 이유가 있다.

- RMSE와 사업지표 간에 쉽게 환산할 수 있다면 이 일을 데이터 과학 팀이 회의 전에 해 두지 않을 이유라도 있는가? 청중의 관심을 다 끌어내기를 바라서 그러는 것인가, 아니면 그들이 여러분의 말을 듣는 동안 암산해 보도록 하기 위해서 그러는 것인가("RMSE 지표로 X 단윗값에 해당하는 금액은 Y다"라는 식으로)?
- 사업지표를 사용해 결과물을 발표하는 것이 경영 사례를 크게 약화시킨다는 예를 상상하기 어렵다. 반대로 "강력한 경영 사례가 있다면 가능한 한 명확하게 설명하려고 노력할 것"이라고 생각하는 사업 전문가를 많이 볼 수 있었다.
- 기술적인 측면에서 볼 때, RMSE를 사업지표로 변환하는 일이 언제나 사소한 일에 불과하다고 가정하는 태도는 적절치 않다.

RMSE를 사업지표로 변환하려면 청중이 RMSE를 이해하는 것만으로는 충분하지 않다. 회의 참가자들은 또한 RMSE와 사업지표 간의 관계를 이해해야 한다. RMSE를 이해하고 있는 사람일지라도 기술지표와 사업지표 간의 관계가 사소한 게 아니라면 정신을 집중해서 RMSE를 사업지표로 변환해야 할 수도 있다.

여러분이 마음속으로 숫자를 곱할 줄만 안다면 즉시 암산도 할 수 있을 것이다. 예를 들어, 여러분의 수익곡선이 "RMSE의 모든 단위가 1만 원이라는 비용에 해당한다"라고 해 보자. 그 정도의 암산은 회의 도중에 머릿속으로 할 수 있다고 주장할 수도 있을 것이다. 하지만 1만 원처럼 여러분에게 친근한 어림수보다는 'RMSE 단위당 1,210원' 같은 수를 접할 가능성이 훨씬 더 높다.

간단한 암산을 한번 해 보자. 0.87 곱하기 1,210원이라면 얼마인가?

내가 방금 어떤 관리자에게 이렇게 질문했더니 그는 "대략 1,000 정도요!"라고 대답했다. 프로젝트를 진행하면서 기술지표를 최적화하는 데 상당한 시간을 투자한 후에 굳이 이런 식으로 암산하게 하고 싶은가?

사업지표와 RMSE 사이의 선형 관계를 벗어나서 RMSE와 사업지표 사이에 더 복잡한 관계가 있다면 어떻게 해야 할까? 그러한 관계를 지수 함수까지 동원해야만 제대로 설명할 수 있다면 어떻게 될까? RMSE 값을 사업지표에 대응시켜 만든 조회표를 참조하라고 회의 참가자에게 말할 생각인가?

앞서 설명한 모든 내용은 아주 간단하게 이해할 수 있는 기술지표 중 하나인 RMSE에만 적용되는 내용이다. 그러한 내용들은 더 복잡한 기술지표들을 사용할 때는 더 악화된다.

좋은 사업 사례가 있고 인공지능 프로젝트가 좋은 사업성과를 달성하는 능력을 입증할 수 있다면 사업지표를 사용해 결과를 제시하자. 기술지표가 한 개라도 제시되었다면, 그런 지표를 어떻게든 드러내지 말아야 한다.

RMSE를 별개로 하더라도 여러분은 인공지능 분야에서 많은 기술지표를 접하게 될 것이다. 그럼에도 불구하고 여러분은 사업에만 집중해야 한다! 인공지능 프로젝트를 성공적으로 실행하려면 몇 가지 인공지능 개념을 알아야 하지만, 인공지능 및 머신러닝 분야에서 박사 학위까지 딸 필요는 없다. 그러한 박사 학위를 취득할 수 있는 관리자는 드물 것이다. 결과적으로 인공지능 프로젝트를 관리하기 위해 박사 학위가 필요하다는 주장은 실제로는 성공적인 인공지능 프로젝트가 드물다는 주장과 다름없다.

4.2.6 적절한 사업지표가 필요하다

제3장에서 설명했듯이 적절한 사업지표를 사용해 인공지능 프로젝트의 진행 상황을 측정해야 한다. 놀랍게도 프로젝트 초기에 적절한 사업지표가 개발되지 않는 경우가 많다. 이번 절에서는 잘못된 사업지표를 사용할 경우의 함정을 상기시킨다.

일반적인 안티패턴[2] 중 하나는 추가로 분석하지 않은 채 다양한 팀 구성원을 불러 세워서 사업지표들을 말하도록 하는 방식이다. 종종 이러한 지표들은 누군가가 이전 프로젝트에서 사용해 본 것을 그대로 따온 것일 가능성이 크다.

---

2 따르지 않는 게 좋은 방식_역주

경고   팀이 이전 프로젝트에서 성공적으로 사용했던 사업지표를 다시 사용해야 한다고 생각하는 게 드문 일은 아니다. 그러나 과거에 사용한 지표는 의미가 없다. 현재 프로젝트에서 희망하는 사업 목표를 측정하기 위한 사업지표를 적용할 수 있는지 여부가 중요할 뿐이다.

사업지표를 정의할 때 흔히 저지르게 되는 실수는 다음과 같다.

- 사업 목표와 전혀 관련이 없는 사업지표가 있는 경우
- 기본 사업 목표를 측정하기에는 너무 모호한 사업지표가 있는 경우
- 측정하기가 더 어려운 사업지표를 측정하기 쉬운 사업지표로 대체하려고 하는 경우

첫 번째 상황은 일반적으로 이전 프로젝트에서 지표를 가져오거나 이식할 때 발생한다. 한 가지 예(효과를 과장함)를 들자면 초기 스타트업에서 **적정이윤 보상가격**cost plus 기반 지표를 사용하는 것이다. **적정이윤 보상가격 결정**cost plus pricing이라고 부르는 방식은 정부와 계약을 맺거나 군수 산업 분야에서 계약을 할 때에 흔히 이뤄지는 계약 방식으로, 비용보다 15%만큼 더 많은 수익을 보장받을 수 있게 한다. 분명히 그러한 환경에서는 비용이 많이 든다고 해서 해당 사업이 부정적인 것은 아니다.

지표를 이해하지도 못한 채로 이식하면 위험하다!

적정이윤 보상가격 결정 환경에서 일을 할 때는 비용이 많이 들어도 문제가 되지 않지만, 비용을 최소화해야 하는 초기 스타트업에서는 일반적으로 제품이나 공정에 큰 비용을 들인다면 치명적인 해를 입게 된다. 그러한 스타트업이 적정이윤 보상가격 모형을 사용하는 조직이 설정한 지표들을 채택한다면, 사업 행위에 따른 비용이 늘어나게 될 것이다. 이는 명백한 지표(비용 그 자체 같은 것)뿐만 아니라 모든 지표의 이차적 영향에도 적용된다.

지표의 이차적 영향의 예로서 항공 우주 제조업체가 '외부 규제 기관이 승인해 준 설계 수'라는 지표를 따른다고 가정해 보자. 이 지표는 법률 준수 및 고객 소통(의도된 효과)에 도움이 될 수 있지만 비용을 늘리는 이차 효과도 있다. 적정이윤 보상가격 환경에서 운영되는 항공 우주 회사라면 이런 지표를 사용하는 편이 더 합리적일 수 있다. 하지만 아이폰 앱을 만드는 스타트업이라면 이런 지표를 사용하는 게 의미가 없다!

둘째, 사업 목표를 측정하기에는 너무 모호한 지표가 생각보다 훨씬 더 많다. 이러한 지표들은 제대로 공식화되지 않았고, 구체적인 사업 목표를 올바르게 측정하지 않아 모호할 수 있다. 그러나 모호한 사업 목표를 측정하려고 해서 모호한 것일 수도 있다. 예를 들어, 열광적인 추종자를 갖는 게 우리 제품의 사업 목표가 될 수 있다. 이 목표를 '우리가 산업계 최고의 고객 유지율과 고객의 제품 추천율을 달성할 것'으로 더 잘 공식화할 수 있다.

> **참고**   사업 목표가 너무 모호한지를 판단하는 좋은 방법은 사람들에게 사업 목표를 설명하도록 요청한 다음에 "그게(목표가) 어느 정도까지 진행되었는가?"라고 묻는 것이다.[3]

지표 대체의 세 번째 오류는, 여러분이 실제로는 이상적인 지표가 무엇인지 알고 있지만 정확하게 측정하는 방법을 모르는 경우에 발생한다.

상호 대체될 수 있는 지표를 사용하지 말자

여러분이 선택한 지표는 여러분이 영향을 미치려고 하는 정확한 사업지표여야 하지 일부를 대체한 지표여서는 안 된다. 월스트리트에서 알고리즘 트레이딩(프로그램 매매)을 수행하는 경우에 쓸 수 있는 지표는 실제 거래가 완료되고 결제까지 이루어진 후에 실제로 벌어들인 수익과 이에 적용된 모든 수수료 및 세금이다. 거래를 돌발적으로 완료한 다음에 수수료와 세금을 지불하지 않은 채로 번 돈이 지표가 되어서는 안 된다.

4.3   인공지능 프로젝트의 진행 상황을 측정하기

해결하려는 사업 문제가 성공했는지를 측정하는 데 쓰는 사업지표를 참조해 분석 팀이 연구상의 질문에 대한 진행 상황을 측정해야 한다. 이번 절에서는 그 방법을 보여 준다.

사업 책임자는 사업적 영향을 측정할 수 있는 사업지표를 구성하는 일에 관해 지침을 내리는 일을 전반적으로 책임져야 한다. 물론 이 일을 위임할 수는 있겠지만 이 일에 대한 주도권과 책임이 여전히 프로젝트를 뒷받침하는 경영진에게 있어야 한다. 이 사업지표는 경영진, 사업 팀, 데이터 과학 팀 간의 계약으로 간주될 수 있다.

사업지표를 정의하는 일은 팀 경기이다. 팀에게 제시할 수 있는 예를 살펴보고, 여러분이 자체적으로 올바른 지표를 완벽하게 선택할 수 있는 팀을 보유할 만큼 운이 좋은지 판단해 보자.

학생들이 캠퍼스에서 자전거를 타고 다닐 수 있게 돕고자 하는 대학에서 여러분이 근무하고 있다고 가정해 보자. 몇 년 전에, 해당 대학이 시험 삼아 캠퍼스 내에 자전거 대여소를 세 군데 설치했다. 대학은 또한 날씨 정보와 각 자전거의 대여 시간을 포함하는 자전거 대여 데이터를 수집한다. 여러분은 자전거를 사용하는 일을 개선할 방법이 있는지 궁금해한다. 각 대여소별로 몇 대의 자전거를 두어야 하는가? 이 질문에 대한 답변을 알려면 각 대여소별로 자전거를 얼마나 필요로 하는지를 분명하게 예측해야 한다.

여러분이 당분간 사용할 적절한 머신러닝 알고리즘을 선택했다고 가정해 보자.[3] 여러분의 팀(및 본인)에게 "알고리즘이 얼마나 잘 작동하는지를 어떻게 평가할 수 있는가?"를 물어보자.

여러분에게 데이터 과학 팀이 있다면, 알고리즘 성능을 측정하는 데 사용할 평가지표를 선택할 수 있게 도와 달라고 요청하자. 시간을 절약하고 싶다면 알고리즘을 만들고 지표를 구성하는 일을 건너뛰고 RMSE가 그러한 프로젝트의 진행 상황을 측정하는 데 합리적인 지표가 될 수 있다고 생각하는지를 물어볼 수도 있다.

또한 팀이 추가 지표를 사용할지 여부와 진행 상황을 표시할 때 보고할 내용을 묻자. 물론 데이터 과학자라면 이러한 질문에 직접 답할 수 있다.

여러분에게 데이터 과학 팀이 없다면, 그냥 그들이 여러분에게 RMSE를 사용하도록 조언했다고 가정해도 된다. 여러분의 팀에서 다른 평가지표를 선택하더라도 상관없다. 선택한 지표에 관계없이 이번 절의 나머지 부분을 따라 할 수 있다.

> **참고**   준비하자. 팀이 적절한 사업지표를 선택하지 못할 수 있다. 사업상의 질문들을 하고 이러한 질문에 더 잘 대답하기 위해 지표를 수정하는 방법을 통해 토론을 이끌자. 이번 연습은 학습을 위한 것이지 팀에게 "알아들었어!"라고 말하기 위한 연습이 아니다.

여러분이 지표를 선택한 다음에 팀에서 이를 사용해 프로젝트 진행 상황을 보고할 것임을 확인했다면 몇 가지 간단한 관리상의 결정을 내려야 한다. RMSE를 기반으로 몇 가지 질

---

3   여러분이 데이터 과학자라면 이번 예시의 기준 모델로 다중 회귀를 선택했다고 가정해 보자.

문에 답해 보자. 논의를 전개할 수 있게, 평가지표의 값이 0.83으로 돌아왔다고 가정해 보자. 다음 세 가지 질문에 답하자.

1 나는 7월의 어느 월요일 오후 다섯 시인 현재, 이제 막 수업을 마친 학생이다. 내가 사용할 자전거가 없을 가능성이 있을까?

2 나는 프로젝트를 담당하는 시설 관리자다. 자전거를 타려는 사람의 95%가 자전거를 빌릴 수 있도록 하려면 얼마나 많은 자전거를 준비해 두어야 할까?

3 나는 프로젝트를 운영하는 대학 관리자다. 프로젝트 팀에 물어보아야 할 중요한 사업상의 질문이 무엇이라고 생각하는가? 여러분이 지닌 평가지표의 값이 0.83이라는 가정하에 그 질문에 답해 보라.

이 세 가지 질문에 답하려고 할 때 어떤 일이 벌어지는가? 여러분이 데이터 과학을 알고 있다면 어떻게 답변할 수 있겠는가? 그것을 알지 못한다면, 데이터 과학 팀에 물어보라. 그들은 그러한 질문에 어떻게 대답하는가? 이러한 질문 유형은 기업에서 그러한 프로젝트에 대해 물어볼 가능성이 높은 것으로, 여러분이 RMSE를 사용해 이 질문에 답변할 수 없다면 RMSE는 이 프로젝트에서 사업상의 결정을 내리는 데 사용하기에 적절한 지표가 아니다.

그렇다면 이제 적절한 사업지표는 무엇일까? 이는 사업 목표에 따라 다르지만 나는 시나리오 중 하나에 대한 사업지표를 제공하겠다. 첫 번째 질문은 "이 시스템으로 무엇을 달성하려고 하는가?"이다. 자전거 대여 운영 수익을 극대화하려고 하는 것인가, 아니면 자전거를 탈 수 있는 학생 수를 최대한 늘리려고 하는 것인가?

> **참고** 여러분이 해결하려는 문제에 따라 사용하기에 적합한 사업지표가 달라진다. 잘 이해하지 못하는 문제에 대해서는 좋은 지표를 정의할 수 없으므로 주저하지 말고 사업 목표들에 대해 질문하자.

사람들에게 빌려준 자전거에 대해 청구하는 요금이 많을 때, 그리고 놀고 있는 자전거가 많지 않을 때 수익이 극대화된다. 자전거 대여에 들어가는 모든 비용을 고려한 후에 예상되는 수익(원 단위)이 좋은 지표다.

사람들이 자전거를 많이 타도록 하려면 자전거를 무료로 빌려주면 되며, 놀고 있는 자전거가 있어도 여러분의 자전거를 더 두는 편이 자전거가 충분하지 않은 경우보다는 훨씬 낫다. 최고의 사업지표는 대여점에서 자전거가 없게 된 시간의 백분율일 수 있다.

물론 이 두 가지 목적이 모두 필요한 경우도 있다. 대학에서 자전거 타기를 장려함과 동시에 이렇게 하는 데 드는 비용도 최소화하려고 한다고 가정해 보자. 그렇다면 사업지표는 사용량이 가장 많은 시간에 대여소당 자전거가 늘 충분히 있는지를 점검한다는 제약조건을 맞추면서도 최대 수익을 창출하는 일을 기반으로 해야 한다.

> **참고** 이 자전거 예시와 특히 혼합 사업지표를 기억하자. 우리는 이번 장의 뒷부분에서 수익곡선을 구성할 때 이 지표를 사용할 것이다.

사업지표를 정의했으면 기술적 진행 상황을 사업지표에 연계할 때다.

4.4 기술적 진행 상황을 사업지표와 연계하기

기술적 진행 상황과 사업지표를 연계하는 일은 수익곡선이라고 부르는, 유물 같은 지표를 사용해 수행된다. 이를 통해 기술지표 값을 사업지표 값으로 변환할 수 있다.

사업지표를 정의한 후에, 그게 적절한 사업지표라면 이를 기반으로 사업상의 결정을 내릴 수 있어야 한다. 예를 들어 여러분의 사업지표가 수익 증대라고 가정해 보자. 머신러닝 알고리즘이 수익을 10% 증대할 수 있다고 말했다면, 다음 질문에 쉽게 답할 수 있을 것이다. "이러한 머신러닝 알고리즘 개발에 1억 원을 투자할 가치가 있는가?"

그러나 머신러닝 알고리즘들은 사업지표를 기준으로 삼아 작동하지 않는다. 머신러닝 알고리즘들은 기술적 평가지표를 기준으로 삼아 작동한다. 이미 보유하고 있는 사업지표를 팀이 머신러닝 알고리즘을 측정하기 위해 방금 선택한 기술지표와 연계해야 한다.

4.4.1 기술지표가 필요한 이유

우선적으로 기술지표가 필요한 이유는 무엇인가? 머신러닝 알고리즘에서 직접 사업지표를 사용하지 않는 이유는 무엇인가? 그 이유는 기술적이고 역사적인 것이며, 사업지표와 기술지표의 목적이 서로 다르기 때문이다. 이번 절에서는 기술지표를 소개한다.

제1장을 다시 한번 간단히 살펴보자. 머신러닝은 공식화, 최적화, 평가의 조합이다. 평가지표란 머신러닝 알고리즘에 의해 최적화된 기술지표다. 데이터 과학 팀은 프로젝트에 적합한 기술을 기반으로 평가지표를 선택한다.

참고   기술지표는 특정 머신러닝 및 인공지능 알고리즘과 함께 사용할 때 잘 작동하도록 고안되었다. 알고리즘 자체에서 사용할 기술지표를 지정하는 일은 흔하다.

기술지표에는 머신러닝 알고리즘이 이러한 지표의 값을 쉽게 최적화할 수 있는 속성이 있다. 이러한 속성은 본질적으로 수학적이고 고도로 기술적이며 일반적으로 사업과 관련이 없다. 예를 들어, 기술지표의 일반적인 속성 중 하나는 '미분 가능'이라는 것이며 인공지능 및 머신러닝 맥락에서 사용되는 많은 최적화 알고리즘은 지표를 미분할 수 있어야 한다는 것이다. 안타깝게도 사업지표들이 반드시 미분 가능하지는 않다. 그렇기 때문에 많은 머신러닝 및 인공지능 알고리즘에서는 곧바로 사업지표를 사용할 수 없다.

참고   **미분 가능**differentiable이 무엇을 의미하는지 궁금하다면, 구글에서 검색해 보자. 그리고 이 개념을 창안한 사람이 여러분이 직면할 가능성이 있는 일반적인 사업 문제와 명백한 관계가 있는 것에 대해 크게 걱정하지 않는다는 사실을 충분히 알게 될 때까지 검색 결과로 나온 내용을 읽어 보자.

기술적인 이유 외에도 많은 인공지능·머신러닝 알고리즘에 사업지표인 것처럼 보이지 않는 지표가 필요한 이유가 있다. 많은 인공지능·머신러닝 알고리즘이 발명되던 무렵에는 인공지능과 머신러닝을 사업에 활용하는 일이 오늘날처럼 일반적이지 않았다. KDD 컵[80] 같은 연구자 전용 경진대회가 있었고, 원래 기술지표는 그러한 경진대회에서 누가 이겼는지를 측정하기에는 완벽했다.

4.4.2 수익곡선은 무엇인가?

수익곡선은 사업지표와 기술지표 간의 관계를 정립한다. 이를 통해 여러분의 머신러닝 알고리즘들에서 쓰는 기술지표를 여러분도 활용할 수 있다. 또한 사업지표의 임곗값(프로젝트가 실행되기 위해 달성해야 하는 사업지표의 최솟값)을 기술지표에 해당하는 값으로 변환할 수 있다. 이번 절에서는 수익곡선을 구성하는 방법을 보여 준다.

데이터 과학 프로젝트 진행이라는 맥락에서 볼 때, 수익곡선은 원래 **사업을 위한 데이터 과학**Data Science for Business이라는 책에서 제안한 것이다. 그것은 데이터 마이닝data mining 및 데이터 분석학적 사고방식에 대해 알아야 할 사항,[81] 지표 간의 수학적 관계를 설정하는 일반적인 개념[13]이 나오기 전부터 알려졌다. 그림 4.4는 수익곡선을 구성하는 과정을 보여 준다.

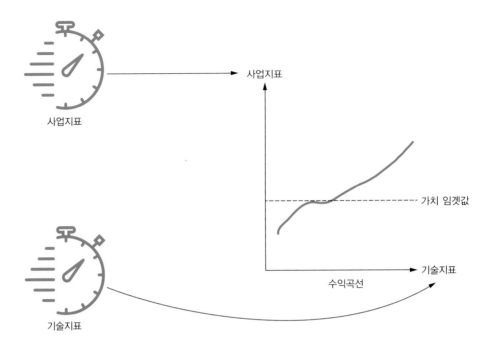

그림 4.4 수익곡선은 기술지표와 사업지표 간의 관계를 정립한다. 이를 통해 사업 용어에 대한 (기술지표 형식으로 된) 기술적 답변이 의미하는 바를 이해할 수 있다.

수익곡선을 정의할 때 여러분은 수학적 관계를 통해 사업지표와 기술지표를 결합할 것이다. 이 곡선은 여러분이 해결하려는 사업 문제와 연구상의 질문을 서로 연계해 사업과 기술을 결합한다. 여러분은 이것을 "RMSE의 한 단위 가치는 몇 달러인가?"라는 질문에 답할 때 환산 비율의 한 형태로 생각할 수 있다(여러분의 사업지표가 달러로 측정되고 기술지표가 RMSE인 경우).

가치 임곗값은 프로젝트를 실행하기 위해 **달성해야만 하는** 사업지표의 최솟값이다. 사업지표가 이익이고 프로젝트 개시 비용이 3,000만 원이라고 가정하자. 3,000만 원 이상의 수익을 올릴 것으로 예상되지 않는 한, 사업에 착수할 의미가 전혀 없다. 이 예시에서 3,000만 원은 가치 임곗값이다.

4.4.3 자전거 대여에 대한 수익곡선 구축

이제 수익곡선이 무엇인지 이해했으므로 4.3 절에 나오는 자전거 대여 예시용 수익곡선 하나를 구성해 보겠다. 수익곡선을 구성하려면 경영과 공학의 협력이 필요하다. 공학적 배경이 없는 경우에 공학 측면에 대해 조금 배울 수 있는 영역이 있다. 자세한 내용을 알고 싶다면 글상자를 참조하자.

결정적 시기

제1장에서 나는 이 책의 독자들에게 공학적 배경 지식이 필요하지 않지만, 일부 공학 개념을 배우려는 의지가 있어야 한다고 말했다. 수익곡선(및 이 책에서 설명하는 이후의 개념)을 사용하려면 몇 가지 간단한 공학 개념을 이해해야 한다.

여러분이 사업적 배경이 있는 독자일지라도 나는 복잡한 수학을 쉽게 설명할 것을 약속한다. 기술적 배경이 강한(즉, 데이터 과학자일 수도 있는) 이 책의 다른 독자들은 내가 기술적인 질문을 자세히 하면 좋아할 것이기 때문에, 여러분이 조금 참아 줘야 한다. 특정 독자를 대상으로 하는 책이라면 가끔 해당 책에 실린 내용이 기술을 지닌 독자가 이해할 수 있게 쓰인 것이라는 점을 분명히 강조한다.

이런 식으로 이 책은 수익곡선 같은 개념이 존재한다는 점과, 그것을 사용하는 방법을 가르칠 뿐만 아니라 이를 구축하는 방법을 이해하는 데 필요한 정보도 충분히 제공한다. 그게 이 책을 수석 데이터 과학자에게 보여 줘야 한다는 의미일지라도 말이다.

이 책을 처음 읽을 때 그 내용이 인공지능 분야에 대한 여러분의 전문화 수준에 맞지 않다면 해당 절을 건너뛰면 된다. 여러분은 내가 설명하는 개념을 다루는 법과 관련해 관리자가 알아야 할 내용의 거의 전부를 책의 나머지 부분에서 배울 수 있기 때문이다.

4.3 절에 나오는 자전거 대여 예시로 돌아가 보자. 대여소별로 대여용 자전거가 얼마나 필요한지를 예측해야 한다. 참고로, 여러분은 최대 이용 시간에도 사용할 수 있는 자전거가 있는지를 확인한다는 제약 조건에 맞춰 구입할 자전거 수를 최소화하려 하는 중이다. 논의를 단순화할 수 있게 대여업체가 한 가지 자전거 모델만 제공한다고 가정해 보자.

수익곡선을 구성하는 핵심 질문은 "예측 비용의 오류는 얼마인가?"이다. 우리가 선택한 머신러닝 알고리즘을 측정하기 위한 기술지표로 RMSE를 사용하자. (이 특별한 사례에서는 자전거 대여 영역에서 RMSE 측정값이 무엇인지를 제대로 해석할 수 있게 내 말대로 하자.) 우리는 다음과 같이 질문한다. "평균적으로 얼마나 많은 자전거를 예측할 수 있는가?"

참고   데이터 과학자라면 RMSE는 큰 오차에 더 많은 벌점을 부여하는 경향이 있으며, 따라서 내가 사용하는 기술적 해석에는 몇 가지 단서와 발생하기 힘든 사례가 있을 수 있음을 알 것이다. 초기 수익곡선을 구성할 때는 프로젝트의 수익 가능성을 결정하기 위해 기술지표를 계산해야 한다면 아주 드문 사례 정도는 무시해도 된다.

예로 든 자전거 사업에서 나오는 RMSE는 0.83이었다. 이것은 우리가 우리의 수요 예측에서 보관소당 대략 0.83대의 자전거를 보유하고 있다는 것을 의미한다. 충분한 자전거를 사용할 수 있도록 하려면 한 보관소당 0.83대의 자전거가 더 필요하다. 물론 자전거 대수를 반올림해야 하므로 0.83은 보관소당 필요한 자전거가 한 대라는 식으로 계산해야 하지 않겠는가?

아니다! 여러분이 언제든 자전거를 사용할 수 있는지를 확인하려는 경우에, 사용할 수 있는 자전거를 예측할 때의 평균오차에는 관심이 없을 것이다. 새벽 세 시에 자전거에 대한 수요를 예측했더니 자전거가 다섯 대나 모자랄 것으로 나타났지만, 보관소가 아직 빌려 가지 않은 자전거로 가득 차 있을 텐데 누가 신경이나 쓰겠는가? 보관소가 자전거로 가득 차 있다면 모두가 쓸 수 있을 만큼 충분한 자전거가 있는 셈이 된다.

여러분이 관심 있어 하는 것은 **최대 이용 시간대**에 대한 예측오차다. 최대 이용 시간대(오후 두 시라고 해 보자)에 빌려줄 자전거가 충분하다면 새벽 세 시에도 빌려줄 수 있을 것이다. 이 경우에 수익곡선은

$$\text{예측오차에 따른 비용} = \text{자전거 가격} \times \text{RMSE}$$

가 아니고,

$$\text{예측오차에 따른 비용} = \text{자전거 가격} \times \text{최대 이용 시간대의 최대 예측오차}$$

다. '최대 이용 시간대의 최대 예측오차'라고 하는 수치를 더 간단한 이름으로 표현하자면 **최대 이용 시간대의 RMSE**가 된다.

간단하게 시작하자

단순화를 위해 이번 예시에서는 자전거와 관련된 모든 비용이 자전거 구매 가격으로 제

한된다고 가정해 보자. 수익곡선은 사업 문제와 일치해야 하며, 여러분이 자전거를 몇 대만 더 구입한다면 이는 적절한 수준의 세분화가 될 것이다.

많은 자전거를 구입하고 추가 보관소를 설치하는 좀 더 발전된 예시에서는 정비 비용과 자전거 보관 공간 임차료가 수익곡선 구성요소로 포함될 가능성이 높다. 감가상각표로 알려진 회계 개념의 형태로서 자전거에 대한 세금 처리도 한 가지 요인이 될 수 있다.

또한 자전거를 많이 보유할수록 자전거당 정비 비용이 감소할 가능성이 있으므로 추가 구매한 자전거와 자전거 비용 간의 관계가 이 예시에 나온 것보다 더 복잡할 수 있다. 여러분이 자전거를 수만 대씩이나 보유하게 된다면 이러한 모든 요소를 모델링하는 것이 중요할 수 있다.

요점은 **수익곡선을 구성할 때는 프로젝트 규모가 커질수록 수학적으로 더 정교해져야 한다**는 점이다. 이런 접근 방식은 프로젝트 비용을 추정할 때 사용한 방식과 다르지 않다. 1주일 동안 한 사람이 참여할 것으로 예상되는 프로젝트에서는 1년 동안 공학자 60명과 지원 인력 200명이 필요할 것으로 예상되는 프로젝트보다 훨씬 단순한 비용 모델을 사용한다.

그림 4.5는 자전거 대여 프로젝트를 위해 구성한 수익곡선이 어떤 형태인지 보여 준다.

이 곡선의 구성은 간단하지만, 두 가지 주의 사항이 있다. 첫 번째는 모든 최대 이용 시간대의 RMSE가 0과 1 사이일 때에 대한 비용이 같다는 점이다. 그 이유는 자전거의 절반만 살 수는 없기에 1보다 작은 오차의 사업적 의미는 똑같기 때문이다. 두 번째로 주의할 사항은 비용 같은 사업지표를 사용해 작업할 때는 그런 사업지표 값이 적을수록 좋다는 것이다. 비용이라는 사업지표를 기준으로 삼고자 한다면 인공지능 팀의 목표는 사업지표를 최소화하는 것이어야 한다. 수익을 사업지표로 삼을 생각이라면 수익곡선을 최대화하는 것이 좋다.

참고　어떤 부서는 최대화하는 편을 더 선호한다. 우리는 흔히 값이 클수록 더 나은 상황을 나타낼 수 있도록 수익곡선을 구축한다. 이는 일관성을 유지하면서 쉽게 이해하고 쉽게 훈련할 수 있기 때문이다. 여러분이 음수 형태로 표시하는 편을 더 선호한다면 그렇게 해도 상관없다. 예를 들어, 1만 원이라는 비용을 −10,000원처럼 표시하는 식이다.

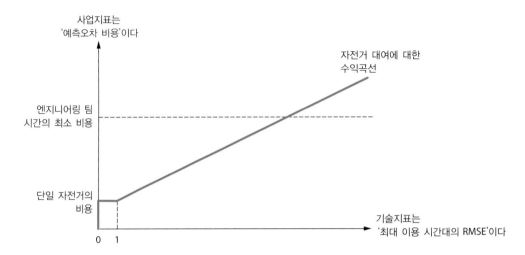

그림 4.5 자전거 대여에 대한 수익곡선. 사업지표가 비용인 경우에 목표는 사업지표 최소화이다.

여러분이 선택해야 하는 임곗값에 대해서는 어떠해야 할까? RMSE 프로토타입을 만들게 되었다면 첫 번째 시도에서는 RMSE가 0인 게 바람직하다. 그러나 예를 들어 최대 이용 시간대의 RMSE가 1.2라면 이를 개선해야 하는가? 이는 공학적으로 따져 보는 데 들어간 비용이 자전거 비용에 비해 어떠한지에 따라 다르다. 이러한 최대 이용 시간대의 RMSE와 관련된 비용이 공학 팀이 문제를 조사하는 데 드는 시간보다 적다면 RMSE 값을 개선하는 일을 신경 쓰지 않아도 된다. 따라서 이 수익곡선의 가치 임곗값은 공학 팀이 문제를 더 자세히 살펴보는 데 소요되는 최소 비용의 추정값을 기반으로 한다.

청중 속에 자리 잡은 데이터 과학자를 위한 내용

이 글상자는 기술자에게만 의미가 있다. 이 내용은 청중 속에 자리 잡고 있는 데이터 과학자를 위한 것이므로 필요에 따라 건너뛰면 되며, 이 글상자를 읽지 않아도 나머지 장을 읽는 데 지장이 없다. 반면에 여러분이 데이터 과학자라면 이 글상자를 읽어 보라.

자전거 대여의 수익곡선인 그림 4.5를 보면 처음에는 (대부분) RMSE와 비용 간의 선형 관계를 나타내는 그래프를 읽을 수 있다. 그러나 그래프를 좀 더 자세히 살펴보면 최대 이용 시간대의 RMSE와 비용 간의 선형 관계를 보여 준다는 점을 알 수 있다. 최대 이용 시간대의 RMSE는 일반적으로 RMSE 자체에 선형으로 비례하지 않는다. 따라서 그래프에 RMSE와 비용 간의 관계가 표시되는 경우 (최대 이용 시간대의 RMSE 및 비용과 반대로) 매우 비선형적일 수 있다.

실무에서는, RMSE 곡선에서 최대 이용 시간대의 RMSE를 추출한 다음에 수학 공식을 사용해 최대 이용 시간대의 RMSE를 수익으로 변환한다. 나는 기술적인 배경이 덜한 독자가 당혹스러워하지 않도록 그래프에 세부 사항을 표시하지 않았다.

이 토론에서 기억해야 할 점은 기술지표와 사업지표 간의 관계가 한 가지 수학적 형식에 국한되지 않는다는 것이다. 이 경우에 두 지표 간의 관계는 공식과 RMSE의 조합으로서 알고리즘 방식으로 지정된다.

(이번 예시는 기술지표가 무엇을 의미하는지 아는 사람조차도 회의 중에 기술지표를 사업 목표와 연관시킬 수 있는 가능성이 거의 없는 또 다른 이유를 보여 준다.)

데이터 과학 프로젝트의 진행 상황을 사업지표로 표현할 수 있다면 일반적으로 선택해야 하는 가치 임곗값을 간단히 이해할 수 있다. 수익을 창출하려는 경우에 가치 임곗값은 모든 비용(자본비용 포함)을 고려할 때 실제로 존재하는 수익을 기반으로 한다.

4.4.4 대학에서 이것을 왜 가르치지 않는가?

최근에 인공지능 및 머신러닝에 대한 대학 수업을 수강했는데도 수익곡선 같은 개념에 대해 들어 본 적이 없다면, 왜 그런지 궁금할 것이다. 첫째, 일부 과목[교과서로 사용되는 프로보스트Provost와 포셋Fawcett[81]의 비즈니스를 위한 데이터 과학(강권학 역, 2014) 같은 것]에서만 그것을 가르친다. 수익곡선을 가르치지 않는 과목이 있다면 그 이유는, 수익곡선이 학업 환경에서 가르칠 수 있는 수준보다 훨씬 중요하고 사업 환경에 적용할 수 있는 것이기 때문일 수 있다. 이번 절에서는 이러한 환경 간의 차이점을 설명한다.

그림 4.6에서 볼 수 있듯이 학계에서 말하는 일반적인 수익곡선의 모양은 아주 간단하다. 제안된 인공지능 기반 방법이 이전보다 더 나은 결과를 얻는다면 작품을 드러낼 수 있다. 따라서 학계의 수익곡선은 일반적으로 이전 연구자보다 더 나은 결과를 얻을 때까지는 그 연구가 가치가 없다는 점을 가리킨다.

학계에서 쓰는 전형적인 수익곡선의 모양은 전체 수익곡선을 단 한 가지 질문으로 쉽게 축약할 수 있도록 한 것이다. 그 한 가지 질문이란 "나의 기술지표가 나보다 앞서 논문을 펴낸 사람의 것보다 더 나은가?"이다. 수익곡선을 그 질문으로 바꾸고, 대부분의 공학 과

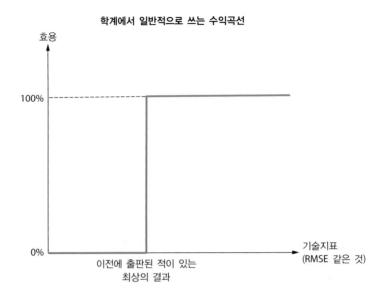

그림 4.6 학계에서 일반적으로 쓰는 수익곡선. 이러한 수익곡선을 사용하면 기술 지표에만 집중할 수 있게 된다.

목이 처음에는 사업 환경에 대해 많이 이야기하지 않는다는 사실에 근거하여 대학에서 이 개념을 접하지 못한 이유를 설명할 수 있다.

현실의 학계는 너무 복잡하다

학계에서 쓰는 수익곡선은 대략적이지만 아마도 평균적인 연구자의 사고과정에 대한 좋은 모델일 것이다.

여러분에게 학문적 배경이 있다면, 이전에 발표된 것보다 훨씬 더 나은(약간 더 나은 것이 아니라) 연구 성과를 얻으면 여러 이점이 따라붙는다는 점을 알고 있을 것이다. 그러므로 여러분이 더 나은 성과를 얻는다고 해도 그 즉시 수익곡선이 100%로 도약하지 않을 것임이 분명하다. 그림 4.6을 보면 수익곡선이 0%에서 100%로 도약하는 부분이 있는데, 이 부분을 지난 후에는 수익곡선이 다소 다르게 보이게 될 것이다.

이런 게 더 현실적이지만 그럼에도 불구하고 학계는 계단 같은 모양으로 된 특성을 보이는 수익곡선을 여전히 사용한다. 그래서 연구원들은 자신들의 연구 이전까지 학자들이 달성한 성과보다 더 나은 성과를 얻을 때까지 최선을 다하고 나서야 비로소 연구 결과를 발표한다.

그렇기는 하지만, 학계의 수익곡선은 항상 이전에 발표된 최고 성과를 중심으로 큰 진전을 이루게 될 것이다.

4.4.5 기업은 수익곡선을 스스로 정의할 수 없는가?

데이터 과학자들은 흔히 사업 팀이 자체적으로 기술지표를 사업지표로 변환할 수 있을 것이라는 식으로 가정하고는 한다. 이런 상황에서 데이터 과학 팀이 사업 팀을 지원하는 편이 일반적으로 사업 팀이 알아서 지표를 변환하도록 요구하는 것보다 더 나은 이유를 이번 절에서 설명한다.

여러분이라면 어떻게 하겠는가?

기술지표를 자체적으로 사업지표로 변환하라는 요청을 받은 사업 팀의 입장에 서 보자. 내가 비슷한 일을 하라는 요청을 받았을 때를 예로 들어 보겠다.

몇 년 전에 나는 여러 개의 센서가 있는 보안 장치를 구입하기로 결정했다. 그중에 하나는 공기질 센서였다. 곧 그 장치는 공기질이 비정상이라며 계속해서 메시지를 보내왔다. 나는 공기질이 염려되어 문제를 살펴보기로 했지만, 내가 정확히 무엇을 해야 할지를 알지 못했다.

몇 차례의 기술 지원을 주고받은 후에 기술 지원 팀은 그 장치가 어떤 식으로 작동하는지를 설명했다. 공기질이 비정상이라는 것은 장치를 처음 설치했을 때와 비교해 공기 중 유해 화학 물질의 농도가 변했다는 것을 의미한다는 것이었다. 유해한 화학 물질이 어떤 것인지가 명확하지 않았는데, 정말로 유해한 화학 물질 중에 몇 가지가 상당히 무해한 화학 물질과 함께 분류되어 있었기 때문이다. 또한 나는 기준선이 무엇인지를 몰랐다. 장치를 처음으로 설치했을 때는 공기가 비정상적일 만큼 깨끗하다가 지금은 더 나빠진 경우(하지만 여전히 정상 범위 내에 있는 경우)가 기준선이어야 할까?

기술 지원 팀은 이러한 질문에 답하기 위해 장치를 보정할 수 있는 방법을 알려 주는 식으로 나를 도왔다. 이제 나는 공학자가 된 셈이며 데이터를 분석하는 일이나 장치를 보정하는 일에 낯설지 않게 되었다. 내가 해야 할 일은 상대적으로 간단했고, 내 능력으로 처리할 수 있었다. 그래도 나는 장치를 보정하는 일을 고객인 내가 수행하는 게 부적절하다고 느꼈다.

내가 보정을 수행할 수 있다면 제조업체도 그렇게 할 수 있다는 의미였고, 최소한 보정절차를 가능한 한 간단하게 만들 수도 있었을 것이기 때문이다. 그렇게 하는 대신에 제조업체는 기술지표('화학 물질군의 농도'로 구성)를 사용자에게 알려 주고는 기술지표에 근거해 문제를 파악하는 일을 사용자에게 맡겼다. 이 제조업체는 "경고에 대응할 수 있는 방법이 있는가?"라는 질문에 대해서도 잘 답변하지 않았다. 나는 보정을 수행하지 않았다. 그렇게 하는 대신에 나는 다른 장치를 구입했다.

데이터 과학 프로젝트의 전반적인 목적은 경영진이 정량적 기준에 따라 적절한 사업상의 결정을 내릴 수 있도록 하는 데 있다. 자신들이 자동화했어야 할 일을 사용자가 수작업으로 처리하도록 요구하는 보안 장치 제조업체처럼 굴지 말자(바로 위의 글상자를 참조하자). 수익곡선을 구성하는 방법을 아는 사람조차도 장치를 수작업으로 보정하는 일에는 반대할 것이다. 사업 담당자가 데이터 과학 팀보다 수학 및 프로그래밍에 대한 최신 지식이 부족한 경우라면 이런 상황은 더 나아지지 않는다.

사업 담당 청중에게 기술지표를 절대로 들이밀지 말고, 그들이 지표를 알아서 변환하도록 요구하지도 말자. 이는 기껏해야 "이 지표를 변환하기는 너무 쉽지만 내가 굳이 당신을 위해 해 줄 생각은 없다"라고 말하는 것과 다를 바가 없다. 최악의 경우에 여러분은 "프로젝트 팀이 하는 일을 사업 용어로 표현할 수 없다"라고 말하게 될 것이다.

수익곡선을 만드는 팀은 데이터 과학자와 사업 분석가로 구성되어야 한다. 수익곡선을 구성한 후에는 이를 사용해 사업지표의 형태로 기술 결과를 사업 담당 청중에게 제시하자.

4.4.6 사업 용어로 기술 결과를 이해하기

기술지표와 사업지표 사이에 관계가 있다면 이는 양방향 관계다. 수익곡선을 사용해 사업상의 임곗값을 기술지표로 변환할 수 있는 것처럼 기술지표를 사업지표로 변환할 수도 있다. 이번 절에서는 이 방법을 보여 준다.

일반적인 머신러닝 알고리즘 실행으로 인해 출력되는 내용 중에 하나는 기술지표다. 기술적 성과와 사업적 성과 간의 관계를 이해하면 수익곡선을 사용해 기술적 성과를 사업

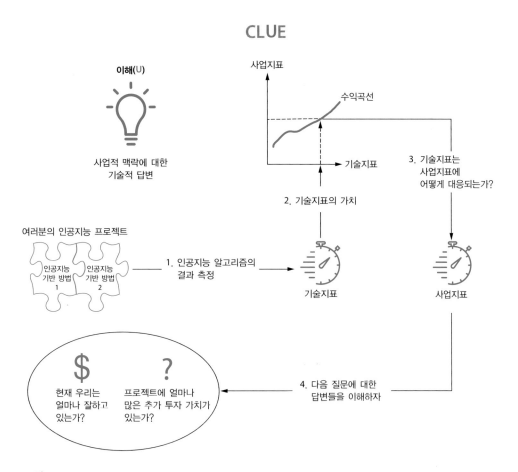

그림 4.7 수익곡선은 양방향 관계다. 사업상의 질문에 답하는 데 기술지표를 사용할 수 있다.

용어 형태로 이해할 수 있다. 이것은 그림 4.7에 보이는 CLUE의 U 부분이다.

수익곡선이 있을 때 사업 용어로 기술 진행 상황을 측정할 수 있다. 기술지표를 사업성과로 변환하면 된다.

다시 말하지만, 기술지표가 RMSE이고 사업지표가 이익(미국 달러)이라고 가정해 보자. 여러분의 RMSE가 0.83이라고 할 때, 수익곡선을 보면 0.83인 RMSE가 사업지표로 어떻게 변환되는지 알 수 있다. 이 예에서 0.83인 RMSE는 연간 수익 기준으로는 13억 2,500만 원이다. 이제, 여러분의 사업 질문에 답하기 위해 연간 13억 2,500만 원에 해당하는 수익을 사용하자.

> ## 수익곡선이 지도학습으로 제한되는가?
>
> 데이터 과학자라면 수익곡선 구성에 대한 많은 예가 지도학습[a]이라고 하는 맥락에서 제공되었음을 알 수 있다. 지도학습이라고 하는 맥락에서 수익곡선을 구성하기가 더 쉽지만, 수익곡선을 구성하는 방법이 지도학습에만 국한되지 않는다.
>
> 모든 머신러닝 알고리즘을 최적화할 때는 기술지표를 여러 개 사용한다. 이 지표들은 어떤 방식으로든 사업성과와 관련이 있으며 그 관계는 분석이나 실험을 통해 찾을 수 있다. 일반적으로 지도학습 문제에서는 분석을 선호한다. 비지도학습 문제에서는 실험을 통해 더 나은 결과를 얻어 낼 수 있을 것이다.
>
> ──────────────
>
> **a** 인공지능을 훈련하는 방식 중 한 가지_역주

4.5 조직에서 고려할 사항

기술적으로는 수익곡선을 간단히 구성할 수 있지만 수익곡선을 구성하는 조직적 측면도 알고 있어야 한다. 수익곡선을 구성할 때 여러분은 수익곡선을 설명하는 가장 좋은 수학적 공식이 무엇인지를 고려해야 할 뿐만 아니라 해당 공식을 구성하는 데 필요한 정보를 얻기 위해 조직과 가장 잘 소통하기 위한 방법도 고려해야 한다. 이번 절에서는 수익곡선을 구성할 때 해결해야 하는 몇 가지 중요한 조직 문제를 설명한다.

4.5.1 수익곡선의 정밀도는 사업 문제에 따라 달라진다

수익곡선은 프로젝트에서 사용 중인 기술지표와 사업지표 간의 관계에 대해 조직이 현재 알고 있는 것을 보여 준다. 그 밖의 모든 프로젝트 관리 결정과 마찬가지로 정확한 정보를 얻는 데 드는 비용과 해당 정보의 가치 사이에는 이분법이 있다.

> **참고** 소수점 이하 다섯 자리에 이르는 정밀도로 완벽한 수익곡선을 구성하는 데 많은 시간을 할애할 수 있다. 연간 1조 원을 벌어 주는 프로젝트를 여러분이 이끌고 있다면, 반드시 그 정도 시간을 투자해야 한다. 그러나 연간 2,000만 원만큼 수익을 올리는 프로젝트라면, 그다지 정밀한 작업이 필요하지 않다.

수익곡선을 만들 때 첫 번째로 할 질문은 다음과 같다. "프로젝트의 이 단계에서 건전한

프로젝트 관리 결정을 내리려면 어느 정도의 정밀도가 필요한가?" 따라야 할 일반적인 규칙은 프로젝트의 초기 단계에서는 수익곡선이 대략적이어야 한다는 점이다. 이것이 4.4.3절에서 따랐던 접근 방식이다.

> **조언** 프로젝트를 막 시작할 때는 알려지지 않은 사항이 많다. 비용이 정확히 얼마인지는 모르지만 그래도 이제 여러분은 비용을 추정하는 일에 익숙하게 되었다. 또한 초기에 대략적인 비용 추정값을 제공받더라도 지속적으로 재검토하는 일에도 익숙하게 되었다. 여러분이 이미 가지고 있는 기술을 사용해 수익곡선을 구성하자.

4.5.2 수익곡선은 시간이 지날수록 개선된다

실증 실험POC에 불과하고 기술적으로 타당성이 있는지를 알 수 없는 프로젝트는 연간 매출이 1조 원에 달하는 사업을 영위하기 위해 수년간 산출물을 내어 온 프로젝트와는 상당히 다르다. 후자 유형에 해당하는 프로젝트가 있는 경우에 일반적으로 0.1%의 개선일지라도 가치가 있다.

> **참고** 대기업에서 매출이 1조 원(또는 그 이상)인 핵심 사업 영역에 인공지능 프로젝트를 채택했다는 전례를 들어 본 적이 있을 것이다. 이런 회사들은 수백 개나 된다.

인공지능 프로젝트가 수명주기 동안 진행됨에 따라 수익곡선이 크게 개선된다. 초기 스타트업이 최고의 수익곡선을 구성하기 위해 경제학자를 정규직으로 고용하는 것은 말도 안 되는 생각이다. 하지만 일부 제품만으로도 연간 1조 원을 벌어들일 때는 더 나은 수익곡선을 얻기 위해 더 많은 노력을 기울이는 편이 합리적이다.

그 결과로 수익곡선이 더 정교해질 것으로 예상되지만, 그렇다고 해서 이것이 초기 수익곡선이 잘못되었거나 수익곡선의 해당 버전을 기반으로 내린 결정이 잘못되었다는 신호는 아니다. 그러한 수익곡선은 그 당시 여러분이 알고 있던 바를 바탕으로 최선의 결정을 내린 결과인 것이다.

고용할 데이터 과학자 유형

몇 가지 알고리즘에만 집중하는 핵심 전문가가 알고리즘의 성능을 0.1% 향상시켜 연간

1조 원을 조직에 안겨 줄 수 있는 방법을 알고 있다면, 그들의 몸무게를 금으로 환산한 만큼의 금액을 연봉으로 지급해도 괜찮을 것이다. 그러나 질문이 "인공지능이 내 사업을 돕기 위해 무엇을 할 수 있는가?"인 경우에는 데이터 과학 기반 방법들을 더 다양하게 다룰 줄 아는 데이터 과학자와 함께하는 것이 좋다. 그런 이력을 지닌 데이터 과학자가 이윤이 큰 사용 사례를 찾을 가능성이 가장 크며 여러분은 사용 사례를 살리기 위해 굳이 마지막 0.1%까지 개선할 필요가 없다.

지 마피아 그룹에 속한 회사 내에서 이미 확립된 인공지능 프로젝트에 매우 적합했던 데이터 과학자일지라도 인공지능 개발에 처음으로 착수해 노력을 기울여야 하는 일에 반드시 적합한 것은 아니며, 그 반대의 경우도 마찬가지다.

프로젝트가 성장함에 따라 정보의 경제적 가치도 변한다. 대규모의 성공적인 프로젝트에는 더욱 정제된 수익곡선 버전이 필요하다.

조언 수익곡선을 다듬은 후에는 이전 버전을 사용해 여러분이 이전에 내렸던 결정들을 수정해야 한다는 점을 잊지 말자. 이러한 결정들은 수익 모델이 변경될 때마다 변화하는 사업지표 값을 기반으로 한 것이다. 그러한 결정들을 여러분이 지금 알고 있는 내용을 기반으로 갱신해야 할 수도 있다.

4.5.3 옳음에 관한 문제가 아니라 학습에 관한 문제다

수익곡선의 본질은 그것이 근사적이어야 하며 여러분의 조직이 지닌 불완전한 지식을 성문화한다는 점에 있다. 수익곡선에 대한 첫 번째 시도에서는 거의 발생하지 않는 몇 가지 예외적인 경우를 무시해도 되겠지만, 기술지표와 사업지표 간의 관계를 대부분 포착해야 최상의 추측을 내놓을 수 있다. 사람들이 최상의 추측을 제시받아 안전하다고 느끼는 환경을 만드는 것이 여러분의 임무이다.

시간이 지남에 따라 수익곡선이 진화할 것으로 예상된다는 점을 팀(및 경영진)에게 설명하자. 이를 프로젝트 비용 추정에 비유하는 게 좋겠다. 이러한 추정값은 프로젝트 기간 동안 변경되고 발전할 것으로 예상된다.

시간이 흐를수록 사업 영역에 관해 더 많이 배우고 수익곡선을 개선하는 과정에서 배운 내용을 체계화하는 조직이 되게 하자. 학습 조직을 구축하는 데 사용할 수 있는 몇 가지 기술에 대해서는 *Elastic Leadership*[82]을 참조하자.

4.5.4 정보 비장 처리

정보 비장information hoarding[4]은 모든 인공지능 프로젝트에 있어서 불편하지만 피할 수 없는 현실이다. 종종 일부 조직 구성원은 자신의 데이터와 정보에 타인이 접근할 수 있게 해 버리면 자신의 영향력과 힘을 잃을 수 있을 것이라고 두려워한다. 이번 절에는 이 문제를 처리하기 위한 몇 가지 전략이 포함되어 있다.

조직에 정보 비장 문제가 있는 경우에 이러한 문제 중 일부는 수익곡선을 구성하는 동안에도 발생할 수 있다. 일반적으로 정보 비장 문제를 해결하는 도깨비방망이는 없다. 이는 일반적인 조직 문화(및 건강)의 신호이기 때문이다. 그러나 수익곡선을 구성하기에 좋은 정보를 얻는 규칙은 조직의 다른 데이터를 얻는 규칙과 같다.

- 조직의 일부 팀이 자기들끼리 일하는 것은 편해하지만 나머지 조직과 긴밀하게 일하는 것을 불편해한다면, 조직원끼리만 똘똘 뭉치려고 하는 문제, 즉 **조직상의 사일로** organizational silos 문제가 있는 것이다. 이 문제를 해결하려면 고위 관리자의 지원이 필요하다.
- 필요한 데이터를 담당하는 조직과 해당 데이터의 위치를 아는 특정인을 알아낸다.
- 필요한 데이터를 담당하는 사람(데이터 소유자라고 하자)은 수익곡선을 구성하는 팀의 일원이어야 한다. 모든 데이터에 꼭 접근해야 할 이유는 없다. 수익곡선을 구성하는 데 도움이 되면 그만인 것이다.
- 필요하다면 자발적으로 데이터를 공유하는 것이 더 낫다는 점을 늘 데이터 소유자에게 주장하자. 그렇지 않을 때의 차선책은 인센티브를 변경하는 것이다. 정보를 공유하면 지표가 개선될 수 있을 만큼 이러한 데이터 소유자가 측정하려는 사업지표에 영향을 미칠 수 있는가?

일반적으로 조직의 사일로를 깨는 데 대해 저항하는 이유는 그런 일이 사일로 소유자에게 충분히 중요하지 않다는 사실로 귀결된다. 이는 대체로 언제나 인공지능 프로젝트를 관리하는 상급 관리자로부터 그가 충분한 이익을 받고 있지 못하다는 신호다. 그러한 상황을 해결하기 위해 할 수 있는 일을 고려하자.

---

4 정보를 자신만의 것으로 감추어 두고 타인에게 내어놓지 않는 일_역주

4.5.5 그러나 우리는 그것을 측정할 수 없다!

수익곡선을 구성할 때 자주 듣게 되는 불만 중 하나는 이 인공지능 프로젝트가 특별하며, 이에 대한 진행률을 측정할 지표를 구성할 수 없다는 말이다. 이번 절에서는 여러분이 들을 가능성이 있는 몇 가지 일반적인 주장을 제시한다.

사업지표를 정확하게 측정할 수 없다는 말이 가장 흔히 들을 수 있는 이의 제기다. 이것은 일반적으로 고객의 만족도 같은 무형 자산과 관련해 언급된다. 해결책은 **모든 것**이 측정될 수 있다는 점을 지적하는 허버드의 저서[75]에 나와 있다. 측정할 수 없다는 인상을 받는 이유는 측정 결과가 항상 숫자여야 한다고 믿는 식으로 측정에 대해 오해하기 때문이다.

> **참고** 어떤 측정 결과이든지 간에 그 결과는 실제로는 어떤 범위로 이뤄져 있다. 키가 얼마나 큰가? 180센티미터라고 말했나? 그렇다면 175센티미터나 185센티미터 중에 어느 쪽에 더 가까운가? 175센티미터라고 말했나? 그렇다면 173센티미터와 177센티미터 중에 어느 쪽에 가까운가? 여러분의 머리모양까지 포함해서 키를 재는가? 이처럼 사소하고 명확하게 측정할 수 있는 항목조차도 단일한 숫자로 표현하기 어렵다.

마찬가지로 무형물[5]이 아니라면 여러분은 어떤 측정 범위를 고려해야만 한다. 그런 측정 범위는 정확한 측정값보다 그 포괄하는 구간이 늘 더 넓다. 여러분의 초기 고객들은 스타트업의 성공 여부를 측정하는 데 쓰는 만족도라는 지표를 정량화할 수 없다고 주장할 수 있다. 여러분이라면 고객 만족도를 높이기 위해 얼마를 투자하겠는가? 250원을 투자하겠는가? 1,000억 원이라면 어떨까? 여러분은 방금 고객 만족도를 250원에서 1,000억 원이라는 수치로 정량화했다. 계속 해 보자. 나는 여러분이 더 잘할 수 있다고 확신한다. 무형물을 측정하는 방법에 대한 많은 예는 허버드의 저서[75]를 참조할 수 있다.

다음으로 수익곡선을 구성하는 데 필요한 데이터가 존재하지 않는다는 이의가 흔히 제기된다. 예를 들어, 여러분이 어떤 행위에 따르는 이익을 측정해 보려고 하지만 기업에서 발생하는 대부분의 비용이 손익계산서 내의 간접비라는 항목에 함께 묶여 있을 수 있다. 이로 인해 일부 행위에 대한 수익은 알 수 있지만 이는 행위당 비용과 관련이 없으므로 행위당 이익을 계산할 수 없게 된다. 또는 소규모 팀이라면 팀이 쓰는 비용은 알 수 있지만

---

5 눈으로 재거나 손으로 만져 볼 수 없는 것_역주

팀이 시간을 들여야 하는 작업들을 세분화하지 않으므로 각 행위당 비용이 얼마인지를 알 수 없게 된다.

이러한 상황이 발생했을 때의 장기적인 해법은 누락된 데이터를 수집하는 것이다. 예를 들면, "행위당 비용은 얼마였고 어떤 팀 구성원이 이러한 행위에 시간을 얼마만큼 썼는가?"와 같은 질문에 답하게 하는 식이다. 단기적인 해법은 여러 행위에서 간접비가 어떻게 나뉘는지를 추정하는 방식에 기반해야 한다.

일부 프로젝트는 정말 특별하다!

인공지능 솔루션의 가치를 전혀 추정할 수 없는 프로젝트 유형이 몇 가지 있을 수 있다. 이는 세 가지 범주로 나뉜다.

- 재정적으로 이익이 되는 것이어서 분명히 수행할 가치가 있는 프로젝트가 있다. 그 예로 인류의 관심에 완벽하게 부합하는 초지능적이고 자비로운 인공지능을 들 수 있다.[76][83]
- 수익곡선이 너무 단순해서 기술지표와 사업지표 간의 관계가 분명하고 구성할 필요조차 없는 프로젝트가 있다. 이러한 예가 4.4.4 절에 나와 있다.
- 진행 중인 프로젝트 중에 인공지능 성과가 사업성과로 어떻게 변환될 수 있는지를 살펴보기 어려운 프로젝트가 있다. 영리 사업에서는 이러한 예를 찾기 어려울 것이라고 생각할 수 있지만, 최선을 다해 보자. 여러분이 하이쿠 시[a]를 잘 만드는 인공지능 프로그램을 방금 제작한 보험 회사라고 가정해 보자.

첫 번째 및 두 번째 유형의 프로젝트에서는 수익곡선 생성을 건너뛸 수 있다. 이럴 때는 투자할 수 있는 만큼만 투자하자.

사업과 분명한 관계가 없는 인공지능 프로젝트를 실행하는 세 번째 유형의 프로젝트를 종종 **과학 프로젝트**라고 부른다. 여러분의 조직이 당면한 그 밖의 과학 프로젝트에서 보통 어떤 일을 하는지를 알 수 있게 해당 프로젝트에서 일해 보자.

---

a 일본의 전통 정형시_역주

4.6 연습문제

질문 1 : 여러분의 조직에서 이전에 인공지능 프로젝트를 진행해 본 적이 있다면, 일부 진행 보고서와 해당 보고서에 사용된 지표들을 살펴보고, 다음 질문에 답해 보자.

- 소프트웨어를 현재 상태 그대로 오늘 배포하면 얼마나 많은 돈을 벌거나 잃게 될까?
- 오늘 배포하기 어렵다면, 소프트웨어를 배포할 수 있게 되기 전에 얼마나 더 결과를 개선해야 할까?
- 현재보다 5% 더 나은 결과를 얻기 위해 1억 원을 더 투자해 볼 가치가 있는가?

질문 2 : 이전 질문에 대한 답변을 바탕으로 삼는다고 했을 때, 여러분의 조직이 데이터를 기반으로 인공지능 프로젝트에서 결정을 내리고 있다고 생각하는가, 아니면 어떤 경우에는 직관에 따라 중요한 결정을 내려야 할 가능성이 있는가?

질문 3 : 프로젝트 개시 비용이 1억 원이고 10%의 투자 수익을 창출할 수 없는 프로젝트는 조직 정책상 가치가 없는 것으로 여긴다고 가정해 보자. 사업지표가 이익인 경우에 프로젝트의 가치 임곗값은 얼마인가?

질문 4 : 이번 장에 나왔던 자전거 대여 예시로 돌아가자. 데이터 과학자를 프로젝트에 할당하는 데 예상되는 비용이 1,000만 원이고 각 자전거를 더 사는 비용이 대당 100만 원이다. 프로젝트에 데이터 과학자를 배정하는 데 가치가 있도록 최대 이용 시간대의 RMSE를 얼마나 개선해야 하는가?

요약

- 오늘날 기업에서 진행하는 대부분의 프로젝트는 진도와 성공을 측정하기 위해 어떤 형태의 기술지표를 사용한다. 그러나 대부분의 조직에서 이러한 지표를 사용해 정량적이고 반복해서 내릴 수 있는 사업상의 결정을 하기는 어렵다.
- CLUE의 L 부분에 해당하는 일, 즉 사업지표와 기술지표 간의 **연계**를 통해 사업 용어로 기술적 진행 상황을 측정할 수 있다. 수익곡선을 구성함으로써 그렇게 할 수 있다.
- 사업지표를 사용해 인공지능 프로젝트의 진행 상황을 측정하고 보고해야 한다. 이러한 접근 방식은 사업 측면에서 인공지능 프로젝트의 진행 상황을 **이해**하는 데 도움이

된다. 이것이 CLUE의 U 부분이다.

- 좋은 수익곡선을 만드는 일은 추상적인 수학 연습문제가 아니다. 오히려 조직 중 어느 부서에 여러분에게 필요한 정보가 있는지를 추적하고 정보를 얻는 방법을 생각해야 하는 탐정 업무에 가깝다.

머신러닝 파이프라인 5

이번 장에서 다루는 내용

- 머신러닝 파이프라인을 이해하기
- 머신러닝 파이프라인이 경직화되는 이유와 이를 해결하는 방법을 이해하기
- 대규모 시스템에서 머신러닝이나 인공지능 알고리즘이 진화하는 현상을 이해하기
- 사업상의 질문, 데이터 및 인공지능 알고리즘 간의 주의 균형 조정

앞 장에서 여러분은 초기 인공지능 프로젝트를 선택하는 방법과 기술지표를 사업성과와 연결하는 방법을 배웠다. 이제 인공지능 프로젝트의 소프트웨어 아키텍처architecture 개발을 안내하는 방법을 이해할 때다. 이번 장에서는 인공지능 시스템이 다른 소프트웨어 시스템과 다르게 작동하는 이유를 알려 준다. 효과적으로 인공지능 프로젝트를 구현하려면 인공지능 프로젝트의 기술적 유물과 수명주기를 이해해야 한다. 먼저 인공지능 프로젝트의 가장 중요한 유물인 머신러닝 파이프라인을 설명하겠다.

머신러닝 파이프라인pipeline은 데이터가 시스템을 통과하며 흐르는 방식, 시스템에서 상

위 수준 변환이 수행되는 방식, 적용되는 머신러닝 및 인공지능 알고리즘의 유형, 그 결과가 인공지능 시스템 사용자에게 표시되는 방법을 설명하기 위해 쓰는 도구다. 파이프라인의 아키텍처에 초점을 맞추지 않으면 여러분의 프로젝트는 초기 실증 실험POC 결정에서 나온 머신러닝 파이프라인으로 묻히고 말 것이다. 머신러닝 파이프라인은 빠르게 경직화되어 쉽게 변경하기 어렵게 되고 변경에 큰 비용이 든다는 약점이 있다.

이번 장에서는 머신러닝 파이프라인이 사업 목표를 달성하는 데 도움이 될 수 있는지를 프로젝트 초기에 판단하는 방법을 보여 준다. 아울러 머신러닝 파이프라인에서 인공지능 기반 방법이 수행하는 역할을 보여 주고 또한 사업, 인공지능 기반 방법, 데이터, 기술 인프라에 대한 결정을 내리는 순서를 보여 준다.

5.1 인공지능 프로젝트는 어떻게 다른가?

인공지능 프로젝트는 그 밖의 소프트웨어 프로젝트를 진행할 때 고려할 사항과 동일한 고려 사항이 적용되는 소프트웨어 프로젝트다. 인공지능 프로젝트도 일반적인 소프트웨어 프로젝트이지만, 인공지능 프로젝트에는 항상 머신러닝 파이프라인이라고 하는 유물이 있다. 또한 인공지능 프로젝트는 감지·분석·반응 루프 중에 반응 부분과 연관된다. 이 반응 부분에서는 시스템을 제어하는 일을 직접 담당하거나(완전 자동화된 시스템인 경우에 한해서) 분석 결과를 보고하는 일을 담당한다(어떤 사람이 반응에 대해 책임을 진다).

이번 절에서는 머신러닝 파이프라인의 개념, 인공지능 프로젝트에 쓰이는 소프트웨어 아키텍처가 다른 프로젝트에서 쓰이는 소프트웨어 아키텍처와 어떻게 다른지를 설명하고 인공지능 프로젝트 아키텍처 구성을 관리하는 방법을 설명한다.

5.1.1 인공지능 프로젝트의 머신러닝 파이프라인

머신러닝 파이프라인은 인공지능 시스템의 여러 고려 사항을 해결하는 소프트웨어적 유물이다. 이 유물은 데이터 흐름 방법을 설명하고, 해당 데이터에 대해 높은 수준의 변환을 수행하고, 머신러닝 및 인공지능 알고리즘을 적용하고, 결과가 사용자에게 표시되는 방식을 결정한다. 머신러닝 파이프라인은 프로젝트에 필수적이며 팀은 이것을 제대로 설계해야 한다. 이를 지원하기 위해 이번 절에서는 머신러닝 파이프라인의 개념과 사례를 제공한다.

인공지능 소프트웨어 시스템은 단순한 인공지능 알고리즘 그 이상이다. 이 시스템에는 다음과 같은 많은 기능이 고려되어야 한다.

- 인공지능 알고리즘은 데이터상에서 작동한다. 해당 데이터를 어딘가에 저장해야 하므로 빅데이터 프레임워크 같은 기술적 인프라가 필요할 수 있다.
- 해당 데이터가 오염되어 있을 수 있으므로(즉, 다양한 오류와 불규칙성이 있을 수 있으므로) 정제되어야 한다.
- 인공지능 시스템과 관련된 데이터는 종종 데이터 레이크나 다양한 데이터베이스 같은 여러 다른 데이터 공급원에 있게 되므로 다양한 공급원에서 나오는 데이터를 한곳으로 모아 결합해야 한다.
- 감지·분석·반응 루프 중에 반응 부분을 사람이 수행할 것으로 예상하는 경우에 인공지능 분석 결과를 인공지능 시스템 사용자에게 제시해야 한다.
- 인공지능 시스템의 반응 부분이 자동화되어 있는 경우에 인공지능 시스템이 어떤 분야에 특별히 필요한 일부 사업 규정이나 안전 규정을 따르는지 확인해야 한다.

이를 시연하기 위해 공장 생산라인이라는 상황 속에서 사용되는 머신러닝 파이프라인을 구성해 보자. 이 공장 라인에는 기름이나 다양한 부품 같은 소모품이 있는 기계가 많다. 기계는 자동화되어 있으며 소모품의 현재 잔량을 감지할 수 있다. 여러분은 소모품이 필요할 때 그것을 주문하고자 한다. 그림 5.1은 관련 머신러닝 파이프라인을 보여 주며, 이 그림은 개념을 더욱 간단하게 설명하기 위해 단순화되었다.

그림 5.1에 표시된 내용을 분석해 보자. 그림 5.1에 나오는 상자들은 소프트웨어 시스템 간의 상호작용(예 : 다른 프로그램 및 컴퓨터 시스템을 호출하는 것과 같은 통신)과 단일 프로그램 부분 간의 상호작용을 나타낼 수 있다는 점에 주목하자. 이 그림을 분석해 본다면 다음과 같다.

- 기계의 현재 소모품 수준에 대한 데이터는 장치 자체의 센서에서 가져온다(상자 1). 시스템은 기계의 소모품이 부족할 때를 예측하고 새 소모품을 재주문한다. 시스템은 소모품의 현재 수준과 기계가 소모품을 사용하는 속도에 대한 과거 추세를 모두 알아야 한다.
- 과거 공급 사용량에 대한 데이터는 엔터프라이즈 데이터 웨어하우스^{EDW}에 저장된다.

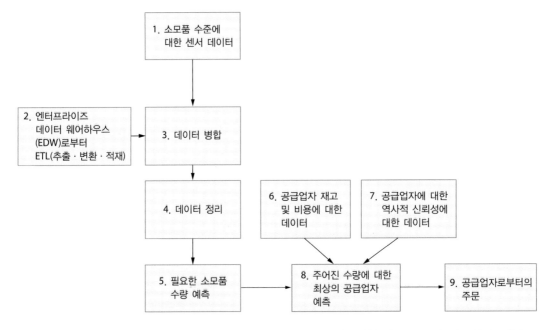

그림 5.1 공장 라인을 위한 머신러닝 파이프라인의 예. 이 머신러닝 파이프라인은 공급업자에 대한 소모품 자동 주문을 감독한다.

상자 1에서 우리는 소모품의 현재 수준을 얻는다. 인공지능 시스템에서 사용할 데이터는 EDW의 데이터 추출 · 변환 · 적재ᴱᵀᴸ 과정을 거쳐 나온다(상자 2).

- 현재 소모품 수준에 대한 센서 데이터는 EDW의 데이터와 결합되어야 한다(상자 3).
- 데이터는 일반적으로 머신러닝 알고리즘에 필요한 형식에 정확히 맞춰져 있는 게 아니다. 예를 들어, 필드가 비어 있거나 오류가 있거나 알고리즘이 예상하는 것과 다른 형식으로 되어 있을 수 있다. 일반적으로 이러한 모든 문제가 ETL 과정만으로 완전히 해결되지는 않는다. 그러므로 EDW 데이터와 센서 데이터를 모두 정리해야 한다(상자 4).
- 이제 여러분은 "현재 소모품 수준 및 과거 사용량을 기준으로 언제 새 소모품을 주문해야 하는가?"라는 질문에 답해야 한다. 이에 답하려면 남은 소모품의 사용량을 예측해야 한다. 인공지능 알고리즘을 소모품 수준에 적용해 추가 공급이 필요할 것으로 예상되는 시간을 예측한다(상자 5).
- 예측을 기반으로 다양한 공급업자의 현재 보유량 및 공급 원가를 질의한다(상자 6).

- 모든 공급업자의 상품 품질이 똑같지는 않기 때문에 시스템은 과거 품질 지표(상자 7)와 공급업자가 제공하는 현시가 및 재고(상자 6)를 기반으로 최상의 공급업자(상자 8)를 선택한다.
- 이전 단계의 결과에 따라 공급업자(상자 9)에 배치될 자동화된 주문이 결정된다.

실제 머신러닝 파이프라인은 복잡하다

실제 엔터프라이즈급 머신러닝 파이프라인은 더 복잡하고, 구축하는 데 큰 비용이 든다. 그림 5.1에 보이는 머신러닝 파이프라인은 자동화된 소모품 주문에 사용되는 일반적인 파이프라인의 가장 중요한 부분만 강조하기 위해 단순화한 것이다.

프로덕션에서는 머신러닝 파이프라인에서 추가 세부 정보를 고려해야 하므로 파이프라인이 훨씬 더 복잡해질 수 있다. 그림 5.1에 나오는 각 상자에 있는 개별 단계조차도 일반적으로 더 복잡하다. 데이터 추출 과정에는 다양한 데이터 품질 검사, ELT/ETL 과정[a] 및 데이터 정리 작업이 포함될 수 있다. 또한 일부 원천 데이터가 최적의 형식이 아니어서 변환해야 할 수도 있다.

과거 데이터를 저장해 둔 다양한 데이터베이스에서 단순하게 잘못된 데이터(예 : 널null이 아니어야 하는 널 필드 및 기타 잘못된 데이터)를 찾아내게 될 수도 있다. 수년 동안 축적된 데이터, 시스템의 많은 변경 내용과 시스템에 영향을 준 많은 버그를 다루는 경우가 흔하다.

---

a ETL은 추출 · 변환 · 적재를 의미하고 ELT는 추출 · 적재 · 변환 과정을 나타낸다. 이러한 과정은 데이터 공급원의 데이터를 변환해 분석 담당 시스템에 넣는다는 점을 설명한다.

모든 프로젝트와 모든 조직에 적합한 범용 머신러닝 파이프라인은 없다. 머신러닝 파이프라인은 각 조직과 해결 중인 문제에 알맞게 서로 다르게 구성된다. 두 개의 다른 사업 부문이 동일한 문제를 해결하더라도 파이프라인의 구조는 다를 수 있다!

예로 든 것을 살펴보면, 동일한 사업을 펼치는 두 조직이 자동화된 공급 주문 문제를 해결하는 머신러닝 파이프라인일지라도 서로 동일하지 않다. 그 이유는 두 조직이 공장 라인의 일부에 서로 다른 기계를 사용하기 때문이다.

그림 5.1에서는 소모품의 과거 사용량에 대한 데이터가 EDW에 저장되었다고 가정했

다. 그러나 공장 라인이 다른 경우에 해당 공장 라인의 기계에 소모품 사용량에 대한 기록 데이터가 저장되어 있을 수 있다. 또한 여러분은 이러한 기록 데이터가 정확하고, 정리해야 할 중요 오류도 없다고 가정할 수 있다. 이처럼 정확한 데이터가 공급되는 공장 라인에서 쓰는 머신러닝 파이프라인은 다를 것이다. 이런 머신러닝 파이프라인이라면 EDW를 거치지 않은 채로 공장 기계에서 나온 데이터를 곧바로 예측 알고리즘으로 보낼 것이다(그림 5.1에 나오는 상자 5). 그림 5.2는 이러한 상황을 보여 준다.

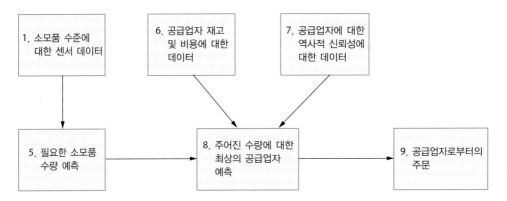

그림 5.2 기계 자체에 소모품 수준이 저장되는 상황에 맞춰 그림 5.1의 머신러닝 파이프라인을 수정한 파이프라인. 이런 상황이라면 여러분은 EDW나 데이터 병합에 대해 걱정할 필요가 없으며 5번 상자 이전, 즉 1번 상자에서 생성된 데이터가 정확하다고 가정할 수 있으므로 데이터를 정리할 필요가 없다.

그림 5.2에 나오는 파이프라인 중에서 어떤 단계들은 그림 5.1에 나왔던 동일 단계와 똑같은 기능을 수행한다. 쉽게 참조할 수 있도록 나는 이러한 단계별 번호를 같은 것으로 지정했다.

파이프라인은 종종 사용자에게 맞춰지지만, 비슷한 문제를 해결하는 데 사용되는 머신러닝 파이프라인은 구조상 공통점을 지니게 되는 경우가 많다. 머신러닝 파이프라인은 회사(또는 전체 커뮤니티)에서 수년간 축적된 지혜를 나타내며 이러한 지혜에 맞춰 파이프라인이 구조화될 수 있다. 예를 들어, 자연어 처리NLP는 종종 동일하고 일반적인 머신러닝 파이프라인 형식을 사용한다.[84]

아키텍처 형태로 설명함으로써 좀 더 공식화할 수 있는가?

오늘날 산업계에서 행해지는 전형적인 구축 발표회에 익숙한 독자들을 돕기 위해, 나는 더욱 공식적인 구축 발표 방법(예 : 4+1 아키텍처 뷰 모델[85] [86])과는 달리, 간단한 구축 다이어그램의 상자 및 화살표 스타일을 사용하고 있다. 여러분이 숙련된 소프트웨어 아키텍트이면서 그림 5.1 및 그림 5.2에 나오는 다이어그램들이 그보다 더 광범위한 시스템 아키텍처에 적합한지를 궁금해한다면, 다이어그램들을 시스템 개발 관점에서 그려 볼 수 있을 것이다.

5.1.2 전통적인 소프트웨어 시스템에 관한 지식을 기반으로 삼아 인공지능 시스템 개발에 도전하자

앞서 살펴본 것처럼 머신러닝 파이프라인은 많은 기능을 제공하며, 이를 통해 우리는 소프트웨어 공학 팀이 구조에 관심을 갖는 이유를 쉽게 알 수 있다. 이번 절에서는 사업 담당자인 경우에도 주의해야 하는 머신러닝 파이프라인의 구조적 속성을 설명한다.

머신러닝 파이프라인은 기술적인 의사결정들을 성문화한 것일 뿐만 아니라 사용자가 내리는 사업상의 결정들을 성문화한 것이기도 하다. 그림 5.1에 나오는 머신러닝 파이프라인에서는 공급업자와 자동으로 교신한다. 누군가는 사용할 공급업자를 정해 해당 공급업자와 계약을 맺어야 했다. 또한 자동 주문을 할 수 있도록 공급업자와 협력해 공급업자의 시스템 및 API에 접근해야 했다. 이러한 모든 결정이 사실은 여러분의 머신러닝 파이프라인에 반영된 사업상의 결정인 것이다.

머신러닝 파이프라인을 개발하는 비용에는 소프트웨어 개발 비용뿐만 아니라 파이프라인에서 사용할 데이터를 얻기 위해 발생하는 관련 비용이 포함되기 때문에 그 금액이 크다. 또한 협력업체와 계약을 맺고 서명하고 상호 협력하는 데에도 큰 비용이 든다.

그러나 머신러닝 파이프라인은 더 큰 소프트웨어 시스템의 일부라는 사실을 잊지 말자. 일반적인 소프트웨어 시스템 개발에 적용되는 모든 규칙이 여전히 적용된다. 유능한 공학자와 설계자가 필요하고 적절한 소프트웨어 개발과정이 필요하다. 인공지능 프로젝트도 다른 소프트웨어 시스템이 실패하던 방식과 같은 방식으로 실패할 수 있으므로, 소프트웨어 프로젝트 관리에 대해 이미 알고 있는 지식을 활용해 이러한 실패를 예방하자.

5.1.3 인공지능 프로젝트에서 증폭된 과제

어떤 경우에는 인공지능을 도입하면 기존 소프트웨어 시스템에 이미 존재하는 고려 사항이 증폭될 수 있다. 이러한 고려 사항이 인공지능과 관련이 없을 수도 있지만 인공지능 프로젝트를 진행하는 상황에서 종종 다른 모양으로 나타난다. 이번 절에서는 이러한 고려 사항의 몇 가지 예를 제공한다.

보안은 소프트웨어 프로젝트에서도 중요하지만 인공지능 프로젝트 진행 상황에서는 더욱 중요하다. 인공지능 프로젝트에는 많은 사용자 데이터가 포함될 수 있으며 해당 데이터에 법률을 위반하는 내용이 있을 경우에 훨씬 더 큰 영향을 미칠 수 있다.

물리적 장치와 통합된 인공지능 시스템에는 고려해야 할 사항들이 더 있다. 인공지능에는 기존 시스템보다 더 많은 정보가 필요할 수 있다. 예를 들어 웹 사이트에서 여러분의 작업 공간에 있는 실시간 영상에 접근해야 하는 경우는 드물다. 그러나 인공지능을 사용하는 보안 시스템은 실시간 영상의 이점을 누릴 수 있다. 이러한 시스템에서는 머신러닝 파이프라인의 비용과 행태뿐 아니라 더 큰 시스템의 비용과 행태를 고려해야 한다.

> **참고** 일반 가정에 인공지능 보안 장치를 판매한다고 해 보자. 장치의 보안 문제로 인해 해커가 각 가정의 비디오나 오디오에 접근할 수 있다. 보안은 인공지능 시스템의 중요한 구성요소다!

물리적 장치를 제어하는 인공지능 시스템을 구축할 때 해당 시스템의 반응(감지 · 분석 · 반응 패턴이라고 하는 맥락에서 볼 때)은 안전해야 한다. 머신러닝 파이프라인이 물리적 엔진의 운영 파라미터들을 제어하는 경우에 일반적으로 해당 단계 중 하나가 이러한 파라미터를 안전한 작동 범위 내로 유지해야 한다.

5.1.4 머신러닝 파이프라인의 경직화

인공지능 프로젝트와 그 밖의 소프트웨어 프로젝트에 공통인 문제 외에도 자체 문제가 있다. 이러한 문제 중 하나는 머신러닝 파이프라인의 유지보수 비용이다. 인공지능 프로젝트 비용에서 가장 큰 비율을 차지하는 일 중 하나는 머신러닝 파이프라인을 빠르게 변경하기 어렵고 변경하는 데 큰 비용이 든다는 점이다.

인공지능 소프트웨어를 유지보수하는 데는 큰 비용이 든다. 데이터와 사용된 알고리즘들 사이에는 다른 어떤 종류의 소프트웨어 프로젝트보다 더 널리 퍼져 있는 고유한 엉킴이 있다. 여러분이 이 문제를 해결하고 싶어 하는 소프트웨어 아키텍트라면, 스컬리D. Sculley 등이 저술한 「Machine Learning : The High Interest Credit Card of Technical Debt」[87]에 나오는 관련 항목을 읽어 보기를 강력히 권하는데, 거기에서는 해당 문제에 대한 일반적인 함정과 이를 피하는 방법을 자세히 조언한다.

> **조언**   사업 책임자라면 가능한 한 최고의 데이터 과학자뿐 아니라 최고의 소프트 웨어 아키텍트도 확보해야 한다. 그들은 모두 중요하다.

머신러닝 파이프라인 자체를 구축하는 일에도 비용이 들고 도전정신이 필요하다. 파이프라인 구축은 인공지능 프로젝트의 초기 단계에 해당하며, 데이터 과학자는 초기 실증 실험POC을 하는 동안에 머신러닝 파이프라인의 초기 버전을 만든다. 프로덕션(운영 환경) 시스템에 해당 머신러닝 파이프라인을 적용하고 싶을 수 있지만 프로덕션에 사용할 파이프라인을 선택할 때는 주의해야 한다. 앞서 언급했듯이 머신러닝 파이프라인이 일단 등장하기 시작한 후에는 쉽게 변경하기 어려워지며 변경하는 데 비용이 많이 든다. 프로젝트가 더 많이 진행될수록 머신러닝 파이프라인의 구조를 변경하기가 더 어려워지고 비용이 많이 드는 것이다.

> **조언**   머신러닝 파이프라인을 구현하기 시작하는 순간 파이프라인의 경직화가 시작된다는 특징이 있다. 경직화를 막을 수는 없다. 최선의 방법은 사업 문제를 해결하는 머신러닝 파이프라인 공법을 연구하는 것이다. 잘못된 머신러닝 파이프라인이 경직화되면 놀랄 만큼 큰 비용이 들기도 한다.

더 상위 수준에서 생각해 볼 때 경직화는 기술적 이유와 조직적 이유 모두에서 발생한다. 기술적인 측면에서 볼 때 머신러닝 파이프라인이란 그 안에 여러 단계가 들어 있을 수 있는 복잡한 소프트웨어이다. 이러한 각 단계별로 데이터 공학 분야의 전문 기술이나 빅데이터 분야로부터 클라우드 컴퓨팅 분야에 이르는 기술이 필요할 수 있다. 조직 측면에서 볼 때, 머신러닝 파이프라인은 조직이 구축하는 대부분의 다른 소프트웨어 유물보다 더 많은 팀 간 동의가 필요하며 외부 공급업자와 새로운 계약도 해야 한다. 예를 들어 그림 5.1의 머신러닝 파이프라인을 살펴보자.

6, 7, 9 단계에서 파이프라인이 공급업자가 제어하는 소프트웨어 시스템과 상호작용하는 것을 볼 수 있다. 이러한 시스템에 어떻게 접근할 수 있는가? 이러한 시스템에 접근하

려면 EDW 팀과, 자동 주문 API를 사용할 다양한 공급업자가 계약을 맺어야 한다. 여러 팀과 교신하고 수많은 계약에 서명해야 하며 언제든 법무 담당 부서와 통화해야 하므로 아예 전화기에 단축 번호도 지정해 두어야 한다. 이처럼 머신러닝 파이프라인의 최종 구조는 많은 협상 결과를 반영하게 된다.

여러분이 할 일은 외부 조직과의 협력만이 아니다. 조직 내부에 경직화를 가속화하는 힘이 있을 수 있다. 예를 들어 데이터에 대한 접근 권한을 얻으려면 조직 내 다른 팀과 협상해야 할 수 있다. 더 큰 조직에서는 팀 및 프로젝트 내에서도 콘웨이의 법칙Conway's Law[88] [89]이 자신에게 작용하는 것을 볼 수 있다.

> **참고** 콘웨이의 법칙에 따르면 시스템을 설계하는 모든 조직은 조직의 의사소통 구조를 복사한 구조를 가진 설계를 산출해 낸다. 5개 팀이 있는 경우에 5단계 머신 러닝 파이프라인이 나오게 될 수도 있는데, 놀라지 않아도 될 만큼 흔한 일이다.

머신러닝 파이프라인이 정의되면 그 파이프라인의 여러 부분이 다른 사람이나 다른 팀에 위임되는 일이 흔하며, 이는 피할 수 없는 일이다. 인공지능과 파이프라인에 필요한 데이터 공학을 모두 다 잘 알고 있는 사람을 찾기는 여전히 힘들다. 팀은 머신러닝 파이프라인 전체를 보지 못하고 자신의 전문 분야에만 집중할 것이다. 이런 부분적인 집중의 결과가 모이면 머신러닝 파이프라인 전체 측면에서는 경직화 속도가 빨라지고, 시간이 흐를수록 파이프라인의 구조를 간단히 변경하기가 더 어렵게 된다.

일단 머신러닝 파이프라인이 정의되면 즉시 기술적 부채를 축적하기 시작한 것이나 마찬가지이고(기술적 부채는 머신러닝 파이프라인을 구현하는 코드를 작성해야 할 의무가 생긴다는 말이며, 이는 스컬리 등이 쓴 논문[87]에서 상세히 다룬 주제에 따라 달라진다) 인간의 힘으로 인한 관성의 영향을 받게 된다. 사람들이 맺는 협약은 중요한 협상으로 인한 결과다. 그러한 협약은 종종 소프트웨어 자체보다 변화를 더 어렵게 한다.

> **참고** 머신러닝 파이프라인 경직화는 대규모 조직에만 국한되지 않는다. 소규모 조직에서도 그럴 수 있는데, 여러분이 어떤 사람을 아파치 스파크[14]를 알고 있다는 이유로 특별히 고용한다면, 그는 계속 스파크를 사용하고 싶어 할 것이다.

머신러닝 파이프라인은 조직 내 나머지 구성원들에게는, 조직에서 구축해 나가는 그 밖의 소프트웨어보다 더 눈에 띄는 것이다. 결과적으로 머신러닝 파이프라인을 변경하게 되면 조직 내 나머지 구성원이 알아차리기가 더 쉽다. 이는 자연스럽게 인공지능 팀을 관할하는 경영진이 그 밖의 소프트웨어를 변경하는 일보다 머신러닝 파이프라인을 변경하는 일을 더 꺼리게 만든다. 일단 머신러닝 파이프라인이 정의되면 인공지능 팀(및 더 광범위한 조직)은 파이프라인의 구조를 변경하는 일에 훨씬 더 큰 저항력을 갖게 된다. 머신러닝 파이프라인을 다른 새 파이프라인으로 완전히 교체하려는 생각에 대해 조직은 훨씬 더 큰 힘으로 저항할 것이며, 조직 내 나머지 구성원을 설득하려면 머신러닝 파이프라인을 완벽하게 교체할 수 있다는 점에 대해 충분한 근거를 대야 한다.

> **경고** 머신러닝 파이프라인은 빠르게 경직화된다. 이는 예측할 수 있는 결과이며 머신러닝 파이프라인의 특성이다. 경직화는 불행한 것이며 예방할 수 없는 것이다. 따라서 개발 초기부터 머신러닝 파이프라인이 사업 문제를 해결하는 데 적합한 것인지를 확인해야 한다.

파이프라인의 이러한 특성으로 인해, 적절한 계획을 세우지 않으면 요구 사항에 부적절할 뿐만 아니라 변경하기 어렵고 비용이 많이 드는 파이프라인이 되어 버릴 수 있다.

머신러닝 파이프라인은 전체 커뮤니티에 걸쳐 있을 수 있다

머신러닝 관련 전체 커뮤니티와 하위 커뮤니티들이 초기에 등장하는 파이프라인을 중심으로 형성되면서, 머신러닝 파이프라인의 경직화가 단일 조직뿐만 아니라 전체 커뮤니티에 영향을 미칠 수 있다는 점을 드러낸다. 예를 들어 상대적으로 표준화된 형태의 파이프라인을 사용하는 자연어 처리NLP 커뮤니티가 있다고 해 보자. 음성 인식 커뮤니티가 오랫동안 노력을 기울여 온 덕분에 음성 인식에 관한 파이프라인이 표준화되었다.[90] 어떤 상황에서는 전체 인공지능 커뮤니티가 현재 사용하는 표준 파이프라인까지 변경해야 할 수도 있다. 예를 들어, 딥러닝 기술의 발전으로 인해 기존 음성 인식 파이프라인에 상당한 변화가 필요했다.[90]

머신러닝 파이프라인의 경직화는 데이터 과학 팀과 데이터 공학 팀이 조직 내의 별도 부서에 속해 있는 경우에 더욱 복잡해진다. 이러한 상황에서 데이터 과학자는 최상의 결과를 얻는 데 집중한 후에 인공지능 기반 방법을 데이터 공학 팀으로 넘긴다. 일반적으로 데이

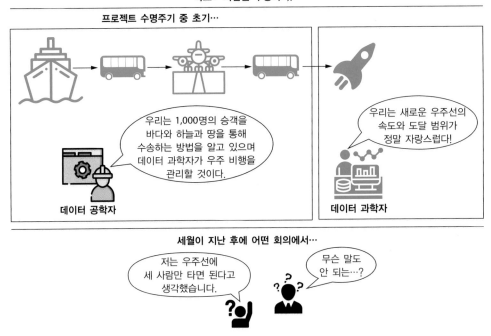

그림 5.3 머신러닝 파이프라인을 구성하려면 데이터 공학 전문가와 데이터 과학 전문가가 필요하다. 한 분야의 전문가가 다른 분야를 잘 알지 못하기 때문에 머신러닝 파이프라인의 요소가 서로 일치하지 않게 되는 경우가 많아질 수 있다.

터 공학 팀에는 인공지능 기반 방법을 수정하는 데 필요한 지식이나 권한이 없기 때문에, 공학 팀은 데이터 과학 팀이 요구한 그대로 구현한다. 이처럼 다양한 팀에서 일하는 사람들이 서로 협조가 제대로 되지 않은 상황에서 공학적 결정[1]이 내려진다. 이러한 결정권자 중에 그 누구도 전체 머신러닝 파이프라인에 대해 책임을 지며 주도하고 싶어 하지 않을 것이다. 그 결과, 타협을 하게 되고 주인 의식이 결여된다. 그림 5.3은 이러한 머신러닝 파이프라인을 함께 배치할 때 발생할 수 있는 상황을 보여 준다.

5.1.5 머신러닝 파이프라인 경직화의 예

이제 머신러닝 파이프라인의 경직화 문제에 대해 자세히 토의해 보자. 이를 위해 사업에 사용되는 실제 머신러닝 파이프라인에서 경직화가 어떻게 발생하는지에 대한 가설적인 예

---

1 파이프라인 공법에 관한 결정_역주

를 들어 보자. 이 예에서 여러분은 간단한 머신러닝 파이프라인으로 명확한 사업 문제를 해결하려고 노력하고 있었는데, 갑작스레 해당 기술에 관한 전문가가 필요할 만큼 많고 복잡한 기술에 대해 걱정해야 하게 생겼다. 이 예에서 보여 주는 경직화 원인들은 내가 현시대 산업계의 여러 프로젝트에서 본 적이 있는(그리고 어쩌면 여러분도 본 적이 있는) 것이다.

> **참고** 머신러닝 파이프라인의 경직화는 파이프라인을 구현하기 위해 복잡한 기술, 인공지능 알고리즘, 과정, 조직, 계약 세부 사항을 처리해야 하는 형태로 나타난다.

이번 절에서 설명하는 모든 선택지는 그림 5.4와 같은 머신러닝 파이프라인에 합리적이며, 선택한 모든 기술은 오늘날 산업계에서 널리 사용되는 것들이다. 논의하려는 기술은 많은 데이터 과학자와 데이터 공학자에게 친숙할 것이다. 여기서는 **이러한 기술이 무엇인가가 아닌 경직화가 무엇인가**에 초점을 맞춘다.[2] 여러분이 인공지능으로 강화된 가정용 보안 시스템을 구축하려는 소규모 팀을 이끈다고 가정해 보자. 이 시스템은 집에 있는 영상 감시 장치를 살펴본 다음에 가족 구성원처럼 보이지 않는 사람을 알아낸다. 또한 가족 구성원이 휴대 전화에 애플리케이션을 설치했다면, 시스템은 위치 정보를 사용해 그들이 집에 있는지를 확인한다. 가족이 손님을 초대했던 것임을 알기 전까지 경보를 울려 대는 상황을 방지하기 위해 인공지능 경보는 가족 구성원이 집에 없을 때만 활성화된다.

처음에는 모든 것이 쉬워 보이며 실증 실험이 잘 진행된다. 카메라에서 나오는 영상 정보가 있고, 휴대 전화의 위치 정보가 있으며, 집에 사람이 없을 때는 영상이 녹화되기 시작한다. 여러분은 이 시스템이 거주자의 얼굴을 인식할 수 있도록 휴대 전화로 각 거주자의 얼굴을 몇 장씩 찍어 두도록 요청한다. 마지막으로 한 마디 더하자면, 프로토타입을 신속하게 제작하는 팀에 속한 훌륭한 데이터 과학자가 여러분에게 배속되어 있다고 하자. 프로토타입을 살펴보면 그림 5.4와 같이 머신러닝 파이프라인의 초기 버전이 표시된다.

프로젝트를 대상으로 브레인스토밍을 할 때 초기 머신러닝 파이프라인이 간단해 보인다. 그런 다음에야 실제적인 문제가 생긴다. 여러분이 많은 영상 데이터를 저장하는 일에 대한 깊은 배경 지식을 지닌 사람을 찾지 못하겠지만, 적어도 빅데이터 시스템과 실시간

---

2 여러분이 사업에 더 관심을 기울이는 바람에 앞에서 언급한 기술 중 몇 가지에 익숙하지 않더라도, 걱정하지 않아도 된다. 내가 기술자들이 보기 위한 구체적인 예를 들어야 할 때만 특정 기술을 사용했기 때문이다. 사업 담당자에게 중요한 것은 단순한 인공지능 프로젝트조차도 많고 전문화된(그리고 값비싼) 기술과 기량에 곧 의존하게 된다는 점이다.

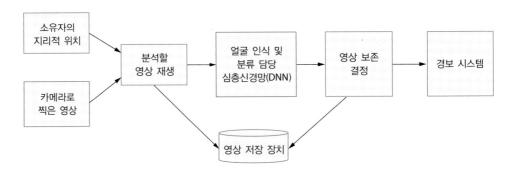

그림 5.4 인공지능 보안 시스템 프로토타입에 사용되는 머신러닝 파이프라인의 예

영상 정보 스트리밍 해법에 경험이 있는 소프트웨어 아키텍트가 여러분에게 배속되어 있다고 하자. 여러분에게 배속된 소프트웨어 아키텍트는 이전에 겪었던 경험을 바탕으로 아마존 웹 서비스[11] 클라우드에서 아파치 스파크[14] 기반 해법을 제안한다. 시스템은 데이터 과학자가 POC 중에 사용한 것과 동일한 머신러닝 파이프라인을 사용한다.

데이터 공학 팀은 영상 인식에 대해 잘 모르고 데이터 과학자 팀은 많은 사용자의 대용량 데이터 및 영상 정보 처리 공학을 잘 모르기 때문에 타협을 한다. 데이터 공학 팀은 영상 정보 처리를 담당하면서 데이터 과학자가 제공한 신경망 라이브러리를 호출한다. 데이터 과학자는 광범위한 이미지 데이터를 사용해 신경망을 훈련해야 한다. 처음에 여러분은 데이터 과학자들에게 훈련용 클러스터[3]가 필요하고, 그들이 텐서플로[4][91]를 사용한다는 점을 배운다.

하지만 신경망이 이미지를 인식하도록 가르치기 위해 사용하는 훈련용 데이터라면 어떨까? 여러분이 처음에는 이미지넷ImageNet[92]이라는 공개 이미지 데이터셋을 사용하지만, 반려동물 행위를 더 잘 추적할 수 있도록 많은 반려동물 사진이 포함된 다른 데이터셋이 추가로 필요하다는 사실을 발견했다. 지역 보호 단체의 입양 페이지에서 반려동물 이미지를 가져다 쓸 수 있다는 점은 좋은 소식이며, 적어도 법무 팀의 변호사가 프로젝트 회의에 참여하기 전까지는 그런 식으로 생각할 수 있다. 2주가 지난 뒤에, 여러분은 지역 보호 단체의 대표자들을 만나 데이터를 사용할 수 있다는 허락을 받는다. 여러분은 또한 서면 계약서를 작성해 서명도 했다.

---

3 여러 대가 한 대의 컴퓨터처럼 돌아가는 컴퓨터 군집_역주
4 딥러닝 분야에서 신경망 기반 인공지능을 구성할 때 쓰는 라이브러리_역주

알게 된 지 얼마 안 되었지만 여러분이 가장 친밀한 친구라고 여기는 변호사는 개인 정보 보호 정책이 필요하다는 점을 조언해 주었고, 그게 여러분에게 크게 도움이 되었다. 여러분은 사진과 영상 정보를 보호하고 익명화해야 한다. 미성년자의 얼굴 이미지를 저장해서는 안 된다. 설혹 아이들이 동의하더라도 말이다. 실수로 얼굴 사진을 저장한 경우(휴대전화가 꺼진 채로 문을 여는 순간에 이런 일이 벌어지는데, 시스템은 아이가 집으로 돌아왔다는 점을 알아차리지 못함), 해당 사진을 삭제해야 한다. 프로젝트를 시작한 지 약 6주가 흘렀다. 이러한 모든 결정이 올바른 것일 수 있지만, 여러분은 이미 번복하기 어려운 선택을 많이 했다.

파이프라인에서 결정된 사항들을 모두 살펴보자.

- 데이터 과학자가 소규모 POC에 사용한 것과 동일한 머신러닝 파이프라인을 여러분이 사용하고 있다. 이게 10만 명에게 배포할 보안 시스템에서 쓰기에 가장 적합한 파이프라인인가?
- 파이프라인에는 아파치 스파크[14]가 채택되어 있어서 여러분은 아파치 스파크 전문가를 고용했다.
- 또한 아마존 웹 서비스[11] 전문가도 고용했지만 그는 마이크로소프트 애저[13]나 구글 클라우드 플랫폼[12] 같은 경쟁 클라우드 서비스에 대해 전혀 알지 못한다.
- 여러분이 사용할 신경망은 텐서플로를 사용해 구현된다.[91]
- 여러분은 반려동물의 훈련 사진을 사용하기 위해 사람들과 계약을 맺었다.
- 여러분에게 배속된 데이터 과학자는 데이터 공학적 세부 사항을 사용해야 해서 엔지니어링 팀이 사용하려는 API 인터페이스를 이해하는 데 한 달을 보냈다.
- 여러분은 또한 머신러닝 파이프라인에서 수행할 수 있는 작업과 수행할 수 없는 작업을 지정하는 사용자와의 최종 사용자 라이선스 계약[EULA]을 맺었다.
- 여러분에게 모바일 애플리케이션이 필요했기 때문에 이제 iOS[93] 및 안드로이드[94] 개발자가 직원으로 근무하게 되었다.

몇 주가 지나자 데이터 공학자가 여러분을 찾아온다. 그들은 시스템에 의존성이 커지고 있다는 점을 발견했다. 데이터 과학자는 GPU 인스턴스[5]를 사용해 AWS상에서 인공지능

---

5 아마존 웹 서비스(AWS)에서 온라인으로 빌려 쓸 수 있는 GPU 탑재 컴퓨터_역주

모델을 교육하고 있었다! 데이터 과학자가 내놓은 결과물이 사전에 훈련된 인공지능 라이브러리였기 때문에 이전에는 AWS 및 GPU 인스턴스에 대한 의존성을 인식하지 못했다. 데이터 공학자가 자세히 살펴보았을 때만 인공지능 모델을 훈련하는 데 사용되는 시스템 부분이 GPU 인스턴스에 의존한다는 것을 알게 되었다. 그 순간에 여러분은 데이터 과학자가 여러분과 프로젝트 관리자와 함께 회의하면서 그 점을 언급했었지만 당시에는 딱히 중요해 보이지 않았기 때문에 간과했었던 일을 기억해 냈다.

지금까지 머신러닝 파이프라인에 침투한 경직화를 요약해 보자. 여러분은 지역 동물 보호 단체와 협력하고 AWS, 스파크, 텐서플로 및 일부 특정 API 라이브러리를 사용하고 있다. 여러분은 AWS에서 GPU 인스턴스를 사용하는 중이다. AWS, 스파크, iOS 및 안드로이드 전문가를 팀에 추가했다. 머신러닝 파이프라인 구조는 데이터 과학자가 실증 실험용으로 간단하게 만든 프로토타입에서 사용한 것과 똑같다. 소프트웨어가 수행하는 모든 작업에서 여러분이 지켜야만 하는 세 가지 서로 다른 적법계약이 있으며, 다음에 여러분이 가장 친한 새 친구인 변호사를 만나게 된다면 그는 독특한 적법계약 초안을 하나 더 내밀 것이다. 여러분은 이런 면을 알고 있었겠지만, 아마도 몇 가지 다른 결정에 대해서는 처음에 관심을 기울이지 못했을 테고, 그래서 그런 점들을 나중에 가서야 배워야 할 것이다.

이것이 머신러닝 파이프라인이 현실 세계에서 경직화되는 방식이다. 나는 이 사례를 대기업에서 초기에 작은 노력을 기울이는 상황에 빗대었다. 하지만 스타트업(신생 기업)이라면 충분히 공정한 대우를 받지 못할 것이며 많은 스타트업에는 시스템의 세부 사항에 대해 상담할 변호사가 없을 수 있다.

> **조언**   공교롭게도, 소프트웨어 아키텍처에 대해 내릴 수 있는 정의 중 몇 가지를 종종 듣게 되는데, **그 아키텍처라는 것이 프로젝트 초기에 내려야 하는 일련의 설계 결정이라는 말이나 시스템 설계에 대해 모두 함께 이해하고 있는 사항**이라는 말이다.[95] 머신러닝 파이프라인을 변경하기가 어렵기 때문에 머신러닝 파이프라인을 소프트웨어 아키텍처에 등장하는 주요 유물 중 하나로 생각해야 한다.

머신러닝 파이프라인으로 인해 소프트웨어만 정해지는 게 아니라 팀 구조와 사업 협력 관계까지 정해지므로 머신러닝 파이프라인이 경직된다. 세계 최고의 소프트웨어 공학 이행 사례들을 보면, 경직화가 일어나지 않을 것이라고 보장하기보다는 경직화를 뒤로 미루어 두고들 있다. 그러나 열악한 소프트웨어 공학 이행사례들을 보면, 아주 '훌륭하게(?)' 머신러닝 파이프라인의 경직화를 가속한다.

5.1.6 머신러닝 파이프라인의 경직화를 해결하는 방법

보다시피 머신러닝 파이프라인은 쉽게 경직화된다. 파이프라인이 초기에 구축되면 자연스럽게 이러한 경직화가 이루어지며 팀이 이를 방지하기 위해 특별한 행위를 취하지 않는 한 저절로 나타나는 현상이다. 그렇다면 머신러닝 파이프라인 개발을 어떻게 관리해야 할까?

머신러닝 파이프라인의 경직화를 관리할 때는 경직화가 어떻게든 일어나는 현상이라는 점을 인식하는 게 중요하다. 공학 팀의 실수로 머신러닝 파이프라인 경직화가 벌어지는 게 아니다. 경직화라고 하는 짐승의 본능일 뿐이다. 그리고 경직화가 발생하면 파이프라인을 변경하는 데 드는 비용이 늘어난다.

> **조언** 머신러닝 파이프라인의 경직화를 방지하는 것이 문제를 푸는 열쇠가 아니다. **파이프라인의 잘못된 구조를 경직화하지 않으려 하는 것**이 열쇠다.

경직화를 피할 수는 없겠지만, 적절히 계획하고 감독한다면 적절한 파이프라인을 확보할 수 있을 것이므로 파이프라인을 곧바로 교체할 필요는 없다. 파이프라인이 우연히 형성되게 하면 언제나 문제가 생기므로, 그렇게 되지 않도록 하려면 반드시 파이프라인을 설계해야 한다. 파이프라인을 설계한다는 말은 적절한 머신러닝 파이프라인이 있어야 하고 기술적으로 온전하게 구현한 것인지를 확인해야 한다는 말과 같다.

또한 적절한 소프트웨어 아키텍처가 필요하다

머신러닝 파이프라인은 인공지능 프로젝트의 소프트웨어 아키텍처에서 가장 중요한 유물이다. 따라서 소프트웨어 아키텍처를 대상으로 모의 실행dry run을 해 보는 게 바람직하다. 모의 실행이란, 코드를 작성하기 전에 제안된 아키텍처를 사용 사례로 삼아 테스트해 보는 일을 말한다. 해결해야 하는 사용 사례를 아키텍처가 적절하게 다루는지, 그리고 해당 아키텍처를 선택할 때의 장단점을 이해하고 있는지를 확인하는 게 이 작업의 목표다.

소프트웨어 아키텍처에 대한 더 큰 주제를 다루는 일은 이 책의 범위를 벗어나지만, 여러분이 소프트웨어 아키텍트이고 모의 실행을 수행하는 방법에 관심이 있다면 아키텍처 상반관계 분석 모형Architecture Tradeoff Analysis Model, ATAM을 확인하는 게 바람직하다. 이는 소프트웨어 아키텍처 이론과 실제(전병선 역, 2015)[96]에 설명되어 있다. (위키백과[97]를 참조하면 이런 정보를 개략적으로 살펴볼 수 있다.)

ATAM의 한 부분은 일련의 사용 사례를 사용해 아키텍처의 모의 실행을 수행하는 것으로 구성된다. 모의 실행을 하는 동안 사용 사례에 따라 다양한 장단점을 찾은 다음에 아키텍처가 특정 사용 사례를 어떻게 제공하는지 논의할 수 있다. 여러분은 전체 소프트웨어 아키텍처를 확인하는 것 같은 과정을 생각해 볼 수 있다. 부수적인 작용으로 나는 테스트 실행이 머신러닝 파이프라인의 데이터 공학 부분에서 발생할 수 있는 소프트웨어 공학 문제를 발견하는 데 유용하다는 점을 발견했다.

프로젝트의 초기 단계에서 전체 소프트웨어 아키텍처를 개발하는 조직에는 ATAM 분석이 일반적으로 더 적합하지만, 아키텍처의 비공식적인 모의 실행에 대한 아이디어는 애자일 환경과 소규모 기업에도 적용할 수 있다.

파이프라인 경직화는 파이프라인을 건물의 토대처럼 취급해야 함을 의미한다. 일단 콘크리트를 붓기 시작하면 개입해야 하는 시간에 제한이 있으며 하루가 지나면 마음을 바꿀 기회가 없게 된다. 여러분이 대형 건물의 기초를 세울 때는 콘크리트가 도착하기 전에 해야 할 일을 계획해야 한다.

따라서 머신러닝 파이프라인을 조기에 계획하고 사업 목표를 지원할 수 있는지 분석해야 한다. 머신러닝 파이프라인은 그저 우연히 생기게 한 다음에 어떤 일이 벌어질지를 볼 수 있는 유물 같은 게 아니다. 이런 식으로 접근하면 경직화 때문에 큰 비용이 든다. 실제 구축을 시작하기 전에 머신러닝 파이프라인을 설계하는 일에 노력을 쏟자. 머신러닝 파이프라인을 미리 설계하는 게 프로젝트에서 애자일 방법을 사용할 수 없다는 의미는 아니다. 즉, 애자일 방법을 사용하는 경우에 포펜딕Poppendieck이 '결정을 내리기 위한 마지막 책임의 순간'[98]이라고 지칭한 것이 머신러닝 파이프라인에 먼저 도달한다.

머신러닝 파이프라인을 중심으로 프레임워크가 등장했다

머신러닝 파이프라인 구현의 기술적 건전성 측면에서는 상황이 빠르게 진화하고 있으며 이미 일련의 프레임워크가 머신러닝 파이프라인을 코딩할 수 있는 방식을 표준화하고 있다. 이유를 댈 필요도 없이 이 분야가 빠르게 발전할 것으로 예상은 하지만, 무엇이 가장 적합한지를 선택하는 일은 독자의 몫으로 남기려 한다. 머신러닝 파이프라인을 구축하는 방법을 공식화하는 첫 번째 단계인 몇 가지 기술 프레임워크의 예는 caret,[99] 스파크의 머신러닝 파이프라인들,[100] 텐서플로 익스텐디드[101]를 참조하자.

이제 우리가 보유한 프레임워크는 머신러닝 파이프라인 사용과 관련된 일부 기술적 문제만 해결한다고 주장할 수 있다. 또한 현재 프레임워크는 프로토타입 제작에 초점을 맞추는가 아니면 개발이나 운영에 초점을 맞추는가에 대한 방향이 다르다. 그러나 머신러닝 파이프라인은 이미 필수 아키텍처 유물로 인식되고 있으며 머신러닝 파이프라인을 중심으로 한 기술 프레임워크는 계속 발전할 것이다.

파이프라인이 사업 문제에 적합한 파이프라인인지 확인하기도 전에 실증 실험을 통해 파이프라인부터 산출하면 사업 문제의 해결 여부를 알 수 없게 된다. 이렇게 되면 잘못된(그리고 경직화된) 머신러닝 파이프라인을 가진 것을 자랑스러워하는 사람이 되기 쉽다.

프로젝트 수명주기 초기에 머신러닝 파이프라인을 분석할 수 있고 사업 목표를 달성할 능력을 추정할 수 있다. 더 좋은 점은 이러한 분석을 통해 일반적으로 파이프라인에 대해 생각하지 않았을 때 할 수 있는 경우보다 더 빨리 첫 번째 버전을 시장에 내놓을 수 있다는 점이다.

> **조언** 관리자 역할을 맡은 여러분은 머신러닝 파이프라인에 대한 공학자들의 관심을 집중하게 함으로써 분석 결과를 더 잘 이해할 수 있게 해야 한다. 그러면 파이프라인이 사업 목표를 지원하는 데 얼마나 적합한지를 알 수 있다.

머신러닝 파이프라인의 설계 및 분석은 전체 시스템을 적절하게 설계하기 위한 단계들 중에 가장 중요한 단계다. 여러분은 사용하려는 파이프라인을 문서화하는 일부터 시작한 다음에 경영 목적에 대한 파이프라인의 적합성을 분석해야 한다. 제6장에서는 이를 수행하는 방법을 보여 주지만, 파이프라인을 분석하는 방법을 알아보기 전에 그것을 분석해야 하는 이유를 살펴보자.

5.2 머신러닝 파이프라인을 분석해야 하는 이유

머신러닝 파이프라인으로 인해 인공지능 시스템 전체에 대한 사용자의 인식이 규정된다. 머신러닝 파이프라인의 결과를 개선하기 위해 기억해야 할 가장 중요한 규칙은 **시스템 전체가 부분의 합보다 더 중요하다**는 점이다. 그 이유는, 시스템은 그것을 구성하는 개별 요소들의 단순한 합과 다르게 작동하고, 머신러닝 파이프라인에서 한 발 한 발 내디딜 수 있는 (하지만 서로 잘 어울리는) 단계들을 사용하는 우수한 시스템을 가질 수 있기 때문이다. 반대로 개별 단계를 아주 잘 구현하더라도 시스템적으로는 약한 게 될 수 있다.

이번 절에서는 머신러닝 파이프라인의 단계를 수정할 때 어떻게 되는지를 보여 준다. 수정한 결과들은 여러분이 사용 중인 정확한 머신러닝 파이프라인에 따라 달라지므로, 구체적으로 그림 5.5와 같이 간단한 머신러닝 파이프라인을 분석할 것이다.

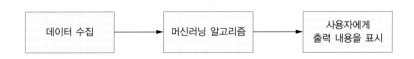

그림 5.5　세 단계만 포함된 간단한 파이프라인이므로 처음 두 단계만 최종 결과에 영향을 준다.

그림 5.5에 나오는 머신러닝 파이프라인에서는 데이터를 수집하고 머신러닝 알고리즘을 적용하여 사용자에게 출력을 제공한다. 이것은 실제로 접할 수 있는 가장 간단한 머신러닝 파이프라인 중 하나이지만, 이 파이프라인을 이루는 각 단계를 수정하는 일조차도 교육적으로 의의가 있다.

머신러닝 파이프라인을 통해 나온 결과가 만족스럽지 않다고 가정해 보자. 결과를 개선하려면 어떻게 해야 하는가? 여러분은 데이터에 투자하거나(즉, 더 나은 데이터 또는 더 많은 데이터를 수집하거나) 더 나은 인공지능 알고리즘에 투자할 수 있다. 어디에 투자해야 하는지를 어떻게 알 수 있는가? 여러분이 의심하는 것처럼 "상황에 따라 달라진다"라는 두려운 대답이 나올 것이다.

참고　머신러닝 파이프라인의 결과를 개선하기 위해 모든 경우에 가장 효과적인 방법에 대한 보편적인 규칙은 없다. 어떤 경우에는 데이터에 투자하는 편이 더 낫다. 또 다른 경우에는 더 나은 알고리즘이 되게 투자하는 편이 더 낫다.

다음 절에서는 그림 5.5 같은 간단한 파이프라인이 데이터나 알고리즘의 개선으로 혜택을 볼 수 있는 구체적인 상황을 보여 준다.

5.2.1 알고리즘 개선 : MNIST 예제

지금이 2012년이고 딥러닝을 간단하게 적용할 수 있는 프레임워크가 아직 등장하지 않았다고 가정해 보자. 그리고 여러분에게 영상 인식을 위한 머신러닝 알고리즘, 즉 이미지에서 손으로 쓴 숫자를 인식하는 그림 5.5와 같은 파이프라인이 있다고 하자. 또한 수집 파이프라인의 다양한 오류와 버그로 인해 데이터가 오염되어 있다(데이터의 5%가 잘못됨). 이럴 때 여러분은 데이터나 알고리즘을 개선해야만 하는가?

파이프라인에서 머신러닝 알고리즘을 개발하기가 얼마나 쉬운지(그리고 개선하기가 얼마나 쉬운지)를 이해할 수 있게 한 가지 예를 들어 보겠다. 오늘날 컴퓨터 비전 분야에서 가장 널리 사용되는 데이터셋을 사용해 머신러닝 커뮤니티 전체(모든 학계 및 상당수의 산업계 실무자)가 무엇을 달성했는지 살펴보자. 그 데이터셋은 MNIST 데이터셋[102]으로, 0부터 9까지 6만 개의 손으로 쓴 숫자로 구성된다.[6] MNIST 데이터셋은 종종 컴퓨터 비전 알고리즘을 벤치마킹하는 데 사용되었다.

인공지능 커뮤니티는 MNIST 데이터셋에서 다양한 컴퓨터 비전 알고리즘의 정확성을 추적했다. 르쿤[LeCun] 등과 베넨슨[Benenson]에 따르면, 1998년과 2013년 사이 커뮤니티의 알고리즘 개선으로 숫자 인식의 정확도가 2.19%가 개선되었는데, 이는 오류율이 2.4%에서 0.21%로 줄었다는 의미가 된다.[102] [104]

MNIST에서 커뮤니티가 달성한 숫자 인식에 대한 2.19%만큼의 정확도 개선이 컴퓨터 비전 알고리즘 분야에서 볼 때는 상당한 성과지만 그 수치가 우리와 어떤 관련이 있을까? 우리가 이 책에서 제시했던 사용 사례에서는 데이터의 5%가 잘못되었음을 기억해야 한다. 또한 비전 알고리즘의 개선에는 상당한 비용이 발생했다. 2.19%를 개선하는 데 사용된 일부 알고리즘은 전체 머신러닝 커뮤니티가 최선을 다해 노력해서 나온 결과였다! 2.19%를 개선한 알고리즘조차도 2012년경에는 구현하기 어려웠다! 한편으로, 1998년에 나온 초기 알고리즘은 약 2.19%만큼 더 나쁜 정확도를 기록했던 셈인데, 이 정도는 우수한 수습사원이 며칠 만에 개발할 수 있는 것이다.

---

6   나는 이전에 펴낸 책에서 데이터와 알고리즘 개선의 관계에 대한 예로 MNIST 데이터셋을 사용했다.[103] 이번 절에서 나는 머신러닝 파이프라인이라고 하는 맥락에서 그 책에서 했던 논의를 펼쳐 보려고 한다.

경고 여러분이 이미 잘 확립된 학문 분야에서 최고 수준에 해당하는 인공지능 알고리즘을 사용하고 있다면, 커뮤니티를 이루는 구성원 중에 나머지 사람들보다 더 잘할 수 있도록 알고리즘을 개선하는 일을 처음으로 인공지능을 접한 팀에게 떠넘겨서는 안 된다. 왜냐하면 그런 일은 오히려 영웅적인 업적에 가까운 것이기 때문이다.

손글씨 숫자 인식률을 2.19%만큼 더 개선하는 게 사업 측면에서 의미가 있을 수 있는데, 이는 대부분의 우편물을 자동으로 분류할 수 있게 하는 일과 우체국과 직원이 수많은 우편 봉투를 일일이 뒤져 보며 분류하는 일 간의 격차를 나타낼 수 있다. 그러나 여러분이 지닌 데이터가 잘못되어 있다면 전반적인 결과는 얼마나 잘못될 수 있을까? 3% 이상 잘못될 수 있다(이는 100% 부정확해질 수 있다는 말과 같다).

그렇다면 2012년에 5%만큼 오염된 데이터가 있는 상황에서 여러분이 컴퓨터 비전 분야에서 일하는 팀을 감독하고 있다면 어떻게 해야 할까? 그러한 결정을 내리기는 쉽다. 산업계의 평균 정도에 해당하는 능력을 지닌 팀이라면, 데이터 처리 파이프라인에서 몇 가지 문제를 수정해 데이터 품질을 개선하는 것을 데이터 중 1% 분량에 대한 시각적 인식을 개선하는 방법을 알아내는 것보다 훨씬 더 쉬워할 것이다. 이런 경우에 데이터 정리에 투자하는 편이 더 나은 알고리즘을 개발하는 편보다 낫다.

이것이 가능한 한 최고의 데이터를 얻기 위해 항상 데이터를 정리하는 것부터 시작해야 한다는 것을 의미하는가? 아니, 전혀 그렇지 않다. 몇 가지 반례를 보자.

5.2.2 머신러닝 파이프라인 개선에 대한 추가 사례

때로는 데이터를 정리하는 편이 바람직할 때가 있다. 하지만 그 밖의 경우라면, 더 나은 인공지능 알고리즘을 사용하는 편이 답이다. 그 두 가지 경우 중 어느 경우에도 해당하지 않는다면, 알고리즘과 데이터를 모두 개선해야 할 수도 있다. 모든 **머신러닝 파이프라인에 사용할 수 있는 만능 규칙은 없다.**

어떤 때에는 입력 데이터가 완벽함에도 머신러닝 파이프라인이 좋지 않은 결과를 생성해 내기도 한다. 누군가가 작성해 둔 글을 보고 그가 설득력 있는 논증을 구성하는 데 얼마나 능숙한지를 알아내려 한다고 해 보자. 그림 5.5에 나오는 파이프라인에 사용된 머신러닝 알고리즘에서는 글 속에 담긴 논증들을 강한 논증과 약한 논증으로 분류한다. 현재 상황에서는 글에 담긴 논증의 강도를 이해하기는 어렵다. 여러분이 프로토타입을 구축하고 첫 번째 알고리즘이 논증 사례들 중의 66.7%에 대해서만 논증이 강한지 아니면 약한지를 올바르게 구별해 낼 수 있다는 점을 알았다고 가정해 보자. 머신러닝 파이프라인을 구성하는 단계들 중에 마지막 단계에서는 **완벽한 데이터가 있더라도** 논증 사례들 중에 삼분의 일만큼은 오류가 발생한다!

알고리즘과 데이터를 모두 개선해야 하는 경우도 있다. 알고리즘의 오차율이 10%(기술 지표가 적절한 것일지라도)이고 문제가 있는 입력 데이터가 5%인 경우가 이에 해당한다.

어떤 단일한 규칙만 모든 머신러닝 파이프라인에 적용되는 상황에서는 해당 규칙만으로는 데이터를 정리하는 편이 더 나은지 아니면 인공지능 알고리즘을 개선하는 편이 더 나은지를 전혀 알 수 없다. 물론 여러분은 공학자가 자신이 이해하는 분야에 한정해 투자해 달라고 하더라도 놀라지 말아야 한다. 데이터 공학자는 데이터 정리에 더 많은 노력을 기울이고, 데이터 과학자는 알고리즘 개선을 선호하는 경우가 많다.

5.2.3 머신러닝 파이프라인을 분석해야 한다!

머신러닝 파이프라인을 개선하기 위한 최상의 전략은 여러분이 사용 중인 파이프라인에 따라 달라진다. 여러분은 파이프라인을 분석해 자신에게 효과가 있는 전략이 무엇인지를 찾아야 한다. 여러분은 파이프라인을 온전히 전체 시스템으로 보아야 한다. 여러분이 답해야 할 질문은 다음과 같다(제6장과 제7장의 주제).

- 제6장 : 적절한 파이프라인을 사용하고 있는가?
- 제7장 : 내가 지닌 머신러닝 파이프라인을 이루고 있는 부분들 중에 어떤 부분에 투자해야 하는가?

여러분이 팀을 전체 시스템에 대해 생각하는 데 집중하게 하지 않으면, 팀은 결국 개별 부분에만 집중하게 될 수 있다. 시스템에 초점을 맞추지 않고 프로젝트를 진행하겠다는 생각 때문에 비용이 늘어날 수 있다. 시스템 엔지니어링 프로세스system engineering process(체계 공학과정, 시스템 공학과정)를 구성해 처음부터 머신러닝 파이프라인을 적절한 것이 되게 해야 하며 자주 변경하지 않도록 계획해야 한다. 머신러닝 파이프라인 중 어떤 단계에서 사용되는 인공지능 기반 방법을 선택하는 일을 바꾸는 편이 훨씬 더 일반적이다. 유연한 머신러닝 파이프라인이란 일단 데이터 흐름을 올바르게 정립한 후에 개별 방법들을 자연스럽게 변경할 수 있게 하는 것이다.

제6장에서 설명한 시스템 엔지니어링 방법들을 사용해 파이프라인을 분석해야 한다. 분석의 목표는 파이프라인이 사업 목표를 지원할 수 있는지와 파이프라인의 다양한 요소에 대한 작업을 지시하는 올바른 방법이 무엇인지를 신속하게 이해해 사업 목표에 빠르고 비용 효율적인 방식으로 도달할 수 있도록 하는 것이다.

팀의 역동성이 중요하다!

지도력을 발휘하려면 팀에 대한 인센티브를 이해해야 한다. 투자할 곳을 결정하는 체계적인 과정이 여러분의 팀에 없는 상황에서 여러분이 팀에게 어떤 질문을 했는데, 팀이 자신들이 모르는 분야에 대해 이야기하기를 꺼려 한다면 어떻게 해야 할까? 나는 팀이 "제가 아는 분야에 투자합시다"라는 형식으로 답할 것이라고 예상한다. 데이터 공학자는 데이터에 대한 투자를 권장하고, 데이터 과학자는 더 나은 알고리즘에 투자하자고 할 것이다. 자신들에게 익숙하지 않은 일에 대해서도 팀원들이 개의치 않고 논의를 하겠는가?

오늘날 인공지능 프로젝트 팀에서 전체 시스템을 이해하는 사람은 드물다. 시스템의 일부만을 제대로 이해하는 똑똑한 사람들이 있는 편이 훨씬 더 흔하다. 이것이 야기하는 사회적 역학 관계를 이해하는 것이 리더 역할을 맡은 여러분의 임무이다.

팀 구성원이 이해하지 못하는 시스템 부분에 대해 질문하는 것이 안전하다고 생각하지 않는 한, 자신이 알고 있는 개별 부분에 대해서만 이야기하도록 선택할 수 있다. 여러분은 자신의 동료들 앞에서 자신이 틀린 점을 개의치 않고 논의하는 팀원들로 구성된 팀을 이끌고 있는가?

5.3   인공지능 기반 방법의 역할은 무엇인가?

결과를 최종적으로 인식할 때 전체 시스템이 중요하고, 전체 머신러닝 파이프라인이 개별 인공지능 알고리즘보다 더 중요하다면, 고급 인공지능 알고리즘은 어떤 역할을 하는가? 인공지능 알고리즘은 능동적인 역할을 하지만 이를 고려하는 가장 좋은 방법은 그것이 더 큰 시스템의 일부라는 것이다. 그처럼 더 큰 시스템을 이루고 있는 모든 부분(이 인공지능 알고리즘 포함)은 시간이 지남에 따라 개선될 가능성이 있다.

오늘날 인공지능 공학자 간의 대화에서는 인공지능 기반 방법에 대한 토론이 주가 된다. 데이터 과학자들이 특정 애플리케이션에 가장 적합한 방법과 알고리즘에 대해 오랫동안 이야기하는 것을 흔히 볼 수 있다. 더 큰 커뮤니티에서도 자주 이런 토론이 벌어진다. 인공지능 커뮤니티를 구성하는 서로 다른 학파들 간에 어떤 방법들이 장기적으로 가장 유망한지에 대해서 의견이 일치하지 않고 있다.[7]

현재로서는, 딥러닝[Z][8][106]이 인공지능 커뮤니티 구성원들의 마음속에 가장 크게 자리 잡고 있다. 그러나 10년 전만 해도 학파들은 오늘날 우리가 딥러닝으로 알고 있는 방법들을 크게 의심스러워했다. 그 당시에는 서포트 벡터 머신SVM[107][108] 같은 방법이 훨씬 더 많이 사용되었다. 인공지능 커뮤니티의 내부 구성원조차도 그 이후로 벌어진 일에 놀라는 경우가 많다. 여러분이 오늘날 사용하고 있는 방법들도 단 몇 년 만에 혁신될 수 있다.

이러한 추세가 지속될 것이라고 보는 게 오히려 합리적이다. 오늘 최선이었던 방법이 내일은 최선의 방법이 되지 못할 수도 있다. 새로운 방법을 연구하는 일에 모든 관심, 자원, 투자가 집중되면서 인공지능 분야가 엄청나게 성장하고 있다. 방법들이 혁신을 거듭하고 있으며, 우리는 매일 새롭고 더 나은 방법을 발견하는 중이다. 인공지능 기반 방법은 본질적으로 수학적이지만 데이터 과학 프로젝트를 관리하려면 그것을 수학적 모듈보다는 공학적 모듈로 생각하는 편이 바람직하다.

데이터 과학은 주로 수학을 응용한 게 아니다

여러분이 데이터 과학자라면 나는 인공지능 기반 방법들이 수학적 모듈보다는 공학적 모듈에 더 가깝다는 점을 강조하고 싶다. 인공지능 기반 방법을 깊이 이해하려면 수학적 기초가 탄탄해야 한다. 그러나 수학에 대한 이해가 필요한 방식으로 방법이 수식화되었다고 해서 사업 문제에 대한 답변을 얻기 위해 수학적 변환을 사용해야 하는 것만은 아니다.

경영계와 산업계에서는 그것이 어떤 방법이든지 간에 사업 문제를 해결하는 데 정확하고 확실한 것이라는 수학적 증거가 있는 상황에 직면할 가능성은 거의 없다. 다른 이유가 없다면, 실제 산업 문제가 방법들에 필요한 모든 가정과 완벽하게 일치하는 경우는 드물다는 점이다. 결과적으로, 실제 데이터 과학 작업에는 많은 실험이 필요하다. 문제를 해결하기 위한 최선의 방법이 무엇인지를 결정하려면 여러 가지 방법과 접근 방식을 시

---

7 참고문헌 [105]와 [35]는 인공지능 커뮤니티에서 등장한 다양한 학설과 인공지능의 역사를 개략적으로 살펴보고 있다.

도해 보아야 한다. 이를 위해 유연하고 변경하기 쉬운 머신러닝 파이프라인을 갖추게 되는 이점도 있다.

　데이터 과학은 이름과 달리 과학이 아니다. 공학이다. 문제에 가장 적합한 방법을 찾으려면 실험을 해 보아야 한다. 어떤 방법은 특정 분야에서 더 잘 작동하지만, 여러분은 있을 법한 모든 데이터셋에서 항상 최상인 방법이 절대로 있을 수 없다는 점을 이미 잘 알고 있을 것이다.[67]

인공지능 기반 방법들을 머신러닝 파이프라인 중 특정한 자리에 꼽아 쓰는 모듈로 생각하는 게 바람직하다. 각 방법에는 오늘날 머신러닝 파이프라인 중 특정 부분과 잘 어울리는 특성(및 제한된 수명)이 있다. 어떤 방법들을 사용할 수 있게 되었다면 그것들을 더 나은 그 밖의 방법들로 대체할 수 있게 하는 방식으로 채택해야 하며, 파이프라인을 구성할 때는 새 방법을 간편하게 연결할 수 있게 해야 한다.

　그림 5.6은 방법들의 역할을 변경하기 위한 생각을 보여 준다. 파이프라인의 구조를 선택하는 일이 전체 조직에 영향을 미치게 되므로 이는 전체 팀이 관심을 기울여야 할 주제다.

　사용할 인공지능 기반 방법들을 선택하는 일은 기술적으로 고려할 사항이 무엇인가와 방법들이 제공할 수 있는 게 무엇인가에 따라 달라진다. 그림 5.6에서 파이프라인의 각 단계에 대해 인공지능 기반 방법들을 선택하는 결정은 기술적인 결정이다. 예를 들어 파이프라인의 특정 단계가 시계열 값을 예측하는 역할을 해야 한다면 데이터 과학자는 ARIMA[109]나 LSTM[110]처럼 친숙한 알고리즘을 사용하도록 선택할 수 있다. 데이터 과학자가 무엇을 선택하든 그건 공학적이면서도 기술적인 결정이다.

　인공지능 시스템 엔지니어링에 가장 바람직한 접근 방식은 이러한 특성을 인식하고 현재 구현하는 모든 방법을 나중에 더 나은 방법으로 대체할 수 있는 방식으로 구현하는 것이다. 소프트웨어의 공학적 원리(유지보수성 및 확장성을 포함하되 이에 국한되지 않음)는 인공지능 시스템에도 적용된다.

　조언　머신러닝 파이프라인은 경직화의 영향을 받지만 인공지능 기반 방법은 **빠르**게 진화한다. 시스템 엔지니어링 프로세스를 설계할 때는 이 특성을 인식하고 관리할 수 있게 해야 한다. 파이프라인을 설계할 때는 사전에 심층적으로 분석해야 하

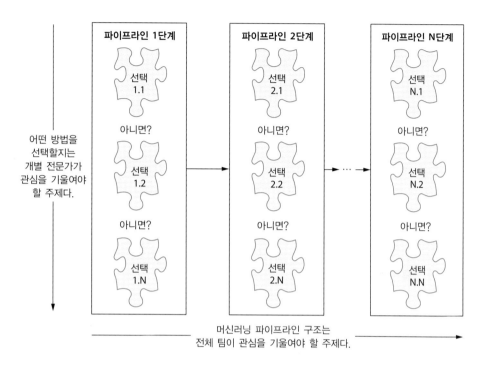

그림 5.6 머신러닝 파이프라인을 구성하는 방법들의 역할. 파이프라인을 구성하는 각 단계를 구현하는 방법들은 파이프라인의 수명 동안 종종 변경된다.

지만, 머신러닝 파이프라인의 각 단계에서 사용하는 인공지능 기반 방법을 쉽게 변경할 수 있도록 인공지능 방법들을 구현해야 한다. 애자일 방법들은 일반적으로 파이프라인을 이루는 요소들을 구현할 때 빛을 발한다.

인공지능 기반 방법을 쉽게 변경할 수 있도록 소프트웨어를 구성해야 하고, 또한 간단한 프로토타입을 개발할 때도 사용하기 쉬운 프레임워크를 선택하자. 인공지능 커뮤니티는 사용 편의성에 초점을 맞춘 프레임워크를 지속적으로 개발하고 있다. 이러한 접근 방식의 예로는 R 프로그래밍 언어의 mlr 패키지[111]와 caret 패키지[99][112]를 들 수 있는데, 이 두 패키지는 기존 머신러닝 알고리즘을 사용하기 쉽게 구현하는 데 초점을 맞춘 것들이다. 또 다른 예로는 딥러닝을 위한 케라스 라이브러리가 있다.[7][8][113]

더 많은 팀은 "방법들이 전문가가 설명한 방식대로 작동한다는 가정하에 전체 파이프라인이 어떤 영향을 받게 될까?"라는 질문에 관심을 기울인다. 제6장과 제7장에서는 더 큰 파이프라인의 동작을 분석하는 방법을 보여 준다.

5.4 데이터, 인공지능 기반 방법, 인프라 간의 균형 조정

나는 제1장에서 인프라에 과도하게 집중하지 않도록 주의를 주었다. **과도한 집중**이란 데이터, 방법, 인프라에 기울이는 각 주의력들이 적절하게 균형 잡혀 있지 않다는 뜻이다. 적절한 균형이 어떤 모양으로 보일지를 살펴보자.

균형은 프로젝트에 대한 질문에 대답하는 순서를 기반으로 한다. 이번 절에서는 사용할 데이터, 인공지능 기반 방법, 인프라에 대해 생각할 때의 올바른 순서를 제시한다. 그림 5.7은 사업 문제 정의, 인공지능, 데이터 인프라 간의 균형을 맞추기 위해 분석 프로젝트를 관리하는 방법을 보여 준다.

그림 5.7에서 사업상의 질문(상자 1)과 이를 평가하는 데 사용되는 지표(상자 2)를 정의하는 것이 첫 번째 단계여야 한다. 그렇지 않으면 잘못된 질문에 대한 답변을 찾는 데 시

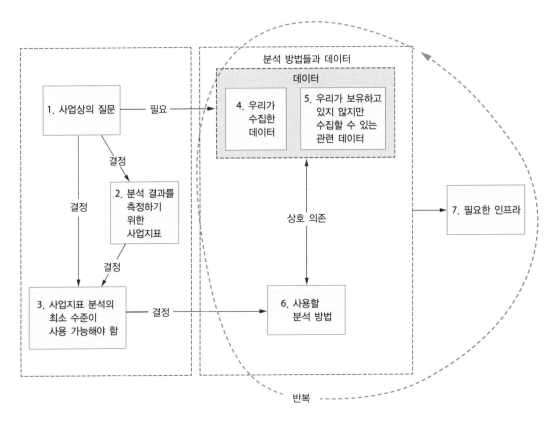

그림 5.7 사업상의 질문, 방법, 데이터, 인프라 간의 관계. 여러분이 결정을 내리는 순서 또한 사업용 인공지능 인프라에 해당한다.

간을 낭비하게 된다. 둘째, 최소 기능 제품MVP [28] (상자 3)을 갖게 될 사업지표의 임곗값을 정의해야 한다. 다시 말하지만 임곗값 정의 실패는 사업 사례를 추가로 개발해야 한다는 확실한 신호이다. 이 지표의 임곗값은 MVP를 정의하는 데 이정표를 제공한다. 상자 1, 2, 3은 사업 팀의 책임이다.

여러분이 일단 상자 1~3을 충족했다면 보유한 데이터(상자 4), 필요로 하고 획득할 수 있는 데이터(상자 5), 필요 여부를 결정하는 데 사용할 인공지능 기반 방법(상자 6)을 찾자. 데이터 과학 팀이 이러한 결정들을 해야 한다.

인프라를 구성하는 여러 가지 요소 중에서 선택할 수 있는 모든 경우에 대해 여러분이 선택한 데이터와 인공지능 기반 방법들을 지원하기에 알맞은 인프라 구성요소를 정한다. 의도된 분석적 접근 방식을 지원하는 인프라를 여러분이 정의해야 한다(상자 7).

그림 5.7은 4, 5, 6, 7 상자의 단계가 거듭되는 반복 상황을 보여 준다. 가능하면 더 작은 데이터셋을 시작점으로 하는 실증 실험으로 초기 반복을 수행해야 한다.

> **조언** 인공지능 프로젝트를 시작할 때 먼저 해결하려는 사업 문제, 사용해야 하는 인공지능 기반 방법 및 데이터, 경영을 기술과 연계하는 방법을 이해해야 한다. 마지막으로 인프라를 선택하자.

실행할 수 있는 해법이 있다는 것을 알게 되었다면 더 큰 데이터셋으로 확장할 수 있다. 조직의 운영 이행사례와 데이터 크기의 조합에 따라 사용할 최종 인프라가 결정된다.

인프라를 먼저 선택하기로 할 만큼 예외적인 경우 한 가지는 사업 사례와 인프라 솔루션 간에 가시적인 연계가 있는 경우이다. 또 하나는 규모가 너무 커서 단일 인프라 스택에서 표준화할 가치가 있는 많은 인공지능 프로젝트를 실행할 것으로 예상되는 회사에서 일하는 경우이다.

데이터 분석에 대한 접근 방식을 체계화하기 위해 1990년대 중반에 정의된 데이터 마이닝 CRISP-DM 과정 [43] 을 위한 전통적인 산업 간 표준 과정의 확장으로 그림 5.7에 표시된 과정을 고려할 수 있다. CLUE 과정을 사용하면 사업상의 고려 사항, 데이터, 인공지능 기반 방법 및 인프라를 선택할 때 단계를 적절하게 순서대로 나열하는 데(즉 시퀀싱하는 데) 도움이 된다.

5.5 연습문제

다음 연습문제는 이번 장에 소개된 개념을 더 잘 이해하는 데 도움이 된다. 이를 통해 팀워크를 다질 수 있다. 머신러닝 파이프라인을 분석하려면 **기술적 기량과 사업적 기량이 모두 필요**하므로, 미래에 여러분과 함께 일할 공학자를 찾아낸 다음에 이러한 실습 중에 몇 가지를 함께 수행해 보는 게 좋다. 그러한 관계를 정립하는 데 시간이 들더라도 이렇게 해 보는 게 실제 프로젝트에 유용할 것이기 때문이다.

질문 1 : 다음에 기술하는 인공지능 프로젝트를 위한 머신러닝 파이프라인을 구성해 보자. 프로젝트에서는 고객의 의견을 받아 분석한다. 고객이 불만족스러워 보이면 고객이 떠나기로 마음먹기 전에 고객에게 연락해 고객을 진정시킬 수 있도록 경고가 표시된다. (고객의 만족 여부를 결정하는 인공지능 부분을 기술적인 용어로는 **정서 분석**sentiment analysis이라고 부른다.) 여러분에게는 정서 분석을 수행하는 인공지능 소프트웨어 라이브러리가 이미 있다. 데이터는 웹 애플리케이션인 고객 지원 시스템에 있다.

질문 2 : 여러분의 조직에서 바로 앞에 나온 예제에 맞는 머신러닝 파이프라인을 구현한다고 가정해 보자. 파이프라인을 이루는 부분들 중에 특정 부분을 구현할 팀은 어디인가?

질문 3 : 질문 1에서 머신러닝 파이프라인의 성공을 측정하기 위해 어떤 사업지표를 사용하겠는가?

질문 4 : 과거에 참여한 프로젝트에서 질문 2에 나오는 팀 간 역할 분담의 역사는 무엇이었는가? 해당 팀이 프로젝트를 성공으로 이끌었는가?

> **참고**   다음에 나오는 두 가지 질문(5 및 6)은 데이터 과학자를 대상으로 한 것이다.
> 데이터 과학에 관한 전문 지식이 없다면 두 질문을 건너뛰면 된다.

질문 5 : 인공지능 보안 제품을 설치하면서 30일 내 환불을 보장한다고 해 보자. 고객은 제품에 대한 만족도를 알아내기 위한 설문 조사에 응했으며, 제품이 설치되자마자 조사지에 나온 문항을 다 기입했다. 여러분은 고객이 제품을 반품할 것인지를 예측하는 데 관심이 있다. 토론을 하던 중에 팀은 SVM, 결정 트리, 로지스틱 회귀, 딥러닝 기반 분류를 사용해 이 문제를 해결할 수 있다고 말했다. 이런 상황에서 여러분은 딥러닝을 사용해야 하는가?

어쨌든, 딥러닝은 큰 인기를 끌고 있는 기술이고 상당한 공감을 얻고 있으며 문제를 해결할 수 있을 것이다. 아니면 그 밖의 제안 사항들 중에 하나를 사용해야 하는가?

질문 6 : 여러분은 질문 5에 대해 자신이 선택한 알고리즘을 사용하겠다는 식으로 답했다. 여러분이 선택한 알고리즘이 제품을 반품하는 고객을 충분히 예측하지 못했다고 가정해 보자. 더 나은 머신러닝 알고리즘을 사용해야 하는가? 이제 딥러닝 분야에서 최신이면서 최고인 방법을 사용할 때인가?

요약

- 모든 인공지능 프로젝트에서는 특정 형태로 된 머신러닝 파이프라인을 사용한다. 그러한 파이프라인은 데이터 수집으로 시작해 결과를 제시하는 것으로 끝난다. 머신러닝 파이프라인은 사용자가 시스템 전체를 인식하는 방법을 결정하는 데 있어서 주요 결정요소 중 하나다.
- 머신러닝 파이프라인은 구축을 시작하는 순간부터 경직화되기 시작한다. 잘못된 머신러닝 파이프라인을 선택한다거나, 그보다 더 좋지 않은 경우에 머신러닝 파이프라인이 POC일 때부터 우연히 만들어져 나오게 하는 실수를 저지르면 큰 비용이 뒤따른다.
- 인공지능 프로젝트의 성공은 개별 머신러닝 알고리즘에 달려 있는 게 아니라 시스템 전체에 달려 있다.
- 사용자는 개별 인공지능 알고리즘의 산출물을 보는 게 아니라 전체 시스템의 산출물을 본다. 머신러닝 파이프라인을 중요한 아키텍처 유물로 여기고, 인공지능 알고리즘을 해당 파이프라인의 중요한(그러나 진화하는) 부분으로 여기자.
- 인공지능 프로젝트와 관련된 의사결정을 내리는 순서를 들자면, 사업이 제일 우선시되어야 하고 인공지능 알고리즘 및 데이터가 그다음이어야 하고 인프라가 마지막에 나와야 한다.

머신러닝 파이프라인 분석

이번 장에서 다루는 내용

- 파이프라인이 경직화되기 전에 적절한 머신러닝 파이프라인을 지 녔는지부터 확인하기
- 인공지능 프로젝트에 동원되는 자원을 절약하기
- 머신러닝 파이프라인에서 최소최대 분석을 수행하기
- 최소최대 분석 결과를 해석하기

여러분은 제5장에서 머신러닝 파이프라인이 구성되자마자 경직화되기 시작한다는 점을 배웠다. 따라서 머신러닝 프로젝트가 지향하는 사업 목표를 달성할 수 없게 할 만큼 잘못된 머신러닝 파이프라인이 없는지를 확인해야 한다. 머신러닝 파이프라인에 대한 가장 중요한 사업상의 질문은 "이 파이프라인이 사업 측면에서 얼마나 잘 작동하는가?"이다. 이번 장에서는 머신러닝 파이프라인을 분석하고 해당 질문에 대한 답변을 얻는 방법을 보여준다.

머신러닝 파이프라인이 사업적 감각에 비추어 볼 때 얼마나 잘 작동하는지를 알게 되면

이를 분석해 사업 목표를 충족할 수 있는지를 확인할 수 있다. 여러분이 수행하려고 하는 분석의 이름은 최소최대MinMax다.[1] 여러분은 프로젝트 초기에 최소최대 분석을 수행할 수 있으며, 이는 서로 각기 다른 질문에 답하는 두 부분으로 구성된다.

- **최소최대 분석의 최소Min 부분** : 내일 인공지능 프로젝트를 배포하는 데 목숨이 달려 있는 상황에서 가장 간단하게 머신러닝 파이프라인을 구현할 수만 있다면 얼마나 좋을까? 이런 식으로 구현한 게 사업 목표를 충족할 수 있는가?
- **최소최대 분석의 최대Max 부분** : 현재 파이프라인 구조에서 얻을 수 있는 최상의 결과는 무엇인가? 해당 파이프라인의 각 단계에서 가능한 한 최상으로 구현하기 위해 노력하기 전에, 그런 식으로 구현하면 사업 목표를 충족할 수 있을까?

실용을 중시하는 우리는 기술지표(예 : 99.9543% 정확도)의 형태가 아닌 사업 용어로 이러한 질문에 답해야 한다.

6.1 절에서는 머신러닝 파이프라인 분석에 관심을 가져야 하는 이유를 알아본다. 6.2 절에서는 머신러닝 파이프라인 전용 자원을 절약하는 방법을 보여 주고, 6.3 절에서는 최소최대 분석을 사용해 사업 문제를 해결할 수 있는 적절한 파이프라인이 있는지를 확인하는 방법을 보여 준다. 6.4 절에서는 최소최대 분석 결과를 해석하는 방법을 보여 주고, 6.5 절에서는 최소최대 분석 수행 방법을 보여 준다. 마지막으로 6.6 절에서는 최소최대 분석에 대한 FAQ를 제공한다.

6.1   머신러닝 파이프라인 분석에 관심을 가져야 하는 이유

이제 여러분은 인공지능 시스템이 부분의 합보다 더 중요하고, 머신러닝 파이프라인이 시스템의 동작을 결정하는 기본 소프트웨어 유물 중 하나라는 것을 알고 있다. 제5장에서 머신러닝 파이프라인이 빠르게 경직화된다는 점과, 잘못된 머신러닝 파이프라인이 경직화되도록 허용하는 실수를 하면 큰 비용이 들게 된다는 점을 보았다. 그렇기 때문에 머신러닝 파이프라인을 관리할 때는 데이터 중심으로 해야 한다. 머신러닝 파이프라인을 분석하면 그러한 데이터가 나온다.

---

1   게임 이론[114]의 최소최대 알고리즘에 익숙한 경우에 최소최대 분석을 최소최대 알고리즘과 혼동해서는 안 된다. 두 가지는 완전히 다른 개념이다.

그림 6.1 프로젝트 관리에 관한 결정을 내리는 시간은 제한되어 있다. 일부 프로젝트는 이 그림에 나오는 비행기와 같으며, 충돌하기 전에 경로를 수정해야 한다. 아무것도 하지 않는 것은 때때로 잘못된 행위를 하는 것만큼 위험할 수 있다.

모든 프로젝트에서 관리에 필요한 결정을 내리는 데는 시간이 한정되어 있다(그림 6.1 참조). 프로젝트가 진행 중이면 매일 돈이 나가고 기회가 소모된다. 비용을 계산할 때 모든 비용, 즉 변경 비용과 현재 경로를 유지하는 비용을 고려해야 한다.

경고 소극적 행위는 현재 경로를 유지하기로 한 결정과 같은 것이며, 이게 때로는 잘못된 행위를 취하는 것만큼 위험할 수 있다.

프로젝트에서 사용하는 머신러닝 파이프라인의 형식은 가장 중요한 프로젝트 관리 및 소프트웨어 아키텍처 결정 사항 중 하나이다. 여러분이 잘못된 머신러닝 파이프라인을 선택하더라도 여러분(및 여러분의 지갑)이 언젠가는 그러한 점을 알게 될 것이다. 하지만 그때가 되면 너무 늦을 것이다. 프로젝트 초기에 머신러닝 파이프라인을 분석하면 적절한 파이프라인을 사용하고 있다는 점을 확신할 수 있게 된다. 경영계와 산업계의 팀에게 유용하려면 이러한 분석을 할 때는 다음을 수행해야 한다.

- 수행 방법을 배우기 쉽게 한다.
- 수행 비용을 저렴하게 한다.
- 이해하기 쉬운 결과를 제시한다.
- 결과가 내보이는 정보로부터 합리적인 신뢰 수준을 제시한다.

이번 장에서는 이러한 네 가지 요구 사항을 충족하는 분석 방법을 보여 준다. 다음 장에서는 또 다른 내용을 제시한다. 리더는 팀에게 어떤 유형의 분석을 요청하고 그러한 분석을 통해 나온 결과를 해석하는 방법을 배워야 한다.

> **조언** 분석 비용이 **저렴**해야 한다. 분석 비용(질문 비용)과 답변을 앎으로 인해서 지니게 되는 가치 간에 균형을 맞춰야 한다. 이 균형은 허버드[75]가 '완벽한 정보의 기대 가치'[79]라고 언급한 것이다.

머신러닝 파이프라인 분석은 각 인공지능 프로젝트 및 각 프로젝트별로 고려하는 각 머신러닝 파이프라인을 대상으로 삼아 반복해서 수행해야 하는 일이다. 비전문적인 독자라도 지금 시간을 내어 분석이 이루어지는 방식을 이해하자. 이렇게 이해해 두면 현재 인공지능 프로젝트뿐만 아니라 향후 프로젝트에서도 최상의 결정을 내리는 데 도움이 된다. 제8장에서는 여러분이 배우게 될 방법이 단순한 머신러닝 파이프라인 분석보다 훨씬 더 광범위한 애플리케이션에 적용된다는 점을 보여 준다.

주식 시장과의 유사점

시간 제약과 제한적이고 불완전한 정보로 의사결정을 내리는 또 다른 분야가 있다. 투자 분야가 바로 그렇다.

세계에서 가장 큰 헤지 펀드를 구축한 레이 달리오Ray Dalio가 불확실한 상황에서 결정을 내리는 방법에 대해 무어라고 말하는지 들어 보자.[29]

> 그 시절에 나는 "수정 구슬 속에 사는 사람은 땅에서 돋아난 수정유리를 먹어야 할 운명이다"라는 말을 참 많이도 했다. 1979년부터 1982년에 이르기까지 나는 가장 중요한 것은 미래를 아는 게 아니라 각 시기별로 이용할 수 있는 정보에 적절하게 반응하는 방법을 아는 것이라는 점을 깨달았을 만큼 충분한 수정유리를 먹었다.

여러분의 조직을 위한 인공지능 기능을 구축할 때는 다양한 결정을 내리게 된다. 이럴 때 확률의 균형을 유리하게 기울이는 일을 목표로 삼아야 한다.

6.2 자원 절약 : CLUE의 E 부분

사용 중인 머신러닝 파이프라인이 장기간 사용하기에 적합한 파이프라인인지를 어떻게 알 수 있는가? 현재 머신러닝 파이프라인을 계속 사용해야 하는가, 아니면 파이프라인이 경직화되기 전에 다른 것으로 교체해야 하는가? 파이프라인의 어느 부분을 먼저 개선해야 하는가? 이러한 결정을 내릴 때는 데이터에 바탕을 두어야 하며 이번 절에서는 이러한 질문에 답하는 데 쓸 도구를 훑어보려 한다. 이러한 도구는 다음과 같다.

- **최소최대 분석** : "사업 목표를 충족하는 데 적합한 머신러닝 파이프라인이 있는가?"라는 질문에 답한다.
- **민감도 분석** : "머신러닝 파이프라인을 이루는 단계들 중에 어떤 한 가지 단계에 대해 구현된 것을 변경하면 사업성과가 얼마나 바뀌는가?"라는 질문에 답한다.

이번 장에서는 최소최대 분석에 중점을 둔다. 그리고 제7장에서는 민감도 분석을 제시한다. 이 두 가지 분석을 함께 사용하면 개발 자원을 적절한 머신러닝 파이프라인에 배정할 수 있고, 해당 파이프라인 중에서도 적절한 단계에 할당할 수 있다.

머신러닝 파이프라인에 집중하는 일은 논리적으로 볼 때 여러분이 진행하는 프로젝트의 다음 단계에 해당한다. 지금까지 여러분은 CLUE 과정의 **고려**Consider(여러분이 펼칠 수 있는 사업 행위를 감안하는 일), **연계**Link(연구상의 질문과 사업 문제를 서로 엮는 일) 및 **이해**Understand(어떤 경영적 맥락에 대해 기술적으로 답변한 내용을 이해하는 일) 부분을 적용했다. 여러분은 해당 과정의 이러한 부분들을 수행해 보면서 다음 내용을 확인했다.

- 인공지능 프로젝트가 사업에 실질적인 영향을 미칠 수 있다. 여러분이 진행하는 프로젝트에서 어떤 문제에 감지 · 분석 · 반응 루프를 적용하는 방식이 있고 반응 부분이 있을 법하다는 점을 여러분은 알고 있다. 제3장에서는 CLUE의 C 부분을 설명하며 이 문제를 다루었다.
- 인공지능 프로젝트를 진행할 때는 사업적 영향(관련 사업지표로 설명됨)과 머신러닝 파이프라인의 출력물(기술지표로 설명됨)을 서로 연계하게 된다. 제4장에서는 수익곡선을 정의해 이를 수행하는 방법(CLUE의 L 부분)과 수익곡선을 사용해 사업적 영향을 이해하는 방법(CLUE의 U 부분)을 보여 주었다.
- 인공지능 프로젝트에서는 여러분이 사용하려고 계획하는 머신러닝 파이프라인을 정

의한다. 제5장에서는 머신러닝 파이프라인을 설명했다.

이 제5장까지 진행했어도 인공지능 프로젝트를 구축하는 동안 부족한 자원을 절약하는 일이 여전히 남아 있다. **절약**Economize(CLUE의 E 부분)을 하려면, 여러분은 사업 문제를 해결하기에 합리적인 머신러닝 파이프라인을 사용하고 있는지부터 점검해 보아야 한다. 또한 머신러닝 파이프라인을 이루는 단계들 중에 개선하기에 가장 좋은 단계들이 무엇인지를 결정해야 한다.

최소최대 분석을 통해서 "적절한 파이프라인이 있는가?"라는 질문에 대한 답을 얻을 수 있다. 이를 통해 현재 머신러닝 파이프라인에서 기대할 수 있는 최상의 사업성과가 무엇인지를 알 수 있다. 이를 통해 여러분은 구축 중인 머신러닝 파이프라인이 사업 목표를 지원할 수 있는 파이프라인인지를 확인할 수 있고, 또한 머신러닝 파이프라인이 경직화되기 전에 이러한 점을 확인할 수 있다.

사업 문제를 완전히 해결하는 머신러닝 파이프라인이 이미 존재하는 경우가 아니라면, 머신러닝 파이프라인을 개선할 기회가 남아 있는 셈이다. 자원이 제한되어 있는 상황에서 전체 프로젝트 성과를 최대한 뽑아내려면 자원을 최적으로 할당해야 한다. 민감도 분석[115-117]은 투자 수익을 극대화하기 위해 다음번 투자 대상 머신러닝 파이프라인 단계가 무엇인지에 대한 질문에 답한다. 그림 6.2는 프로젝트를 최소최대 및 민감도 분석과 통합하는 방법을 보여 준다.

그림 6.2에서는 먼저 최소최대 분석을 적용해 봄으로써 머신러닝 파이프라인이 실행할 수 있는 사업성과를 이미 만들어 내고 있는지를 확인한다. 그렇지 않은 경우, 파이프라인을 더 개선해야 할까? 아니면 본질적으로 그러한 결과를 창출할 수 없는가?

파이프라인이 절망적이면, 폐기하고 다른 파이프라인(또는 다른 인공지능 프로젝트)을 시도한다. 사업 문제를 해결하기에 적절한 머신러닝 파이프라인을 여러분이 사용하고 있다는 점을 알았다면, 만족할 만한 사업성과가 나올 때까지 민감도 분석을 사용해 파이프라인을 반복적으로 개선한다.

그림 6.2의 모든 초기 단계에는 데이터 과학 팀, 데이터 공학 팀, 사업 팀 간의 긴밀한 협력이 필요하다. 파이프라인 분석을 담당하는 팀을 처음에는 세 영역을 대표하는 사람들로 구성해야 한다. 목표는 사업지표와 기술지표 간의 연계에 대해 공통으로 이해하기에 이르는 것이다. 경영 리더와 공학 리더(데이터 과학자 및 데이터 공학자 포함)로 머신러닝 파이

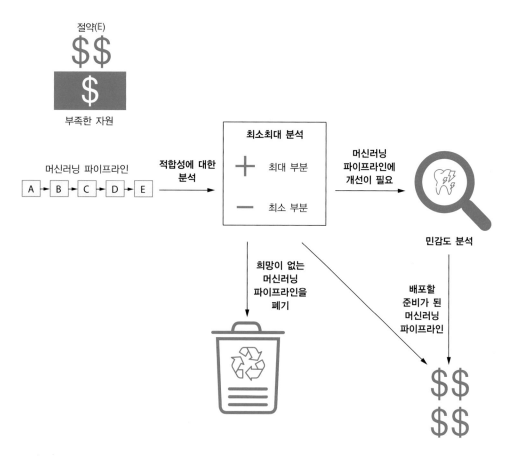

그림 6.2 CLUE 과정의 절약 부분. 최소최대 및 민감도 분석을 통해 사업 실행 가능 머신러닝 파이프라인을 이루는 부분들 중에서도 적절한 부분에 노력을 집중할 수 있다.

프라인 관리 팀을 구성해야 한다. 데이터 과학 파이프라인의 기술적 특성들을 지속적으로 공유하게 하고, 이러한 기술적 특성들을 기반으로 자원을 배당하는 일에 지침을 내리게 하는 게 이 팀을 구성하는 이유다.

조언 머신러닝 파이프라인을 분석하고 개선하는 이 접근 방식을 필요에 따라 반복한다. 실증 실험이 아직 진행 중인 동안 분석 과정 중에 초기 반복을 수행할 수 있다. 애자일[118] [119] 방법론이나 반복적 소프트웨어 개발 방법론을 사용하는 경우에 분석 작업을 프로젝트의 첫 번째 반복 작업의 일부로 고려할 수 있다.

6.3   최소최대 분석 : 적절한 머신러닝 파이프라인이 있는가?

모든 머신러닝 파이프라인에서 항상 수행해야 하는 기본 분석인 최소최대 분석을 통해 "주어진 구조의 머신러닝 파이프라인이 달성할 수 있는 최상의 결과와 최악의 결과는 무엇인가?"라는 질문에 답할 수 있다. 이번 절에서는 최소최대 분석을 훑어볼 것이다.

> **참고**   최소최대 분석이라는 용어를 사용하지만 이러한 유형의 분석을 때때로 '최선의 경우/최악의 경우' 분석이라고도 한다. 6.6.4 절에서는 이 용어에 대해 자세히 설명한다.

최소최대 분석은 파이프라인 수명의 초기 단계에 예상되는 결과 범위를 보여 준다. "이 머신러닝 파이프라인을 계속해야 하는가?"라는 질문에 대해 분석 결과는 "예"나 "아니요" 또는 "아마도"로 나오면 된다. 적절한 머신러닝 파이프라인을 알고 있다면, 굳이 잘못된 머신러닝 파이프라인을 구축하는 데 많은 시간과 큰 비용을 들이지 않는 것이 좋다.

> **정의**   최소최대 분석이란 머신러닝 파이프라인이 이미 사업 목표를 충족하고 있는지, 목표를 달성하기 위해 개선이 필요한지, 목표를 달성할 수 없는지를 결정하기 위한 분석 유형이다.

최소최대 분석을 통해 머신러닝 파이프라인의 구조를 살펴보고 그것의 사업 생존 필수성을 평가할 수 있다. 머신러닝 파이프라인을 분석한 결과에 대해서 말하자면, 그중에 최소 부분은 "내가 만들어 낼 수 있는 것들 중에 가장 간단하게 구현한 것을 배포하면 사업성과는 어떻게 될까?"라는 질문에 답하는 부분이다. 최대 부분은 "최상의 구현으로 얻을 수 있는 사업성과는 무엇인가?"라는 질문에 답하는 부분이다.

> **조언**   무엇이든 시도하기 전에 항상 "어떤 일에 성공하면 일어날 수 있는 최선의 상황은 무엇이며, 이런 점을 알고 있다면 그 일을 해 볼 만한 가치가 있는가?"라는 질문을 하는 것이 좋다. 최소최대 분석의 최대 부분이 그 질문에 답한다.

최소최대 분석을 수행하려면 머신러닝 파이프라인 구조와 수익곡선이 필요하다. 수익곡선에는 기술지표를 사업에 연계하는 방법인 사업지표가 있다. 또한 임곗값(도달해야 하는 사업지표의 최소 수준)도 있다. 그림 6.3은 최소최대 분석의 개요를 보여 준다.

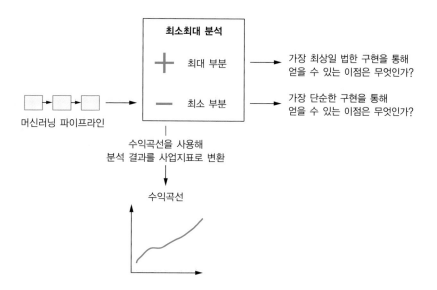

그림 6.3 최소최대 분석은 최소 부분(−)과 최대 부분(+)으로 구성된다. 수익곡선을 사용해 기술지표를 예상 사업성과로 변환한다. 이 분석 결과를 보고 머신러닝 파이프라인의 실행 가능성을 결정할 수 있다.

조금 더 추상적으로 본다면, 최소최대 분석이 다음과 같이 구성되어 있다고 할 수 있다.

1 여러분이 해결하려고 시도 중인 문제에서 머신러닝 파이프라인이 얼마나 잘 수행될 것인지를 측정한다. 기술지표를 사용해 머신러닝 파이프라인을 측정한다.

2 머신러닝 파이프라인을 통해 나오는 출력물을 사업 용어로 표현한다. 수익곡선을 사용해 측정된 결과가 사업 용어로는 무엇에 해당하는지를 이해(이는 제4장에서 설명한 대로 CLUE의 U에 해당)한다.

3 앞에서 설명한 두 단계를 두 번 더 반복한다. 한 번은 최대 분석 시에 반복하고, 한 번은 최소 분석 시에 반복한다. 머신러닝 파이프라인의 모든 단계에서 있을 법한 구현물 중에 최상인 경우를 최대 분석 시에 사용한다. 모든 단계에서 가장 간단한 구현물을 사용해 최소 분석을 한다.

분석을 수행하고 나면 여러분은 사업 측면에서 가장 간단한 머신러닝 파이프라인이 무엇을 달성할 수 있는지를 알 수 있을 것이다. 또한 현재 머신러닝 파이프라인을 최상으로 구현했을 때 파이프라인이 무엇을 달성할 수 있는지를 이해하게 된다. 최상으로 구현해 보았을 때 사업화하기에 바람직하지 않다면, 머신러닝 파이프라인을 폐기해야 할 때다.

다음 절에서는 최소최대 분석을 수행하는 방법을 보여 준다. 하지만 먼저 이 분석에 사용할 수 있는 머신러닝 파이프라인의 예를 제시한 다음에 결과를 해석하는 방법을 보여줄 것이다.

6.4   최소최대 분석 결과를 해석하는 방법

최소최대 분석을 통해 "현재 머신러닝 파이프라인을 계속해서 개발할 가치가 있는가?"라는 질문에 답할 수 있다. 따라서 모든 팀 리더는 최소최대 분석 결과를 해석하는 방법을 알아야 한다. 분석을 직접 수행해 보려 하거나 세부 사항을 더 잘 이해해 보려 하는 일부 독자에게만 이런 분석을 수행하는 방법이 중요하다. 따라서 나는 먼저 최소최대 분석 결과를 해석하는 방법을 보여 줄 테고, 이후 절에서 여러분은 분석을 수행하는 방법을 배우게 된다.

이번 절에서는 먼저 실제 사업 문제를 해결하기 위한 머신러닝 파이프라인이라고 하는, 구체적인 시나리오를 바탕으로 논의를 전개할 것이다. 그런 다음에 이런 시나리오 속에서 "머신러닝 파이프라인을 계속 개발해야 할까?"라는 질문에 구체적인 결정을 내릴 것을 여러분에게 요청한다. 이러한 예를 통해 우리는, 분석 결과가 머신러닝 파이프라인이 사업 문제를 해결하기에 적절(또는 부적절)하다는 점을 알아낼 수 있다는 점과, 또한 사업 문제를 해결하기 전에 파이프라인을 개선해야 할 필요성을 알아낼 수 있다는 점을 강조하려 하는 것이다. 마지막으로 최소최대 분석을 해석하는 예를 살펴보다 보면 최소최대 분석을 수행하는 데 필요한 규칙을 요약해 볼 수 있다.

세부 사항 이해

여러분의 기술로 사업 문제를 해결할 수 있는지 여부를 결정하는 문제는 본질적으로 다양한 분야에 걸쳐 있다. 재정적 영향과 사업 및 전문 분야의 규칙들을 고려하지 않고는 사업상의 결정을 내릴 수 없으므로 여러분은 먼저 사업 문제와 관련된 세부 사항을 이해해야 한다. 그중에서도 기술적 해법에 대한 기본 사항을 이해해야 한다. 그런 다음에 해당 해법이 수익성이 있는지를 결정해야 한다.

결과적으로 최소최대 분석을 위한 현실적인 시나리오는 이 책에 나온 그 밖의 시나리오보다 조금 더 복잡할 것이다. 하지만 막대한 비용이 들기 전에 잘못된 머신러닝 파이프라인을 폐기하는 편이 인공지능 프로젝트에서 비용을 절감하기에 가장 쉬운 방법일 것이므로, 분석의 세부 사항을 이해하기 위해 노력할 만한 가치는 충분하다.

6.4.1 시나리오 : 지능형 주차 계량기용 머신러닝 파이프라인

해결해야 하는 사업 문제의 모든 세부 사항과, 시스템이 내리는 다양한 결정에 따른 재정적 영향을 포함한 구체적인 경영 시나리오에 대해 이야기해 보자. 나는 먼저 이 문제의 사업 측면을 설명한 다음에 이 문제를 해결하는 머신러닝 파이프라인을 대략적으로 제시하려고 한다.

여러분의 회사가 지능형 주차 계량기를 만든다고 해 보자. 주차 계량기에는 번호판 사진을 찍는 데 사용할 수 있는 카메라가 있다. 여러분의 고객은 시 당국이다. 이 주차 계량기와 관련해 다양한 관리 방식과 다양한 활용 가능성이 있겠지만, 당분간은 누군가가 밤샘주차를 하면 자동으로 과태료를 물린다고 해 보자.

시 당국은 과태료 수입보다는 주차 규정 준수에 더 관심을 보인다. 이 시나리오에서 시 당국은 계량기의 초기 설치 비용을 지불하기로 했고, 밤샘주차 횟수에 대해서 연도별 상여금을 지불하되 계량기별로 연간 최대 50회분에 대해서만 지불하기로 했다. 상여금만으로도 충분히 큰돈이 되므로, 그것이 지능형 주차 계량기와 관련해 얻을 수 있는 유일한 수익원임에도 불구하고 여러분은 충분히 만족해한다.

지능형 주차 계량기의 경제성을 따져 보니 과태료 부과 건당 3,000원에 해당하는 수익을 낼 수 있는 반면에, 계량기가 과태료를 잘못 물린 모든 경우에 대해 건건이 시 당국에 2만 원을 물어 줘야 한다는 면이 있었다. 지능형 주차 계량기 사업이 여러분이 속한 회사에서 해 볼 만한 사업이 되려면 가치 임곗값은 계량기당 1년에 10만 원에 해당하는 사용료를 받거나 아니면 시에서 주는 상여금을 받는 방법이 있는데, 여러분은 후자를 더 선호한다. 현재 가장 좋은 추정값을 근거로 할 경우에 각 주차면별로 연간 300회 이상 밤샘주차가 있는데, 이런 경우에 모든 과태료가 올바르게 부과되기만 한다면 계량기당 최대 90만 원을 벌 수 있게 된다.

참고 제1장에서 배운 것처럼 인공지능 기술을 배포해 추측했던 현실을 바꿀 수

그림 6.4 자동화된 주차 계량기용 간이 머신러닝 파이프라인은 번호판 사진을 찍어 주차가 합법적인지를 확인한 다음에 불법이라면 과태료를 부과한다. 이번 장에 나오는 예시에서는 이 파이프라인을 분석에 사용한다.

있다면, 과거 데이터를 미래 데이터인 것처럼 여기지 않도록 주의해야 한다. 과태료를 부과하기 시작했는데도 밤샘주차 횟수가 계속 유지될까? 또는 밤샘주차 현상이 즉시 사라질까?

신중을 기하기 위해, 여러분은 밤샘주차 횟수가 줄 것이라고 가정하기로 했다. 여러분은 밤샘주차 횟수가 연간 300회라고 가정하는 대신에 최소한 연간 51회일 것이라고 가정한다. 밤샘주차가 50회 이하인 경우에만 시에서 상여금을 지급한다고 했으므로, 밤샘주차가 연간 51회인 경우는 여러분에게 최악의 시나리오인 셈이다. 그림 6.4는 여러분이 사용할 간단한 머신러닝 파이프라인을 보여 준다.

그림 6.4에 표시된 머신러닝 파이프라인에서는 카메라 인식 기능과 영상 인식 기능을 사용한다. 하지만 물리적 장치에서 동작하기 때문에 생기는 문제가 몇 가지 있다.

- 카메라 이미지의 품질은 시간과 날씨에 따라 달라진다. (태양, 빛, 빗물로 인한 반사가 모두 이런 요인이 된다.)
- 과태료를 이동통신망을 통해 부과해야 하므로 주차 계량기에는 이동통신용 모뎀이 설치되어 있다. 이번 예시에서는 파이프라인 중에 과태료 영수증을 발행하는 단계가 항상 완벽하게 작동한다고 가정해 보자.[2]

주차 규정은 내가 처음에 설명한 것보다 조금 더 복잡하다. 실제로 그림 6.4에 표시된 머신러닝 파이프라인은 이러한 주차 규정을 지원하기 위한 규칙 엔진이 일을 처리하는 데 필요한 수준만큼 복잡하다.

참고 이번 장에서는 처음에 최소최대 분석의 기본 사례를 다룬다. 기본적인 경우

---

2 실제로는 통신 오류나 과태료 부과 시스템 문제로 인해 일부 과태료를 부과하는 데 실패할 수 있다. 이번 예제를 단순화하기 위해서 나는 이러한 문제는 무시하고 있다.

에는 기술지표 값이 커지면 사업지표 값도 항상 커지는 수익곡선이 있다고 가정하는 편이 안전한다. 6.5.5 절에서는 이 가정이 충족되지 않을 경우에 수행할 작업을 보여 준다.[3]

어떤 경우에는 최소 분석이나 최대 분석만을 기준으로 결정을 내릴 수 있다. 그 밖의 경우에는 결정을 내리기 전에 최소 분석과 최대 분석을 모두 검토해야 한다.

> **참고**　최소최대 분석의 가상 결과 세트를 보기 전에 주차 계량기의 수익성을 높이기 위해 필요한 임곗값이 각 계량기에서 연간 10만 원 이상이라는 점을 기억하자. 그 임곗값이란 1년에 51회 밤샘주차가 있을 것이라는 가정에 기초했는데, 이는 방문시간 초과 주차 사례 중 최악에 해당하며, 시에서 보너스를 지급하는 조건을 충족하지 못하는 경우에 해당한다(시청에서는 50회보다 많은 위반이 있는 경우에는 돈을 주지 않는다).

이번 예시의 첫 번째 시나리오에서는 여러분이 계량기를 가장 단적으로 구성하고 번호판 영상 인식 기능을 가장 간단하게 구현하면 과태료 중 97%가 정확하게 부과된다는 점을 알 수 있다고 가정한다. 불행히도 3%는 부정확할 것이다. 수익곡선을 기반으로 데이터 과학자는 최소최대 분석 중 최소 분석을 완료했으며 계량기당 예상 수익이 연간 11만 7,810원(연간 51건의 불법 주차 적발)임을 확인했다. 임곗값이 연간 10만 원에 불과했기 때문에, 머신러닝 파이프라인이 실행 가능하며 인공지능 시스템이 파이프라인의 '있는 그대로'의 형태로도 이익을 얻을 수 있다는 점을 여러분은 알고 있다. 현재 보유하고 있는 머신러닝 파이프라인이 이미 사업 목표를 지지하기에 충분하므로, 여러분은 최소최대 분석 중에 최대 분석에 대해서 걱정할 필요가 없다.

출시할 것인가, 아니면 출시하지 않을 것인가?

최소최대 분석 중에 최소 부분에 현재 머신러닝 파이프라인이 이미 임곗값을 초과하는

3　청중 속에 있는 데이터 과학자가 보기에 수익곡선은 단조 곡선이지만, 기술지표와 사업지표 간의 관계가 선형이어야 한다는 요구 사항은 없다.

값을 생성하고 있음이 나타나는 경우에, 여러분은 제품을 출시할 수 있다. 아니면 다양한 사업상의 이유로 인해 출시하지 않기로 결정할 수도 있을 것이다. 이러한 결정은 이제 더 많은 분석이 필요할 수 있는 사업상의 결정인 것이다.

또 다른 고려 사항으로 주차 계량기에는 사업상의 결정을 복잡하게 만들 수 있는 부품이 있다. 예를 들어 일단 계량기가 배포되면 카메라를 쉽게 교체할 수 없다. 그러나 이미 구할 수 있는 최고 수준 카메라를 가지고 있고, 계량기의 소프트웨어를 원격으로 업데이트할 수 있다면, 계량기를 기존의 소프트웨어 시스템처럼 다룰 수 있다. 이런 경우라면 여러분은 즉시 제품을 출시한 다음에 필요할 때 더 나은 영상 인식 시스템을 구축해야 한다.

이제 대체 시나리오를 살펴보자. 어떤 사람이 주차 계량기 자체에 (번호판에서 몇 센티미터 떨어진 곳에 위치하도록) 카메라를 설치하는 대신, 주차장에 주차된 모든 차를 볼 수 있게 주차장 근처의 건물 지붕에 보안 카메라를 설치해 사용하기로 결정했다고 하자. 이러한 시스템을 사용하면 카메라가 있는 새로운 물리적 주차 계량기를 설치할 필요도 없다!

시에서는 카메라가 달린 새 주차 계량기를 설치하는 비용을 지불하지 않아도 되므로 이런 생각을 좋아하고, 이대로 하라고 한다. 과태료 비용 및 10만 원에 이르는 가치 임곗값 같은 그 밖의 모든 변수는 변함이 없다. 여러분의 회사는 그러한 조건하에서 여전히 시 당국과 사업 관계를 유지하기를 원한다.

그런 다음에 지붕에 있는 기존 보안 카메라에서 영상을 가져온다. 카메라는 몇 초에 한 번만 흐릿하고 왜곡된 영상을 찍는 것으로 나타났다. 이 카메라가 보안 시스템용 어안 렌즈 카메라였기 때문이다. 또한 주차장의 시야에 영향을 주는 장애물이 있으므로 이제 카메라에서 영상을 가져와 어느 차가 어떤 주차면에 있는지를 확인해야 한다.

여러분은 공학 팀에 이 점을 어떻게 생각하는지 물어본다. 팀이 최소최대 분석을 다시 수행한다. 팀은 이번에 어려운 기술적 과제에 직면하고 있다는 점을 알고 있으며 현재 머신러닝 파이프라인을 가장 잘 구현해도 문제를 해결할 수 있을지를 궁금해한다.

팀은 먼저 최소최대 분석의 최대 부분을 수행한다. 분석에 따르면 여러분이 지닌 영상을 바탕으로 시스템은 전체 과태료 중에 89%만큼은 정확하게 부과하고 11%만큼은 부정확하게 부과한다고 한다. 연간 51회 밤샘주차 시 계량기당 수익은 연간 2만 3,970원이다. 여러분의 머신러닝 파이프라인은 채택하기 어려운 수준이다.

당황스럽다! 공학 팀이 다른 머신러닝 파이프라인을 구성할 수 있을까? 팀이 구성해 보려고 하지만 기존 보안 카메라의 영상을 사용해서는 사업을 하기에 실용적이지 않다. 여러분이 더 나은 사진들을 입수할 수 없다면, 생존 가능한 인공지능 프로젝트가 전혀 없는 셈이 되고 만다.

> **조언** 이런 경우에 프로젝트를 취소해도 아예 나쁘다고만은 할 수 없다. 이런 예시를 통해서 프로젝트 초기에 최소최대 분석을 수행해야 하는 이유를 확실히 알 수 있다. 프로젝트 취소에 대해 언제 상사와 대화를 나누고 싶은가? 예산 중에 3%(시간 및 비용)에 해당하는 돈을 사용하고 나서 시스템이 작동하지 않을 것이라는 점을 증명할 수 있을 때인가, 아니면 예산 중에 105%를 지출하고 나서야 아무런 소용이 없었다는 점을 깨달았을 때인가? 실패할 운명이라면, 빨리 실패하고 더 생산적인 일에 착수하자.

여러분의 상사는 합리적이어서 지붕에 설치된 보안 카메라의 영상을 사용해 보겠다는 생각만으로 일에 착수할 수 있는 게 아니라는 점을 이해한다. 상사가 전화를 걸어 와 여러분에게 좋은 소식을 전한다! 여러분은 대안으로 주차장 주변에 배치된 훨씬 더 나은 카메라를 사용할 수 있게 되었다. 장애물에 대해 걱정할 필요가 없는 방식으로 여러 대의 카메라가 배치된다. 여러분은 공학 팀에 동일한 머신러닝 파이프라인을 사용해 최소최대 분석을 다시 해 보라고 요청하면서, 다만 이번에는 더 나은 카메라를 사용할 것이라는 점을 알린다.

이번에 최소최대 분석 중에 최대 분석을 해 보니 그러한 시스템에서 있을 법한 최고 상황은 과태료를 정확히 부과하는 경우가 98%이고 부정확하게 부과하는 경우가 2%라는 결과가 나온다. 그리고 연간 51회 밤샘주차 시 계량기당 이익은 연간 12만 9,540원이다. (최대 분석을 통해서 머신러닝 파이프라인을 최상으로 구현했을 때 나올 결과를 알 수 있다.) 그렇지만 최소 분석, 즉 여러분이 구성할 수 있는 파이프라인 방식 중에 가장 간단한 방식으로 파이프라인으로 구성해 분석을 해 보니 과태료를 정확히 부과하는 경우가 91%이며 연간 4만 7,430원에 해당하는 수익을 올릴 수 있다는 점을 알 수 있게 된다. 가장 간단한 방식으로 구현한 이 머신러닝 파이프라인이 작동하지는 않겠지만, 어쩌면 이것을 개선할 수는 있을 것이다.

프로젝트는 계속되어야 하지만 머신러닝 파이프라인을 개선하는 일이 얼마나 어려울지는 의문이다. 이에 대해서 우리는 다음에 논의하겠다.

6.4.2 머신러닝 파이프라인을 개선해야 한다면 어떻게 해야 하는가?

최소최대 분석을 통해 나온 결과를 바탕으로 종종 머신러닝 파이프라인의 사업 가치가 결정된다. 앞 절에서 여러분은 최소 분석에서 파이프라인이 이미 필수적인 사업성과를 제시하고 있음을 보았다. 또한 사업 목표를 달성하기에 부적합한 머신러닝 파이프라인이 있는 경우를 보았다. 그러나 때때로 분석 결과만으로 사업이 결정되지 않을 때도 있는데, 사업 목표를 달성하기 위해 머신러닝 파이프라인을 개선하기로 하는 경우가 그러한 때에 해당한다.

이번 절에서는 이러한 상황들 중에 파이프라인을 개선하기로 하는 상황을 설명한다. 그림 6.5는 머신러닝 파이프라인을 개선해야 할 필요성이 있을 때 최소최대 분석을 적용하는 방법을 간략히 소개한다.

그림 6.5에서 최소 분석 결과를 놓고 보면 여러분이 사용 중인 머신러닝 파이프라인으로는 사업성과를 내기에 충분하지 않지만, 최대 분석을 한 결과를 놓고 보면 머신러닝 파이프라인의 현재 구조를 개선하여 사업성과를 달성할 수도 있음을 알 수 있다. 이런 상황이라면, 여러분은 머신러닝 파이프라인이 최대 분석 부분에는 합격하고 최소 분석 부분에는 불합격했다고 말할 수 있다.

여러분이 노력을 최소한으로 기울여도 돈을 벌 수 있게 하는 머신러닝 파이프라인이 있다면 좋을 것이다. 각 단계별로 있을 법한 기술 중에 최고 수준 기술을 동원해서도 돈을

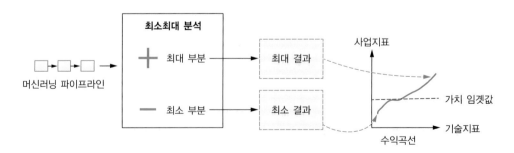

그림 6.5 최소 분석을 통해서는 가치 임곗값에 도달하지 못하지만, 최대 분석을 해 보면 이를 초과한다는 점을 알 수 있다. 최소 분석을 했을 때도 사업성을 지니도록 이 파이프라인을 충분히 개선할 수 있을 것이다.

벌지 못하는 머신러닝 파이프라인이라면, 일찍 포기하는 것이 좋다. 그러나 여러분이 그 중간쯤에 위치해 있고, 최대로는 충분하지만 최소로는 충분치 않다는 점을 알고 있다면 어떻게 해야 할까? 인공지능 제품을 배포하기 전에 먼저 머신러닝 파이프라인을 개선해야 하므로 여러분은 민감도 분석을 수행해야 한다(제7장에서 자세히 설명).

6.4.3 최소최대 분석 결과를 해석하는 규칙

앞 절에서는 최소최대 분석 결과를 해석하는 방법을 배웠다. 이러한 결정을 내린 방법을 요약하면 최소최대 분석 결과를 해석하기 위한 일련의 규칙을 만들 수 있다. 이번 절에서는 이러한 규칙을 요약한다. 먼저 몇 가지 용어를 정리하자.

- 여러분이 만들 수 있는 가장 최소한의 머신러닝 파이프라인 구현이 이미 수익곡선의 가치 임곗값을 초과하는 사업 가치를 가지고 있다면, 최소최대 분석 중에 최소 부분이 합격했다고 말할 수 있다. 최소한의 머신러닝 파이프라인은 사업적으로 생존 가능하다.
- 머신러닝 파이프라인의 최상의 구현이 수익곡선의 가치 임곗값을 초과하기에 충분한 사업 가치를 가질 경우에 최소최대 분석의 최대 부분이 합격했다고 말할 수 있다. 여러분의 현재 머신러닝 파이프라인에 대한 최상의 구현은 사업적으로 생존 가능하다.

최소 및 최대 분석 결과의 다른 조합은 사업적 의미가 다르다. 표 6.1은 최소최대 분석 시에 나올 법한 결과와 사업적 영향을 요약한 것이다.

표 6.1 최소최대 분석 시에 있을 법한 결과들을 요약한 내용. 각 결과는 사업에 직접적인 영향을 끼친다.

최소 결과＼최대 결과	최대 부분 합격	최대 부분 불합격
최소 부분 합격	머신러닝 파이프라인을 사업에 활용할 수 있다.	이런 조합은 있을 수 없다.
최소 부분 불합격	머신러닝 파이프라인을 사업에 활용하려면 개선이 필요하다.	현재 여러분이 지닌 머신러닝 파이프라인은 사업 문제를 해결하는 데 적합하지 않다.

6.5 머신러닝 파이프라인 분석을 수행하는 방법

이제 최소최대 분석의 결과를 해석하는 방법을 알았으므로 분석을 수행하는 방법에 대해 이야기해 보자. 최소최대 분석 결과를 보여 준, 앞 절에 나왔던 숫자들을 우리는 어떻게 얻었는가? 머신러닝 파이프라인을 분석함으로써 얻었다. 이번 절에서는 이러한 분석을 수행하는 방법을 보여 준다.

> **참고** 공학적 배경이 없는 관리자라면 최소최대 분석에 대한 나머지 설명을 훑어
> 보면서 팀이 수행할 작업을 기본적인 수준에서 이해할 수 있다. 공학적 배경이 있
> 는 관리자라면 이 분석을 이해(또는 수행)할 수 있어야 한다.

머신러닝 파이프라인 분석의 첫 번째 단계는 모든 전제 조건이 있는지 확인하는 단계다. 제안된 머신러닝 파이프라인의 논리적 다이어그램이 필요하다. 또한 프로젝트 및 수익곡선에서 사용 중인 기술지표와 사업지표가 필요하다.

머신러닝 파이프라인을 통해 데이터를 실행한 다음에 수익곡선을 사용해 사업 용어로 결과를 측정해 분석한다. 분석을 위한 일반적인 과정(그림 6.6)은 최소최대 분석의 최소 부분과 최대 부분에 대해 동일하며, 이는 머신러닝 파이프라인의 민감도 분석에도 적용된다.

그림 6.6에 표시된 분석은 머신러닝 파이프라인의 결과를 사업 용어로 측정한다. 이는 현재 머신러닝 파이프라인으로 실제 데이터를 처리하고 기술지표를 사용해 출력을 측정한 다음에 해당 값을 사업지표로 변환함으로써 수행된다. 이 분석에 대해 생각하는 또 다른 방법은 머신러닝 파이프라인에 실제 데이터를 제공한 다음에 CLUE 과정 중 **이해** 부분을 적용해 결과를 측정하는 것이다.

그림 6.6의 동일한 과정이 최소최대 분석의 최소 부분과 최대 부분에 모두 적용된다. 머신러닝 파이프라인을 분석하는 방법이 바뀌는 게 아니라 머신러닝 파이프라인 단계의 구현이 바뀐다.

이제 머신러닝 파이프라인을 분석하는 전체 과정을 이해했으므로 실제 분석을 수행하는 방법을 살펴보자. 6.5.1 절에서는 최소최대 분석의 최소 부분을 수행하는 방법을 보여 주고, 6.5.2 절에서는 최대 부분을 수행하는 방법을 보여 준다. 6.5.3 절에서는 최소최대 분석을 수행하는 동안 추세 추정값들과 안전 계수들을 이해하는 방법을 설명한다. 6.5.4 절

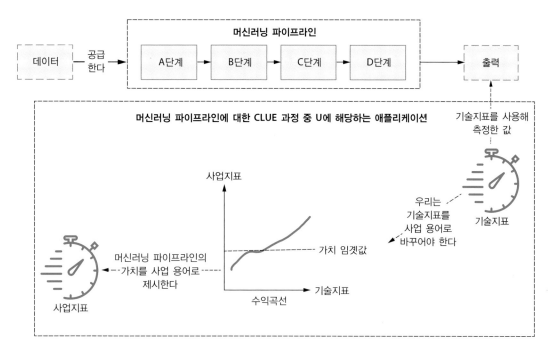

그림 6.6 머신러닝 파이프라인 분석. 이 분석은 현재 머신러닝 파이프라인이 사업을 위해 무엇을 달성할 수 있는지 알려 준다. 최소최대 분석의 최소 부분과 최대 부분은 모두 동일한 과정을 사용한다.

에서는 실제로 발생할 수 있는 다양한 수익곡선 유형을 소개한다. 마지막으로 6.5.5 절에서는 복잡한 모양의 수익곡선에 최소최대 분석을 적용하는 방법을 보여 준다.

6.5.1 최소최대 분석의 최소 부분 수행

분석의 최소 부분을 수행하려면 먼저 머신러닝 파이프라인의 가장 간단한 구현을 구성해야 한다. 실제 데이터로 테스트할 수 있는 머신러닝 파이프라인 구현을 구축하는 게 목표다.

최소최대 분석의 최소 부분을 위해 머신러닝 파이프라인을 준비하는 데 얼마나 많은 노력을 기울여야 할까? 전체 프로젝트의 규모에 비해 기울이는 노력이 아주 작아야 한다. 프로젝트 규모에 관계없이 몇 사람이 몇 주 정도 애를 쓰되 총 프로젝트 예산의 5%를 넘지 않아야 한다는 게 일반적인 규칙이다. 소규모 회사라면 한 사람이 며칠 안에 해결하는 게 최선일 수 있다.

자유롭게 파이프를 이리저리 이어 붙여 보는 게 이 일의 핵심이다. 빠르게 구성해 볼 수 있는 파이프라인 구현을 사용한다. 상용제품COTS이 도움이 된다면 사용하자. '파이프라인의 어느 단계에서든 다른 사람의 제품을 사용해 필요한 기능을 구현할 수 있는가?'를 자문자답해 보자. 여러분은 지금 최소한의 노력을 기울여 시스템을 작동하게 한 다음, 이를 바탕으로 시스템 구현 시 얻게 될 사업성과를 가늠해 보려고 하는 중이다.

분석이 완료되면 6.4절에서 배운 기술을 적용해 분석한 결과를 해석해 볼 차례다. 사업 지표의 임곗값을 초과하는 결과를 제공하는 머신러닝 파이프라인이 이미 있다면, 그런 파이프라인은 현재 상태 그대로 사업에 활용할 수 있다.

> **참고** 가장 단순한 머신러닝 파이프라인을 구성하는 데 노력이 많이 든다면 어떻게 해야 할까? 간단히라도 구현해 보지 않고는 분석의 최소 부분조차 수행할 수 없다. 따라서 여러분이 한 최소 분석의 결과는 0이 되고 만다. 머신러닝 파이프라인이 현재로서는 사업적 가치가 없다는 말이다. 이 파이프라인을 개선하지 않으면 여러분은 아무것도 지니지 못하게 된다.

6.5.2 최소최대 분석의 최대 부분 수행

여러분이 지금 가지고 있는 인공지능 시스템이 배포하기에 충분하지 않은 것이라면, 사업에 활용하기 전에 먼저 개선을 해야 한다. 이제 최소최대 분석의 최대 부분을 수행하고 머신러닝 파이프라인이 사업 목표를 달성하기에 충분할 만큼 개선될 수 있는 것인지를 판단할 때다. 이번 절에서는 분석 작업 중에 이 부분을 수행하는 방법을 보여 준다.

최소최대 분석 시에 최대 분석이란 어떤 머신러닝 파이프라인 구조가 주어진 경우에, 해당 파이프라인을 구성하는 모든 단계들이 각기 최상으로 구현되었을 때 있을 법한 최상의 결과를 분석하는 일이다. 그림 6.6에 표시된 머신러닝 파이프라인의 B 단계를 살펴보자. 해당 단계에 어떤 영상이 주어지고 영상 속에 담긴 숫자를 시각적으로 인식해야 한다고 가정해 보자. 최대 분석 시에는 누군가가 숫자를 인식한 결과를 기준으로 삼아 이 기준을 있을 법한 최선의 결과로 여기면 될 텐데, 여러분이 그렇게 하는 데 상당한 노력을 기울인다면 B 단계에서 달성할 수 있을 것이다.

최고 수준이란 합리적인 기대치의 상한을 말한다

논의를 전개하기 위해, 지금까지 머신러닝 파이프라인의 일부 단계(B 단계라고 부른다고 하자)에서 얻은 최상의 결과는 99.22%라는 정확도라고 가정해 보자. 해당 단계를 사용해 머신러닝 파이프라인을 구성하고 최소최대 분석 중에 최대 부분을 수행할 때 머신러닝 파이프라인이 사업에 활용될 수 없다는 점을 알게 된다고 가정해 보자. 그러나 B 단계의 정확도를 0.5% 개선할 수 있다면(즉, 정확도를 99.72%까지 높일 수 있다면) 여러분은 사업에서 활용할 수 있는 머신러닝 파이프라인을 갖게 된다. 여러분의 팀이 99.72%라는 정확도를 달성할 수 있다고 가정해야 할까?

인공지능 분야에서 최대한으로 성취하여 발표한 결과보다 더 나은 결과가 나오게 파이프라인을 개선하는 일은 산업계에 속한 대부분의 팀에게는 도박에 가깝다. 즉 파이프라인을 이루는 모든 단계를 최선의 방법으로 구현하더라도 만족할 만한 사업성과를 얻을 수 없을 것으로 보인다면, 이러한 머신러닝 파이프라인 구조로는 사업 문제를 해결하기 어렵다는 말이다. 이러한 머신러닝 파이프라인은 최소최대 분석 부분들 중에 최대 부분이 불합격한 것이다. 최소 기능 제품을 얻기 위해 최고 기록 결과를 넘어서야 하는 경우라면, 이러한 머신러닝 파이프라인을 진즉에 포기했어야 한다.

분석 업무 중에 최대 부분은 특히 새로운 사업이나 제품을 구축하는 초기 단계에서 중요하다. 이 초기 단계에서 여러분은 프로젝트 및 파이프라인의 총비용을 추정하게 되며 그러는 중에 일부 비용을 간과할 가능성이 있다. 총비용이 과소평가되어도 머신러닝 파이프라인이 최소최대 분석 부분들 중에 최대 부분이 불합격하면 해당 머신러닝 파이프라인을 활용하는 인공지능 제품을 지원할 수 없다.

머신러닝 파이프라인의 최대 분석 중 가장 중요한 질문은 "바로 이 한 가지 단계에서 최상의 결과를 만들어 낼 법하다고 합리적으로 생각해 볼 수 있는 대리자proxy는 누구인가?"이다. 좋은 대리자를 찾는 몇 가지 방법을 살펴보자.

최소최대 분석의 최대 부분은 경쟁 벤치마킹[1] [120]에 뿌리를 두고 있다. 경쟁 벤치마킹이란 여러분이 비슷한 문제에 직면한 어떤 대리자를 찾아서는 그가 얼마나 그 문제를 잘 해결했는지를 측정한다는 뜻이다. 다음은 여러분이 대리자를 찾을 때 더 자세히 조사해 볼만한 두 가지 자료원이다.

- 해결하려는 문제와 비슷한 문제에 대해 지금까지 경영계나 산업계나 학계에서 달성한 최상의 결과
- 인공지능이 필요한 작업을 수행 중인 사람

여러분과 같은 문제에 대해 학계나 산업계에서 성취해 낸 최상의 결과는 무엇인가?

여러분이 하는 일에 대해 학계나 산업계에서 학술지 등을 통해 발표한 결과 중 가장 좋은 결과는 무엇인가? 여러분은 자신이 직면한 문제와 같은 문제에 부딪힌 조직을 찾아내어, 그러한 조직이 문제를 얼마나 잘 해결했는지를 알고 싶어 한다.

여러분은 산업계를 뒤지며 여러분이 구매할 수 있는 상용제품이 있는지, 그리고 여러분이 직면한 문제를 잘 해결해 낸 회사(직접적인 경쟁자가 아니더라도)가 썼던 최선의 방법이 무엇인지를 알고 싶어 한다. 여러분이 학술 논문을 볼 때 여러분은 가장 뛰어난 성과가 게재된 내용을 보는 것과 다름없다. 두 경우 모두 핵심은 **가능한 한 자신과 비슷해 보이는** 문제를 해결할 때 다른 사람이 달성한 것 중에 가장 좋은 것을 찾으려는 것이다.

> **조언** 파이프라인의 일부 단계에 상용제품을 활용할 생각이라면 여러분이 직면한 것과 같은 문제에 대해 해당 제품으로 달성한 최상의 결과가 무엇인지를 제품 공급업자에게 물어보자. 여러분과 같은 사업 사례에 대해 실질적인 사업 가치를 제공하고 있다고 확신하는 공급업자라면 그 질문을 그 밖의 공급업자와 차별화할 수 있는 기회로 인식해야 한다.

세계 최고의 전문가가 어떤 작업에서 80% 이상의 정확도를 달성하지 못했다면, 80%보다 더 잘할 수 없다고 가정하는 것이 합리적이라는 이유 때문에 학계나 산업계를 대리자로 사용한다고 생각하는 것이다.

어떤 대리자를 선택할지가 고민된다면 일반적으로 더 비슷한 문제를 다루는 대리자를 사용하는 것이 좋다. 산업계의 입증된 사용 사례는 항상 학술 논문보다 더 강력한 대리자이다. 반면에 여러분의 상황과 똑같은 상황을 설명하는 학술 논문은 관련성이 낮은 문제에 대한 산업계 사용 사례보다는 더 나은 대리자가 될 수 있다.

여러분이 당면한 상황과 얼마나 비슷한가?

대리자로 사용하기로 선택한 문제가 현재 여러분이 직면한 상황과 얼마나 비슷한지를 신중하게 확인해야 한다. 대리자는 밀접한 관련성이 있어야 하며 광고된 결과가 어떤 조건에서 달성되었는지를 이해해야 한다. 학술 논문의 저자가 도입했을 수 있는 단순화에 특히 주의하자.

후[Hu] 등은 논문에서 시계열 분류에 대한 사례를 제시한다.[121] 가속도계 데이터는 한 배우의 동작과 움직임을 인식하는 데 사용할 수 있다. 여기서 질문은 어떤 동작이 끝나고 또 다른 동작이 시작되는 시점을 어떻게 알 수 있느냐는 것이다. 이 질문에 대해서 특정 학술 커뮤니티에서는 기술적으로 **사전 세분화**라고 하는 것을 사용한다고 답한다.

해당 커뮤니티는 동작이 시작되고 중지될 때 이미 알려진 조건하에서 동작을 분류하는 데 관심이 있었다. 이것은 배우가 큐 사인을 받고 동작을 수행하도록 요청받았기 때문에 알려진 것이었다. **사전 세분화를 더 정확히 하기 위해 일부 배우는 메트로놈을 사용하기도 했다!**

유일한 문제는 가속도계 데이터가 메트로놈의 도움으로 사전 세분화된 경우에, 애플 워치와 같은 스마트 워치에서 나오는 가속도계 데이터를 이해하기보다 동작을 인식하는 편이 훨씬 쉽다는 점이다. 앞서 언급한 커뮤니티가 내놓은 결과를 스마트 워치의 가속도계에서 있을 법한 것의 대리자로 사용했다면, 여러분은 그 학술 커뮤니티가 달성할 수 있었던 것에 가까운 동작 인식 정확도를 얻을 수 없게 된 이유가 궁금해졌을 것이다.

최대 분석 중에 여러분의 팀이 출판된 적 있던 절대 최고의 결과를 놓치면 어떻게 되는가? 예를 들어, 모호한 과학 논문이 있었다고 하자. 그건 중요하지 않다. 여러분의 팀이 찾아낸 최대는 여전히 여러분이 속한 조직의 최대로 간주되며, 그러한 최대는 일부 모호한 문서가 있다고 해서 영향을 받지 않기 때문이다. 여러분이 최대 분석 중에 찾고 있는 것은 인류에게 알려진 것 중에 절대적으로 최대인 것이 아니다. 여러분의 현실적인 팀이 파이프라인의 주어진 단계를 구현하려고 할 때 얻을 수 있는 실용적인 최대를 찾고 있는 것이다. 팀은 자신이 모르는 논문의 알고리즘을 구현할 수 없다.

인간이 여러분의 문제를 어떻게 잘 해결할 것인가?

여러분이 당면한 문제와 비슷한 사례가 전혀 없다면 어떻게 해야 할까? 그러한 문제를 미리 해결해 본 사람이 없다면, 인간보다 더 잘할 수 있는 인공지능 제품을 만들 수 있다고 가정하는 것은 위험하다. 그렇게 하는 대신에 데이터의 작은 부분 집합이 주어졌을 때 인간이 무엇을 할 수 있는지를 확인해 보자. 그를 여러분의 대리자로 사용하자.

어떤 사람에게 파이프라인 단계에서 사용되는 데이터와 똑같은 데이터를 보여 주자. 그들에게 해당 파이프라인 단계에서 해야 할 일을 대신 수행하도록 요청한 다음, 그 단계에서 인력으로 달성하는 정도를 측정하자. 이것이 인공지능 알고리즘이 처리할 수 있는 최댓값에 대한 추정치이다.

> **참고**   일부 작업에서는 인공지능 알고리즘이 인간보다 나은 효과를 낼 수는 있지만 이 글을 쓰는 시점에서 이러한 상황은 드물고, 종종 뉴스거리가 되는 정도이며, 게다가 성취되기까지 했다면, 그런 것들은 보통 세계 최고 수준의 인공지능 연구자들로 구성된 팀이 산출해 낸 것이다. 인공지능 알고리즘의 결과가 사람이 달성할 수 있는 결과보다 더 나쁜 편이 훨씬 더 일반적이다.

6.5.3 최소최대 분석의 추정 및 안전 계수

최소최대 분석에서 최대 부분의 특성은 있을 법한 최상의 구현을 머신러닝 파이프라인의 모든 단계에서 채택할 경우에 달성할 수 있는 수준을 추정한다는 것이다. 이번 절에서는 달성할 수 있는 수준을 예상할 때 자주 받게 되는 질문을 설명한다. 예를 들면 이렇다.

- 최소최대 분석을 수행하고 프로젝트가 18개월 내에 배포되어야 할 때 하드웨어나 인공지능 알고리즘의 개선 추세를 고려해야 하는가?
- 최소최대 분석 중에 전문가 의견을 어떻게 사용해야 하는가?
- 결과에 안전 계수safety factor를 추가해야 하는가?

최소최대 분석 시에 추세 추정값을 사용하기

때로는 개선 추세를 보고 프로젝트를 배포할 때 이러한 추세의 지속이 의미하는 바를 추정할 수 있다. 예를 들어 데이터 저장 비용이 줄어들고 있고 프로젝트가 2년 내에 배송되는 경우에 데이터 저장 비용 감소를 설명하고 현재보다 더 많은 데이터를 저장할 수 있다는 결론을 내릴 수 있다.

인공지능 알고리즘 개선에 추세를 적용할 수도 있다. 어떤 경우에는 인공지능 알고리즘이 개선되고 있다는 분명한 추세가 있을 수 있다. 예를 들어, 현재 인공지능이 영상을 인식하는 성능이 개선되고 있으며 인공지능은 이러한 인식 작업을 재빠르게 해낸다. 최대 분석 결과가 도달하려는 사업 활용 가능 임곗값에서 약간의 차이로 불합격하는 경우에 추세를 예측하려고 하는 유혹을 크게 받을 수 있다. 예를 들어, 여러분에게 96%의 정확도가 필요하지만 현재 최고 수준의 정확도가 95.5%이고 2년 후에는 96%가 될 것이라고 생각한다고 가정해 보자.

나는 인공지능 개발 초기에 추세를 예측하는 일을 좋아하지 않는다. 나는 대부분의 고객에게 그렇게 하지 말라고 말한다. 어떤 분야의 추세를 잘 예측하려면 해당 분야에 대해 개발 초기에 보유할 수 있는 양보다 더 많은 전문 지식이 필요하다. 나는 기술 지식뿐만 아니라 조직이 새로운 인공지능 기술을 얼마나 잘 흡수하는지에 대한 지식에 관해서도 이야기하고 있다. 마지막으로, 추세를 중시해도 될 만한 것이 되게 하려면, 일반적으로 여러분이 처음으로 진행해 본 인공지능 프로젝트에 걸렸던 시간보다 충분히 긴 시간 동안 프로젝트를 진행했어야 한다는 말을 하고 싶다.

전문가 의견에 근거한 추정값

파이프라인의 일부 단계에서 얻을 수 있는 최대 결과에 대한 추정값을 언제든지 전문가에게 문의하는 편이 바람직하다. 이러한 전문가가 컨설턴트나 학자일 수 있다. 이들은 또한 파이프라인의 일부 단계에서 있을 법한 최상의 결과가 무엇인지에 대해서뿐만 아니라 이를 달성하는 방법도 지적할 수 있을 것이다.

전문가의 의견을 들을 때 얻을 수 있는 또 다른 장점으로는 그들이 현재 최상의 결과가 무엇인지를 알고 있을 뿐만 아니라 특정 연구 분야의 추세가 어떠한지를 말할 수 있을 만큼 해당 분야를 잘 알고 있다는 것이다. 이 분야가 성능이 빠르게 개선되고 있는 분야(예를 들면, 영상 인식 커뮤니티처럼)인가? 이 정도 결과를 팀이 달성하게 하려면 얼마나 많이 팀을 훈련해야 할까?

주의를 기울여서 전문가가 조언하는 말의 맥락을 파악하도록 하자. 전문가가 각 질문에 개별적으로 대답했는가? 전문가가 여러분의 특정 상황을 잘 이해하는가?

전문가를 고용하려면 큰돈이 들고 시간 제약도 있으므로 팀에서는 간단한 질문을 미리 만들어 놓고 전문가에게 질문함으로써 비용을 절약하려고 한다고 해 보자. 이런 경우에 벌어질 수 있는 문제는 전문가보다 전문성이 떨어지는 분야에서 여러분의 팀이 질문과 답변을 모두 맥락화해야 한다는 것이다.

이러한 상황들 속에서 답변을 받아 보았자, 공인된 전문가의 답변이라는 이유로 그 답변이 맞다고 믿을 가능성이 높기 때문에, 안심할 수 있는 상황이 못 된다. 그러나 맥락화 부분(저급 전문가가 수행)이 해당 문제에 있어서 필수적인 부분이 될 수 있다. 올바른 질문을 하기는 어려운 법인데, 전문가를 전문가답게 하는 이유 중에 많은 부분이 전문가는 어떤 질문을 해야 할지를 안다는 점에 근거한다.

제3장에 들어서기 전에 우리가 사업 문제를 해결하기 위해 연구상의 질문을 공식화할 때, 여러분은 질문을 맥락화하는 문제에 직면했었다. 제3장에서 이야기했듯이 경영진과 데이터 과학자가 전문가와 대화를 나눔으로써 질문(정확하게 물어볼 내용)이 여러분의 요구 사항을 반영하는지를 확인해야 한다.

나는 전문가의 조언을 따라 돈을 아끼려고 하는 태도를 '소탐대실'이라고 믿는다. 전문가가 답변을 맥락화할 수 있도록 여러분이 현재 직면하고 있는 문제를 설명하기 위해 전문가와 함께할 시간을 충분히 확보하는 데 필요한 예산을 책정하자. 여러분이 적합한 전문가를 구했다면, 몇 시간 안에 사업과 관련된 상황을 구체적으로 설명할 수 있을 것이다.

마지막으로, 전문가로부터 받게 되는 답변의 형식을 이해하도록 주의하자. 전문가의 답변이 사실인가, 아니면 상황에 대한 전문가적 견해인가, 그것도 아니라면 추정인가? 내가 초기 인공지능 프로젝트에서 추세를 추정하는 일을 좋아하지 않는다는 점을 여러분은 이미 알고 있으며, 추정을 담당하는 사람이 해당 분야의 기술 전문가라고 해도 이런 내 입장은 크게 바뀌지 않는다.

> **경고**   여러분이 추정값을 얻은 경우에, 대부분의 사람(및 대부분의 전문가)이 딱히 정확한 추정을 해내는 사람이 아니라는 점에 유의하자. 대부분의 사람이 추정값이 좋지 않다는 점을 보여 주는 데이터, 인간의 추정값이 왜 좋지 않은지에 대한 토론 내용, 사람들이 더 정확히 추정할 수 있게 하는 방법을 허버드의 저서[75]에서 읽어 볼 만하다.

분석 중에 안전 계수를 추가해야 하는가?

학계가 내놓은 결과를 산업계 환경에서 완전히 따라 하기 힘들 때도 있다. 여러분은 또한 어떤 사람이 만들어 내는 작업 결과와 같은 결과를, 그 일과 비슷한 일 중의 일부일지라도 제대로 생성해 내는 인공지능 솔루션을 여러분의 팀이 만들 수 있다는 점에 회의적일 수 있다.

이러한 상황에서 "출판물에 게재된 최상의 결과 중에 50%만 달성할 수 있다고 가정해 보자"와 같은 안전 계수를 도입할 수 있다. 물론, 이 안전 계수가 무엇이어야 하는지는 명확하지 않다. 왜 80%가 아닌 50%를 안전 계수로 선택했을까? 안전 계수는 불확실성이 어디에서 오는지, 얼마나 불확실성이 있는지 설명할 수 있을 만큼 문제를 충분히 이해하고 있을 때 쓸 만한 것이다. 그러나 불확실성이 얼마나 되는지를 모를 때 안전 계수는 단지 추측에 불과하다.

> **경고** 안전 계수가 어림수(예 : 2%, 3%, 10%, 50%) 형태로 나오는 경우라면 주의를 기울이자. 문제에 대한 기술적 분석의 결과가 너무 의심스러워 보인다면 그러한 결과를 내보이는 수치는 추측값일 수 있다.

6.5.4 수익곡선의 범주

지금까지 제시된 수익곡선 분석 사례에서 우리는 수익곡선이 단조적이라고 가정했다. 즉, 기술지표가 증가하면 사업지표(예 : 이익)도 증가한다고 가정한 것이다. 실제로도 이런 상황이 더 흔하기는 하지만, 이번 절에서는 수익곡선과 기술지표의 관계가 더 복잡할 때 수행할 작업을 보여 준다.

> **참고** 이번 절은 일반 독자와 수학을 선호하는 독자 모두에게 흥미로울 것이다. 누구나 쉽게 이해할 수 있도록 나는 일상 용어를 사용해 일부 개념을 더 간단하게 설명하겠다. 나는 수학을 선호하는 독자들에게는 인내심을 발휘해 줄 것을 부탁한다. 여러분은 이미 내가 설명하는 기본 개념뿐만 아니라 난해한 경우까지 모두 알고 있으며 기본이 되는 수학적 엄밀함을 직접 보낼 수 있는 사람들이기 때문이다.

수익곡선의 모양이 다양할 수 있다. 우리는 특히 그림 6.7에 나오는 네 가지 범주에 관심이 있다. 그림 6.7에 표시된 수익곡선의 범주를 살펴보자.

- 선형 수익곡선에서 사업지표와 기술지표 간의 관계는 직선이다.
- 단조 수익곡선에서는 기술지표가 증가하면 사업지표도 증가한다. 그러나 기술지표와 사업지표 간의 관계를 설명하는 함수는 직선이 아니다. 수익곡선은 다양한 형태를 취할 수 있다. 모든 선형 수익곡선은 단조 곡선이지만, 그 반대는 아니다.
- 다음으로 더 복잡한 수익곡선은 비단조 수익곡선이다. 이 곡선에는 기술지표가 증가

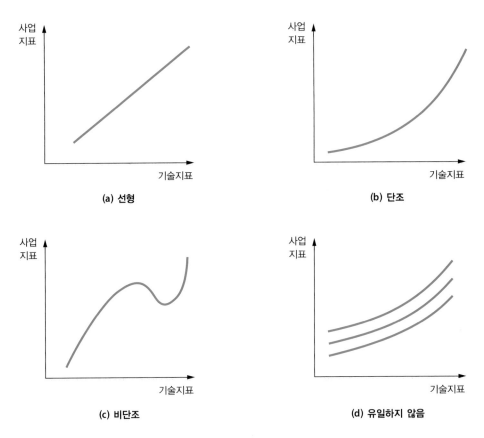

그림 6.7 다양한 유형의 수익곡선. 비단조 수익곡선보다 선형·단조 수익곡선을 더 간단히 최적화할 수 있다. 유일하지 않은 수익곡선을 피하자.

할 때 사업지표가 증가하는 구간도 있고 기술지표가 증가할 때 사업지표가 감소하는 구간도 있다. (c) 그래프는 실제로 접할 수 있는 비단조 곡선의 한 유형을 보여 준다.

- 마지막 예는 유일하지 않은(모호한) 수익곡선이다. 이런 수익곡선에서는 특정 기술지표와 수익 간에 유일한 관계가 없다. 여러분에게 중요한 사업상의 고려 사항을 기술지표로 측정할 수 없을 때 이러한 유형의 수익곡선이 나온다.

여러분은 자신이 진행하는 프로젝트의 수익곡선 모양을 알고 있고, 여러분의 팀이 그것을 구성했다.[4] 그림 6.7에 나와 있는 수익곡선의 종류를 접하게 될 때의 구체적인 예를 들어 보자.

---

4 수익곡선이 실험적으로 파생되는 경우도 있지만, 대상 독자를 일부러 제한하고 지면이 한정된 이 책에서 다루기에는 실용적이지 않은 고급 기술 주제이다. 수익곡선의 실험적 도출과 관련된 일부 기술 주제로는 실험설계, 반응표면분석

- 기술지표와 사업지표 사이에 단순하고 직접적인 관계가 있을 때 선형 수익곡선[(a) 그래프]이 자주 발생한다. 예를 들어, "우리의 연간 비용은 1억 원×RMSE 공식을 사용해 주어진다"라는 형식의 규칙이 있을 때 선형 수익곡선이 발생한다.

- 여러분이 어떤 가치를 예측하다 보면 비선형 단조 수익곡선을 만날 때가 있다. 예측이 좋을수록 이 곡선이 더 중요해진다. (b) 그래프는 기술지표와 사업지표 간의 지수 관계를 보여 준다. 예측 정확도가 조금만 증가해도 수익이 크게 늘어난다. 금융 시장에서 이러한 상황에 자주 직면하게 될 것이다.[5]

- 비단조 곡선의 또 다른 예는 로봇 공학에서 나타나는데, 이때의 수익곡선은 (c) 그래프에 표시된 곡선과 비슷하다. 로봇 공학에는 **불쾌한 골짜기**uncanny valley라는 개념이 있다.[122] 인형 같은 얼굴을 지닌 첫 번째 로봇과, 사람 얼굴과 비슷하지만 완벽한 복제본이 아닌 얼굴 특징(및 얼굴 움직임)을 지닌 두 번째 로봇이 있다고 생각해 보자. 우리는 사람의 얼굴을 더 정교하게 따라 하는 두 번째 로봇이 더 인기가 있을 것이라고 생각하지만, 사실은 그 반대일 수도 있다.[122] 어떤 사람들은 두 번째 로봇에 대해 본능적으로 부정적인 반응을 보인다.

- 비단조 곡선의 또 다른 예는 긴밀한 인간 감독이 필요한 자동화 시스템이다. 인공지능을 사용해 의심스러운 행위를 강조하는 보안 시스템을 생각해 보자. 또 하나는 작업자가 자동화된 기계와 로봇을 감독하는 경우이다. 운송 시스템(예 : 비행기)도 동일한 현상에 노출될 수 있다.[123]

  (법적인 이유나 실용적인 이유로) 시스템을 감독하는 데 전념하는 사람이 있어야 할 때(그리고 상당한 시간 동안 지루하게 될 때) (c) 그래프와 비슷한 모양을 볼 수 있다. 인공지능과 인간이 결합된 시스템의 성능은 불완전한 인공지능이 가끔 오류를 만들 때(하지만 여전히 오류를 만들어 냄)나 인공지능이 더 빈번한 오류를 만들 때 저하된다. 인공지능 시스템의 성능이 아니라 작업을 감독하는 사람의 성능이 그 원인이다. 사람은 지루해지거나 부주의해지는 경향이 있으므로 언젠가 문제가 발생했을 때 그것을 해결하는 속도가 느릴 수 있다. 아니면 단순히 인공지능 시스템의 오류에 사람들이

및 베이즈 최적화가 포함된다.

5 지수 형태를 보이는 관계의 이유는 큰 개선이 어렵거나 불가능하다고 믿기 때문일 수 있다. 경쟁으로 인해 개선이 가능하다는 것을 보여 주면 경쟁자가 따라잡으려고 하고 곡선의 모양이 빠르게 바뀔 수 있다. 제7장에서는 시간이 지남에 따라 변하는 수익곡선을 다루는 방법을 보여 준다.

대응하는 방법이 실용적이지 않아서 그럴 수도 있다.

- 비단조 수익곡선의 또 다른 예는 사업지표가 수익인 경우이다. 때로는 기술지표에서 더 높은 값에 도달하는 데 비용이 많이 들고 추가 자본 지출이 필요할 수 있다. 기술지표를 더 개선하려면 값비싼 추가 데이터 공급원에 대한 접근 권한을 구입해야 한다고 가정해 보자. 이는 비용이 많이 드는 추가 데이터를 구입한 후에만 기술지표의 추가 개선이 가능한(따라서 해당 시점에서 수익 감소) 수익곡선에 '하강국면'을 만든다.

일반적으로 단조 수익곡선은 처리하기가 더 간단하며 여러분에게 선택권이 있다면 이것을 선택하는 게 바람직하다. 선택하기에 **똑같이 좋은** 기술지표-사업지표 조합이 두 개 있고 그중 하나는 단조이며 다른 하나는 그렇지 않은 경우라면, 단조 조합을 선택하자.

> **경고** 여러분이 관심 있어 하는 사업상의 고려 사항과, 이와 관련이 없는 기술지표만을 기반으로 사업상의 결정을 내리지 말자! 그렇지 않으면 사업성과를 최적화하는 것이 아니라 수치(기술지표)를 최대화하기로 결정하는 꼴이 되고 만다.

초기 인공지능 프로젝트에서나 인공지능 팀이 여전히 경험을 얻고 있는 동안에는 단순한 수익곡선을 이루는 사용 사례를 선호해야 한다. 이는 기술상의 이유(단조 수익곡선이 분석하기에는 더 간단함)와 사업상의 이유 때문이다.

> **참고** 복잡한 수익곡선은 수익 창출이 간단하지 않은 인공지능의 약한 사업 사례를 나타낼 수 있다. 그러나 이는 수익곡선에 대한 자세한 분석을 수행할 가치가 있는 매우 강력한 사업 사례를 나타내는 것일 수도 있다. 또는 "이러한 특정 사업지표와 기술지표 간의 관계가 그냥 그런 것이다"라는 말에서처럼 단지 기술적인 우연일 수도 있다. 내가 선입견을 지닌 채 시작하지는 않지만, 나는 비단조 수익곡선을 볼 때마다 항상 "왜 수익곡선이 이런 모양인가?"라고 자문하게 된다.

여러분에게 적합한 유일한 기술지표-사업지표 조합이 단조적이지 않기 때문에 여러분에게 선택의 여지가 없을 때가 있다. 다음 절에 나오는 기술들은 데이터 과학 팀이 이러한 상황을 해결하는 데 도움이 된다.

6.5.5   복잡한 수익곡선 처리

이제 더 복잡한 수익곡선을 구성하는 데 필요한 세부 사항에 대해 이야기해 보자. 이번 절에서는 비단조이고 유일성을 띄지 않는 수익곡선을 다루는 기술 측면을 설명한다.

> **참고**   이번 절에서는 독자가 자연어 처리[NLP]라고 하는 맥락에서 볼 때 혼동 행렬과 F 점수에 이미 익숙하다고 가정한다. 레온 더친스키[Leon Derczynski]의 논문[124]에서 자세한 정보를 찾을 수 있다.

먼저 유일하지 않은 수익곡선을 인식하는 방법을 살펴보자. 유일하지 않은 수익곡선은 여러분이 사용하고 있는 사업지표와 기술지표 간의 수학적 관계가 유일하지 않을 때 발생한다. 법률 분야의 예로는 문서 검토 담당 변호사 비용을 절감하기 위해 인공지능을 사용하는 e-디스커버리가 있다. 우리는 인공지능을 사용해 많은 문서를 살펴볼 수 있다. 인공지능 시스템이 소송과 관련이 없는 글을 안정적으로 골라낼 수 있다면 변호사의 시간을 대폭 절약하고 소송 비용을 절감할 수 있다.

지금 여러분이 법무법인에서 일한다고 가정해 보자. 여러분의 사업상의 질문은 "인공지능이 소송의 발견 단계에서 절약할 수 있는 최대 금액을 추정할 수 있는가?"이다.[6] e-디스커버리에서 절감되는 비용은 인공지능이 '소송과 무관'한 것으로 올바르게 분류한 문서의 비율(참-음성)에 비례한다. 문서를 분석하는 인공지능 시스템이 속한 분야는 더 넓은 자연어 처리 분야의 한 부분이다. 자연어 처리 커뮤니티가 일반적으로 사용하는 지표 중에 한 가지는 F 점수이다.[124] 불행히도 우리의 사업 사례에서 F 점수는 참-음성을 설명하지 않는다! 다양한 참-음성이 있는 두 가지 서로 다른 인공지능 시스템의 F 점수가 똑같을 수 있다! 사업 사례에서 이는 F 점수와 인공지능이 제공할 수 있는 절감액 간에 유일한 관계가 없음을 의미한다. 동일한 F 점수는 변호사의 시간을 10%에서 80%까지 절약할 수 있다! 이 F 점수를 사용해 '비용 절감-F 점수' 수익곡선을 구성할 수는 없다. F 점수를 사용해 이 시스템의 다른 특성을 측정할 수는 있지만, 사업지표가 비용 절감인 수익곡선에 대해 좋은 기술지표는 아니다.

---

6   이 예제를 간단하고 정확하게 유지하기 위해 이것이 여러분이 관심을 갖는 유일한 질문이라고 가정하고 법적 실수를 하는 인공지능의 비용을 무시한다. 물론 이 첫 번째 질문에서 충분한 비용 절감이 이루어지고 법률 회사가 이 인공지능 시스템을 탐색하기로 결정하면, 사업상의 추가 질문이 제기된다.

참고   이 경우에 사람들이 F 점수를 사용하는 이유는 무엇인가? F 점수는 정보 검색의 여러 영역에서 의미가 있지만 특정 사업 사례에서는 의미가 없기 때문이다. F 점수는 종종 자연어 처리[124]라고 하는 맥락에서 사용되므로 사용할 **기술지표**에 대해 토론하는 경우에 합리적인 출발점이 된다. 더 넓은 교훈은 특정 기술지표가 널리 사용되고 있다고 해서 자동으로 수익곡선에 유용한 지표가 되지는 않는다는 것이다.

이제 비단조 수익곡선을 살펴보자. 비단조 수익곡선의 최소최대 분석을 수행하는 일은 단조 곡선을 분석할 때와 달라야 한다. 곡선이 단조가 아닌 경우에 수행해야 하는 최소최대 분석 방법이 그림 6.8에 나와 있다.

최소최대 분석에서 **최소**라는 용어는 사업지표의 최솟값을 의미하는 게 아니라 머신러닝 파이프라인의 최소 구성(모든 단계에 간단하고 최소화한 구현이 있음)을 나타낸다. 여러분은 언제나 머신러닝 파이프라인으로 얻을 수 있는 사업지표 중에서도 최상인 값을 얻고 싶어 한다! 따라서 그림 6.8에 나오는 최소최대 분석을 수행할 때 최소 분석의 결과는 곡

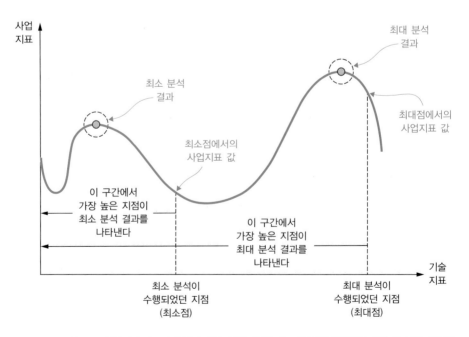

그림 6.8   비단조 수익곡선의 최소최대 분석. 최소 분석 결과는 [0, 최소점] 구간에서 가장 큰 사업지표 값이다. 최대 분석 결과는 [0, 최대점] 구간에서 가장 큰 사업지표 값이다.

선의 시작 지점과 최소 분석을 수행한 지점 사이의 전체 구간([0, 최소점])에서 나온 값 중에 최상인 값이다. 전체 구간([0, 최대점])에 대해 최소최대 분석의 최대 부분을 수행할 때 비슷한 논리가 적용된다.

최소최대 분석을 전반적으로 파악하면 비단조 수익곡선에 대한 최소최대 분석을 수행하기가 어렵지 않다. 그러나 단조 수익곡선을 가지고 일할 때보다는 더 노동 집약적이다! 이 일은 최소최대 분석으로 끝나지 않는다. 비단조 수익곡선이 있는 프로젝트에는 일반적으로 특별한 고려 사항이 있다. 예를 들어, 수익곡선이 그림 6.7의 (c)와 같은 모양이라면 인간 감독자가 지루해하고 부주의해질 수 있는데, 어떻게 그 지루함을 해결할 것인가?

암산이 작동하지 않을 때

수익곡선에서 복잡성의 사다리를 올라갈수록 관계를 이해하기가 더 어려워진다. 수익곡선의 모양이 조금만 비선형을 보여도 암산하기 어려워진다. 곡선이 단조적이지 않을 때는 훨씬 더 나쁘다!

잘 정의된 수익곡선을 제시하지 못하면 팀의 회의 참가자가 사업 측면에서 기술지표가 의미하는 바를 파악하기 위해 암산을 해야만 한다. 나는 대부분의 회의에서 중심 주제에 집중하기 어려울 뿐만 아니라 그런 회의에 으레 있기 마련인 비선형·비단조 수익곡선에 필요한 암산을 수행할 수 없다는 것을 알고 있다. 나는 그런 입장에 갇힌 많은 사람들이 암산을 완전히 건너뛰고 "그냥 기술적인 지표나 개선하자"라는 식으로 얼렁뚱땅 결론을 내릴 것이라고 생각한다. 그렇게 되면 결국 기술지표와 사업지표 간의 관계에 있는 모든 비선형성은 무시되거나 기껏해야 **근사치를 구하는 데 쓰이고 만다.**

즉, 수익곡선을 제대로 구성하지 못하는 바람에 비단조 수익곡선이 있게 하는 인공지능 프로젝트는 잘못된 것을 최적화하고 있는 셈이다! 큰 비용을 들여서 기술지표를 정확히 최적화해 놓고는 그 후에 근사치를 사용하게 된다면, 정말 안타까운 일이 되고 만다.

나는 대학교 1학년 때, 연속 근사치들로 이루어진 수열에 대한 농담을 들었다. 농담은 이랬다. "공학이란 마이크로 단위까지 측량할 수 있는 계측기의 나사 게이지를 사용해 측량하고 나서, 잘라낼 위치를 분필로 표시해 둔 다음에, 표시해 둔 그 부분을 도끼로 자르는 일이다!"

6.6 최소최대 분석에 대한 FAQ

최소최대 분석 수행 시의 기본 사항을 이해했다면, 해당 분석 수행에 대한 몇 가지 실용적인 질문을 해결해야 할 차례다. 이번 절에서는 다음과 같은 일반적인 질문에 대한 답변을 제공한다.

- 더 복잡한 분석을 해서 더 정확한 결과를 알아낼 수 있다면, 머신러닝 파이프라인에서 하는 분석 중에 최소최대 분석이 첫 번째여야 할까?
- 최소최대 분석의 최소 부분 또는 최대 부분을 먼저 해야 할까?
- 최소최대 분석은 대기업만이 할 수 있는 일일까?
- 최소최대 분석이라는 용어를 사용하는 이유는 무엇인가? 왜 '최선의 경우Best Case · 최악의 경우Worst Case' 분석이라고 부르지 않는가?

6.6.1 최소최대가 머신러닝 파이프라인의 첫 번째 분석이어야 하는가?

최소최대가 머신러닝 파이프라인의 첫 번째 분석이어야 하는지에 대한 질문부터 시작하겠다. 시스템 엔지니어링 및 산업 공정 제어 분야에 익숙하다면 머신러닝 파이프라인을 분석하기에 적당할 수 있는 여러 가지 분석 유형에 익숙할 것이다. 그렇다면 더 복잡한 분석이 더 정확한 결과를 제공할 수 있음에도 불구하고 최소최대 분석을 그것 대신 사용하는 이유는 무엇일까?

나는 제7장에서 유형이 다른 몇 가지 머신러닝 파이프라인 분석 방법을 설명할 것이다. 이러한 분석 유형은, 여기에서 설명한 대로, 최소최대 분석보다 더 강력할 수 있다. 그러나 최소최대 분석은 배우기 쉽고 돈이 덜 들며 파이프라인의 적합성에 대한 합리적인 추정값을 제공한다. 최소최대 분석은 복잡한 분석과 정확한 결과 사이에 놓인 절충안 중에서도 바람직한 것이다.

> **경고** 분석 결과가 얼마나 정확한지에 관계없이 분석 방법을 배우기 어렵고 그것을 구현하는 데 비용이 많이 드는 경우라면, 머신러닝 파이프라인 분석을 수행할 필요가 없다. 미래를 완벽하게 예측하는 분석은 미래가 이미 도래하기 전에 그 결과를 얻을 수 있어야만 가치가 있다.

6.6.2　어떤 분석을 먼저 수행해야 하는가? 최소부터인가 아니면 최대부터인가?

최소최대 분석을 수행하는 순서에 관해 이야기해 보자. 최소최대 분석의 최소 부분이나 최대 부분 중에 어느 부분부터 일정을 잡을 것인가? 이 두 성분이 서로 독립적이므로 분석의 유효성을 위해 분석의 최소 부분과 최대 부분의 순서는 그다지 중요하지 않다. 내가 최소최대를 구현할 때면 나는 그림에 표시된 과정을 사용한다. 즉 최소 부분과 최대 부분의 난이도 및 예상되는 결과에 대한 사전 의견과 같은 요인을 고려한다.

　각 최소 부분과 최대 부분은 적절한 파이프라인을 사용하고 있는지 여부에 대해 그 자체로 결정적일 수 있다. 최소최대 분석 중에 어느 한 성분을 분석해서 결론이 나온다면 굳이 다른 성분을 분석할 이유가 없다. 최대 분석을 하기가 더 쉬운데, 최대 분석 부분이 불합격으로 결론 난다면 최소 분석을 수행할 필요가 없다. 그림 6.9는 간단한 구성요소로 분석

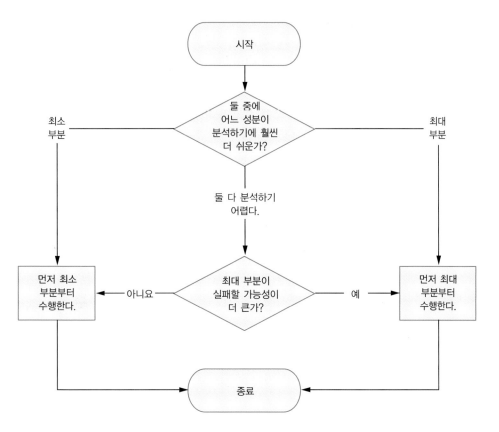

그림 6.9　머신러닝 파이프라인에서 최소최대 분석을 수행해야 하는 순서. 결정적인 답변을 제공할 수 있는 성분부터 분석하자.

작업을 시작하도록 최소최대 분석 과정 중의 일부만 일정에 넣는 경우를 보여 준다. 즉, 이는 또한 결정적인 결과를 제공한다.

6.6.3 소규모 회사나 소규모 팀은 최소최대 분석을 건너뛰어야 하는가?

또 다른 질문은 "중소 기업이 인공지능 알고리즘과 머신러닝 파이프라인 그 자체와 관련된 일을 함으로써 과정을 진행하는 데 따르는 경비를 최소화한 다음, 그것을 배포할 때 무슨 일이 벌어질 것인지를 살펴야 하지 않을까?"이다. 그렇다. 머신러닝 파이프라인 분석을 건너뛰는 편이 더 바람직하다…. 적절한 머신러닝 파이프라인상에서 일하고 있다고 확신할 수 있다면 말이다! 문제는 최소최대 (또는 이에 상응하는) 분석이 없으면 적절한 머신러닝 파이프라인상에서 일하고 있는지를 확신할 수 없다는 것이다. 소규모 회사와 팀은 실수로부터 복구할 수 있는 돈과 자원이 적기 때문에 최소최대 분석은 소규모 팀에 훨씬 더 중요하다.

여러분이 인공지능 프로젝트용 머신러닝 파이프라인을 구축할 때, 여러분은 본질적으로 중대한 위험성이 존재하고 모범 이행사례가 여전히 등장하는 새로운 분야에서 일하는 셈이 된다. 충분한 인공지능 프로젝트를 수행한 경험이 있어서 적절한 머신러닝 파이프라인을 처음부터 직관적으로 구성할 수 있을 만한 사람은 거의 없으며, 다양한 문제에 동원되는 머신러닝 파이프라인 중에 작동하지 않는 경우가 작동하는 경우보다 훨씬 더 많다.

그렇다면 적절한 머신러닝 파이프라인상에서 일하고 있는지를 어떻게 알 수 있는가? 여러분이 위험을 감수하면서까지 잘못된 길로 간다면 아무리 많은 노력을 기울일지라도 결국에는 머신러닝 파이프라인에 결함이 있게 되고 만다.

> **조언** 소규모 회사 상황이라면 적절한 머신러닝 파이프라인이 있는지를 아는 게 훨씬 더 중요하다! 적절한 최소최대 분석은 인공지능 프로젝트에서 가장 중요한 기술적 단계이며, 이를 건너뛴다고 해서 과정이 간소화되는 게 아니라 오히려 위험에 맞닥뜨리게 된다.

민감도 분석에 대해서도 비슷한 주장을 펼칠 수 있다. 파이프라인 단계들 중에 개선해야 할 단계를 어떻게 알 수 있는가? 모든 규모의 회사에서 민감도 분석을 사용해야 한다. 다음 장에서 이에 대해 자세히 설명한다.

6.6.4 최소최대 분석이라는 용어를 사용하는 이유는 무엇인가?

경영계와 산업계에서는 최소최대 분석을 다양하게 표현하는데, '최선의 경우·최악의 경우' 분석이라고도 부른다. 이러한 용어들을 머신러닝 관련 모임들에서 자주 들을 수 있다.[7] 그러나 산업계에서 일하는 동안 나는 '최선의 경우·최악의 경우'라는 용어는 어떤 관점(경영이나 공학)에서 최선의 경우를 측정해야 하는지가 명확하지 않기 때문에 문제가 있음을 알게 되었다.

이번 장에서 분석한 머신러닝 파이프라인을 살펴보자. 사업 관점에서 볼 때 '최선의 경우'란 무엇일까? 머신러닝 파이프라인의 가장 간단한 기술 구현이 사업 문제를 해결할 것이다. 이것이 최소최대 파이프라인의 최소 부분에 사용한 머신러닝 파이프라인이다. 그러나 공학 관점에서 보면 최소 분석을 통해 나온 결과가 '최악의 경우'라고 주장할 수 있다. 나는 그것을 정밀한 방식으로 주장하는 많은 공학자와 통계학자를 알고 있다. 현재 보유하고 있는 머신러닝 파이프라인은 오늘 제품을 배포할 경우에 제품의 인공지능이 얼마나 잘 작동할지에 대한 최저 극한('최악의 경우')을 설정한다.

이 모든 논의는 일부 공학자에게 큰 관심을 불러일으키고 있으며 그럴 만한 이유는 충분하다. 부정확한 용어는 그들의 직업에 많은 문제를 일으키는 근본 원인이기 때문이다. 나는 그 주장에 공감하지만, 실용적인 관점에서는 최소최대 분석이라는 용어를 선호한다.

6.7 연습문제

다음 연습문제는 이번 장에 소개된 개념을 더 잘 이해하는 데 도움이 된다. 본질적으로, 최소최대 분석 결과를 간단히 해석할 수 있다. 머신러닝 파이프라인 분석은 기술적 기량과 사업적 기량에 모두 해당하므로 사업 전문가와 공학자로 팀을 구성하고 이러한 연습 중 일부를 함께 수행해야 한다. 이번 장의 모든 연습에서는 그림 6.10에 제공된 머신러닝 파이프라인을 사용한다.

---

7 머신러닝 알고리즘이라는 맥락에서 '최선의 경우·최악의 경우'를 사용하는 예로서 머신러닝 알고리즘에 대한 최상의 결과를 <u>112</u>에서 논의하고 있다.

그림 6.10 머신러닝 파이프라인의 예. 이번 장에 나오는 연습문제에서는 이 파이프라인을 사용한다.

또한 앞서 표 6.1에 제공된 정보를 참조해야 한다(편의를 위해 여기에서는 표 6.2로 반복).

표 6.2 최소최대 분석 시에 있을 법한 결과들을 요약한 내용

최대 결과 최소 결과	최대 부분 합격	최대 부분 불합격
최소 부분 합격	머신러닝 파이프라인을 사업에 활용할 수 있다.	이런 조합은 있을 수 없다.
최소 부분 불합격	머신러닝 파이프라인을 사업에 활용하려면 개선이 필요하다.	현재 여러분이 지닌 머신러닝 파이프라인은 사업 문제를 해결하는 데 적합하지 않다.

다음 질문에 답하자.

질문 1 : 표 6.2에는 최소최대의 최소 부분은 합격했지만 최대 부분이 불합격한 상황에 대한 지침이 없다. 그 이유를 설명하자.

질문 2 : 그림 6.10에 나오는 머신러닝 파이프라인의 경우에 프로젝트를 사업에 활용할 수 있는 가치 임곗값이 10억 원이라고 가정해 보자. 최소최대 분석 결과가 다음과 같은 경우에 파이프라인을 추구할 가치가 있는지 확인한다.

- **시나리오 1** : 최소 부분은 23억 원이고 최대 부분은 230억 원이다.
- **시나리오 2** : 최소 부분은 5억 원이고 최대 부분은 10억 원이다.
- **시나리오 3** : 최소 부분은 5억 원이고 최대 부분은 20억 원이다.
- **시나리오 4** : 최소 부분은 11억 원이고 최대 부분은 9억 원이다.
- **시나리오 5** : 최소 부분은 5억 원이고 최대 부분은 9억 원이다.

질문 3 : 여러분이 데이터 과학자나 기술 경영자라면 여러분이 선택한 기술상의 문제를 해결하고 이를 위한 머신러닝 파이프라인을 구성하자. 해당 문제를 위한 최소최대 분석의 최

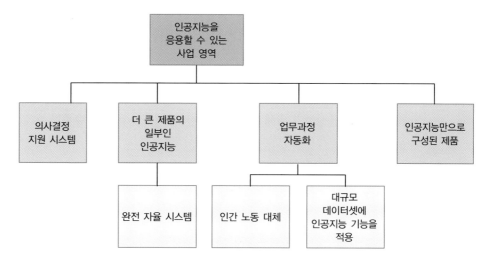

그림 6.11 사업에서 수행하는 높은 수준의 역할에 기반한 인공지능 분류. 이 분류를 사용해 여러분이 인공지능의 도움을 받아 펼칠 수 있는 사업 행위를 유도할 수 있다. (이 그림은 그림 2.5와 같다.)

대 부분을 수행하자.

질문 4 : 여러분이 데이터 과학자나 기술 관리사라면 6.4.1 절에 나오는 예제들을 보고 해당 절에 설명된 대로 최소최대 분석을 수행하자. 해당 절에 제시된 금액(단위 : 원)의 출처를 정하자. 힌트 : 수익곡선은 분류기의 혼동 행렬에서 구성되었다.

질문 5 : 6.5.5 절에 설명된 e-디스커버리 과정이 진행되는 동안 소송 비용을 절감하는 맥락에서 인공지능 사용을 어떻게 분류하겠는가? 2.5 절에서 소개한 인공지능 사용 분류를 이용한다. 그림 2.5에 나와 있으며 여기에서는 해당 절에서 논의된 분류법이 요약된 그림 6.11로 반복된다.

요약

- 프로젝트 관리란 현재 가지고 있는 정보를 기반으로 일반적으로 시간 제약이 있는 상황에서 최상의 결정을 내리는 일이다. 머신러닝 파이프라인의 사업 가치를 일찍 파악하려면 최소최대 분석 기법을 사용해 분석해야 한다.
- 인공지능 프로젝트에서 자원을 경제적으로 할당하려면 적절한 머신러닝 파이프라인

을 사용하고 있는지 확인한 다음, 필요에 따라 해당 머신러닝 파이프라인을 이루는 단계들 중 적절한 단계들을 개선해야 한다. 전자는 최소최대 분석을 사용해 수행되고, 후자는 민감도 분석을 사용해 수행된다. 이것은 CLUE 과정 중에 **절약** 부분이다.

- 최소최대 분석을 사용하면 머신러닝 파이프라인이 이미 사업 목표를 충족하는지, 이러한 목표를 달성하기 위해 개선이 필요한지, 이러한 목표를 충족할 수 없는지를 확인할 수 있다.

- 최소최대 분석은 "실패할 것 같으면 차라리 빨리 실패하자!"라는 정책을 구현하는 데 도움이 된다.

인공지능 프로젝트를
성공으로 이끌기

이번 장에서 다루는 내용

- 머신러닝 파이프라인에서 민감도 분석을 수행하기
- 고급 민감도 분석 기법 평가하기
- 파이프라인에서 시간의 영향을 고려하기
- '실패할 것 같으면 차라리 빨리 실패'하도록 프로젝트를 구성하기

이번 장에서는 다음 질문에 답한다. "머신러닝 파이프라인을 개선해야 하는 경우에 어떻게 해야 하며 머신러닝 파이프라인 중에 적절한 단계를 개선하고 있는지를 어떻게 알 수 있는가?" 이러한 문제들은 이미 배포된 인공지능 제품에서 거의 항상 발생하며, 여러분의 목표는 인공지능 제품의 사용자 경험을 지속적으로 개선하는 것이다.

여러분이 인공지능 프로젝트의 초기 개발을 진행하는 중에 현재 머신러닝 파이프라인을 개선해야 사업 목표를 달성할 수 있게 되었을 때에도 똑같은 질문을 하게 된다. 기술적으로 볼 때, 이런 상황은 최소최대 분석의 최소 부분이 불합격하고 최대 부분이 합격할 때 발생한다. (6.4.3 절은 그러한 시나리오의 세부 사항을 설명한다.)

이번 장에서는 머신러닝 파이프라인을 개선하는 방법을 보여 주겠다. 개선이 필요한 머신러닝 파이프라인 단계를 제대로 골라 노력을 집중함으로써 자원을 절약하는 것이 핵심이다. CLUE 과정 중에 **절약** 부분에서는 여러분이 지닌 자원을 가장 적절한 방향으로 이끄는 방법을 설명한다.

- 7.1 절에서는 개선이 필요한 머신러닝 파이프라인 단계를 민감도 분석으로 어떻게 찾아내는지를 살펴본다.
- 7.2 절에서는 CLUE 과정을 통한 여정을 완료한다.
- 7.3 절에서는 고급 민감도 분석 기법과 사용 시기를 설명한다.
- 7.4 절에서는 인공지능 프로젝트를 배포한 이후에 머신러닝 파이프라인의 성장 및 유지보수를 관리하는 방법을 보여 준다.
- 7.5 절에서는 성공한 프로젝트들을 강화하고 실패한 프로젝트들을 차단하는 식으로 일련의 인공지능 프로젝트와 현재 프로젝트 간의 균형을 맞추는 방법을 설명한다.

7.1   민감도 분석으로 머신러닝 파이프라인을 개선하기

머신러닝 파이프라인의 결과를 개선해야 한다는 점을 알게 되면 자연스럽게 "파이프라인 중에 어느 부분을 보강해야 할까?"라는 질문이 생긴다. 오류가 적은 깨끗한 데이터나 더 나은 인공지능 알고리즘이 필요한가? 여러분이 지닌 자원이 한정되어 있으므로 여러분은 "머신러닝 파이프라인의 모든 부분을 동시에 개선하고 어떤 일이 발생할지를 확인해 보자"라는 식으로 말할 수 없다. 머신러닝 파이프라인을 개선하려면 머신러닝 파이프라인을 이루는 단계들 중에 하나를 선택해야 한다. 이번 절에서는 머신러닝 파이프라인 중에 여러분이 다음 차례에 개선하기에 가장 좋은 단계가 무엇인지에 대해 탐구하는 일을 안내하는 도구를 소개한다. 이 도구를 **민감도 분석**sensitivity analysis이라고 한다.

> **정의**   민감도 분석은 머신러닝 파이프라인의 단일 단계를 정제하면 파이프라인 전체의 결과가 어떻게 개선되는지를 보여 준다. 민감도 분석을 통해서 머신러닝 파이프라인을 이루는 단계들 중에 먼저 개선해야 할 단계를 알 수 있다.

핵심을 말하자면, 민감도 분석을 이용하면 "머신러닝 파이프라인의 어느 단계에 투자해야 최대 수익을 얻을 수 있는가?"라는 사업상의 질문에 답할 수 있다는 말이다. 이 질문에 대한 답을 알면 파이프라인 개선에 투입되는 자원을 절약할 수 있다.

예를 하나 들어 보겠다. 그림 7.1에 파이프라인이 있고 파이프라인의 결과(E 단계의 출력)를 개선하려고 한다고 가정해 보자.

그림 7.1 머신러닝 파이프라인의 예. 이 파이프라인을 민감도 분석의 기본 예로 사용한다. (독자의 편의를 위해 그림 6.10을 그대로 가져왔다.)

사실, 여러분은 "파이프라인의 각 단계를 개선하면 어떤 효과가 있는가?"라고 묻고 있는 것이다. 예를 들어 "A 단계가 1% 더 개선되는 경우에 전체 파이프라인이 개선되는 점은 무엇인가?"라는 질문을 한다. 그런 다음에 B, C, D, E 단계에 대해 동일한 질문을 한다. 민감도 분석은 이러한 질문에 답하는 데 사용하는 도구이며, 이것을 사용하면 직관과 직감에 기반한 접근 방식을 데이터 기반 접근 방식으로 대체할 수 있다.

> **조언** 민감도 분석을 통해서 여러분은 머신러닝 파이프라인을 이루는 단계들 중에 어떤 한 가지 단계를 개선할 만한 사업적 가치가 있는지를 알 수 있다. 모든 단계에 민감도 분석을 적용해 보면 각 단계가 개선될 때 전반적으로 사업이 개선된 정도에 맞춰 파이프라인을 이루는 각 단계의 개선 순위를 매길 수 있다.

민감도 분석 결과를 기반으로 머신러닝 파이프라인 단계들의 개선 순위를 지정하고, 파이프라인을 개선하는 데 필요한 작업 잔량을 알아낼 수 있다. 이런 식으로 잔량^{backlog}을 알게 되면 널리 쓰이는 프로젝트 관리 방법을 사용해 나머지 프로젝트 관리 업무를 하면 된다. 민감도 분석을 통해 여러분은 머신러닝 파이프라인 개선 문제를 일상적인 관리상의 결정 문제로 바꿀 수 있다. 이 접근 방식은 환경이 애자일인지 여부에 관계없이 적용된다. 여러분은 머신러닝 파이프라인을 이루는 한 단계를 보강하는 비용 및 시간과 사업상의 이점 간 균형을 맞추고 있다.

> **참고** 공학적 배경 지식이 있는 독자를 위해 나는 다음에 나오는 7.1.1 및 7.1.2 절을 작성했으므로, 이 절들을 보려면 몇 가지 간단한 입문 수준 미적분 개념이 선행

되어야 한다. 팀이 민감도 분석을 수행하는 방법에 대한 아이디어만 얻으려는 경우에는 해당 절의 세부 정보를 건너뛸 수 있다.

다음 절에서는 민감도 분석을 수행하기 위한 두 가지 고급 방법을 제시한다.

- 7.1.1 절은 국소 민감도 분석local sensitivity analysis을 다룬다. 머신러닝 파이프라인 단계에서 증분적인 개선만 가능할 것으로 예상되는 경우라면, 팀은 국소 민감도 분석을 사용해야 한다.
- 7.1.2 절은 전역 민감도 분석global sensitivity analysis을 다룬다. 머신러닝 파이프라인 중 어떤 한 단계를 크게 개선할 수 있을 것 같다면, 팀은 전역 민감도 분석을 사용해야 한다.
- 7.1.3 절에서는 민감도 분석 결과를 해석하는 예를 제공한다.

다음번에 개선할 파이프라인 단계를 결정하는 관리자는 주로 민감도 분석 결과를 해석하는 데 관심을 둔다(7.1.3 절에서 설명). 수행된 분석 유형은 부차적인 관심사이다. 그러나 민감도 분석을 수행하는 기술 전문가는 국소 분석이나 전역 분석의 올바른 형식을 선택하는 방법을 알고 있어야 한다.

7.1.1 국소 민감도 분석

국소 민감도 분석을 하면 다음에 나오는 질문에 답할 수 있다. "현재 머신러닝 파이프라인을 이루는 단계들 중에 한 단계를 조금만 개선한다고 했을 때, 사업성과는 어떻게 되는가?" 이러한 유형의 민감도 분석은 특정 단계에서 약간의 점진적인 개선만 가능하다고 예상할 때 적합하다. 예를 들어, 여러분(또는 더 광범위한 커뮤니티)이 이미 파이프라인의 특정 단계를 개선하는 데 너무 많은 노력을 기울였기 때문에, 해당 단계의 결과가 상당히 개선될 수 있는 시대가 이미 지나갔다고 믿는 경우다.

　예를 들어, 그림 7.1에서 머신러닝 파이프라인을 개선한 경우에 파이프라인의 어떤 단계가 해당 파이프라인의 전반적인 성능을 극대화할 것인지를 찾고 싶다고 가정해 보자. 이를 위해 우리는 머신러닝 파이프라인의 모든 단계에 민감도 분석을 적용해 볼 것이다.

　참고　머신러닝 파이프라인을 이루는 단계들 중에 특정 단계를 실제로 개선하는 (가능한 모든 결과에 대해) 것보다는 그 단계에 대한 민감도 분석을 수행하는 편이 더 빠르다. 따라서 민감도 분석을 다음에 개선할 파이프라인 단계에 대한 지침으로 사용할 수 있다.

그림 7.1에서 B 단계를 분석해 보자. B 단계가 입력 내용을 몇 가지 범주로 분류한다고 가정해 보자. 입력 내용을 적절한 범주로 분류하는 B 단계의 능력을 측정하기 위한 기술지표가 분류 정확도여야 한다고 가정해 보자. 또한 현재 B 단계에서 x% 분류 정확도를 달성하고 있다고 가정해 보자. 그림 7.2는 이것에 대한 민감도 분석 방법을 보여 준다.

x% 부근에서 B 단계의 분류 정확도를 변경하면 파이프라인의 마지막 단계(E 단계)의 출력은 어떻게 될까? $(x-1)$% 및 $(x+1)$%에서는 어떻게 될까? B 단계의 결과들을 개선하는 일을 시뮬레이션해 국소 민감도 분석을 수행한다.

분류기의 정확도가 x%인 지점 근방에서 이러한 유형의 민감도 분석을 국소적으로 수행한다. $(x-1)$% 및 $(x+1)$%의 정확도를 갖도록 B 단계의 출력을 변경한 다음에 머신러닝

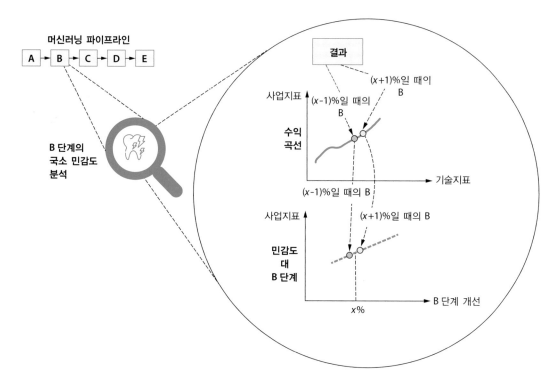

그림 7.2   국소 민감도 분석. B 단계의 응답이 약간 개선된 경우, 이 분석에서는 머신러닝 파이프라인의 선형 응답을 가정해 보자. B 단계에서 이루어진 0.5%의 개선이 파이프라인 결과에서는 1%만큼 개선되는 경우, B 단계에서 1%만큼 개선되면 전체 머신러닝 파이프라인에서는 2%만큼 개선된다.

파이프라인의 출력에 대한 B 단계의 변경 효과를 측정하면 전체 파이프라인에 대한 결과를 얻는다. 수익곡선을 사용해 기술지표를 사업지표로 변환하고 마지막으로 B 단계의 변경 사항과 전체 파이프라인의 사업성 간 관계를 그린다.

경고 수익곡선과 '민감도 대 단계' 곡선은 완전히 다른 두 곡선이다. 전자는 전체 머신러닝 파이프라인을 측정하는 기술지표가 변경될 때 사업지표가 어떻게 변경되는지 보여 준다. 후자는 개별 단계의 개선 기능에 따라 사업지표가 어떻게 변경되는지 보여 준다.

1% 개악하는(또는 개선하는) 방법

1% 더 나쁜 출력을 얻으려면 분류기를 그대로 사용하고 난수 생성기를 통해 분류기의 출력을 실행한다. 난수 생성기는 분류기의 총정확도를 1%만큼 낮추도록 조정해야 한다. 정확도를 1% 높이기 위해서 여러분은 사람들을 동원해 결과를 검토하게 한 다음에 수정할 수 있다.

또한 현재 산출할 수 있는 결과보다 더 나은 결과를 얻을 수 있게 하는 상용제품이나 서비스를 사용할 수도 있다.[a] 이러한 상용제품이나 서비스는 머신러닝 파이프라인의 프로덕션 버전(운영 환경에서 쓸 수 있게 한 버전)에서 영구적인 역할을 수행할 필요가 없다. 분석 목적상 상용제품을 파이프라인과 통합하는 복잡성이나 비용 또는 성능 등의 이유로 인해 머신러닝 파이프라인의 프로덕션 버전에 상용제품을 통합할 수 없는지 여부는 중요하지 않다. 상용제품은 1%의 정확도 내에서 한 번만 증분할 수 있는 실험에 유용하면 된다.

---

[a] 솔루션들을 자체적으로 구축하는 데 상당한 자원을 투자하기 전에 항상 상용제품 거래 환경을 조사해야 한다. 따라서 이러한 상용제품 솔루션으로 어떤 것들이 있는지를 미리 알고 있어야 한다.

국소 민감도 분석을 수행할 때 $x\%$ 부근에서 전체 머신러닝 파이프라인의 응답이 선형이라고 가정해 보자. B 단계의 1% 변경으로 인해 머신러닝 파이프라인의 출력이 1% 변경되는 경우에 B 단계의 2% 변경으로 인해 출력이 2% 변경된다. 민감도 분석에 대한 이 접근 방식을 사용하면 B 단계의 분류 출력 부근에서 전체 머신러닝 파이프라인 출력의 동작이

x%임을 이해할 수 있다.

민감도 분석에 대한 이 접근 방식은 민감도 분석 결과의 개선이 점진적으로 이루어지고 성능을 1% 개선시키는 것이 사소하지 않을 것이라고 예상할 때 가장 적합하다.

> **참고** 이 상황의 일반적인 예는 개선 중인 파이프라인 단계가 일부 인공지능 알고리즘의 구현인 경우이다. 여러분의 팀은 한동안 그 단계를 개선하기 위해 노력했을 수도 있다. 여기에서는 지표의 작은 개선조차도 난제가 될 수 있다고 가정해 보자.

방금 국소 민감도 분석을 설명하기 위해 사용한 예에서는 1% 지표 개선에 대해 마술 같은 면이 없다. 개선율을 반드시 1%로 잡아야 하는 건 아니다. 0.1%, 1.5%, 2%나 그 밖의 개선율도 사용할 수도 있다. 중요한 것은 여러분이 이 단계에서 있을 법한 전체 개선 사항 중 일부에 해당하는 백분율 증분을 사용하는 것이다. 예를 들어 잠재적 이득이 0.1%로 제한되는 경우에 0.05% 증분을 사용할 수 있다.

7.1.2 전역 민감도 분석

머신러닝 파이프라인의 특정 단계를 작게 개선하는 데 그치게 되는 경우가 종종 벌어질 것이라고 확신할 이유가 없다. 어떤 한 단계를 30%나 60%만큼 개선할 수 있을지 누가 알겠는가? 전역 민감도 분석은 단일 단계의 대폭 개선에 머신러닝 파이프라인이 어떻게 반응하는지를 이해하는 데 도움이 된다.

파이프라인의 어떤 한 가지 단계에서 잠재적이면서도 극적인 개선이 이루어질 수 있는 원인 중에 하나는 여러분이 아직 그 단계를 구현하지 않았지만 극적으로 다른 결과를 낼 수 있는 구현 방식이 다양하다는 점을 알고 있는 경우이다. 또 다른 예는 데이터 정제를 수행하는 파이프라인 단계를 개선하는 경우이다. 적어도 이론적으로는, 그러한 단계에 충분한 노력을 기울이면 데이터를 완벽하게 정제할 수 있다.

> **참고** 실제로는, 여러분이 감당할 수 있고 달성할 수 있는 데이터 품질에는 한계가 있다. 그래도 입력 데이터의 품질을 얼마나 개선시킬 수 있는지에 대한 상당한 제어 권한이 여러분에게 있다.

한 단계의 결과를 크게 개선할 수 있는 경우에 여러분은 머신러닝 파이프라인의 응답을 넓은 범위에 걸쳐서 지켜보게 될 텐데, 이런 경우에는 국소 민감도 분석이 적절하지 않다. 그

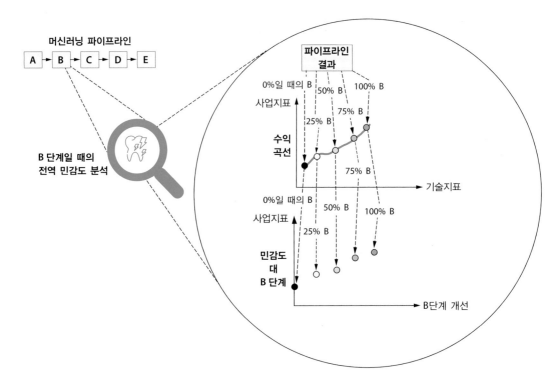

그림 7.3   전역 민감도 분석 시에는 값에 대해 다양한 범위를 사용한다. 파이프라인의 일부 단계에서 약간의 개선만 가능하다고 믿을 이유가 없을 때(즉, 대폭 개선이 가능하다고 믿을 수 있을 때) 전역 민감도 분석을 수행한다.

대신에 여러분이 사용할 수 있는 값들의 전체 범위를 검정test 지점들 간의 구간에 맞춰 검정해야 한다. 그림 7.3은 이러한 민감도 분석 방법을 보여 준다.

전역 민감도 분석은 국소 민감도 분석과 유사하게 수행되지만 두 지점($x - 1\%$ 그리고 $x + 1\%$)에서 분석을 수행하는 대신 단계에서 생성할 수 있는 값 범위에 대해 분석한다. 이 접근 방식을 사용하면 머신러닝 파이프라인의 단일 단계에서의 변경과, 전체 머신러닝 파이프라인의 출력 간의 비선형 관계를 더 잘 수용할 수 있다. 다만 더 많은 지점을 분석하기 때문에 민감도 분석 시에 할 일이 많아진다는 단점이 있다. 그렇다면 얼마나 많은 지점을 (어떤 간격으로) 사용해야 하는가?

간격에 관한 한 현재 성능 수준을, 가능하다고 여겨지는 최대 성능 수준(또는는 100%에 도달할 수 없다고 의심할 이유가 없는 경우에 100%)과 비교하는 것에서 비롯된다. 분석을 수행하는 데 필요한 지점 개수는 검정 지점별로 분석을 수행하는 데 얼마나 많은 노력이 필요한지에 따라 결정된다. 최소 3개 지점으로 시작해 사용할 수 있는 시간 범위 내에 수용할 수 있는 한 최대한 많은 지점들을 사용하기를 권장한다.

파이프라인을 이루고 있는 모든 단계에 대한 민감도 분석을 완료하면 파이프라인의 개별 단계 변경이 사업 가치에 미치는 영향에 대한 데이터를 얻게 된다. 이 데이터는 '경험과 직관'을 기반으로 머신러닝 파이프라인의 출력을 개선하는 사람들보다 큰 이점을 제공한다.

7.1.3 민감도 분석 결과를 사용한 예

그림 7.1의 머신러닝 파이프라인이 있고 이에 대해서 최소최대 분석을 해 봤더니 사업 목표를 달성하려면 파이프라인을 더 개선해야 한다고 가정해 보자. 여러분에게는 파이프라인의 각 단계를 개선하는 데 걸리는 시간(및 각 단계를 개선할 수 있는 정도)에 대한 개발 팀의 추정값이 있다. 이러한 개선에는 상당한 시간이 소요된다. 즉, 각 단계를 개선하려면 팀원 대다수가 몇 주에 걸쳐 일을 해야 한다. 제품이 바로 배포되기를 바라므로 여러분은 합당한 보상이 주어질 만한 개선 사항만 구현하려고 한다.

사업지표가 단위당 수익(원)이고 가치 임곗값에 도달하려면 단위당 3,000원에 해당하는 개선이 필요하다고 가정해 보자. 또한 민감도 분석에서 다음과 같은 결과가 있다고 가정해 보자.

1. A 단계와 B 단계는 상당히 개선될 수 있다. 다양한 개선 사항을 간단히 시뮬레이션할 수 있었다. 그러나 전역 민감도 분석을 수행한 후 이러한 단계 중 어느 것도 파이프라인 결과에 큰 영향을 주지 않는다.

2. C 단계는 약 1~2% 정도만 개선될 수 있다. 공학자는 단일 지점에서 민감도 분석을 수행하는 데 한 시간이 걸린다. 이 분석의 결과는 국소 민감도 분석을 기반으로 C 단계에서 1% 개선될 때마다 전체 머신러닝 파이프라인이 ₩10,000/단위/% 개선된다는 것이다.

3. D 단계도 약간(1~2%) 개선될 수 있으며 전체 팀이 단일 지점에서 분석을 수행하는 데 이틀이 걸린다. 두 지점에서의 국소 민감도 분석에 따르면 이 단계에서 1% 개선에 대한 민감도는 ₩50/단위/%이다. D 단계 개선의 어려움은 C 단계 개선의 어려움과 비슷하다.

4 E 단계는 현재 수준 이상으로 전혀 개선할 수 없다. (이 단계는 알릴 내용을 제공하는 것뿐이다.)

이 예에서 나는 C 단계를 개선해 보려고 한다. 민감도가 높고 D 단계와 마찬가지로 쉽게 업그레이드할 수 있는 것처럼 보이기 때문이다. 가장 중요한 것은, C 단계에서 합리적이고 달성할 수 있을 만한 정도의 개선이 나를 사업 목표로 이끌어 줄 것이라고 생각한다는 점이다.

7.2   CLUE를 완성하다

6.2 절에서 배운 것처럼 최소최대 분석과 민감도 분석의 조합은 CLUE의 마지막 E인 부족한 자원을 **절약**하는 방법이다. 최소최대 분석을 통해 여러분이 적절한 머신러닝 파이프라인상에서 일하고 있는지를 알 수 있다. 민감도 분석을 통해 여러분은 그 파이프라인의 적절한 단계에서 일을 할 수 있다.

> **조언**   데이터 과학자라면 최소최대 분석과 민감도 분석이 서로 겹치는 점이 있다는 것을 알아차렸을 것이다. 여러분은 이것들을 모두, 데이터 과학을 사용해 머신러닝 파이프라인이 어떻게 작동할지를 예측하기 위해 사용하는 분석 기법이라고 여길 수 있다.

CLUE는 일종의 통합과정이며 이 과정을 이루는 각 단계는 이전 단계에 의존한다. 그림 7.4는 CLUE의 의존성을 보여 준다.

CLUE의 **절약** 부분은 **이해** 부분을 (그림 4.4에 표시된 수익곡선 형태에 맞춰) 사용한다. 이해 부분에는 사업지표와 기술지표가 연계되어야 한다. 마지막으로 여러분은 적절한 사업 문제상에서 일했는데, 이곳이 CLUE의 **고려** 부분이 출현하는 자리다.

> **참고**   CLUE 과정의 최종 목표는 향후에 후회할 일을 줄이는 데 있다. CLUE는 사업과 기술을 연계하는 방식으로 인공지능 프로젝트를 구성한다. CLUE를 통해서 여러분은 잘못된 사업 문제를 해결하는 일이나, 예상 사업성과를 달성하는 데 도움이 되지 않을 기술적 해법을 애써서 찾는 일 등 추후 예상되는 낭비를 방지할 수 있다.

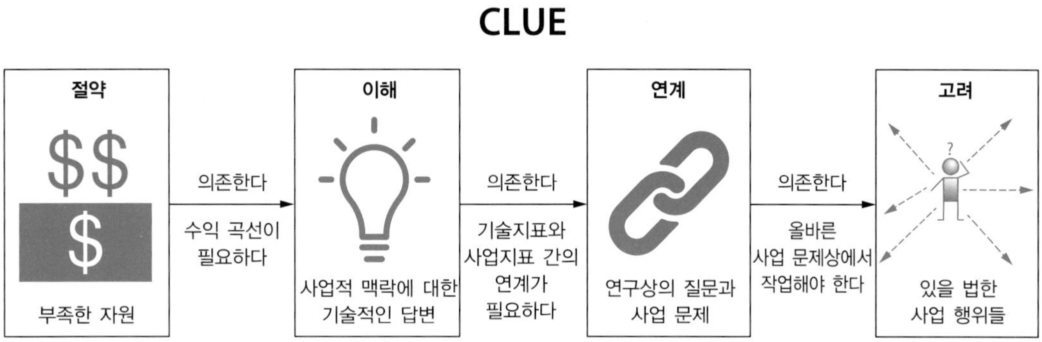

CLUE

그림 7.4 CLUE 부분 간의 의존성. 즉, 후속 단계는 이전 단계의 적절한 구현에 의존한다. CLUE를 따르면 적절한 사업 문제를 골라서 해결할 수 있고, 문제를 해결하는 데 필요한 머신러닝 파이프라인을 적절한 것으로 선택할 수 있으며, 언제나 파이프라인 중에서도 개선하기에 적절한 단계를 골라서 작업할 수 있다.

프로젝트를 진행해 나가는 중의 모든 시점에서 CLUE는, 수집 비용은 저렴하지만 머신러닝 파이프라인에서 있을 법한 기술적 결과를 예측하는 데 도움이 될 만한 정보를 기반으로 현명한 결정을 내리는 데 집중할 수 있게 한다. 이를 통해 "받아들여질 만한 사업성과를 이 머신러닝 파이프라인이 제공할 가능성은 얼마나 되는가?" 같은 질문에 답할 수 있다.

참고 CLUE는 현재 사용 가능한 정보나 빠르고 쉽게 수집할 수 있는 최상의 정보를 기반으로 결정을 내리는 데 도움이 된다.

CLUE가 아닌 다른 과정을 사용하기로 선택했을지라도 이러한 과정 속에서 여러분은 CLUE로 해결했던 것과 동일한 문제를 해결해야 한다. 즉, 적절한 사업 문제를 해결해야 하고, 결과를 사업 용어로 이해할 수 있어야 하며, 정보를 기반으로(직감과는 반대로) 자원을 절약할 수 있어야 한다. 이러한 고려 사항 중 하나라도 해결하지 못한다면 프로젝트 결과가 어떻게 나오든지 간에 그것을 감수해야 한다.

데이터가 없으면 개성이 그 자리를 대신한다!

데이터에 근거해 머신러닝 파이프라인 개발을 관리하지 않는다는 말은 직감이나 특정 행위를 옹호하는 팀의 개성을 믿고, 그 믿음에 의지하여 개발을 관리한다는 말과 다름없다.

전체 머신러닝 파이프라인을 이해하는 팀원은 거의 없으며, 대부분의 팀원은 자신이 담당하는 파이프라인 부분에 대해서만 폭넓게 이해한다는 점을 다시 떠올려 보자. 팀원은 자신이 이해하지 못하는 부분을 설명하기보다는 자신이 이해하는 시스템 부분을 개선하는 방법에 대해 설명할 때 더 편안해하는 법이고, 이는 인간의 본성이다.

관리자의 입장에서는, 기술적인 전문 지식이 부족한 영역에서 기술적인 제안을 판단해야 하는 상황은 최악의 상황이다. 팀원은 자신의 의견을 주장하는 동안에 그의 지도력, 성실성, 성숙함, 설득력, 전문성 같은 것에 대한 자질을 드러낼 것이다. 그러한 자질들은 타고난 것이다. 또한 그러한 자질들은 머신러닝 파이프라인의 어느 부분이 가장 생산적으로 개선할 만한 단계인지와는 전혀 관련이 없다. 사람들에 대한 이해심을 바탕으로 판단하면 여러분은 잘못된 길로 접어들 수 있다.

머신러닝 파이프라인의 달인들에게는 유머 감각이 있다.[a] 그들은 종종 개선해야 할 머신러닝 파이프라인 단계들 중에 가장 생산적인 단계를 팀 내에서 가장 설득력이 없는 팀원에게 할당한다. 그리고 나서 그 달인들은 그런 일들로 인한 성과를 여러분에게 돌릴 것이다.

---

[a] 이하 3개 문장은 모두 역설을 담고 있다._역주

CLUE 같은 과정을 사용하는 이유를 한마디로 말하자면, 인공지능 알고리즘에 대한 면밀한 지식과 인공지능 시스템에 대한 세부 사항의 필요성을, 기술적인 결정을 사업적인 용어로 이해할 수 있게 한 일련의 지표로 대체하는 일인 것이다. 제2장에 예로 나왔던 공장 관리자를 기억하는가? 십장만큼 공장을 잘 운영하지는 못하지만 공장을 어떻게 운영해야 할지를 알고 있는 관리자 말이다. 그 관리자는 데이터와 관리 노하우를 사용해 공장을 운영했다.

CLUE가 제공하는 데이터를 통해 데이터 및 관리 기술을 사용해 인공지능 프로젝트를 실행할 수도 있다. CLUE를 적용하면, 관리자에게 있어서 기술적인 주장을 판단하는 데 사용할 수 있는 유일한 도구가 기술적 지식인 경우에, 필요한 수준에서 인공지능 및 데이터 공학에 대한 복잡한 세부 정보를 배우도록 관리자에게 요청하는 것보다 확장성이 더 좋은 접근 방식을 제공받을 수 있다.

관리자도 인간이다

반대론자라면, 인공지능 프로젝트를 이끌 사람은 인공지능을 면밀히 이해해야 한다고 말할 수 있다. 특히 그러한 인공지능 기량이 지도력 기량을 희생시키는 상황이라면, 부디 입장을 바꾸기를 간청한다.

게다가 그러한 반대론자들이 옳다면 경영과 산업의 많은 영역에서 인공지능 혁명이 널리 퍼지지 않았을 것이다. 인공지능을 이해하는 일에 있어서 박사 수준에 빠르게 도달할 수 있는 능력, 시간, 끈기, 집중력(및 그 밖의 몇 사람에게 필요한, 아첨을 덜 하는 자질)을 가진 사람이 많다고 생각하는가? 아 맞다, 그 사람들도 좋은 리더가 되는 법을 배웠어야 했다. 그러나 인공지능 분야가 빠르게 발전하고 있으므로 사람들이 지닌 최신 지식을 유지하려면 광범위하고 지속적으로 기술을 교육해야 한다. 그 모든 것을 배워야 한다면 그런 사람들은 언제 일할 수 있겠는가?

우리는 극소수만이 소유한 자질을 두루 갖출 것을 요구하고 있는 셈이며, "인공지능에 관한 세부 사항을 관리자에게 가르치자"라는 말에는 탄력성이 없다. 게다가 그러한 관리자는 최고의 기술 기업뿐만 아니라 향후 몇 년 동안 인공지능을 적용할 모든 분야에서 필요로 할 것이다.

나는 인공지능 혁명을 제공하기에 충분할 만큼 많은 리더에게 인공지능을 자세히 가르칠 수 있을 것이라는 기대가 비현실적이라고 생각한다. 상당한 인공지능 전문 지식이 없을지라도 인공지능 프로젝트를 이끌게 할 방법을 찾아야 한다. 그렇지 않으면 성공하는 인공지능 프로젝트가 많아지지 않을 것이다.

아마도 대부분의 인공지능 프로젝트의 현재 사례처럼 경험할 기회가 거의 없었던 새로운 영역의 프로젝트에 대해 환상적인 직관을 바탕으로 일하고 있는 관리자들이 있을 것이다. 그러한 관리자가 얼마나 많은지 추측해 보자. 하지만 그런 직관을 지니지 못한 사람들일지라도 CLUE 같은 과정을 기반으로 프로젝트를 관리하면 직감만으로 관리하는 경우보다 관리 및 소프트웨어 아키텍처에 대한 책임을 더 잘 감당할 수 있다.

7.3 고급 민감도 분석 기법

앞에서 소개한 파이프라인 분석 방법들은 신속하게 수행해 볼 수 있는 것들로서, 이것을 이용하면 파이프라인이 장기적으로 사용하기에 적합한 것인지를 일찍부터 배우는 데 도움이 될 수 있다. CLUE와 인공지능을 엮어 착수할 때는 7.1 절에 설명된 민감도 분석 방법을 사용하는 것이 좋다. 그러나 민감도 분석에 능숙해지면, 여러분은 민감도 분석을 더 정확하게(하지만 훨씬 더 복잡하게) 수행하는 방법을 알고 싶어질 것이다. 이번 절에서는 이러한 방법들을 설명한다.

앞으로 나올 복잡한 주제

이번 절에서는 진보된 방법들을 설명하는데, 이 방법들을 성공적으로 적용하기 위해서는 상당한 프로세스 엔지니어링 경험이 필요하다. 이는 이미 프로세스 엔지니어링에 대한 배경 지식이 있는 고급 독자나 이미 CLUE를 구현하고 더 잘 활용하려는 팀을 위한 것이다.

이러한 고급 방법이 필요할 수 있는 상황을 인식하도록 가르치고 이러한 방법에 대해 충분히 이해해 전문가에게 어떤 종류의 도움을 요청해야 하는지 알 수 있도록 하려는 게 나의 목표다.

7.3.2 절 및 7.3.3 절은 이 책에서 유일하게 인공지능 도구, 기술, 인프라에 상당한 투자를 하는 대기업에만 관련이 있다고 생각하는 부분이다. 두 절에 설명된 많은 주제를 적용하려면 프로세스 엔지니어링 분야의 전문가가 필요하며, 1개 장이나 한 권의 책만으로 해당 전문 지식을 배울 수는 없다.

이러한 전문가를 감당할 예산이 없는 경우를 위해 나는 여러분이 직접 이러한 작업을 수행하는 방법을 쉽게 배울 수 있을 만한 참고 자료 몇 가지를 이 책에 포함시켰다. 이러한 참고 자료를 최대한 활용하려면 공학적 배경 지식과 큰 인내심이 필요하다.

초기 머신러닝 파이프라인을 개발하고 여기에 많은 시간과 비용을 투자한 후에는 해당 파이프라인을 개선할 수 있는 방법을 분석하는 데 더 많은 시간을 할애할 수 있다. 이 시점에서 더 진보된 분석 방법들이 유용하다. 특정 시나리오에서 이러한 방법은 수행된 분석의 복잡성이 증가하더라도 더 나은 분석 결과를 제공할 수 있다. 이번 절의 나머지 부분에 대한 로드맵은 다음과 같다.

- 7.3.1 절에서는 비선형성이 있는지를 알아내는 방법을 보여 준다.
- 7.3.2 절에서는 머신러닝 파이프라인 간의 상호작용을 설명한다.
- 7.3.3 절에서는 상호작용을 발견하고 해결할 수 있지만 성공적으로 적용하려면 상당한 프로세스 엔지니어링 지식이 필요한 기술인 실험설계 개념을 소개한다.
- 7.3.4 절에서는 민감도 분석을 수행할 때 흔하게 생길 만한 비판을 다룬다.
- 7.3.5 절에서는 데이터 품질을 높여 머신러닝 파이프라인을 개선하기 위한 모범 이행 사례에 대해 조언한다.
- 7.3.6 절에서는 머신러닝 파이프라인에 대한 민감도 분석 분야의 최근 발전 사항의 적용 가능성을 보여 준다.

민감도 분석에는 두 가지 중요한 오류 원인이 있다. 비선형성[125] [126]과 파이프라인 단계 간의 상호작용이다. 비선형성이 발생하면 국소 민감도 분석 결과에 오류가 발생한다. 상호작용에 관해서 말하자면, 파이프라인의 두 단계를 변경할 때 한 번에 하나씩 변경하기보다 두 개를 함께 변경하면 크게 다른 행태가 벌어질 수 있다. 이렇게 말하는 근거를 간단히 살펴보자.

7.3.1 국소 민감도 분석이 여러분의 머신러닝 파이프라인에 적합한가?

7.1.1 절에서 설명하는 국소 민감도 분석은 어떤 한 가지 단계의 변화에 대한 전체 머신러닝 파이프라인의 응답^{response}(반응)이 선형이라고 가정한다. 즉, B라고 부르는 한 단계를 1%만큼 개선하면 머신러닝 파이프라인은 2%만큼 개선될 것이라고 가정한다는 말이다. '파이프라인 반응이 선형성을 보일 것이다'라는 가정이 틀렸다면 민감도 분석 결과에 오류가 생긴다. 이번 절에서는 선형성이 있다는 가정이 깨졌을 때 이를 알아내는 방법을 보여 준다. 이런 경우라면 국소 민감도 분석이 적절하지 않으므로 전역 민감도 분석으로 대체해야 한다.

비공식적으로, 비선형 응답은 응답이 선형일 때보다 수익곡선의 출력이 빠르게(또는 느리게) 변할 수 있음을 의미한다. 그림 7.5는 시스템의 수익곡선이 비선형(초선형이나 볼록형) 방식으로 늘어나고, 파이프라인을 구성하는 단계들 중에 어느 한 단계의 성능이 백분율로 증가하는 경우에 수익곡선에 대한 응답은 그 백분율 이상으로 증가하는 상황을 보여 준다.

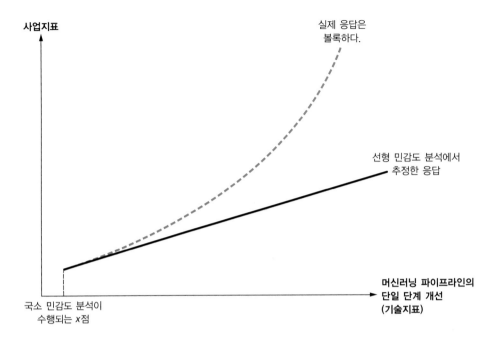

그림 7.5 머신러닝 파이프라인 응답의 볼록성. 분석이 수행된 지점에서 멀어질수록 분석 오차가 더 커진다. 국소 민감도 분석이 수행된 지점으로부터 멀리 떨어진 곳에는 보외법(일정 기간의 통계를 장기간으로 연장해 적용하는 방법)을 적용하지 말자.

응답의 볼록성[1]이 중요한 이유는 무엇인가? 그림 7.5에서 볼 수 있듯이 볼록한 응답[2]이 있을 때는 분석을 수행하는 지점에서 멀어질수록 오차가 커지기 때문이다. 극단적인 경우에 오차가 너무 커서 분석 결과가 무효화될 수 있다. 여러분은 머신러닝 파이프라인 중의 그 단계가 개선되면 상당한 수익을 얻을 수 있다는 사실을 간과할 수도 있다. 이처럼 확률은 낮지만 큰 영향을 미치는 사건을 투자업계에서는 일반적으로 검은 백조black swan라고 부른다.[3] [127] 따라서 비선형성은 중요한 성과를 놓칠 때 중요하다. 그림 7.6은 국소 민감도 분석으로 인해 볼록성을 결측하게 되는(놓치게 되는) 상황을 보여 준다.

비선형 응답이 있음을 보여 주기 위해 사용할 수 있고, 비선형성이 결과를 크게 왜곡할

---

1 원점을 기준으로 보았을 때 볼록한 정도_역주

2 원점을 기준으로 보았을 때 위로 더 굽은 곡선(볼록한 곡선) 형태로 그릴 수 있는 반응 형태_역주

3 유럽에서는 누군가가 먼 곳으로 여행해 검은 백조를 보기 전까지 모든 백조가 흰색이라고 오랫동안 믿었다. 드물기는 하지만 한 마리의 검은 백조는 이 이론을 무너뜨리는 데 큰 영향을 미쳤다.

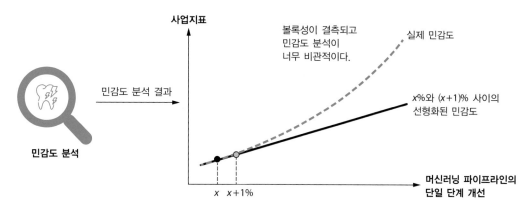

그림 7.6 볼록성이 현존할 때의 민감도 분석. x와 $x+1$%라는 두 지점에서만 수행된 국소 민감도 분석은 항상 두 점 사이에 선을 그릴 수 있기 때문에 볼록성을 결측하게 되었다.

가능성이 있는 상황에 특히 적합한 휴리스틱heuristic[4] 기법이 있다. 그중에 한 가지 휴리스틱 기법은 국소 민감도 분석을 세 지점에서 전역 민감도 분석으로 대체하고, 반응이 선형인지 또는 볼록성·오목성의 징후가 있는지를 확인하는 것으로 구성된다. 이 기술에 대한 자세한 내용을 알고 싶다면 탈렙Taleb 등[126]을 참고하자. 그림 7.7은 해당 휴리스틱을 적용한 예를 보여 준다. 공교롭게도 모든 전역 민감도 분석은 비선형 응답을 감지하기 위해 동일한 기술(탈렙 등의 논문[126]에서 설명하고 있음)을 적용할 수 있다.

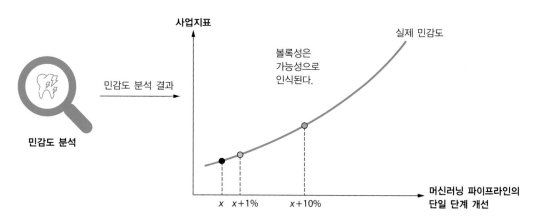

그림 7.7 볼록한 상태에서 하는 전역 민감도 분석. 전역 민감도 분석을 하게 되면 분석이 복잡해지지만, 반응의 비선형성을 감지할 수 있다.

---

4 경험을 통해 발견한 규칙_역주

선형 민감도 분석에서 발생할 가능성이 있는 오차가 머신러닝 파이프라인에 얼마나 중요하며, 선형 민감도 분석이 볼록성을 놓칠 수 있다는 사실은 항상 전역 민감도 분석을 수행해야 함을 의미할까? 나는 실용적인 관점을 취하고 모든 프로젝트 관리 결정이 제한된 시간 안에 내려져야 한다고 말했던 점을 기억한다. 국소 민감도 분석과 전역 민감도 분석의 주요 차이점을 들자면, 전자는 수행하는 데 두 지점(예 : x 및 $x + 1\%$)이 필요하지만 전역 민감도 분석(및 탈렙 등의 논문[126]에 기술된 휴리스틱 접근 방식)을 완료하려면 최소한 3개 지점이 필요하다.

> **조언** 하나 이상의 데이터 점에서 민감도 분석을 수행하는 편이 더 저렴하고 간단하다는 것을 알고 있지만, 나는 항상 전역 민감도 분석을 수행한다. 비용이 많이 드는 경우(예 : 분석을 수행하기 위해 사람을 대리자로 사용해야 하는 경우), 나는 적절하다면 두 지점만을 사용해 국소 민감도 분석을 수행한다.

추가 데이터 지점에서 머신러닝 파이프라인에 대한 민감도 분석을 하는 데 큰 비용이 들 것 같다면, 볼록성에 대해 내가 걱정하는 유일한 상황은 파이프라인의 나머지 부분을 분석했음에도 확실한 승자가 없을 때다. 하지만 이런 경우에 나는 민감도 분석 결과는 비슷하지만 볼록한 응답이 보이지 않는 단계 앞쪽에 있으면서 볼록성을 갖춘 단계를 개선하리라고 예정한다. (아마도) 검은 백조가 내가 유리하게 일할 기회를 제공하는 것일지도 모르기 때문이다.

> **참고** 비선형성을 프로젝트의 위험 요인으로 여겨서는 안 된다. 볼록성을 보인다는 것은 단계의 민감도가 선형인 경우보다 사업 목표를 달성하기에 더 쉽다는 점을 의미한다. 민감도 분석 중 결측된 오목성[5]의 영향은 제한적이다. 프로젝트는 '실패할 것 같으면 차라리 빨리 실패'하도록 구성되어야 한다. 따라서 어떤 단계가 예상보다 느리게 개선되면 그것을 조기에 발견하고 해당 단계에서 작업을 중단해야 한다.

7.3.2 머신러닝 파이프라인 단계 간의 상호작용을 해결하는 방법
두 가지를 동시에 변경한 결과가 한 번에 하나씩 변경하는 결과와 크게 다를 때가 있다.

---

5 저자는 볼록성과 오목성을 같은 의미로 사용한다. _역주

두 변수 사이에 상호작용이 있을 때 이런 현상이 발생한다. 이번 절에서는 머신러닝 파이프라인 분석이라는 맥락에서 볼 때 상호작용이 일어나는 사례와 이를 해결하는 방법에 대해 조언한다.

상호작용의 한 가지 예를 들면, 노트북을 구입할 때 노트북의 무게와 프로세서의 속도에 모두 관심이 있는 경우를 들 수 있다. 다른 사정이 같다면, 더 가벼운 노트북이 항상 더 좋다. 다른 사정이 같다면, 더 빠른 프로세서가 항상 더 좋다. 그러나 작고 가벼운 노트북에 빠른 프로세서를 넣으면 프로세서가 적절하게 냉각되기에 충분한 공간이 노트북에 없게 되므로 프로세서가 과열될 수 있다. 작지만 강력한 노트북을 만들자면 큰 비용이 든다. 결과적으로 강력한 프로세서가 장착된 소형 노트북을 제작(또는 구매)할 가치가 없다.

상호작용의 효과는 무엇인가?

상호작용이 존재하는 경우, 한 번에 하나의 변수(예 : 머신러닝 파이프라인을 구성하는 단계들 중에 어떤 한 가지 단일 단계의 출력)만 변경해 보는 식으로 분석하는 게 유효하지 않을 수 있다. 게다가 여러분은 상호작용의 존재가 최소최대 분석과 민감도 분석 결과에 영향을 미친다는 점을 지적하는 통계학자 및 데이터 과학자를 만나게 될 것이다.

이 사실이 여러분의 팀이 수행할 수 있는 분석과 어떤 관련이 있을까? 팀이 상호작용 분석을 수행하는 방법을 알고 있는 경우에만 여러분은 상호작용 분석을 수행할 수 있다. 상호작용이 존재하더라도 이를 찾는 방법을 모른다면 상호작용으로 인한 위험(및 최소최대 및 민감도 분석에 미치는 영향)을 받아들일 수밖에 없을 것이다.

상호작용에 얼마나 신경을 써야 하는지를 결정하는 것은 여러분에게 소속된 팀에 달려 있다는 점을 조언하고 싶다. 프로세스 엔지니어링에 대한 상당한 지식과 여러 지점에서 머신러닝 파이프라인의 동작을 빠르게 분석해 낼 수 있는 능력이 여러분의 조직에 있다면 상호작용 분석을 수행하는 편이 더 낫다. 실제로, 이런 팀이란 일반적으로 머신러닝 파이프라인의 작은 변경만으로도 막대한 재정적 보상을 안겨 줄 만한 프로젝트를 진행하면서, 대기업에 소속되어 충분한 자금을 받을 수 있는 팀을 의미한다.

인공지능 및 민감도 분석을 막 시작한 팀이라면 처음부터 상호작용에 대해 걱정하기보다는 한 번에 한 가지 요소만 변경할 때 머신러닝 파이프라인에서 벌어지는 일에 더 집중하는 편이 바람직하다. ASQ가 작성한 두 가지 식스시그마 관련 문서[21] [22]에서는 프로세스에 대한 몇 가지 시작점과 상호작용을 감지하는 실험계획을 해 본 경험이 풍부한 사람들의 프로필을 제공해 실험설계에 관한 주제를 더 폭넓게 설명한다.[24]

7.3.3 실험설계를 사용해야 하는가?

실험설계design of experiment, DOE(실험계획법, 실험계획)[24]는 물리적 물체 제조 과정 등의 품질, 비용, 효율성을 개선하기 위해 수십 년 동안 프로세스 엔지니어링 분야에서 성공적으로 사용된 방법론이다. 운영하는 데 수십억 원의 비용이 드는 공장 라인이 있다면 여러분은 그게 최적으로 운영되고 있는지를 알고 싶을 것이다. 실험설계란 실험을 수행하기 위한 것이며, 그 결과로 공장 라인을 개선하는 방법을 알 수 있다. 이번 절에서는 실험설계를 소개하고 실험설계가 인공지능 프로젝트에 적용되는 시기를 알려 준다.

역사적으로 소프트웨어 개발 시에는 실험설계를 자주 사용하지 않았다. 그 이유는 실험설계가 소프트웨어 공학자에게는 생소하고 복잡한 주제였기 때문이다. 더 중요한 이유는 실험설계 대신에 유사실험('일단 시도해 본 다음에 무슨 일이 일어날지를 살펴보자'는 방법)을 구현하는 비용이 소프트웨어 측면에서 적었다는 점이다. 예를 들면, 데이터베이스가 어떻게 반응하는지 보기 위해 구성 파라미터를 쉽게 변경할 수 있었던 것이다.

> **참고** 유사실험에는 많은 약점이 있다. 예를 들어, 상호작용을 놓칠 수 있다. 또한 유사실험은 백그라운드 프로세스에 민감하다. 백그라운드 프로세스가 불편한 시간에 실행되면 유사실험의 결과에 영향을 미칠 수 있다. 유사실험과 달리 실험설계 방법론에 따라 수행되는 적절한 실험은 상호작용 및 백그라운드 프로세스가 존재하는 경우에도 정답을 제공한다.

최근 인공지능 프로젝트를 통해 '무언가를 시도'하는 데 드는 비용이 크게 증가했다. 대기업의 대규모 프로젝트에서 복잡한 인공지능 알고리즘을 훈련하기 위해 수백 대의 기계를 사용할 수 있다는 사실은 전례가 없다.[128] 이러한 시스템을 운영하려면 큰 비용이 들며 하드웨어 인프라의 가격이 공장 운영 비용에 필적하기 시작함에 따라 공장 운영에 사용되는 방법이 소프트웨어 공학자에게도 적합할 수 있다.

실험설계는 유사실험에 비해 많은 이점을 제공한다. 실험설계를 사용하면 값비싼 머신러닝 파이프라인 개발을 더 잘 관리할 수 있다.

그렇다면 여러분의 프로젝트에서 실험설계를 사용해야 할까? 실험설계는 대부분의 인공지능 프로젝트를 제대로 수행하기에는 복잡하고, 이것을 제대로 구현하려면 전문 교육을 받은 전문가가 필요하기 때문에 실험설계를 권장하지 않는다. 실험(및 해당 전문가) 비용이 너무 커서 오늘날에 수행되는 평균적인 인공지능 프로젝트에서 이 접근 방식을 채택하기에 알맞지 않다. 또한 여러분이 머신러닝 파이프라인을 체계적으로 관리하는 방법에 대해 생각해 본 적이 없다면, 이 책에서 앞서 제시한 방법들만으로도 큰 진전을 이룰 수 있을 것이다.

> **참고** 프로세스 엔지니어링 분야가 어떻게 발전했는지 살펴보면, 이 분야는 처음에는 간단한 실험으로 시작되었고 나중에 가서야 실험설계 이론과 지식이 구축되었다.

그러나 대규모 인공지능 작업을 운영하고 있고, 팀과 하드웨어와 인프라에 대한 자본 투자가 공장을 운영하는 비용과 맞먹으며, 머신러닝 파이프라인 관리와 관련해 내리는 모든 결정으로 인한 결과가 그 비용에 못지 않을 정도로 크게 위험한 요인이라면, 나는 이런 식으로 권고하지 않을 것이다. 대신에 나는 인공지능과 프로세스 엔지니어링을 모두 알고 있는 전문가와 함께 일하는 게 좋겠다고 조언할 것이다. 이러한 전문가는 시스템에 적합한 것이 무엇인지를 사례별로 조언할 수 있다. 여러분은 이미 시스템을 실행하는 데 너무 큰 비용을 지출하고 있으므로 적절한 실험을 설계해야 한다.

7.3.4 여러분이 흔하게 들을 수 있는 이의 제기

이번 절에서는 여러분이 듣게 될 만한 비판과, 그 비판이 머신러닝 파이프라인 분석의 실제 사용 사례와는 대부분 관련이 없는 이유를 설명한다. 민감도 분석이 유용하기는 하지만, 있음 직한 결과들 중에 최상이 아닌 사례를 구성하게 될 수도 있다는 비판이 있다.

예를 하나 들어 보겠다. 5개 지점에서 전역 민감도 분석을 수행한 상황이 있고, 그림 7.8의 민감도 곡선이 상호작용으로 인해 발생하는 비정상적인 상황이 있다고 가정해 보자.

그림 7.8에서는 S1~S5에 해당하는 5개 지점에서 분석을 수행했다. 여러분이 얻은 최고의 결과는 여러분이 S5에서 본 최대 5개 지점들이다. 그러나 그게 위치 M인 기본 함수의 최댓값은 아니다.

앞의 예가 설득력 있게 보이지만, 다시 생각해 보자. 실제로 그림 7.8의 실제 기본 민감

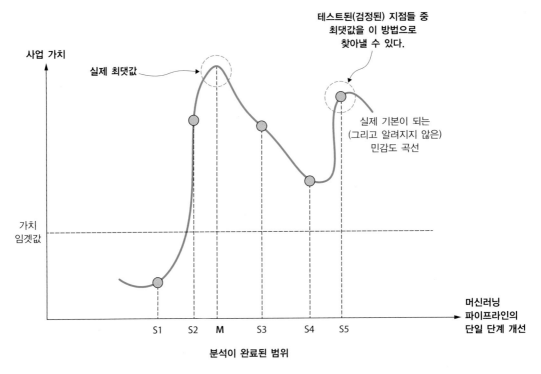

그림 7.8 S1~S5 지점에서 민감도 분석이 이뤄졌지만 실제 최댓값을 나타낼 M 지점에서는 결측되었다. 이건 중요하지 않다. 여러분은 가치 임곗값을 초과해 여전히 수익을 창출하고 있기 때문이다. 몇 가지 지점에서만 저렴한 분석을 수행하는 일을 예방한다면 이 문제를 피할 수 있다.

도 곡선으로 표시된 '진실'에 접근할 수 있는가? 아니, 그렇지 않다! 실제 민감도는 알려지지 않았으며 프로젝트에서 사용할 수 없다. 여러분이 가진 것은 S1~S5 지점의 민감도 분석 결과다. 기본 민감도 곡선은 숨겨진 상태로 유지되며 그림 7.9의 곡선일 수도 있다.

　내가 많은 반례를 만들 수 있었지만, 이러한 반례들에는 한 가지 공통점이 있다. 내가 언급한 비판에서는 그림 7.8에 나오는 곡선의 전체 모양을 여러분이 이미 알고 있다고 가정하고 있다! 실제로는 여러분이 기본 민감도 곡선에 결코 접근할 수 없다. 여러분이 그랬다면, 애초에 어떤 단계에 투자해야 할지를 궁금해하지도 않았을 것이고, 그냥 민감도 곡선에서 그것을 읽어 내기만 하면 될 일이었을 것이다.

　이것은 이번 절에 나온 원래 이의제기의 근거가 된 수학적 이론과 실제 프로젝트 관리 간의 차이를 드러낸다. 제기된 이의제기는 실제로는 어떻게 해야 할지에 대한 조언이 없는, 그저 이론적인 것이다. 비평가는 기본 곡선에서 어떤 최대인 값을 찾기 위한 방법을 몇

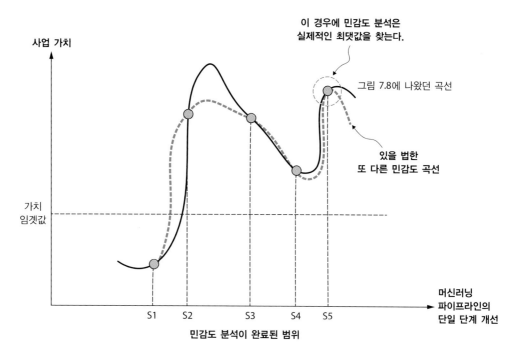

그림 7.9 기본 곡선이 이 그림에 주어진 모양(그림 7.8과 반대)인 경우에 민감도 분석으로 실제 최댓값을 찾아낼 수 있다. 기본 곡선의 모양을 알 수 없으므로 해당 곡선의 최댓값은 중요하지 않다. 중요한 것은 가치 임곗값을 초과한다는 점이다.

가지 지적할 수 있지만, 세부 사항에 관해 물어본다면 이러한 방법들에서도 여러 지점에서 민감도 분석을 수행해야 한다는 점을 알게 될 것이다. 분석하는 지점의 개수에 따라 분석 비용이 결정되므로, 이러한 방법들은 종종 너무 큰 비용이 들어서 머신러닝 파이프라인 개선에 대한 결정 지침으로 삼기에는 실용적이지 않다.

실용적인 사람들에게는 해법이 필요한데, 이 경우에는 여러분이 이미 문제에 익숙하다는 점을 인식하는 게 답이다. 이것은 내가 여러분에게 "그래서, 사는 동안 얼마까지 벌 수 있는가?"라고 묻는 일과 똑같은 문제다. 글쎄, 여러분이 적절한 사람들을 만날 수 있었다면 오늘날 구글보다 더 번영하는 회사를 설립했을 수도 있지만, 장래 일을 여러분은 결코 알 수 없다. 여러분은 그러한 질문에 답할 수 있게 하는 여러분의 인생에 대한 '소득 민감도' 곡선을 모른다.

참고 살면서 벌 수 있는 만큼 충분히 돈을 벌었는지를 여러분은 결코 알지 못한다. 여러분이 아는 것이라고는 여러분이 편안하게 살기에 충분한 돈을 벌었는지 여부뿐이다.

인생과 마찬가지로, 어떤 한 가지 프로젝트에서 할 수 있는 질문은 "곡선의 최댓값은 얼마인가?"가 아니다. 여러분은 사냥감이 풍부한 사냥터(3.1.1 절)에 있으며 투자한 인공지능 프로젝트가 수익성이 있는지 확인하고 싶다는 점을 기억하자. 또한 투자 결정을 해야 하는 시점에 이용할 수 있는 최상의 정보를 기반으로 결정해야 한다. 민감도 분석으로 최댓값을 찾지 못했을지라도 여전히 수익성이 있는 파이프라인을 구축할 수 있다면 이를 사업적 성공이라고 한다.

> **참고** 민감도 분석을 할 때, 높은 수익성을 보이는 부분을 너무 많이 결측하는 바람에 결국 머신러닝 파이프라인을 개선하지 못하게 되는 경우는 드물다.[6] 그런 상황에서 구성한 머신러닝 파이프라인으로 수익성을 쉽게 창출하기는 더욱 힘들다. 이처럼 희귀한 파이프라인이 사냥하기 쉬운 토끼는 아니지만, 다행히 여러분은 사냥감이 풍성한 사냥터에 있다. 그러므로 차라리 다른 사냥감을 쫓자.

민감도 분석에는 현재 사용할 수 있는 정보를 최대화하는 작업이 포함되며, 이것을 통해 다음 작업을 수행할 때 수익성이 있는지 여부를 확인해 볼 수 있다. 이것이 성공적인 인공지능 프로젝트를 실행하는 데 필요한 전부이다.

비非지도학습은 어떤가?

여러분은 민감도 분석(최소최대 분석도 마찬가지)이 지도학습에만 적용 가능한지에 관한 질문을 받을 수 있을 것이다. 이에 대한 답변을 하자면, 민감도 분석이 모든 종류의 인공지능과 관련이 있다는 것이다. 여러분이 언제든 비지도학습을 위한 수익곡선을 구성할 수 있기 때문이다.

여러분의 제품이 데이터를 분석하고 이 데이터에서 군집들을 찾아낸다고 가정해 보자. 그 후에 그 군집들이 인간에게 제시되며, 그들은 상당한 시간 제약하에 내려져야 하는 결

---

6 이러한 상황은 분석 중인 머신러닝 파이프라인의 단일 단계뿐만 아니라 동시에 여러 단계에서 발생해야 한다.

정에 대한 입력 사항 중 하나로 해당 군집들을 사용한다. 이에 대한 예로는 복잡한 운송 체계 속에서 인공지능을 사용해 고장 유형을 군집화하는 시스템을 들 수 있다.

이러한 상황에서 더 많은 군집을 제공할수록(그리고 각 군집에서 공통적인 사항을 확인하기가 더 어려워질수록) 해당 시스템이 사용자에 대해 갖는 가치는 낮아진다. 분명히 시스템의 출력과 사용자에 대한 가치 사이에는 관계가 있다. 사용자에 대한 가치를 결정하기 위해 실제 사용자의 도움을 받아 실험을 수행해야 할 수도 있다. 이 실험의 결과는 수익곡선의 형태로 설명될 수 있다.

7.3.5   데이터 생성 단계를 분석하는 방법

파이프라인의 일부 단계는 데이터 처리 부분일 가능성이 크며, 여러분이 사용하는 모든 인공지능 알고리즘에서는 데이터를 입력 내용으로 받아 사용한다. 일반적으로 이러한 입력 데이터의 품질을 좋게 할 수 있다. 이번 절에서는 데이터 개선이 머신러닝 파이프라인에 미치는 영향을 분석하는 방법에 대해 조언한다.

전역 민감도 분석이나 최소최대 분석의 최대 부분을 수행할 때의 목표는 가능한 한 최상의 데이터를 얻는 것이다. 이럴 때 모든 면에서(더 큰 데이터셋, 목푯값이 더 잘 정리된 데이터, 더 정제된 데이터셋) 최상인 데이터를 얻을 수만 있다면 그게 가장 바람직하다.

> **참고**   카메라처럼 물리적인 장치를 인공지능을 기반으로 삼아 구축하는 경우에는 카메라 안에 더 나은 센서가 있어야 한다는 의미일 수 있다. 흐릿한 사진이 문제가 된다면 더 좋은 카메라로 바꿀 수 있는가? 장애물이 문제가 된다면 카메라를 더 설치하면 되는가?

더 좋은 인공지능 알고리즘을 더 좋은 데이터로 이길 수 있는 경우가 종종 있으므로[129] 더 정제된 데이터가 있을 때 어떤 일이 발생할지를 꼭 확인해 보아야 한다.

모든 데이터를 정리하는 방법은 무엇인가?

빅데이터 공간에서는 때때로 '데이터 크기가 상당할 경우에 더 정제된 데이터를 얻는 데 따른 영향을 어떻게 측정하는가?'라는 논의가 벌어진다. 이는 1페타바이트 분량의 데이터를 일일이 수작업으로 정제하라고 사람들에게 요구하는 일과는 다르다! 게다가, 여러분이 1페타바이트 분량의 데이터를 정리하는 프로젝트를 시작할 수는 있겠지만, 그런 식으로 정리하게 된다면 많은 시간과 비용을 들여야 답변을 얻을 수 있게 되기 때문에 해당 정보의 경제적 가치는 낮아진다.

다행히도 간단한 해결책이 있다. 파이프라인의 두 단계를 하나로 축소하는 것이다. 파이프라인의 한 단계에서는 이미지 데이터를 수집하기만 하고, 또 다른 단계에서는 딥러닝 기술을 기반으로 해당 이미지 속에 담긴 객체를 인식하는 일만 한다고 해 보자. "완벽하게 정제된 이미지 데이터가 있다면 이 딥러닝 신경망 아키텍처를 적용한 결과는 무엇일까?"라는 질문에 대답하기가 매우 어렵다. 그래서 데이터를 수집하는 단계를 개선하기가 쉽지 않다.

그러나 "데이터와 알고리즘을 함께 고려해 볼 때 영상 인식으로 얻을 수 있는 최상의 결과는 무엇인가?"라는 질문에는 훨씬 수월하게 대답할 수 있다. 여러 가지 데이터셋을 사용해 지금까지 달성된 최고의 영상 인식 결과를 살펴보기만 하면 되기 때문이다. 머신러닝 파이프라인의 두 단계(데이터 수집 단계와 영상 인식 단계)를 하나로 줄임으로써 여러분은 복잡한 질문을 간단한 질문으로 바꿨다.

7.3.6   내 프로젝트에 어떤 유형의 민감도 분석이 적용되는가?

민감도 분석은 컴퓨터 과학 커뮤니티에서 복잡한 주제이자 활발한 연구 영역이다(예 : *Global Sensitivity Analysis : The Primer* 참고[117]). 여러분은 최신 연구 성과가 더 나은 민감도 분석을 수행하는 데 어떤 도움이 될지에 관심이 있을 것이다. 이번 절에서는 프로젝트에 대한 적용 가능성을 결정하는 데 사용해야 하는 기준을 제시한다.

민감도 분석에 대한 연구를 할 때 가장 중요한 질문은 "이 방법을 적용하려면 얼마나 많은 작업이 필요한가?"이다. 구현하기 쉬운 방법(프로젝트의 전체 크기와 비교)만이 머신러닝 파이프라인 프로젝트를 관리하는 데 실질적인 가치가 있다.

> **조언**   분석이 너무 복잡해서 머신러닝 파이프라인을 구축하는 비용만큼 분석 비용이 많이 든다면, 파이프라인을 구축하고 나서 어떤 일이 발생하는지를 확인하는 것이 좋다.

머신러닝 파이프라인 분석에서 가장 큰 비용이 생기는 요인은 분석을 수행해야 하는 지점의 개수이다. 결과적으로 수천 개 지점을 분석해야 하는 전역 민감도 분석 기술을 적용해 보게 되는 횟수는 7.1 절에서 설명한 방법들을 적용하는 횟수보다는 훨씬 적을 수 있다(특히 프로세스 엔지니어링 경험이 제한된 인공지능 팀이라면 더욱 그렇다).

간편한 요령

데이터나 결과를 더 좋게 만들기는 어려울 수 있지만, 종종 오류를 만들어서 더 나쁘게 만들기는 아주 간단하다. 머신러닝 파이프라인의 단계의 결과를 1%만큼 더 개선하고 나서 지점 x 및 $x + 1$%에서 분석하는 대신에, 결과를 1%만큼 더 개악하고 나서 지점 $x -$ 1% 및 x%에서 분석하는 게 요령이다. 여러분이 이런 요령을 사용한다면, 여러분은 어떤한 단계의 출력이 약간 감소하는 경우와, 마찬가지로 출력이 약간 향상될 때 파이프라인의 동작도 이와 비슷하다고 가정하게 될 것이다.

33% 지점, 66% 지점, 100% 지점에서 전역 민감도 분석을 수행한다고 가정해 보자. 여러분이 일단 100% 지점에서 분석을 완료했다면 의도적으로 해당 단계의 출력 데이터를 손상시켜 33% 지점과 66% 지점에서 분석을 수행할 수 있다.

동일한 요령이 국소 민감도 분석에 적용된다. 파이프라인이 이미 95% 정확도를 보이는 단계에서 결과를 생성하고 있다면 95% 지점과 96% 지점에서 민감도 분석을 수행하지 말자. 대신에 94% 지점과 95% 지점에서 수행하자. 파이프라인을 개선하는 편보다 현재 단계의 출력에 오류를 도입하는 편이 훨씬 더 쉽다.

이것과 동일한 요령을 사용해 단일 지점(최상의 지점)에 대한 결과를 구성할 때, 수천 지점에서 평가해야 하는 민감도 분석 방법을 머신러닝 파이프라인 분석에 적용한 다음, 해당 결과를 저하시켜 다른 지점을 시뮬레이션해 볼 수 있다.

그러나 이 글상자에 제시된 기술에는 쉽게 빠질 수 있는 미묘한 함정이 있다. 출력에서 발생하는 오류는 단순한 무작위 오류가 아니다. 머신러닝 파이프라인에서 단계를 실제로 구현할 때 발생할 수 있는 오류와 비슷한 통계 속성이 있어야 한다. 이 함정을 피하려면 전문가가 필요하다.

나는 민감도 분석, 프로세스 엔지니어링 및 통계 분포 분석에 대해 상당한 경험을 가진 직원이 있게 될 때까지 이 기술을 시도하지 말아야 한다고 권고한다.

7.4   시간이 지남에 따라 인공지능 프로젝트가 진화하는 방식

지금까지 제시한 최소최대 기법과 민감도 분석 기법은 빠르게 인도되어야 할 인공지능 프로젝트에 초점을 맞추었다. 그 밖의 모든 것이 동일하다면, 여러분은 실제 고객에게 신속하게 인도할 수 있는 프로젝트를 선호해야 한다.[28] 특히 초기 인공지능 프로젝트의 경우라면 더욱 그래야 한다. 그러나 일단 고객에게 인도되었다면, 해당 인공지능 프로젝트는 오랫동안 시장에 자리 잡게 될 것이다. 게다가, 때때로 여러분의 인공지능 프로젝트가 새로운 지평을 개척하고 있으며 이를 시장에 제공하기까지는 오랜 시간이 걸린다. 이번 절에서는 장기 실행 인공지능 프로젝트를 이끌 때 지금까지 제시된 방법을 어떻게 수정하는지를 보여 준다.

7.4.1 절에서는 시간이 프로젝트에 미치는 영향을 설명한다. 7.4.2 절에서는 장기 프로젝트에서 시간의 영향을 설명하기 위해 CLUE의 **이해** 부분을 수정하는 방법을 보여 준다. 7.4.3 절은 시간에 따른 프로젝트의 사업 가치 변화를 다이어그램으로 표시하는 방법을 보여 준다.

7.4.1   시간은 사업성과에 영향을 끼친다

프로젝트를 관리할 때면 우리는 종종 성공을 위해 실행해야 하는 일련의 단계들에 집중하게 된다. 우리는 시간을 프로젝트 마감일이라는 방식으로 바꿔 생각하면서, 마감일을 지키는 일은 공학적으로 책임져야 할 일이라고 생각한다. 이번 절에서는 프로젝트에 영향을 미치는 공학적 결정 및 관리상의 결정을 함께 고려할 수 있도록 시간에 대해 서로 다르게 생각하는 방식을 보여 준다.

많은 프로젝트에서 시간은 마감일이라는 형태로만 존재하는 것으로 여겨져 나중에 가서 고려할 사항이 되고 만다. 관리 팀과 공학 팀은 기한을 협상한다. 일단 협상이 마무리되면 마감일은 프로젝트 관리자와 공학 담당자들의 문제가 된다. 그 결과 시간이 제공되는 가치에 미치는 영향과 인공지능 프로젝트의 기술적 관리 간에 괴리가 생긴다. 공학 담당자는 마감일을 지키는 데 중점을 둔다. 관리자는 마감일을 놓치는 경우에 대비한 비상 계획을 세우는 데 집중하며 때로는 새로운 기능을 요청해 공학 담당자를 놀라게 할 수 있다. 기술적인 의사결정을 사업성과와 통합하는 대신 적대적이지 않으면서 정중하게 팀 간의 관계가 분리된다.

시간 차원을 해결하는 더 좋은 방법은 관리 및 최적화 중인 지표에 프로젝트를 완료할 시간을 직접 포함하게 하는 것이다. 프로젝트를 완료하는 데 필요한 시간이 중요하다면 최소한 그 정도의 범위를 정량화할 수 있어야 한다. 프로젝트에 미치는 시간의 영향을 정량화하면 시간을 수익곡선에 통합할 수 있다.

> **조언** 정확하게 정량화할 수 없는 경우에는 추정값을 사용하자. 사업에서 '무형 자산'을 수량화하는 방법은 허버드의 저서[75]를 참조하자.

프로젝트의 가치(및 충족해야 하는 가치 임곗값)는 시간이 지남에 따라 변경된다. 예를 들어, 인터넷을 색인화하고 검색할 수 있는 인공지능의 사업 가치가 1998년(구글이 나오기 이전)에는 무척 컸다. 오늘날 이러한 인공지능의 가치는 훨씬 작다. 따라서 프로젝트의 수익곡선과 가치 임곗값은 모두 시간이 지남에 따라 진화한다.

이러한 변형은 수년 동안 시장에 배포될 수 있는 성공적인 인공지능 프로젝트처럼 더 오랜 기간에 대해 이야기할 때 중요해진다.

프로젝트가 다양한 인도일에 직면한 경우에 프로젝트 전체 기간 동안 단일 수익곡선을 사용해서는 안 된다. 다양한 시간에 사업 가치의 변화를 반영하는 여러 수익곡선이 있어야 한다. 그림 7.10은 2년 동안 진행되는 프로젝트의 수익곡선을 보여 준다.

여러분은 시간을 염두에 두고 머신러닝 파이프라인을 관리해야 한다. 간단히 "6월 1일 이전에 수행된 경우에 정확도 x는 $\mathbb{W}_y$의 가치가 있다. 나중에 완료하면 $\mathbb{W}_z$의 가치가 있다"라는 식으로 접근해 수익곡선에 적용하면 시간 차원을 신속하게 처리할 수 있다.

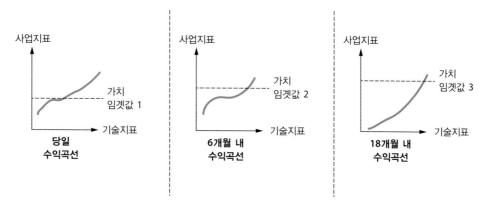

그림 7.10 장기 실행 인공지능 프로젝트의 수익곡선 세트. 수익곡선의 모양과 가치 임곗값은 시간에 따라 변경된다.

경고 기한^{deadline}(마감일)은 기껏해야 시간을 설명하는 불완전한 방법이다. 애자일 과정 자체만으로는 이러한 기한의 역동성을 해결하지 못한다. 애자일 과정에서는 공학 팀과 사업 팀 간에 더 일반적인 체크 포인트만 적용한다. 애자일 프로젝트에서도 선택하는 머신러닝 파이프라인의 장기적인 영향에 의도적으로 집중해야 한다.

7.4.2 시간 경과에 따른 머신러닝 파이프라인 개선

어느 시점에서 여러분은 훨씬 더 장기간에 걸친 인공지능 프로젝트를 처리하게 될 것이다. 이러한 프로젝트는 장기간 지속될 수 있으며 7.4.1 절에서 볼 수 있듯이 수익곡선은 시간이 지남에 따라 변경될 수 있다.

경고 더 장기간에 걸친 프로젝트에서 수익곡선은 일반적으로 지연에 따른 기회비용을 고려해 시간이 지남에 따라 이동한다. 프로젝트의 사업 가치를 평가할 때는 이러한 변화를 고려해야 한다.

이러한 변경 사항을 설명하기 위해 인도^{delivery} 파이프라인 단계에서 개선 사항을 전달하는 데 걸리는 시간을 추정한 다음, 인공지능 프로젝트가 배포될 당시의 개선 사항이 가질 수 있는 가치를 반영하는 적절한 수익곡선을 사용한다(오늘날과는 반대이다). 그림 7.11은 이 과정을 설명한다.

수익곡선에 미치는 영향 시간을 고려하면 파이프라인 개선 일정이 단순해진다. 여러분은 머신러닝 파이프라인에 들어 있는 단계들이 가능한 한 신속히 가치 임곗값에 도달하고, 프로젝트가 진행되는 동안 가치 임곗값 이상을 유지할 수 있도록 개선 일정을 잡는다.

참고 머신러닝 파이프라인의 단계 개선 가치가 시간에 따라 변화되는 것처럼 가치 임곗값도 변한다. 예를 들어, 가치 임곗값이 처음 6개월 동안에는 단위당 5,000원이 되었다가 나중에는 단위당 4,000원으로 줄어들 수 있다. 일정을 세울 때 가치 임곗값의 변화를 고려해야 한다는 점을 잊지 말자.

7.4.3 타이밍도 : 시간에 따른 사업 가치 변화

더 장기간에 걸친 프로젝트에서는 프로젝트의 사업 가치도 시간이 지남에 따라 변경된다. **타이밍도**^{timing diagram}를 사용해 시간에 따른 사업 가치의 변화를 나타낼 수 있다. 이번 절에

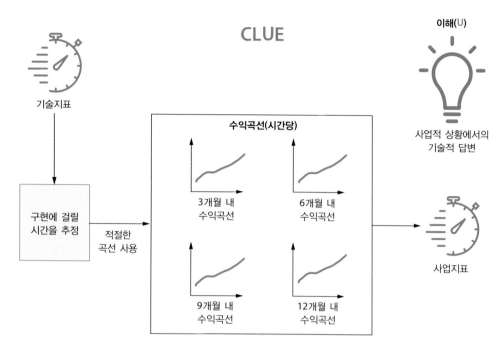

그림 7.11 긴 인도 시간을 고려해 CLUE의 '이해' 부분을 수정. 프로젝트 가치는 프로젝트를 인도하는 데 걸리는 시간에 따라 변경된다. 개선에 따른 가치를 계산하기 위해 소프트웨어를 배포할 시간에 해당하는 수익곡선을 사용해야 한다.

서는 이러한 타이밍도를 구성하는 예를 제시한다.

이번 예에서는 가치 임곗값이 최종 사용자에 대한 인공지능 제품의 가치를 기반으로 하며, 최종 사용자가 단위당 얻는 수익으로 표현된다고 가정해 보자.

또한 표준 해법을 구성하는 회사에 대한 생애 가치lifetime value[7]가 높을 것으로 예상되는, 빠르게 확장되는 시장을 포착하려고 시도하고 있다고 가정해 보자. 따라서 여러분의 기업의 목표는 시장 존재이다. 여러분의 목표는 가능한 한 빨리 활용할 수 있는(자체적으로 생존 가능한) 제품을 배포하고 향후 24개월 동안 수익에 대해서는 별로 걱정하지 않으면서 지속적으로 활용할 수 있는 상태를 유지하는 것이다. 기업의 임원들은 여러분의 제품이 시장의 표준 제품으로 자리 잡기만 하면 언젠가는 수익을 낼 수 있을 것으로 기대한다.

시간 경과에 따른 임곗값의 변화가 나와 있는 표 7.1의 시나리오를 살펴보자. 그림 7.11

---

7 즉 고객 생애 가치(customer lifetime value, CLV)_역주

표 7.1 최종 사용자를 위한 단계 개선 값

단계 이름	당일 가치 개선	6개월 내 가치 개선	12개월 내 가치 개선	단계 개선을 완료하는 데 필요한 시간
A	₩7,000	₩4,000	₩3,000	2개월
B	₩30,000	₩27,000	₩21,000	11개월
C	₩14,000	₩10,000	₩7,000	3개월
D	₩10,000	₩8,000	₩6,000	6개월

표 7.2 고객의 단위당 가치 임곗값. 고객이 제품을 구매하려면 가치 임곗값을 초과해야 한다.

현재 가치 임곗값	6개월 내 가치 임곗값	12개월 내 가치 임곗값
₩5,000/단위	₩14,000/단위	₩15,000/단위

에 표시된 과정을 적용해 해당 정보를 추출할 수 있다.

어떤 한 가지 파이프라인 단계를 개선하는 데 필요한 가치와 시간은 표 7.2에 나와 있다. 그림 7.12의 해당 수익곡선에서 가치 임곗값을 읽어 가치 임곗값 변화를 구성할 수 있다.

그림 7.12는 머신러닝 파이프라인이 최종 사용자에 대해 가질 것으로 예상되는 가치의 타이밍도를 보여 준다. 머신러닝 파이프라인의 사업 가치가 변화하는 이유로는 두 가지가 있는데, 그것은 머신러닝 파이프라인 단계 내의 개선과 시간의 경과이다. 2개월, 5개월, 11개월, 23개월에 파이프라인 효용의 증가는 A, C, D, B 단계에서 개선을 완료함으로써 발생한다. 6개월과 12개월 지점에서 보이는 하강국면은 시간이 흐르면서 여러분의 파이프라인 단계들의 개선으로 인한 사업 가치가 줄기 때문에 생기는 것이다.

타이밍도를 사용하면 향후 모든 시점에서 머신러닝 파이프라인의 가치에 대해 예상되는 사항을 결정할 수 있다. 여러분이 장기간에 걸쳐 진행되는 프로젝트를 지니고 있는 경우에 이 정보는 파이프라인 단계를 개선해야 하는 순서에 대한 질문에 답하는 데 도움이 된다.

이 기술은 프로젝트의 초기 단계에서 연구상의 질문에 가장 적합한 머신러닝 파이프라인을 선택할 때, 그리고 현재 머신러닝 파이프라인을 대체할 새로운 머신러닝 파이프라인 개발을 관리해야 할 때 모두 유용하다. 후자의 경우에 그림 7.12 같은 다이어그램을 사용

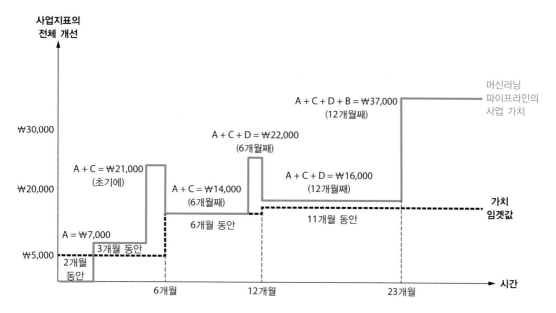

그림 7.12 표 7.1 및 7.2에 제공된 시간 파라미터를 고려한 머신러닝 파이프라인 개선. 머신러닝 파이프라인 단계의 개선 순서는 A 단계, C 단계, D 단계, B 단계여야 한다. 이 순서를 통해 단 2개월 만에 활용할 수 있는 제품을 배포할 수 있다.

해 이전 머신러닝 파이프라인에서 수행하려는 점진적 개선을 관리하는 방법을 알려 주고, 새 파이프라인이 이전 파이프라인의 작업을 인계받을 수 있을 것으로 예상되는 시점을 추정할 수 있다.

7.5 인공지능 프로젝트 마무리

프로젝트를 관리하려면 일부 기능을 구현하는 데 걸리는 시간, 일부 인공지능 알고리즘을 적용하는 일이 얼마나 복잡한지, 얼마나 많은 사업 가치를 구현해 낼 수 있는지 등에 관해 많이 추정해 보아야 한다. 때때로 추정하고 계획한 대로 모든 일이 일어난다. 그리고 어떤 때는 우리의 희망대로 현실이 이루어지지 않아서 추정값이 제대로 작동하지 않는다는 것을 알게 된다. 이번 절에서는 여러분이 처음에 생각했던 것보다 문제를 해결하기가 훨씬 더 복잡할 때 할 일을 보여 준다.

오늘날 여러분이 초기 인공지능 프로젝트를 진행하고 있다면, 여러분의 팀은 강력한 인공지능 기술을 사용해 사업 문제를 해결하는 첫 번째 팀일 수도 있다. 이는 또한 프로젝트가 완료하기 어려운 것으로 판명될 경우에 복잡성에 대한 초기 추정값은 당시에 알고 있던 내용에 비추어 볼 때는 정확한 것일 수 있지만 지금 시점에서 배운 내용을 기반으로 수정해야 한다는 점을 의미한다. 구현하기 어려운 프로젝트를 계속 진행하는 대신에 잠시 멈추어 두고 더 간단한 일부터 해 보아야 한다.

초기 인공지능 프로젝트에서 여러분은 스스로 사냥감이 풍성한 사냥터에 있는 사냥꾼인 것처럼 생각해야 한다(3.1.1 절). 매머드를 쫓는 데 시간을 낭비하지 말고 그 대신에 토끼를 잡자. 사냥을 하다가 쫓고 있는 동물이 토끼로 위장하는 데 능숙한 매머드라는 사실을 알게 된다면, 추적을 포기하고 토끼를 찾아야 한다.

실패할 것 같으면 차라리 빨리 실패하자

프로젝트 관리 방식은 빠르게 실패하는 쪽으로 기울어야 한다. 너무 일찍 포기하는 바람에 잠재적인 해결책을 놓칠 수 있는 가능성을 받아들이는 대신에 종국에 가서 작동하지 않을 일에 오랫동안 갇혀 있는 상황을 피할 수 있다는 생각으로 균형 잡힌 생각을 유지해야 한다.

문제가 있는 프로젝트에서 너무 오래 머무르면 결국 보여 줄 게 없는 상황이 되어 버리기 때문에 주로 인공지능에 관한 주도권을 놓치게 된다(3.1.1 절).

여러분이 어려움에 봉착해서 스스로 전원 코드를 뽑기 전에 여러분의 인공지능 프로젝트가 진행될 수 있도록 하려면 얼마나 걸릴지를 생각해 언제나 **타임박스**timebox[8]를 만들어 두어야 한다. 연구상의 질문이 처음에 예상했던 것보다 구현하기가 훨씬 더 어렵다고 판명되면, 답변을 찾기 위해 인내해서는 안 된다. 그렇게 하는 대신에 현재 프로젝트를 일시 중지하고 그보다 더 간단한 연구상의 질문에 맞는 답을 구현하는 일을 시작하자.

이 접근 방식을 사용함으로써, 여러분은 기능적인 해법을 도출해 낼 수 있는 프로젝트(하지만 어쩌면 생각만 하며 시간을 낭비하다가 보여 줄 만한 게 아무것도 나오지 않은 채로 끝날 수도 있는 프로젝트)를 보류하고 그 대신에 더 간단한 프로젝트를 먼저 시도해 보는 식으로 두 프로젝트 간에 거래를 하게 된다. 그러나 이 기법을 사용하면 연구상의 질문을 보류했을 때 여러분이 무엇을 찾아냈는지를 이해해야 한다. **여러분은 연구상의 질문을 보**

---

8 잦은 반복을 통해 개발해 나가는 방식에서 한 차례 반복(iteration)을 진행하는 시간_역주

류하기로 결정하기는 했지만, 그 연구상의 질문을 더 추구해 보았자 사업 가치가 없다는 사실까지는 알아내지 못했다.

불행히도 조직은 종종 연구 프로젝트의 결과를 '예/아니요', '작동/작동하지 않음'과 같은 이항 범주로 분류하는 습성을 보인다. 타임박스 접근 방식을 제대로 사용하려면 연구상의 질문을 초기에 분석할 때 있을 법한 결과가 세 가지라는 점을 이해해야 한다.

1 예 : 이 접근 방식을 더 추구해 볼 가치가 있다. 우리는 이 접근 방식에 많은 자원을 투입해야 한다.

2 아니요 : 우리는 많은 노력을 기울여 이 접근 방식이 잘못되었다는 점을 확신할 수 있으며 이 접근 방식이 들어맞지 않을 것으로 예상한다. 여기에 자원을 더 이상 투입하지 말자.

3 글쎄요 : **초기** 조사에 착수한 후로 시간이 흘렀지만 이 접근 방식이 효과가 있는지를 알아내지 못했다. 하지만 우리가 더 열심히 노력했을 때도 효과가 없을지에 대해서는 충분히 조사하지 않았다. 나중에 자금과 시간이 더 주어지면 이 문제를 다시 검토해야 한다.

> **참고** 결과를 예/아니요/글쎄요라는 3개 상태 논리 형식으로 보고하고 추적해 보는 게 중요하다. 그 이유는 '아니요'로 답한 질문을 다시 개시하지 않은 채 시간이 흘러 '글쎄요'로 답했던 질문을 다시 개시할 수 있기 때문이다. 이런 식으로 제대로 구별할 수 있어야 '어려운 프로젝트를 조기에 기꺼이 포기'할 수 있고, 이게 유일한 방법이다.

나중에 더 많은 자원을 사용해 개선하고자 하는 성공적인 해법이 있는 경우에 일부 가능성을 다시 살펴볼 가치가 있다고 결정할 수 있다. 그림 7.13은 결과의 '예/아니요/글쎄요' 분류의 세 가지 상태를 사용해 프로젝트를 실행하는 과정을 요약한다.

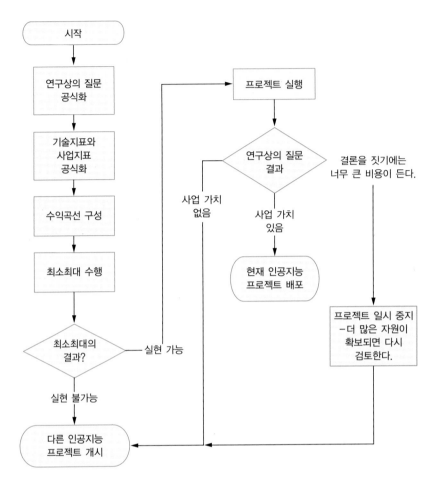

그림 7.13   도전적인 프로젝트를 보류할 수 있는 능력을 갖추고 인공지능 프로젝트를 진행하기.
이 접근 방식을 사용하면 예상보다 어려운 것으로 판명된 프로젝트에서 손실을 빠르게 줄일 수 있
고, 그 대신에 그보다 간단한 프로젝트를 시도할 수 있다.

그림 7.14   머신러닝 파이프라인의 예. 우리는 이 파이프라인의 민감도 분석을 수행한다. (독자의 편의를 위해
그림 6.10을 그대로 가져왔다.)

7.6 연습문제

다음 연습문제에 나오는 질문들에서는 그림 6.10(및 그림 7.1)을 재현한 그림 7.14의 머신 러닝 파이프라인을 언급한다.

질문 1 : 이 질문을 통해서 여러분은 그림 7.14에 나오는 파이프라인에 대한 민감도 분석 결과를 알 수 있다. 사업지표로는 수익을 삼았고 가치 임곗값이 연간 20억 원이라고 가정 한다. 최소최대 분석 결과에 따르면 최소 부분이 연간 19억 원이고 최대 부분이 연간 30억 원이다. 여러분은 민감도 분석을 수행하기로 결정한다. 민감도 분석이 필요한 이유는 무 엇인가? 여러분은 한동안 모든 단계를 대상으로 모종의 작업을 했고 마침내 어떤 단계이 든 개선하기가 점점 더 어려워지는 상황에 이르렀다. 민감도 분석 결과가 다음과 같은 경 우에 여러분은 파이프라인의 어느 단계에 투자해야 하는지를 결정해야 한다.

- A 단계를 1% 개선하기까지 6개월이 소요된다. 여러분이 A 단계를 개선했을 때, 머신 러닝 파이프라인의 전반적인 개선은 ₩1,000만/%가 된다.
- B 단계를 1% 개선하기까지 2개월이 소요된다. B 단계를 개선하면 머신러닝 파이프라 인의 전반적인 개선은 ₩2억/%가 된다.
- C 단계를 1% 개선하기까지 1년이 소요된다. C 단계를 개선하면 미신러닝 파이프라인 의 전반적인 개선은 ₩8억/%가 된다.
- D 단계와 E 단계를 개선해도 머신러닝 파이프라인의 결과가 눈에 띄게 개선되지 않는 다. 실제로 그러한 상황이 언제 벌어지는가?

질문 2 : 이 질문을 통해서 여러분은 그림 7.14에 나오는 파이프라인에 대한 민감도 분석 결과를 알 수 있다. 수익을 사업지표로 삼았고 가치 임곗값이 연간 20억 원이라고 가정한 다. 최소최대 분석 결과에 따르면 최소 부분이 연간 19억 원이고 최대 부분이 연간 30억 원이다. 여러분은 민감도 분석을 수행하기로 결정한다. 여러분은 프로토타입을 만들지 않 았고 데이터를 정리하지도 않았다. 민감도 분석 결과가 다음과 같은 경우에 여러분은 파 이프라인의 어느 단계에 투자해야 하는지를 결정해야 한다.

- A 단계를 2% 개선하기까지 3개월이 소요된다. 여러분이 A 단계를 개선했을 때, 머신 러닝 파이프라인의 전반적인 개선은 ₩2억/%가 된다.
- B 단계를 1% 개선하기까지 2개월이 소요된다. B 단계를 개선하면 머신러닝 파이프라

인의 전반적인 개선은 ₩1억/%가 된다.

- C 단계를 1% 개선하기까지 1년이 소요된다. C 단계를 개선하면 머신러닝 파이프라인의 전반적인 개선은 ₩8억/%가 된다.

- D 단계와 E 단계를 개선해도 머신러닝 파이프라인의 결과가 눈에 띄게 개선되지 않는다.

질문 3 : 여러분의 인공지능 프로젝트에서는 사물 인터넷 센서를 통해 차량의 소리를 관측함으로써 어떤 종류의 음색 변화가 차량의 기계적인 문제를 나타내는지를 확인할 수 있게 하려고 조사 중이다. 여러분은 150대의 차량에 센서를 달고 한 달을 기다렸다. 단 한 대의 차량에서만 기계적인 문제가 생겼다. 데이터 과학자가 한 달 간의 조사 끝에 수집된 데이터를 보고서는, 차량의 파손을 예측할 수 없으며 고장 난 차량 한 대에서 나온 데이터셋에는 데이터가 충분히 들어 있지 않다고 말한다. 이 말은 차량 파손을 예측할 수 있는 인공지능을 만들 수 없다는 뜻인가?

질문 4 : 두 개의 머신러닝 파이프라인이 있다고 가정하자. 여러분의 사업지표는 수익이다. 가치 임곗값은 연간 100억 원으로 일정하다. 두 머신러닝 파이프라인을 두 팀이 맡아 동시에 따로 작업할 수 있다. 파이프라인 1은 연간 200억 원을, 파이프라인 2는 연간 300억 원을 제공한다. 파이프라인을 개발하는 데 드는 비용은 인공지능 프로젝트에서 예상되는 생애 수익에 비하면 적다. 여러분의 조직은 4개월 내에 파이프라인 1을 구현할 수 있고, 1년 내에 파이프라인 2를 구현할 수 있다. 두 파이프라인 중 배포해야 하는 파이프라인과 그 시기를 결정하라. 또한 이 두 파이프라인을 보여 주는 타이밍도를 그려 보라.

요약

- 민감도 분석은 "내 머신러닝 파이프라인의 어느 단계에 투자해야 하는가?"라는 질문에 답하기 위한 것이다. 민감도 분석에는 국소 민감도 분석과 전역 민감도 분석이라는 두 가지 형태가 있다.

- 국소 민감도 분석은 머신러닝 파이프라인의 어떤 한 가지 단계를 조금만 개선할 수 있다고 생각할 때 적용할 수 있다.

- 파이프라인의 어떤 한 가지 단계가 크게 개선될 수 있다고 생각되면 전역 민감도 분석을 수행해야 한다.

- CLUE는 인공지능 프로젝트 관리에 대한 중요한 고려 사항을 해결하는 통합 과정이다. CLUE 과정을 이루는 각 부분은 이전 부분들에 영향을 받으므로 C, L, U, E를 순서대로 수행해야 한다. 데이터를 기반으로 정보에 입각한 결정을 내리려면 CLUE 같은 과정이 필요하다.

- 장기 프로젝트에서 해법의 사업 가치가 시간이 갈수록 변하므로 서로 다른 시간 가치를 설명하려면 수익곡선을 여러 개 구성해야 한다. 타이밍도를 사용해 머신러닝 파이프라인의 사업 가치가 시간에 따라 어떻게 변화하는지를 가시화할 수 있다.

- 연구상의 질문에 대한 답변은 '예'나 '아니요'에 국한되지 않는다. '질문에 답하기 위해 우리가 전념할 수 있는 자원을 사용해서는 현재 알 수 없음'일 수도 있다. 두려워하지 말고 그러한 프로젝트를 일단 보류해 두었다가 나중에 다시 진행하자.

사업에 영향을 미칠 수 있는 인공지능의 최신 경향

이번 장에서 다루는 내용

- 인공지능의 급속한 진화를 이해하기
- 인공지능으로 물리적 장치를 제어할 때의 인공지능 보안성, 인과성 및 고려 사항
- 사물 인터넷IoT 시스템에 적합한 데이터
- AutoML : 자동화와 인공지능 시스템 구성체가 서로 만나는 곳
- 인공지능 길들이기

이 책의 여정을 거의 마쳤다. 여러분은 인공지능으로 해결할 수 있는 사업 문제를 선택하는 방법과 인공지능 프로젝트가 성공할 수 있게 진행하는 방법을 배웠다. 프로젝트를 연달아 성공시키게 되면 여러분은 사업적 성공에 중요한 인공지능 조직을 구축할 수 있게 된다.

여러분의 조직이 성숙해질수록 여러분은 시간이 흐르면서 새로 진보한 기술들을 불가피하게 통합해야 한다. 이번 장에서는 향후 프로젝트에 영향을 미칠 가능성이 있는 인공지능 분야의 최신 경향을 강조한다. 이번 장의 구성은 다음과 같다.

- 8.1 절에서는 인공지능이라는 용어가 진화해 온 점을 보여 준다.
- 8.2 절에서는 인공지능을 사용해 물리적 시스템을 실행할 때 고려할 사항 몇 가지를 제시한다.
- 8.3 절에서는 오늘날 대부분의 인공지능 시스템이 인과관계를 기반으로 결정을 내리지 않고 사건 간의 근접성만을 기반으로 결정을 내리게 되는 이유를 설명한다.
- 8.4 절에서는 오늘날 사용되는 대부분의 인공지능 알고리즘이 다양한 수준의 정확성을 가진 데이터 공급원을 결합하도록 설계되지 않는 이유를 강조한다.
- 8.5 절에서는 인공지능 시스템의 실수가 인간이 저지르는 오류와 근본적으로 어떻게 다른지를 보여 줌으로써 문제를 예방할 수 있게 한다.
- 8.6 절에서는 자동화와 인공지능 시스템 구성체가 만나는 지점인 AutoML을 설명한다.
- 8.7 절에서는 인공지능 및 다른 사업 마당과의 관계에 대해 배운 내용을 일반화한다.
- 8.8 절에서는 인공지능 시스템을 사업상의 성공으로 이끌어 가는 데 있어서 인간의 역할을 요약한다.

8.1   인공지능이란?

인공지능이라는 개념과 인공지능 그 자체는 계속 진화하고 있다. 이번 절에서는 "인공지능이란 무엇인가?"를 설명하고 현재 나온 답변들 중 일부를 제시한다. 그런데 왜 내가 책의 끝부분에 이르도록 이런 질문을 하지 않았을까? 왜 나는 여러분이 보았을 법한 (그림 8.1과 같은) 그림을 끼워 넣지 않았을까?

그 질문에 대한 기술적인 답이 그림 8.1에 정확히 나와 있지만, 이 그림이 인공지능에 관한 이야기를 전부 들려주지는 않는다. 현재 인공지능은 마케팅 용어로 자주 사용된다. 마케팅 및 자금 조달의 관점에서 볼 때 지난 몇 년 동안은 여러분의 제품을 인공지능에 맞춰 가는 편이 유익했다.

> **참고**   때때로 인공지능과 회사 제품 사이에 연결점이 거의 없을 때조차도 서로 간의 연관성을 어떻게든 만들려고 하는 경우도 있다. 한 설문 조사[130]에 따르면 인공지능 분야 스타트업으로 분류된 유럽 기업들 중에 약 40%는 회사의 가치 제안에 인공지능을 전혀 사용하지 않는 것으로 나타났다.

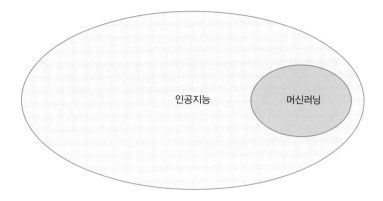

그림 8.1 인공지능 대 머신러닝. 보다시피 인공지능은 머신러닝보다 상위 개념이다.

기업이 인공지능으로 많은 것을 창출하지 못하는 상황인데도 어떻게 인공지능과의 연관성을 자랑하는 것일까? 한 가지 이유는 인공지능이라는 말에 대한 다양한 정의가 떠돌아다니기 때문이다. 한 가지 정의가 보편적으로 받아들여지는 경우는 없다. 나는 인공지능에 대해 자주 들을 수 있는 몇 가지 진술을 제시한 다음에 이러한 정의가 얼마나 서로 호환되는지를 여러분이 직접 판단하도록 해 보겠다.

- 위키백과[131]에서 제공하는 정의 중 하나(그리고 그 기원은 *Computational Intelligence : A Logical Approach*[132] 라는 책에서 유래함)는 다음과 같다.

  컴퓨터 과학에서는 인공지능 연구를 '지능형 에이전트'에 대한 연구라는 식으로 정의한다. 지능형 에이전트란 환경을 인식하고 목표를 성공적으로 달성할 가능성을 극대화하는 행위를 취하는 모든 장치다.

- 캐플런Kaplan과 핸레인Haenlein이 내린 또 다른 정의는 다음과 같다.[133]

  인공지능(AI) − 외부 데이터를 올바르게 해석하고 이러한 데이터에서 학습하며 이러한 학습을 통해 유연하게 적응함으로써 특정 목표와 작업을 달성하는 시스템의 능력이라고 정의할 수 있다.

- 이 책에서 나는 "인공지능은 역사적으로 인간만이 해결할 수 있었던 문제를 해결하는 것"이라는 정의를 사용했다.

때때로, 이전에 인공지능으로 간주되었던 문제가 해결되면, 그 문제는 더 이상 인공지능 이라고 인식되지 않는다(**인공지능 효과**^{AI Effect}라고 하는 현상[134]). 예를 들어 체스가 있다. 1997년에 컴퓨터는 세계 최고수와 벌인 체스 경기에서 승리했다.[135] 그러나 오늘날 컴퓨터 가 체스 최고수를 물리칠 수 있는 능력을 고급 인공지능 중 하나라고 생각하는 사람은 거 의 없다.

인공지능과 머신러닝의 관계에 대한 관점도 다양하다. 다음은 이러한 견해 중 일부이지 만, 이 중에 어떤 것도 올바르다고 인정되고 있지 않다.

- 인공지능의 범위는 머신러닝보다 더 넓다. 머신러닝에는 알고리즘을 사용한 작업도 포함되는데, 이는 인공지능도 마찬가지이며, 인공지능은 로봇 공학에서도 많이 사용 된다.[136]
- 인공지능은 기존 머신러닝보다 더 현대적인 알고리즘과 기술을 다룬다. 이런 생각을 바탕으로 시각 인식이나 자연어 처리 작업에 적용할 신기술(예 : 딥러닝)을 인공지능 으로 간주할 수 있다.

인공지능과 머신러닝의 관계는 시간의 흐름에 맞춰 계속 변하고 있으며, 보다시피 인공지 능에 대한 보편적인 정의는 없다. 우리가 어떤 기술이 인공지능의 일부라고 선언하거나 더 이상 인공지능의 일부가 아니라고 선언한다고 해도, 우리가 몇 년도에 있는가에 따라 인 공지능의 의미가 달라진다. 나는 인공지능으로 간주되던 것이 지속적으로 바뀔 것으로 예 상한다.

> **참고** "이게 인공지능인가?"라는 질문은 학문적이다. 관련 질문을 사업이라는 목 적에 맞춰 한다면 다음과 같다. "이러한 방법들을 사용해 얻을 수 있는 사업상의 이 점은 무엇인가?"

8.2 물리적 시스템의 인공지능

인공지능이 더 큰 물리적 구조의 일부로 사용될 때 단순한 소프트웨어 시스템에는 없던 고 려 사항들이 생긴다. 이러한 고려 사항으로는 인공지능이 신체적 해를 입힐 수 있다는 점 이나, 인공지능 훈련 및 개선을 위한 데이터 수집은 비물리적 시스템이 있을 때와 다르게 수행되어야 한다는 점 등을 들 수 있다. 이번 절에서는 이러한 고려 사항을 자세히 설명한다.

예를 들어 인공지능은 물리적 시스템에 놓인 자율 주행 차량[38]이나 사물 인터넷IoT[46]에 적용된다. 구글에서 테슬라를 거쳐 우버에 이르기까지 다양한 회사가 자율 주행 프로젝트를 진행하고 있다. 자율 주행 차는 인공지능 없이는 불가능하며, 완전 자율 주행 차를 만들려고 한다면 오늘날 인공지능이 제공할 수 있는 것보다 더 뛰어난 기능이 필요하다. 인공지능은 또한 사물 인터넷 장치(예 : 네스트[36]에서 만든 스마트 온도 조절기)에서 수집된 데이터를 분석하는 일에도 사용된다. 몇 가지 관련 문제를 살펴보자.

8.2.1 첫째, 해를 끼치지 말라

빠른 속도로 움직이는 금속성 물체를 제어할 때는 사람을 안전하게 보호해야 한다. 금속성 물체에 사람이 부딪히면 사람이 다치기 때문이다. 인공지능이 더 널리 사용될수록 이러한 금속성 물체가 더 다양해질 것이다. 오늘날에는 우리가 주로 로봇과 자동차에 대해서만 이야기를 하지만,[38] 미래에는 이러한 금속성 물체에 선박, 비행기, 건물, 드론이 포함될 가능성이 있다.[1] 이러한 것들에 인공지능을 도입할 때는 안전 문제를 해결해야 한다.

안타깝게도 현재 대부분의 인공지능 알고리즘은 본질적으로 안전을 보장하지 않는다. 꽤 대조적이다! 널리 사용되는 대부분의 인공지능 알고리즘은 훈련 도중에 자신이 제어하는 시스템으로 할 수 있는 일이라면 무엇이든 해 보려고 한다. 인공지능 알고리즘은 (유해할 수도 있는) 해당 동작에 따른 결과를 '목격한 다음'에야 비로소 자신의 동작을 조절하려고 할 것이다. 그럼에도 불구하고 알고리즘이 변경될 수 있는 정도에는 상당한 제한이 있다.

연구용으로 인공지능을 구축하는 경우(예 : 오래된 컴퓨터 게임을 인간보다 더 잘하는 방법을 배우는 인공지능[137]) 그러한 접근 방식이 허용될 수 있지만, 그러한 방식을 자율 주행 차량에 적용하는 경우 무심코 처리한 인간에 대한 안전이 보장되지 않게 된다. 현실 세계에서 운전하게 하거나 절벽과 살짝 떨어진 곳에서 운전하게 한다고 해서 운전하는 법을 자율 주행 차가 배울 수는 없다.

---

1 금속성 물체만으로 제한되는 것은 아니다. 그 물건이 탄소 섬유로 만들어졌을지라도 사람이 물건에 부딪히지 않게 해야 한다.

국소 모델 대 전역 모델

인공지능 기반 방법들을 분류하는 방식에는 전역 모델과 국소 모델로 나누는 방식이 있다. 전역 모델에서는 여타 입력에 따른 결과에 영향을 받지 않으면서 단일 입력에 대해서만 결과를 변경하도록 알고리즘에 지시할 수 있게 용량이 제한되어 있다(8.5 절의 전역 모델에 대한 자세한 내용 참조). 여러분이 알고리즘을 향해 "이 특정 사진에 보이는 어린이만 어린이이므로(귀여운 옷을 입은 아이), 다른 사진을 보고 결과를 바꾸지 마!"라고 말할 수는 없다. 그러나 국소 모델의 경우, 다른 입력의 결과에 영향을 주지 않고 단일 입력의 응답을 변경할 수 있다.

오늘날 인공지능에서 사용되는 많은 방법은 전역적 방법들이다. 여러분이 웹상에서 사진을 분류하는 경우라면 이것은 별로 문젯거리가 되지 않는다. 그러나 여러분의 문제 영역에서 안전이 중요하다면 이것은 엄청난 문젯거리가 된다. 작동하는 전역 모델이 몇 가지 해로운 일을 하지 못하게 효과적으로 막을 방법이 **대체로** 없다.

안전한 인공지능 시스템을 구축하는 일에 대해서는 활발한 연구가 이루어지고 있으며, 모든 물리적 시스템에서 인공지능을 안전하게 사용할 수 있게 간단하고 보편적으로 적용할 수 있는 접근 방식은 없다. 그렇기 때문에 안전한 자율 주행 차량을 위한 인공지능을 만드는 데는 큰 비용이 든다. 인공지능으로 제어하는 물리적 시스템의 안전을 보장하는 데 사용할 수 있는 간단한 규칙 집합은 없지만, 다음 같은 휴리스틱이 도움이 될 수 있다.

- 항상 감지 · 분석 · 반응 루프(제3장)를 사용해 인공지능 프로젝트 분석에 착수해야 하는데, 이는 인공지능이 제어하는 물리적 시스템이 할 만한 일이나 있을 법한 일을 나열하는 일부터 해야 하기 때문이다.
- 인공지능이 있는 물리적 환경을 모방한 시뮬레이터가 필요하다. 순진한 대중에게 몇 대의 인공지능 구동 차량을 풀어서 인공지능 알고리즘을 훈련하게 할 수는 없는 법이니까! 시뮬레이터를 사용할 수 있다면 여러분은 인공지능 시스템이 치명적인 학습 오류를 만들어도 괜찮은 환경에서 알고리즘을 훈련할 수 있다.

  시뮬레이터는 일반적으로 구축하기가 어렵고 상당한 비용이 든다. 그러한 시뮬레이터의 설계(및 비용 조달)를 프로젝트 초기에 해야 한다. 시뮬레이터를 개발하는 일이 나머지 인공지능 알고리즘을 개발하는 일보다 더 복잡하고 비용이 많이 드는 경우를 보지 못했다.

- 안전을 위해, 가능하면 인공지능 시스템을 수동으로도 쉽게 검토할 수 있을 만한 작은 행위 집합으로 제한하자. 작은 행위 집합이 있는 인공지능 시스템의 전형적인 예를 들자면 인공지능으로 구동되는 오븐용 제어 시스템을 들 수 있다. 이 시스템은 발열체를 켜고 끄는 일, 온도를 변경하는 일, 대류 팬을 켜고 끄는 일을 하는 게 전부다.

- 전역 인공지능 모델은 자체적으로 충족되는 일이 전혀 없다. 안전을 보장하기 위해 유해하다고 판단되는 어떤 행위도 취하지 않을 것임을 여러분이 반드시 보장할 수 있어야 한다.

  본질적으로 전역적인 방법들은 하나의 시나리오에 대한 결과만을 변경할 수는 없다. 전역 모델에서는 개별 상황의 결과를 수정하는 순간 전체 모델이 변경되어 다른 유해한 조건이 발생할 수 있다.

  안타깝게도 오늘날 인공지능에서 사용하는 가장 영향력 있는 모델(예 : 딥러닝 모델)은 전역 모델이다. 전역 모델에 따라서 바람직하지 않은 작업을 제한할 수 있는 방법을 결합해야 할 수 있다. 이를 수행하는 한 가지 방법은 규칙 엔진을 사용해 시스템의 출력을 금시 행위 복록과 비교하는 것이다.[138]

이 책의 이전 장에서 언급한 모든 방법들은 인공지능을 사용하는 물리적 시스템에 완전히 적용할 수 있지만, 자체적으로 시스템의 안전을 보장하지는 못한다. 인간의 판단, 지식, 경험을 사용해 안전을 보장해야 한다.

> **참고** 인공지능 기반 물리적 시스템은 간단한 환경 속에서 간단한 행위를 할 때 가장 잘 작동한다. 시스템이 수행하는 모든 행위가 간단해서 시스템이 '지루해하는' 것처럼 보일 정도면 완벽하다. 여러분이 타고 있는 차가 창의적이기를 원하는가?

인공지능을 사용하는 물리적 시스템은 물리적 시스템이 우선이고 인공지능 시스템이 그 다음이다. 시스템은 사용 분야에 적합한 안전 지침과 신뢰 지침에 맞게 이러한 물리적 시스템을 설계해야 한다. (예를 들어 자율 주행 차는 자동차 공학의 규칙과 규정에 맞춰져야 한다.) 안전 시스템 설계와 관련해 안전 공학이나 시스템 엔지니어링을 전공한 도메인 전문가는 예측 가능한 미래에 대해 최종 결정을 내린다.

인공지능은 안전 문제를 해결하기 위해 물리적 시스템에 퍼뜨릴 수 있을 만큼 마법 같은 먼지가 아니다. 오늘날 사용되는 많은 인공지능 알고리즘에서 물리적 안전이라고 하는 영역은 강점이 아닌 약점에 해당한다. 나는 여러분에게 물리적 안전을 다루는 인공지능 알고리즘의 발달 상황을 일단은 따르면서, 이러한 상황이 미래에 바뀌는지를 확인해 보기를 권장한다.

한편으로, 인간이 개입해야만 물리적 시스템의 안전을 보장할 수 있다. 인공지능을 사용해 물리적 시스템을 제어하는 프로젝트에는 안전을 보장하는 데 중요한 연구개발R&D 요인이 있어야 한다. "인공지능 알고리즘을 우리 분야에서 볼 수 있는 최고의 기존 안전 이행사례와 어떻게 결합하는가?"라는 질문을 해결하는 데 이러한 연구개발력 중 일부를 투입해야 한다.

인공지능은 항상 더 큰 소프트웨어 시스템의 구성요소다

2019년 초반, 보잉은 세계적으로 널리 쓰이는 비행기 모델 중 하나의 그라운딩grounding[a]과 어려움에 봉착하였다.[139] 항공기가 그라운딩이 되는 이유는 비행 제어 시스템의 전산화된 구성요소인 MCAS(기동 특성 증대 시스템) 문제와 관련이 있다.[140] MCAS는 많은 사망자를 낸 두 가지 비행기 추락 사건을 초래한 연속된 사건들의 연결 고리 중 하나로 여겨지고 있다.[141] MCAS 시스템이 인공지능 시스템은 아니지만, 그것은 안전에 중요한 비행 제어 소프트웨어를 개발하는 데 내재된 큰 위험성을 도드라져 보이게 한다. 안전에 중요한 소프트웨어 시스템을 구축하는 일은 인공지능이 관련되어 있지 않더라도 사소한 일이 아니다.[b] 그리고 인공지능을 이러한 혼합체에 추가하면 더 어려워진다.

물리적 시스템에 우수한 인공지능 기반 제어 기능을 구현해 넣기 전에, 물리적 시스템을 잘 제어할 소프트웨어를 개발하는 일부터 숙달해야 한다. 그러려면 우수한 소프트웨어 공학에서 제시하는 모든 규칙을 먼저 준수해야 한다.

---

a 비정상 비행 상태로 돌입하는 일. 비정상적 비행 상태를 그라운드(ground)라고 한다._역주

b 737 MAX의 그라운딩에 관한 논의는 내가 이 문장을 작성하는 동안에도 여전히 진행 중이다. 예를 들어, 이를 다루는 위키백과 페이지에는 749개의 참조[142]가 있으며 여러분이 이 책을 읽는 동안에도 내용이 더 늘어날 것이다. 이로 인해 발생한 사건들은 비극적이지만, 나는 MCAS 개발이나 규제 및 인증 과정에 대해서 딱히 어떤 입장에 서려는 게 아니다. 나는 안전필수 소프트웨어를 개발하는 일이 아주 중요하고 결코 사소하지 않은 활동이라는 점만 지적할 따름이다.

8.2.2 사물 인터넷 장치와 인공지능 시스템이 잘 어울려 작동해야 한다

제1장에서 나는 인공지능으로 기껏 돈을 써서 데이터에서 찾아낸 통찰이 실행 불가능한 통찰이 되는 이유를 보여 주었다. 제5장에서 여러분은 인공지능 기반 방법들과 데이터가 본질적으로 서로 의존한다는 점도 보았다. 이번 장에서는 인공지능 기반 솔루션의 아키텍처를 장치의 구성요소들과 긴밀하게 연관되도록 설계하지 않으면 흔한 사물 인터넷IoT 프로젝트[46]에서 이러한 함정에 빠질 위험성이 생긴다는 점과 그 원인을 드러낸다.

사물 인터넷이란 인터넷에 연계된 물리적 장치를 구축하는 일과 관련이 있다. 동작을 제어하는 인공지능이 이러한 장치의 한 가지 부품처럼 들어 있을 수도 있다. 인공지능은 일반적으로 장치를 사용하는 전체 모집단에서 수집된 데이터를 사용해 훈련된다. 또한 지능형 조명 장치(스마트 라이트) 및 지능형 잠금 장치(스마트 락) 같은 여러 개별 사물 인터넷 장치는 '지능형 잠금 장치로 문을 열면 자동으로 지능형 조명 장치를 켜기' 같은 식으로 구성된 작업흐름을 이룰 수 있다.

인공지능이 장치에 어떤 기능을 보태는 셈이 되기 때문에 사물 인터넷과 인공지능은 자연스럽게 어울린다. 인공지능의 혜택을 받는 사물 인터넷 장치의 예로는 지능형 도난 경보 장치(스마트 알람 시스템)가 있다(예 : 5.1.5 절에서 논의된 시스템). 규모가 더 큰 경우를 예로 들자면, 지능형 도시(스마트 시티)[143]에서는 사물 인터넷 센서를 사용해 데이터를 수집하고 나서 인공지능을 사용해 자산과 자원을 더 효과적으로 관리한다.

사물 인터넷 장치를 만들려면 광범위한 전문 지식이 필요하다. 어떤 장치를 쓰는가에 따라서 전기공학이나 기계공학 등에 대한 전문 지식이 개발 팀에 필요할 수 있다. 또한 이러한 장치를 제작할 준비를 하면서 공급업자와 유통망을 관리해야 한다. 사물 인터넷 장치 그 자체에 대해서 처리해야 할 일만 해도 아주 많기 때문에 자연스럽게 인공지능을 후순위로 삼기 쉽다. 종종 인공지능 전문가와 상의하기도 전에 장치 설계를 높은 수준까지 완료할 때가 있다.

안타깝게도 인공지능과 별개로 사물 인터넷 장치를 설계하게 되면, 실패한 인공지능 프로젝트에서 흔히 사용된 것을 볼 수 있는 모델이면서 무시무시한 결과를 가져올 수 있는 모델, 즉 '선 데이터 수집, 후 일부 데이터 분석'이라고 지칭할 수 있는 모델을 만들어 내기가 쉽다. 인공지능이 사용할 대부분의 데이터는 장치 자체의 센서에서 가져온다. 인공지능을 고려하기도 전에 장치를 설계하는 일부터 해 버리면, 여러분은 행위로 옮길 만한 분석 결과를 내는 데 필요한 데이터셋을 고려해 보기도 **전에** 미리 여러분이 접근할 수 있는 데이터에 자신의 시선을 빼앗기는 셈이 되고 만다. 이런 식으로 인공지능을 생각해 나간다면, 인공지능에 실제로 필요한 데이터를 수집하지 못하게 될 가능성이 커서 결국 여러분의 선택지가 크게 줄어드는 꼴이 되고 만다. 예를 들어 온도 센서를 통합해 두지 않으면 사물인터넷 장치가 설치된 현지의 온도를 알 수 없다.

사물 인터넷 장치에 적절한 센서가 있더라도 사물 인터넷 수준 구성에서 데이터를 수집하는 경우와 전사적 구성에서 데이터를 수집하는 경우 간에는 종종 상당한 차이를 보인다. 전사적 프로젝트의 경우에 일반적으로 일부 유형의 데이터 레이크에서 회사가 이미 수집해 둔 데이터를 집계하는 경우가 많다. 이렇게 되면 데이터의 수집과 보존이 상당히 저렴해진다.

사물 인터넷 환경에서 데이터를 수집할 때는 전사적 프로젝트에서 수집하는 경우보다 거의 항상 더 많은 비용이 든다. 사물 인터넷 프로젝트의 경우에 데이터를 수집하려면 먼저 장치에 센서를 부착해야 한다. 이러한 센서로 인해 장치 비용이 늘어나지만 이게 다가 아니다. 장치가 작고 배터리로 작동하는 센서가 부착되어 있으며 이동통신망을 통해 데이터를 전송하고 있다면, 대역폭과 지연 시간이라는 측면에서 큰 비용이 들 수 있다.

> **경고**   사물 인터넷 장치에서 데이터를 수집하려면 큰 비용이 소요되므로, 여러분은 사물 인터넷 장치 설계 범위 내에서 인공지능에 필요한 데이터를 획득할 수 있게 계획해야 한다. 기존 사물 인터넷 장치를 설치한 후에 나중에 가서 인공지능을 거기에 추가할 생각을 한다면, 곧 후회하게 될 것이다.[2]

사물 인터넷이라는 분야에 인공지능을 적용할 때는, 물리적 장치는 현장에 배포된 후 변경하기 어렵거나 변경이 불가능할 수 있는 반면에 시스템의 인공지능 부분은 훨씬 쉽게 개선할 수 있는 소프트웨어로 구성된다는 점을 이해해야 한다. 이러한 불일치를 계산에 넣어 두려면, 시스템을 설계하는 동안에 여러분은 인공지능 시스템의 첫 번째 버전이 수행할 작업을 고려해야 할 뿐만 아니라 향후 인공지능 시스템에서 이상적으로 개발하고 싶은 기능까지도 고려해야 한다. 시스템용 최신형 인공지능에 필요할 것으로 예상되는 모든 하드

---

2   여기서 말하고자 하는 핵심은 데이터 수집에 관해서도 계획을 세워야 한다는 것이다. 사용할 계획이 없는 데이터를 수집하기 위해 센서를 투입하지 말자. 센서를 내장하려면 비용이 든다. 이 비용은 센서 자체의 금전적 비용을 비롯해서 무단 접근으로부터 장치와 센서를 보호해야 하는 필요성으로 인해 추가되는 비용도 포함된다. 또한 센서의 존재가 사용자의 개인 정보에 미치는 영향을 고려해야 한다.

웨어 센서를 처음부터 사물 인터넷 장치에 부착해 둔 다음에 해당 장치를 현장에 배포하겠다는 식으로 생각하자. 이렇게 하면 고객은 자신이 이미 구매해 둔 장치에 필요한 추가 기능을 소프트웨어 업데이트만으로도 사용할 수 있을 것이다.

"일단 하드웨어를 팔고 나중에 소프트웨어까지 팔아 돈을 번다"는 정책의 예는 스마트폰의 소프트웨어를 지속적으로 개선해 나가는 제조업체에서 자동차 산업에 이르기까지 다양하다. 일부 테슬라 모델에는 자율 주행에 필요할 것으로 예상되는 모든 하드웨어가 이미 포함되어 있지만[144] 자동 운전 기능 자체는 시간이 지남에 따라 계속 개선되고 있다.

8.2.3 '인공지능 보안'이라는 주제가 떠오르고 있다

인공지능 시스템의 보안성이 빠르게 향상되고 있다. 여러분의 조직이 그 밖의 소프트웨어 시스템을 통합하는 보안 이행사례들 외에도, 인공지능에는 그 자체로 특이한 면이 많다.

최근 몇 년 동안 우리는 인공지능 알고리즘의 보안에 대해 놀라운 사실을 많이 배웠다. 사람의 눈으로는 알아차리기 힘든 작은 변경 사항을 영상에 추가하는 식으로 딥러닝 시스템을 속여서 영상들을 잘못 분류하게 할 수도 있지만, 아예 처음부터 분류하는 일을 방해할 수도 있다.[106] [145] 이 분야(생성적 적대 신경망GAN이라고도 함)에 대해 자세히 알아보려면 굿펠로Goodfellow 등이 지은 책과 부록 C에 나오는 논문[106] [146]을 보자.

최근에는 영상을 미묘하게 바꾸는 일뿐만 아니라 어떤 물체에 물리적인 스티커를 붙이기만 해도 비슷한 공격을 할 수 있다는 점이 입증되었다.[147] 이 스티커를 교통 표지판에 적용해 자율 주행 차가 정지 표지판을 80km/h 표지판으로 잘못 인식하면 어떻게 될까?

딥러닝 방식 분류기에 대한 공격은 영상에만 국한되지 않는다. 자연어 처리 분야에서는 텍스트 분류기를 사용해 비슷한 방식으로 공격할 수 있다.[148] 또 다른 흥미로운 발전 사항을 들자면, 머신러닝 모델을 훈련하는 데 사용된 데이터 중에 일부를 인공지능 시스템 사용자가 복원할 수 있는 능력이 있다는 점이다.[149] 그런데 우리가 데이터에 관해서만 이야기할 이유가 있을까? 여러분의 조직에서 개발한 인공지능 모델을 전부 도둑이 훔쳐 쓴다면 어떨까? 보안 문제는 딥러닝 알고리즘에만 국한되지 않는다. 예를 들어, 모델 도용은 자주 사용되는 다른 많은 종류의 인공지능 및 머신러닝 알고리즘으로 수행될 수 있다.[150]

인공지능 보안 분야에서 앞으로 어떤 발전이 있을지는 분명하지 않으며, 이 책이 출판될 때까지도 새로운 발전이 이루어질 것이다. 또한 분명한 것은 인공지능 시스템의 보안이 미래에도 여전히 많은 놀라움을 안고 있을 수 있는 분야이면서도 신흥 분야라는 점이다. 실제로 앞서 언급한 인공지능 보안 문제 중 일부를 본 인공지능 연구원과 전문가 등 모든 사람이 놀라워했다.

　　팀원들에게 특정 인공지능 알고리즘이 안전한지 묻는 대신에(대부분의 최신 알고리즘의 경우에 정답은 '알 수 없다'일 것이다), 인공지능 알고리즘이 빠르게 진화하는 분야이며 오늘 얻은 정답이 내일은 바뀔 수 있다는 점을 이해해야 한다. 여러분이 개발할 인공지능 알고리즘이 이보다 더 큰 시스템의 한 부분으로 쓰일 예정이고, 그러한 인공지능 개발 프로젝트가 여러분의 첫 번째 프로젝트라면, 보안이 보장되는 행위 유형에만 인공지능을 사용하는 게 바람직하다. 지금 당장은 인공지능 알고리즘 자체를 공격에서 보호하기 어렵다.

8.3　인공지능은 인과성을 학습하지 않고 상관성만 학습한다

현재 실행되고 있는 인공지능의 아킬레스건을 들자면, 인공지능은 일반적으로 원인과 결과 간의 연관성을 학습해서 분석에 대한 결론을 내는 게 아니라는 점이다. 그 대신에 인공지능은 결과가 원인과 동시에 발생하는 것을 전제로 하는 사건 간 상관관계만을 인식한다.[3] 이번 절에서는 이 차이점을 중요하게 다뤄야 하는 경우와 무시해도 되는 경우를 설명한다.

　　현재 사용되는 대부분의 인공지능 기반 방법들은 특정 사건의 정확한 원인을 확립해 설명하지 못한다.[25][151] 이러한 인공지능 기반 방법을 더 추상적으로 생각한다면 패턴을 잘 인식하는 '패턴 매칭 메커니즘'이라고 할 수 있다. 인공지능 알고리즘은 원인과 결과가 동시에 발생한다는 식으로 인식한다. 결과가 발생하기 전에 원인이 발생한다는 점을 인식할 수 있을지도 모른다. 하지만 인공지능 알고리즘은 원인과 결과의 차이를 이해하지 못하며 자신이 분석 중인 대상 시스템[4]이 실제로는 어떤 식으로 작동하는지를 이해하지 못한다. 또한 다양한 딥러닝 방법들처럼 널리 사용되는 인공지능 기반 방법들은 기지의 인과관계를 설명하지 못한다.[25][151] 특정 분야 전문가가 이미 알고 있는 인과관계를 존중하도록 딥러닝 시스템에게 강요할 방법이 없다!

　　여러분은 인공지능 커뮤니티에서, 아니 적어도 그들 중 일부가 역사적으로 상관관계에

3　여기서는 **상관**이라는 단어를 사용해 사건들 간에 어떤 관계[또는 동시발생(co-occurrence)] 형태가 있음을 의미한다. 나는 인공지능이 반드시 상관 계수를 계산한다는 것을 암시하는 것이 아니라, 이러한 사건들이 함께 일어나고 있다는 점을 인공지능이 알아차리게 된다는 점에 관해 말하고 있다.

4　즉, 인공지능의 분석 대상인 환경이나 계(system)_역주

더 초점을 맞췄을 뿐이라고 말할 수도 있을 것이다. 2008년에 널리 인용된 기사[152]에서는 '모든 데이터를 가지고 있어서 무슨 일이 일어날지를 예측할 수 있다면, 이유가 중요한가?'라는 논쟁을 격화시켰다. 그런 식으로 접근한 결과, 이론(그리고 인과성에 관한 이론)이 훨씬 덜 중요하다고 선언되었다.

여러분은 모든 데이터를 가지고 있지 않다

투시력 같은 특별한 기술을 가지고 있지 않는 한, 있을 법한 모든 결과에 관한 데이터를 모두 획득할 수는 없다! 첫째로, 여러분은 아직 발생하지도 않은 결과에 대한 데이터를 결측하고 있다. 이러한 결과는 흔히 미래라고 부르는 기간에 대해서는 아직 발생하지 않았다. 우리 대부분은 과거에 발생한 결과에 대한 데이터를 모두 수집하는 데도 어려움을 겪는다.

이러한 불완전성의 원인은 애초에 데이터가 존재하지 않는다는 이유부터 시작해 데이터를 보존하거나 감춰 두기에는 너무 큰 비용이 든다는 이유에 이르기까지 다양하다. 이처럼 데이터가 부족한 상황 속에서 우리는 가장 쉽게 접근할 수 있는 결과를 내는 데이터 (가장 일반적인 결과나 잘 알려진 드문 결과를 내는 일로 제한되는 데이터)부터 사용해 인공지능 모델을 훈련하게 된다.

"사건 간의 상관관계만 있으면 된다"라는 입장을 취하더라도 발생할 모든 시나리오를 안내하기에 충분할 만큼 데이터가 데이터셋 안에 들어 있게 될지는 알 수가 없다.

때때로 원인과 결과 간의 관계, 즉 인과관계가 별로 중요하지 않을 때가 있다. 세상을 바꾸려고 하기보다는 세상을 있는 그대로 받아들여 거기서 이익을 얻어 내는 게 여러분의 목표인가? 여러분이 실제로 직면하게 될 만한 상황을 설명하기에 충분한 데이터가 여러분에게 있는가? 그렇게 충분한 데이터가 있은 다음에 비로소 여러분은 인공지능 시스템이 인과관계에 대해 걱정할 필요가 없다고 주장할 수 있다. 여러분이 신발 판매 사업을 하고 있고, 곧 새 신발이 필요해질 사람에게 신발을 판매하려는 경우에, 그 사람들이 새 신발을 필요로 하는 원인까지 알 필요는 없다. 여러분은 "김 아무개라는 사람이 1년 반마다 새 신발을 사더라"라는 사실만 알고 있어도 충분할 것이다.

오늘날 실행되는 인공지능은, 이전에 본 적이 있는 변화라면 그러한 변화가 다시 일어날 때 여러분에게 알려 줄 수 있다. 예를 들어 장거리 달리기 시간을 개선하는 게 목표라면 스마트 워치에 들어 있는 가상의 인공지능 시스템이 달리기 시간이 얼마나 개선될지를 예측할 수 있을 것이다. 인공지능은 보폭을 늘리거나 뒤꿈치를 딛는 힘을 줄이는 식으로 달리기 시간을 개선할 수 있는 습관을 들이도록 안내할 수도 있다. 여러 스마트 워치와 연동된 시스템이 있다면, 해당 시스템은 달리기를 하고 있는 다양한 사람이 달린 시간을 알게 될 테고, 인공지능은 그러한 데이터를 사용해 여러분을 지도할 수 있다. 따라서 인공지능 시스템은 다른 사용자가 보여 준 발달 패턴과 비슷한 패턴을 제시하고, 이에 맞춰 습관을 들이게 함으로써 여러분이 달리기 시간을 개선하게 안내할 수 있는 것이다.

그러나 시스템이 인과관계를 이해하지 못하기 때문에 이런 일은 일반적으로 **사람들이 훈련하는 중에 노출한 구성 방식에서만 유효하다.** 시스템을 훈련한 기간이 지난 후에 그런 구성이 크게 바뀌거나 특별한 문제가 처음으로 생긴 경우라면 여러분은 어떻게 해 볼 도리가 없게 된다. 그런 상황이라면 인공지능 시스템이 그다지 도움이 되지 않는다. 내가 타고 있는 비행기가 전에는 본 적이 없는 심각한 문제에 직면하게 된다면, 나는 인공지능 조종사보다 더 나은 인간 조종사를 선호할 것이다! 마찬가지로 여러분이 새로운 병증을 보인 최초의 환자가 될 만큼 운이 좋지 않다면, 여러분은 인공지능 의사보다는 인간 의사에게 도움을 받는 게 더 나을 것이다.

> **참고**   여러분에게 세상을 바꾸려는 야망이 없거나 시스템이 이전에 보았던 결과와 비슷한 결과를 내는 것에 여러분이 만족해한다면, 일반적으로 상관관계 기반 시스템만으로도 충분하다. 그러나 여러분의 꿈이 혁신적인 결과를 내는 것이거나 이전에는 경험할 수 없었던 환경에서도 잘 작동할 인공지능을 개발하는 것이라면, 인과성에 관해 알아야 한다.

청중 속에 자리 잡은 데이터 과학자가 강화학습 분야의 최근 성공 사례를 언급할지 모르겠다. 그들은 인공지능 시스템이 인간보다 **바둑**을 더 잘 둘 수 있었고,[153-155] **스타크래프트**[156] 같은 복잡한 컴퓨터 게임을 인간보다 더 잘할 수 있었다고 지적한다. 이러한 인공지능 시스템들은 모두 인과성을 많이 사용한 것일 수도 있고 고려하지 않은 것들일 수도 있기 때문에, 복잡한 작업에서도 인간보다 더 나은 성능을 보이려면 인과적 메커니즘이 필요한지는 확실하지 않다.

인공지능이 인간보다 더 뛰어나게 되는 추세를 확실히 더 지켜봐야 하겠지만, 오늘날 이 정도로 성공한 인공지능은 드물 뿐만 아니라 일부 분야에 한정되어 있다. 인공지능이 이미 인간을 뛰어넘은 여타 분야와는 다르게 아주 새로운 분야에서 처음으로 사람보다 나은 능력을 보이게 하기는 어렵다. 그러려면 경험이 많은 팀과 대규모 하드웨어 예산이 필요하다.

반反사실적 조건문에는 인과성이 필요하다

반사실적 조건문counterfactuals이란 "원래 한 일 대신에 다른 일을 했다면 어떤 상황이 벌어졌을까?"라는 방식으로 쓰는 시나리오를 나타내는 말이다. 인과관계를 알 수 없는 경우라면 반사실적 조건문으로 대답하기는 어렵다. 더 중요한 점은, 인과관계가 정의되어 있지 않은 경우에 '다른 행위를 취했을 때 가장 근접한 결과'에 기반한 설명이 잘못될 수 있다는 것이다.

그 시나리오의 예를 카루아나Caruana 등[157]에서 볼 수 있다. 환자가 폐렴에 걸렸을 때는, 입원을 해서 적극적으로 병을 치료해야 하는지 여부가 필수적인 질문이 된다. 흥미롭게도 데이터셋을 살펴본 인공지능이라면, 천식이 있으면 덜 심각한 폐렴 증상을 보인다는 식으로 예측할 수 있다. 그렇다면 폐렴이 있는 천식 환자를 내보낸 다음 걱정을 하지 않아도 될까? 다행스럽게도 의사들은 인과성이 발휘되는 분야에서 행위하고 있으며, 천식이 있는 경우에 더 심각한 폐렴으로 이어질 수 있으므로 천식 증상을 심각하게 여겨야 한다는 식으로 일치된 소견을 낸다.

천식이 폐렴을 덜 위험하게 만든다는 식으로 인공지능이 생각하게 되는 이유는 무엇인가? 천식 환자는 자신의 호흡 리듬에 더 잘 적응하기 때문이다. 그들은 무언가 잘못되었음을 더 빨리 알아차리고 더 일찍 도움을 구한다. 그들에게는 바로 치료를 받는 편이 더 나은 결과를 내는 방법이다. 이런 경우에 인과성을 이해하지 못하는 인공지능 모델은 위험한 답변을 낸다!

현실은, 오늘날 널리 사용되는 대부분의 인공지능 기반 방법은 데이터에서 인과관계를 추론(또는 시행)하는 능력이 없다는 것이다. 이 시점에서 우리는 '인공지능 기술이 어떻게 진화할 것인가'라는 질문을 미래를 향해 던져 볼 수 있다. 인과성을 추론할 수 있는 방법들이 발전해 더 널리 채택될 것이라는 가능성이 한 가지 있다. (인과성 연구의 현재 상황을 개략적으로라도 알고 싶다면 부록 C[24-27]에서 인과성을 다룬 문헌을 참조하자.) 또 다른 가능성은 강화학습, 제로숏 학습zero-shot learning,[5] [158] 지식 그래프,[159] 그리고 그래프와 딥러 닝의 조합[160] [161] 분야의 추후 발전이 훈련 중에 노출되지 않은 영역에서도 인공지능의 작 동 능력을 개선시킬 수 있다는 것이다.

> **참고**   이러한 추세를 주의 깊게 따르되 당분간 인과적 추론이 필요한 상황에서는
> 조심스럽게 진행하자. 우리가 현재 지닌 도구나 방법은 아직 초기 단계이다.

(딥러닝과 같은) 최근의 인공지능 발전은 컴퓨터 처리 성능이 증가하고 더 큰 훈련 데이터 셋[162]을 구할 수 있게 되면서 가능해졌다. 우리는 인공지능, 빅데이터, 특수 하드웨어(인 공지능 작업에 쓰이는 GPU 등)가 계속 밀접하게 얽혀 있을 것으로 봐야 한다.

주의 깊게 살펴봐야 할 또 다른 분야는 복잡계 분야이다.[163] 주로 복잡계의 인과성은 인 공지능 분야뿐만 아니라 인간에 대해서도 판정하기 어렵기 때문이다. 마지막으로, 인공지 능, 딥러닝, 인과성에 관심이 있다면 마커스Marcus[151] [164]와 펄Pearl과 매켄지Mackenzie[25]를 참 조해 더 많은 정보를 얻을 수 있다.

8.4   모든 데이터가 동일하게 생성되는 것은 아니다

역사적으로 인공지능 알고리즘은 입력으로 받아들인 데이터에 관해 평등주의를 지켜 왔 다. 모든 데이터가 동등한 것으로 간주되었으며 인공지능 알고리즘은 일반적으로 모든 데 이터를 똑같이 믿어 주었다. 이러한 알고리즘이 개발될 당시에는 합리적인 가정이었지만, 그런 가정은 오래가지 않았다. 지금도 진실성이 서로 다른 데이터 공급원을 바탕으로 작 동할 수 있는 알고리즘은 드물다. 그러나 진실성이 다른 데이터 공급원을 사용하는 상황 은 산업계에서는 예외적이라기보다는 거의 규칙에 가깝다. 이번 절에서는 일반적으로 가 변적인 정확성을 드러내 보이는 데이터를 다루는 이유, 산업계에서 일반적으로 진실성을 드러내 보이는 데이터를 다루는 방법, 이 분야를 자세히 살펴보는 게 좋은 이유를 설명 한다.

기본적으로 제공되는 모든 데이터를 인공지능 및 머신러닝 알고리즘이 똑같이 신뢰할

---

5   데이터를 전혀 쓰지 않고 인공지능을 학습하게 하는 기술. 소량의 데이터를 쓰는 경우는 퓨숏 학습(few-shot learning) 이라고 한다._역주

수 있다고 가정해 보자. 이런 가정은 많은 머신러닝 알고리즘이 발명된 학문적 환경에서는 합리적이었다. 그러나 사업 환경에서는 여러분이 지닌 파이프라인을 따라 흐르는 데이터 중 대부분의 데이터가 똑같은 신뢰성을 보이지는 않는다.

머신러닝 파이프라인이 고객 감정 데이터, 회사의 재무제표 및 판매 데이터로 이루어진 입력 스트림을 받고 있다고 상상해 보자. 외부 감사인이 여러분의 재무제표를 확인했으며, 여러분의 매출 데이터는 거래 데이터라고 해 보자. 이러한 것들은 신뢰할 수 있는 고품질 데이터 공급원이다.

한편, 고객 감정 데이터는 음성 인식 인공지능이 텍스트로 변환한 음성 통화 기록을 기반으로 추론된 것이라고 하자. 그런 후에 텍스트에 자연어 처리 인공지능을 적용해 감성을 추출했다고 하자. 이런 데이터 공급원의 진실성은 제한적이다. 따라서 인공지능을 설계할 때는 이러한 차이점을 고려해야 한다. 추론해서 얻은 자연어 처리 데이터보다는 감사를 받은 재무 데이터를 더 신뢰하도록 인공지능 시스템을 설계해야 한다.

개별 알고리즘 수준에서 볼 때도, 경영계와 산업계에서 알고리즘에 제공된 데이터셋의 품질이 균일하지 않은 경우가 일반적이다. 예를 들어 GPS 위치의 품질은 GPS 위성의 신호가 휴대 전화에 얼마나 잘 도달할 수 있는지에 따라 달라진다. 결과적으로 휴대 전화의 GPS 위치 데이터의 품질은 계곡을 오르거나 고층 건물 사이를 걸을 때보다는 탁 트인 하늘 아래의 드넓은 평지에서 훨씬 더 좋다. 여러분이 실내에 있다면 GPS가 실내용으로 설계된 게 아니기 때문에 어떤 경우보다 GPS 위치는 정확하지 않다. 하지만 여러분이 자주 방문하는 위치의 군집을 찾는 데 관심이 있다면, 많은 기본 군집화 알고리즘(예 : k 평균)이 GPS 데이터의 정밀도가 가변적이라는 점을 고려하지 않는다. 데이터 과학자는 이러한 다양한 데이터 품질을 고려해야 한다.

알고리즘 자체를 다루는 문헌은 넘쳐 난다. 입력 데이터의 다양한 품질을 어떻게 대해야 하는지에 관해 조사한 내용과 지침을 찾기가 훨씬 더 어렵고, 실제로는 임시 해법을 사용해야 하는 경우가 많다. 이러한 임시방편 중 하나는 신뢰할 수 있는 데이터 공급원에서 가져온 데이터에 더 많은 가중치를 할당하는 것이다. 또 다른 방법은 훈련 중에 신뢰할 수 없는 데이터에 노이즈를 추가하는 것이다. 이러한 임시방편을 실제로 사용하려면 창의성을 발휘해야 하고, 실험을 많이 해 봐야 한다.

데이터를 모두 정리할 수 없을까?

데이터를 인공지능 알고리즘에 넣기 전에 모든 데이터를 검사하고 정리할 수 있다면 데이터의 가변적 진실성 문제는 존재하지 않을 것이다. 불행히도 모든 입력 데이터를 정리하려면 큰 비용이 들고, 때로는 불가능할 수 있다. 여러분이 실외에 서 있으면 GPS 위치를 몇 미터 이내[165] 오차로 알 수 있게 되지만, 실내에 있는 경우라면 GPS만으로는 정확한 위치를 기록할 수 없으므로, 이에 따라 존재하지도 않는 데이터를 정리할 방법이 없게 된다.

더 중요한 것은 실내 위치 측정이 가능하고 경제적이어서 모든 데이터를 정리하게 되더라도 머신러닝 파이프라인의 데이터 진실성 문제가 해결되는 것은 아니라는 점이다. 입력 데이터의 품질이 완벽할지라도 파이프라인 속의 알고리즘들이 그 자체로 높은 오차율을 보일 수 있기 때문이다. 예를 들어, 자연어 처리 알고리즘만으로는 인간의 대화를 완벽하게 이해할 수 없다. 이러한 알고리즘들이 출력해 낸 내용이 다시 머신러닝 파이프라인에 오류를 유발한다.

우리가 인공지능 알고리즘에 공급하는 데이터의 품질을 언제나 개선해야 하겠지만, 나는 다양한 수준의 데이터 진실성을 설명하기 위해 널리 사용되는 모든 인공지능 기반 방법들의 성능이 더욱 개선되기를 바란다. 이 분야가 획기적으로 발전하면 다양한 진실성을 지닌 데이터 공급원을 사용할지라도 상당히 용이하게 다룰 수 있게 된다.

8.5 인공지능의 오류는 인간의 실수와 어떻게 다른가?

인공지능이 사회에서 점점 더 많이 사용됨에 따라 알고리즘을 사용해 내린 결정으로 인한 결과가 사회의 광범위한 부분에 영향을 미치고 있다. 인공지능 알고리즘이 내리는 결정이 더욱 중요해짐에 따라 이러한 인공지능 알고리즘의 목적에 대한 공정성과 적합성이 중요한 고려 사항이 된다. 이는 이러한 알고리즘을 배포하는 조직에 부담을 주어 그들이 알고리즘 사용하는 데 결과를 고려하게 한다. 이번 절에서는 오늘날 실행되고 있는 인공지능들을 사용할 때 저평가된 두 가지 측면을 설명한다.

- 인공지능이 만드는 오류의 유형은 인간이 만드는 실수와 근본적으로 다르다.

- 인공지능 알고리즘 사용의 윤리적 의미를 이해하려면 영역 행위에 집중해야 한다.

8.5.1 보험계리상의 관점

대부분의 인공지능 및 머신러닝 알고리즘이 세상을 바라볼 때 보험계리상의 관점[6]을 취한다는 점을 잘 이해해야 한다. 예를 들어 머신러닝 알고리즘의 오류는 다음과 같이 표현할 수 있다. "여러 가지 사례 중에 $x\%$ 내에서 우리가 잘못된 결정을 내리지만, 전체 데이터셋에 걸친 최상의 결과를 제시할 수 있게 절충안이 만들어진다." 1.5 절에 설명한 대로, 머신러닝 알고리즘이 유일하게 보장하는 내용은 평가지표 최소화라는 사실의 직접적인 결과다.

인공지능의 오류가 인간이 만드는 오류와 완전히, 그리고 근본적으로 다르다는 현실 때문에 보험계리상의 관점에서 바라보기가 어렵게 된다. 극단적인 경우에 인공지능 오류는 매우 기괴해서 이러한 보험계리상의 관점에 익숙하지 않은 보통 사람에게는 악의에 가득 찬 것처럼 보일 수 있다.

> **경고**　회사에서 악의적인 것으로 인식될 만한 알고리즘을 만들었다면, 그것 때문에 대중이 여러분의 회사를 악랄한 회사로 여기게 되더라도 놀라지 말자!

설상가상으로 전역 모델(8.2.1 절에서 언급한 것)인 인공지능 기반 방법 중 하나를 사용하는 경우에 인공지능에게 "모든 것을 동일하게 유지하고 이 경우에만 예외를 두자"라고 지시하기가 어렵다. 마지막으로 전역 모델을 사용하는 인공지능은 평가지표를 최적화하는 데만 집중된다. 인간은 알아차릴 수 있는 결정의 의미와 결과에 대한 문맥적 이해나 인과적 이해를 인공지능은 전혀 알아차리지 못한다.

예를 들어 어떤 대학 교수는 학업 성취에 관심이 없는 학생을 보고는 그가 수업의 질 또는 수업 구조를 마음에 들어 하지 않는 학생이라고 착각하기 쉽다. 교수가 수업의 질이 마음에 들지 않는다고 말하는 학생과 수업 구조가 마음에 들지 않는다고 말하는 학생에게 하는 말에 인내심을 전혀 발휘하지 못할 수도 있다. 이상적으로는 교수가 이 두 종류의 학생을 더 잘 구별할 수 있기를 바라지만, 교수의 인내심이 부족한 이유가 학생들의 동기를 혼동해서 그런 것일 수도 있다는 점을 우리는 이해한다. 교수가 잘못된 가정을 한 것일 수도 있지만, 객관적인 관찰자라면 그런 잘못된 가정을 누구나 흔히 할 수 있는 단순한 판단

6　낱낱의 사물(인간 포함)에 주의를 기울이지 않고 통계 대상으로 여겨 일괄적으로 다루는 방식. 다시 말하면 모집단을 이루는 개별 사례를 고려하지 않고 모집단을 통해 얻은 결론만을 개별 사례에 적용하는 방식_역주

상의 오류로 간주한다.

하지만 만약 이런 가상의 수업이 1890년대 후반에 존재했다면 어땠을까? 그 수업이 알고 봤더니 물리학 수업이었고 아인슈타인이라는 이름을 지닌 학생이 한 말이라면 어떨까? 아인슈타인이 무엇을 말했든지 간에 교수에게 인내심이 부족했다면 어땠을까? 나는 여러분에 대해 모르지만, 나라면 교수의 동기에 대해서 그다지 호의적이지 않았을 것이다. 나라면 아인슈타인이라는 학생이 물리학의 의의에 회의적이거나 학업 성취에 관심이 없다는 식으로 교수가 착각하고 있다는 의심을 풀지 않을 것 같다. 적어도 나는 그 교수가 성격상의 갈등을 겪는 학생과 물리학에서 많은 것을 성취하지 못하는 학생을 구별하는 데 문제가 있다고 생각한다. 이해하기 어려울 정도로 오류가 커지면 동기 부여에 대한 질문이 나오게 된다.

인간은 어느 정도의 악의에 의한 실수를 저지르는 것으로 알려져 있지만, 풍부한 지식을 지닌 사람이라면 아인슈타인이 물리학의 의의에 회의적이라고 생각하지 않는다. 그러나 이것은 인공지능 알고리즘이 만들 수 있는 오류 유형이다!

이상 탐지 알고리즘[166]은 아인슈타인이 물리학 수업에 비정상적인 행위를 보인다는 식으로 표시할 가능성이 높다. 이러한 알고리즘은 드물고 일상적이지 않은 발생을 모집단에서 발견해 낸다(그것은 이런 맥락에서 **이상**anomaly이라는 용어가 지칭하는 것이다). 명문 대학에서 주최하는 물리학 과정에 참여하는 사람치고 학계에 관심이 없거나 물리학의 의의에 회의적인 사람은 드물다. 아인슈타인 같은 사람은 더욱 드물다. 이 두 종류의 사람이 보통 사람과는 매우 다르게 보이지만, 알고리즘에는 상식이 없기 때문에 알고리즘은 그냥 둘 다 단순히 **비정상적**일 뿐이라는 식으로 선언할 수 있다. 알고리즘이 모든 비정상을 동일하게 취급한다면 인간은 그 결론을 보고 알고리즘이 아인슈타인을 악의적으로 다룬다는 식으로 인식할 수 있다.

이제 학계의 한계를 벗어나 오늘날 인공지능이 작동하는 바깥 세계로 들어가 보자. 그 세계란 국가 안보, 의학, 자율 주행 차량, 형사 사법, 법 집행, 대학 입학, 채용 및 승진 같은 분야에서 인공지능을 사용하는 세계다. 여러분이 애매한 대학 수업에는 관심이 없더라도, 인공지능이 이러한 분야에서 보험계리상의 관점만을 고집한다면 인공지능을 폭넓게 사용해 볼 생각을 하겠는가? 토끼 의상을 입은 어린아이가 네발로 기어 다니는 상황을 상상해 보자. **나는 어떤 결정이 내려지든 간에 자율 주행 차가 그 아이를 토끼가 아니라 인간의 아이로 인식하기를 바란다!**

이런 상황을 통해 우리가 이해해야 할 또 다른 중요한 개념을 알 수 있다. 인공지능은 보험계리상의 관점을 가지고 있고 보험계리상의 오류를 만드는 반면, 인간은 **사례적 관점**을 지닌다. 사례적 관점이란 개인을 지켜보면서 그 개인에 대해 **공정하게 대하면서 주의를 기울일 책임**을 지려고 하는 관점을 말한다. 인공지능이 (토끼라고 하기에는) 이상하게 움직이는 대형 토끼처럼 여길 수 있는 상황에서도 사람은 그것을 아이라고 인식한다. 인공지능에게는 상식이 없으며 종종 맥락과 인과성을 거의 이해하지 못한다. 인공지능은 개별 사례의 문제에 대해 보험계리상의 관점을 제공한다. 인간은 개별 사례를 생각하기 때문에 인공지능 오류는 대부분의 인간에게 악의를 지닌 것처럼 보인다. 여러분의 팀은 시스템이 작동할 더 큰 맥락에 맞춰 인공지능이 적응하게^{fit}(적합되게) 만들 책임이 있다.

> **경고** 인공지능이 대부분의 문제에 보험계리상의 관점으로 접근한다는 점을 고려해야 한다. 인공지능은 인공지능에 대해 잘 알지 못하는 일반인이 악의적이라고 여길 만한 보험계리상의 실수를 한다. 그렇지만 법정에서든 여론이라는 심판대에서든 보험계리상의 관점으로 보지 않는 인간들이 배심원이 된다.

인공지능이 상식을 발전시킬 것인지 알 수 있는 방법이 없다. 인공지능이 상식을 갖추기까지 꽤 오래 걸리지 않을 수도 있지만, 강력한 인공지능, 즉 인공 일반 지능[76]을 얻기 전까지는 그렇게 되지 않을 수도 있다. 인공지능이 보험계리상의 관점을 고려하는 일 또한 여러분의 문제 영역 중의 한 부분이며 여러분이 담당하는 영역이 중요한 이유 중 하나이다.

인공지능이 취하는 보험계리상의 관점과 인간의 사회적 기대 사이의 차이를 설명하기는 어렵다. 이러한 차이점을 설명하는 일은 공학 문제와 관련이 없으므로, 이런 문제를 해결하려면 여러분이 무언가를 공학 팀에 전달해야 한다. 이는 인간의 문제이며 해결하는 데 모든 팀원(관리자와 공학자)의 이해관계가 걸려 있는 문제다.

> **참고** **상식적인 인간의 품격이라는 규칙 내에서 인공지능이 작동하게 하려면 여러분은 반드시 인공지능 시스템을 길들여야 한다.** 이러한 모든 문제와 마찬가지로 과정을 조직하고 그 실행을 감독하는 책임은 관리자에게 있다. 여러분이 프로젝트를 이끄는 경영진이라면 여러분이야말로 이 문제를 담당하는 사람인 것이다.

8.5.2 인공지능 길들이기

이 문제를 해결하는 단계는 여러분이 추론할 수 있는 결론을 이해하는 일로부터 시작하는 데, 여러분이 내리는 결정이 해당 영역에 미치는 영향을 이해하는 것이다. 인공지능이 취할 영역 행위(1.6 절에서 설명함)를 분석하는 일로 시작하여, 산업계에서 인공지능 기반이 아닌 제품에 사용되는 적절한 안전적, 법적, 윤리적 분석 과정을 수행해야 한다.

인공지능 공학자와 안전 공학자는 종종 합의에 이르지 못한다

인공지능 공학 커뮤니티와 안전 공학 커뮤니티 간에 문화 충돌이 발생하는 것은 일반적이다. 인공지능에 내재된 보험계리상의 관점은 평균에 근거해 최상의 결과를 얻을 수 있도록 보장하지만, 그러다 보면 100만 건 중 한 건에서 발생할까 말까 하는 이상한 결정도 받아들여질 수 있다. 인공지능 커뮤니티는 전통적으로 평균 결과와 이러한 결과를 최적화하는 데 중점을 두었다. 따라서 역사적으로 그 초점은 안전 커뮤니티의 관점과 정반대였다.

시스템 엔지니어링systems engineering(체계 공학, 시스템 공학) 및 안전 공학safety engineering은 종종 넓은 안전 여유도를 제공하기 위해 시스템의 포용성을 강화하는 방향으로 진행되며, 드물게 발생하는 고장도 용납할 수 없다. 엘리베이터를 고정하는 케이블은 단순히 엘리베이터에 실릴 만한 것들의 최대 무게만 버티게 설계한 것이 아니다. 엘리베이터에 있을 것으로 예상되는 최대 하중보다 훨씬 더 많은 하중을 견딜 수 있도록 설계되었다.

경영진은 이러한 문화적 충돌을 예상해야 한다. 권위와 책임에는 전문 지식이 수반되어야 한다. 해당 분야(인공지능이나 안전)의 전문가는 해당 전문 지식 영역에서 최종 요청을 받아야 하며 해당 요청의 결과에 대해 책임을 져야 한다. 분쟁을 중재할 준비를 하고, 어떤 관점이 우선해야 하는지 불분명한 경우에 정책을 명확히 해야 한다.

윤리적 결과를 보장하는 일이 사업 운영과 생활 방식의 핵심으로 이어진다. 윤리적 결과를 보장하려면 자신의 경험과 판단을 적용해야 한다. 이러한 결과에 대한 궁극적인 책임은 여러분에게 있다. 여기에서 나는 몇 가지 유용한 사례를 제시하는 것으로 그치려 한다. 이러한 이행사례는 윤리적 결과를 보장하는 방법에 대한 점검표는 아니지만, 여러분의 조직이 마련한 그 밖의 정책과 잘 어우러져 사용될 수 있다. 여러분과 여러분의 팀, 그리고 여러분의 조직은 다음을 수행해야 한다.

1 여러분이 가지고 있는 윤리적, 법적, 도덕적 의무를 이해한다.

2 이러한 의무를 공학적 문제가 아닌 사업 문제로 간주한다. 그러한 의무를 주로 팀의
   사업 측면에서 소유해야 한다.

3 사업성과를 측정하는 사업지표가 있는 것처럼, 전문 분야에 알맞은 지표들을 정해
   인공지능 알고리즘의 윤리적 및 법적 결과를 측정한다. 제4장에 나와 있는 것처럼 이
   러한 사업지표와 기술지표를 정의하고 서로 연계해야 한다.

4 인공지능 시스템이 취할 수 있는 영역 행위가 무엇인지 이해한다. 감지·분석·반응
   패턴을 사용하고, 인공지능 시스템의 작업 결과를 도출하고 분석하기 위한 시작점을
   제공하기 위해 취해야 하는 사업 행위(1.6 절 참조)에 중점을 둔다.

5 인공지능 알고리즘이 주어진 결정을 내린 이유를 아는 일이 왜 중요한지를 이해한다.
   인공지능 알고리즘의 **설명 가능성**explainability 및 **해석 가능성**interpretability이라는 용어는 알
   고리즘이 특정한 결정을 내린 이유를 알아차리는 능력을 나타낸다. 일부 인공지능
   기반 방법을 설명하기가 그 밖의 방법들보다 더 간단하다.

   보험 산업계 같은 일부 산업에서는 결정을 설명할 수 없는 인공지능 알고리즘을 사
   용하지 못하도록 감사관이나 규제 기관이 제한한다. 이 설명 가능성에 대한 필요성
   은 또한 '유럽 일반 데이터 보호 규정GDPR'[167] 같은 최근에 제정된 법규의 영향을 받
   는다.

   여러분의 영역에서 인공지능 알고리즘의 설명 가능성이 필요하다면 알고리즘을 설
   계할 때 여러분의 팀이 이를 고려해야 한다. 인공지능의 설명 가능성에 도움이 될 수
   있는 참고문헌들로는 할Hall과 길Gill의 저서[168]와 리베이로Ribeiro 등의 논문[169]이 있다.

오늘날, 여러분은 종종 인공지능 파이프라인의 끝부분에서 **규칙 엔진**rule engine을 생성한다.
이러한 엔진은 일련의 규칙을 사용해 시스템이 안전한 파라미터 내에서 유지되도록 한다.
회의실 같은 곳의 환경 온도를 제어하는 경우에 안전한 파라미터 내에서 회의실 온도를 유
지하기 위한 규칙이 필요하다. 시스템에서 절대 생겨서는 안 되는 특정 결과가 있는 경우
에 시스템의 나머지 부분에서 해당 결과를 생성하지 못하도록 하는 규칙이 필요하다.

   여러분이 특정 결과를 방지할 수 있는 단일 규칙을 놓친 경우에도 이러한 규칙 엔진이
있으면 문제를 인식한 후에 그 문제를 신속하게 해결할 수 있다. 이는 또한 여러분의 팀이
선량한 관리자로서의 주의 의무를 수행했으며 최소한 그러한 결과를 방지하려고 노력했음을

보여 준다.

 인공지능의 윤리적 이용은 활발한 연구 분야이며 여러분이 따라야 할 분야다. 참고문헌 [138] [170-173]에 나오는 여러 출처에서 연구, 산업적 이행사례, 담론의 현재 상황을 자세히 살펴볼 수 있다.

8.6 AutoML이 다가온다

AutoML(자동 머신러닝)은 인공지능 시스템 구성과 구축의 다양한 측면을 자동화하려는 연구 분야를 포괄적으로 일컫는 이름이다. AutoML 연구는 오늘날 머신러닝 파이프라인의 기술적 구성과 관련된 모든 전문 영역을 다룬다. 이번 절에서는 AutoML 발전이 인공지능의 일반 분야에 미치는 영향을 설명한다.

 참고 내 생각에는 여러분이 이 책을 읽을 때면 AutoML이 발전해 오늘 내가 작성한 내용이 AutoML 분야의 상황을 올바르게 요약하지 못한 게 될 것 같다. 이 글을 쓰는 시점에서 최근에 이루어진 검토 내용을 죌러Zöller와 후버Huber[174] 그리고 자오Zhao와 추Chu[175]의 논문에서 볼 수 있다.

이 책에서 하려는 핵심 질문은 "오늘날 우리가 AutoML에 대해 알고 있는 것의 의미는 무엇인가?"이다. 우리는 이미 컴퓨터 비전 같은 일부 영역에서 AutoML 시스템이 인간 전문가가 구축한 딥러닝 신경망의 결과를 능가할 수 있다는 것을 알고 있다.[175] 그러나 자연어처리NLP의 경우에 AutoML은 여전히 사람의 성능에 뒤처진다. 그러나 인간인 공학자들은 바둑[153-155] [176]과 스타크래프트[156]처럼 훨씬 더 복잡한 게임에서 인간의 능력을 뛰어넘을 정도로 훨씬 더 인상적인 인공지능 시스템을 구축했다.

 공학자는 대부분의 최첨단 인공지능 시스템을 구축하는 데 필수적이다. 하지만 AutoML은 지도학습[174] 분야에서 상당한 진전을 보이고 있으며 AutoML을 제공하는 제품은 빠르게 모든 대형 클라우드 플랫폼의 구성요소가 되고 있다.[177-179] 이런 상황이 2020년에 시작된 한 인공지능 프로젝트에 대해 어떤 의미가 있을까? 이는 사업 문제를 해결하려면 현재 배포된 AutoML 시스템들의 비용 및 적합성을 따져 봐야 한다는 점을 의미한다. AutoML 시스템은 기업 내에서 구축된 인공지능 시스템이 넘어서야 하는 성과 기준들을 결정한다.

시간이 지남에 따라 AutoML의 효과는, AutoML이 자동화할 수 있는 인공지능 시스템 구성 영역들이 어떤 것인지와, 자동화가 어떤 식으로 모든 것을 포괄할 수 있는지에 따라 달라진다. 현재는 AutoML이 데이터 과학자나 각 분야별 전문가를 대체할 수 없다.

> **참고** AutoML은 데이터셋의 기술평가지표에 가장 적합한 인공지능 모델이나 머신러닝 모델을 선택하는 데 있어 점점 더 좋아지고 있다. "y와 비슷한 데이터셋에는 항상 x 방법을 사용한다"와 같은 규칙으로 만든 간단한 기량들이 자동화될 것이다.

AutoML이 얼마나 발전했는지에 관계없이 현재 인공지능은 맥락, 상식, 인과성이라는 개념으로 인해 어려움을 겪고 있다. 이러한 문제가 금방 해결될 것으로 보이지 않는다. 머신러닝 파이프라인 구성 자동화라는 단순한 문제보다 이런 문제를 해결하는 데 시간이 더 오래 걸린다. 상식 문제를 해결하고, 맥락을 더 정교하게 이해할 수 있게 하려면 인간만큼 유능한 인공 일반 지능[76]이 출현해야 할 것이다.

사업 문제를 이해하고, 인공지능이 해결해야 할 올바른 퍼즐을 선택하고, 사업 영역과 실행할 수 있는 기술적 해법 간의 관계를 정의하려면, 당분간은 인간이 개입해야 한다. 이 책에 나오는 참고문헌들이 여러분에게 앞으로 몇 년 동안 도움이 될 것이다.

인공지능 겨울이 다가오고 있는가?

인공지능은 새로운 분야가 아니다. 인공지능 연구 분야는 1956년에 확립되었다.[35] 인공지능 분야에는 인공지능이 달성할 수 있는 것에 대한 기대를 부풀려 온 역사가 있으며, 이러한 기대에 부응하지 못한 것들에 대한 기대를 부풀려 온 역사가 있다. 이러한 실패로 인해 여러 차례 인공지능 겨울(침체기)을 겪어야 했으며 그러는 동안에 인공지능 사업과 인공지능 연구가 어려움을 겪었다. 인공지능의 역사에 대한 참고문헌 중 하나는 도밍고 Domingo의 책[105]이다. 위키백과에 실린 글[35]에도 인공지능 역사가 요약되어 있다.

하지만 현재는 인공지능이 많은 인기를 얻고 있다. 하지만 항상 "우리가 제대로 해냈던 것일까 아니면 또 다른 인공지능 겨울이 오게 될까?"라는 질문이 남는다. 이번 부흥기가 이전의 부흥기와 다른 이유는 여러 가지다(그중 일부 이유에 대해서는 리카이푸의 책[9]을 참조하자). 또한 일부 인공지능 프로젝트가 실패할 것이라는 점에는 의문의 여지가 없다. 그렇다면 인공지능 겨울이 아직 더 많이 남아 있을까?

이는 성공한 인공지능 프로젝트가 얼마나 많은지, 그리고 실패한 프로젝트가 얼마나 많은지에 따라 달라진다. 인공지능 프로젝트가 사업 가치를 제공하는지 여부에 따라 성공과 실패가 결정된다. 이 책에서는 인공지능 프로젝트를 성공으로 이끄는 데 필요한 도구를 제공하며, 이게 아마도 또 다른 인공지능 겨울을 피하는 데 도움이 될 것이다!

8.7 이 책에서 배운 내용은 인공지능에만 국한되지 않는다

이 책에서 논의한 방법들은 인공지능 프로젝트라는 맥락에서 나온 것이다. 나는 새로운 인공지능 알고리즘이 더 나은 방향으로 발전하더라도 적용해 볼 수 있게 이 방법들을 설계했다. 이 책에 나오는 방법들을 인공지능 분야라는 좁은 범위를 넘어서 타 분야에도 적용할 수 있다.

첫째, 감지·분석·반응 패턴(제3장)은 "이 기술이 나에게 어떤 도움이 되는가?"라는 질문과는 다르게 "이 기술에 내가 사용할 수 있는 멋진 기능이 있는가?"라는 질문에 초점을 맞춘다. 그렇다고 기술 추진이 사업에서 한자리를 차지하지 못한다는 의미는 아니지만, 이러한 패턴은 견고한 사업 사례 없이 신기술로 발전하는 일을 방해한다.

> **경고** 기술 기반 산업계에는 최신 기술에 열광한 역사가 있다. 때때로 이러한 기술로 얼리어답터는 상당한 경쟁 우위에 선다. 그런 경우가 아니라면 얼리어답터는 일종의 시범 희생자가 되어 나중에 기술을 사용하는 사람들이 하지 말아야 할 일을 경고해 주는 일만 하게 되므로, 신기술의 희생자가 되고 싶지 않다면 그러한 기술이 무엇이든지 기본으로 돌아가자. "유행하지 않는 기술을 프로젝트에서 사용하더라도 여전히 나는 같은 프로젝트에 착수할까?"라고 묻는 일을 잊지 말자.

때로는 오직 신기술이 필요해서 해당 신기술로 전환해야 할 때가 있다. 때로는 혁신적인 기술을 배우는 것만으로도 여러분의 조직을 경쟁 우위에 서게 할 수도 있다. 이런 경우에 그 밖의 사업상의 이점이 제한되어 있음을 인정하면서 이러한 압도적인 이점을 여러분의 조직을 대상으로 설득할 수 있어야 한다. 또한 프로젝트에서 사용하는 모든 기술지표 값을 자신의 사업 영역과 관련된 값으로 변환할 수 있어야 한다. 이럴 때 CLUE의 **연계** 단계가 유용하다.

모든 인공지능 프로젝트에서 항상 사업지표를 사용한다!

기술지표와 사업지표를 연계하는 문제를 제기할 때 가장 흔하게 제기되는 이의 중 하나는 조직이 모든 프로젝트에서 이미 그렇게 하고 있다는 것이다. 내가 맡은 거의 모든 프로젝트에서 이러한 반대 의견을 듣는다. 나는 이런 진술에 대해 매우 회의적이어야 한다는 점을 배웠고, 여러분도 그렇게 해야 한다.

4.4절에서 수행한 것처럼 팀에게 빠른 수익곡선(또는 동일한 질문에 답하는 적절한 등가물)을 구성하도록 요청하자. 여러분이 테스트를 해 본다면, 많은 팀이 기술지표와 사업성과를 어떻게 연계해야 할지를 모른다는 점을 알게 될 것이다.

나는 심지어 선임 기술자들이 "우리는 늘 구체적인 사업지표를 사용해 프로젝트의 성과를 측정하며, 프로젝트를 진행하는 방법이 하나뿐이라는 점을 상상할 수 없다!"라고 주장하는 것을 보았다. 그러나 나중에 우리는 이러한 전문가 중 일부가 단순하고 직접적인 사업 문제에 대한 자세한 설명을 따르는 일조차 어려워한다는 점을 알게 되었다.

여러분이 속한 팀이 간단한 사업 사례에 대한 수익곡선을 구성하지 못한다면, 여러분은 모든 인공지능 프로젝트를 사업지표를 기반으로 진행하는 일에 익숙한 조직에 있지 않은 것이다.

사업지표에 대해 생각하는 데 익숙하지 않은 팀은 사업성과와 전혀 관련이 없는 기술지표로 일을 마무리하려 할 수 있다. 이러한 팀과 함께 일할 때는 기술지표와 사업 문제 간의 관계를 주의 깊게 확인하자.

이 책은 사업지표와 기술지표를 연계하는 방법을 제시하는 일 외에도 최소최대 분석(제6장)과 민감도 분석(제7장)도 소개했다. 최소최대 분석과 민감도 분석을 적용하기 위해 실제로 요구되는 유일한 사항은 사업 문제를 연속적으로 이어진 단계로 설명할 수 있어야 한다는 것이다. 즉, 파이프라인이 있고 여러분이 속한 팀이 파이프라인에서 각 단계를 구축해야 하는 시간이 제한되어 있다면 이 책에서 배운 자료를 적용할 수 있다. 파이프라인이 반드시 머신러닝 파이프라인이어야 하는 것은 아니다.

조언 이 책에 제시된 방법은 모든 규모의 조직에 적용된다. 이 방법들은 폭포수 waterfall 과정을 사용하는 조직과 애자일 방법론을 사용하는 조직에 적용된다. 또한 리스의 책[28]에 정의된 린 스타트업 방법론을 사용하는 조직에도 적용된다. 이 방법을 사용하면 여러분의 인공지능 프로젝트가 성공으로 가는 길 위에 놓여 있는지를 일찍이 확인할 수 있다.

이 책에 제시된 방법들을 모든 사업과정에 일반적으로 적용할 수 있다. 모든 파이프라인에 이 방법들이 지침이 될 수 있다. 파이프라인 실행이 전적으로 사람에 의해 수행되는 경우에도 적용할 수 있다.

8.8   인공지능을 사업성과로 이끌어 가기

이 책의 여정이 끝났다. 이 책이 따라 하기만 하면 되게 차례와 체계를 잡아 놓은 책 같은 것일까? 이 책에서는 너무 힘들게 생각하지 않고도 인공지능으로 돈을 벌 수 있게 하는 마술 같은 공식을 제공하는가? 아니다. 이 책은 여러분이 반드시 해야 할 일에 관한 것이다. **인공지능은 그러한 일을 하는 방법을 모르기 때문이다.**

나는 인공지능으로 실제 사업성과를 얻는 방법을 보여 주기 위해 이 책을 썼다. 나는 모든 문제를 해결할 수 있게 하는 만능 도구를 구할 수 있다고 약속하지 않으며, 나는 또한 사람들이 인공지능을 사용해 어떻게 돈을 벌었는지에 관한 사례를 연구해 나열해 둔 책을 믿는 사람도 아니다. 여러분이 인공지능 알고리즘을 잘 이해하지 못하면서도 그것을 사용해 큰돈을 벌기를 바란다면, 결국 실망하게 될 것이다. 나는 이 접근 방식을 '인공지능에 대한 무지개와 유니콘들의 접근 방식'이라고 부른다.[7] 우리는 종종 사업을 어디로 끌고 가고 싶은지에 대해 스스로 명료하게 생각하기보다는 인공지능에 책임을 떠넘기면서 인공지능의 어떤 신비로운 부분이 우리 문제를 해결해 주기를 바란다. 우리는 데이터마이닝이 더 나은 인공지능 알고리즘을 사용해 앞으로 나아갈 길을 보여 줄 것이라는 희망을 품은 채로 스스로 우리 주변 세계를 주도하고 이해하려는 노력을 떠넘긴다.

이런 희망은 잘못된 것이다. 알고리즘, 지표 및 인공지능 프레임워크에 대한 통제권을 포기한 상태에서 인공지능을 활용해도 사업성과를 이루어 내지 못한다. 인공지능 애플리케이션은 여러분에게 항상 돈을 벌어 주는 도깨비방망이 같은 게 아니다. 오히려 **인공지능을 사용해 돈을 벌기보다는 돈을 잃기가 훨씬 쉽다.** 인공지능을 자체적으로 적절한 사업상의

---

7 2.7 절에서 배운 것처럼 데이터 과학자와 데이터 공학자 사이에는 유니콘이 없다. '무지개와 유니콘' 중에 무지개 부분에 관해서 말하자면 인공지능 무지개를 따라 끝까지 걸어가면 찾을 수 있는 보물단지 같은 것은 없다.

결정을 내릴 수 있는 블랙박스처럼 여긴다면, 경영진이 동원할 수 있는 예산을 경영진에게 서 확실히 분리해서 생각할 수 있다.

> **참고** 인공지능은 올바른 판단을 할 수 없으며 오늘날 사용되는 가장 일반적인 인 공지능 기반 방법들(예 : 딥러닝)로는 인과관계를 결정할 수 없다. 인공지능 기반 방법들은 올바른 지표가 있어야 추진할 수 있는 **정량적 방법**이다. 모든 인공지능 알 고리즘은 지정된 지표를 최대화하는 이유는 모른 채 그러한 지표를 최대화하는 방 법만 안다. 인공지능이 해당 지표를 최대화해야 하는 맥락과 목적은 인간에게서 비 롯되어야 한다.

인간만이 사업과 기술을 연계하는 지표를 정의할 수 있는 능력과 기량을 지녔다. 인공지 능에게 취약한 영역에서 인간이 인공지능을 보완해야 한다. 사업지표와 기술지표가 적절 히 연계될 수 있게 설계하면 인공지능을 사업 문제에 적용할 수 있다(제4장 참조). 인간만 이 정량적 알고리즘들이 이해할 수 있는 방식으로 생애 전체에 걸친 인간의 지혜를 서술하 는 지표를 설계할 수 있다.

기술적인 측면에서 볼 때, 인간의 판단과는 별개로 개발된 인공지능 솔루션은 오늘날 작 동하지 않는다. 더 철학적인 차원에서 보자면, 우리가 맹목적으로 인공지능을 따른다기보 다는, 인간인 우리가 **대리권**agency을 소유하는 것이다. 인공지능은 우리 모두에게 영향을 미 치지만 우리가 멈추게 할 수 없는 힘이 아니며, 우리가 그저 함께 따라 가기만 하는 것도 아니다. 인공지능 혁명은 그저 우연한 일이 아니다. 그 혁명을 창조하는 것은 우리, 즉 여 러분과 나 같은 사람들이다. 우리는 대리권을 행사해야 한다. 우리는 인공지능을 적용한 결과가 어떻게 나와야 할지를 결정해야 한다. 단일 기업 및 개별 인공지능 프로젝트 진행 상황에서 이 책은 자신의 대리권을 행사하면서 인공지능을 사용하는 방법을 보여 준다. 사회적 차원에서 우리는 인공지능 혁명이 우리가 두려워하는 목적지를 향하도록 하는 대 신, 우리가 바라는 목표를 향하도록 인공지능을 이끌어 갈 수 있다.[8]

인공지능이 인간의 능력과 일치(또는 초과)하는 인공 일반 지능 수준에 도달할 시기(또 는 그 여부)를 우리는 모른다. 인공 일반 지능에 도달할 때까지 우리 인간은 사업과 사회

---

8 오라일리(O'Reilly)의 책[180]을 적극 추천한다. 이 책에서는 사회와 기술의 관계, 그리고 우리가 달성하고자 하는 목표 를 향해 기술을 이끌어 가는 인간의 능력에 관해 훌륭하게 논의한다.

를 이끌고 인공지능이 우리가 사용하는 도구에 불과하다는 점을 이해해야 한다. 구글 같은 회사는 멋진 사업을 수립하는 일에 인공 일반 지능이 필요하기보다는 사업과 기술을 연계하는 방법을 아는 똑똑한 사람이 필요하다는 점을 입증했다. **인공지능은 돈을 벌지 못한다. 인간이 돈을 번다!**

8.9 연습문제

우리는 여러분이 지켜봐야 할 미래 추세를 다루는 이 장과 더불어 이 책의 마지막 부분에 이르렀다. 다음은 인공지능의 미래 추세가 조직에 미치는 영향을 추적하기 위해 시도해 볼 수 있는 몇 가지 연습문제다.

질문 1 : 현재 실용적으로 쓰이고 있는 인공지능이 다음에 제시된 프로젝트에도 적용되는지를 설명해 보라.

- **시나리오 1** : 위성 이미지를 사용해 원양 컨테이너 선박의 이동과 선박 수를 추적해 단기 소매활동과 경제활동을 예측하기
- **시나리오 2** : 지구 규모 경제 체계의 기반을 완전히 파괴할 만한 사건이 예상치 못하게 발생할 때, 물품 목록을 구성하는 물품들의 새로운 가격을 예측하기
- **시나리오 3** : 유전자 연구가 지금부터 20년 후의 의료비 지출에 끼치는 영향을 예측하기

질문 2 : 최근에 여러분의 조직이 인기 있는 신기술을 세 번에 걸쳐 적용하였고, 돌이켜 보니 프로젝트가 성공하지 못했다는 점에 의견이 일치되었다고 해 보자. 이제, 프로젝트가 성공하지 못한 이유를 찾아보라. 그건 그렇고, 팀에 적정치 못한 사람들이 있었다거나 기술에 대한 경험이 충분하지 않았다는 식으로 이유를 대는 건 용납할 수 없다.

사람과 개성에 대한 토론을 피하면 기업 환경에서 나누는 대화가 더 맛깔나게 된다. 더 중요한 것은 이러한 사항들을 배척하더라도 여러분의 조직이 신기술을 평가할 때 가지고 있는 고유한 과정상의 약점이다. 목표는 다음에 신기술이 유행할 때 동일한 약점을 인식하는 것이다. 다만, 지금은 인공지능 기술이 유행하고 있다.

질문 3 : 이번 장에 소개된 각 추세들(8.1 절부터 8.6 절에 이르는 각 절의 제목 형태로 예시한 추세들)에 대해 다음 질문에 답하자. 기억을 되살리기 위해, 이러한 추세가 표 8.1에

표 8.1 이번 장에서 소개된 추세. 이러한 추세가 여러분에게 어떤 영향을 미치는가?

8.1 절	인공지능이라는 용어의 의미는 시간에 따라 변한다.
8.2 절	물리적 시스템에서 인공지능을 사용할 때는 안전을 고려해야 한다.
8.3 절	인공지능 시스템이 현재까지는 인과관계를 설명하지 못한다.
8.4 절	인공지능 알고리즘은 일반적으로 데이터의 가변성을 고려하지 않는다.
8.5 절	인공지능 시스템의 실수는 인적 오류와 다르다.
8.6 절	AutoML이 다가오고 있다.

나열되어 있다.

- 이런 추세가 현재 프로젝트에 영향을 주는가?
- 이런 추세가 일반적으로 조직에 영향을 미칠 가능성이 있는가?
- 이런 추세가 개인 경력에 영향을 미칠 가능성이 있는가?
- 여러분은 이런 추세를 어떻게 따를 것인가?
- 이런 추세가 구체화되고 있는지 여부를 어떻게 알 수 있는가?

질문 4 : 여러분에게 영향을 끼치고 있지만 이번 장에서 다루지 않은 특정 인공지능 응용 분야의 추세가 있는가?

요약

- 인공지능은 빠르게 진화하는 분야이다. 최첨단 인공지능 기반 방법이 빠르게 변하고 있지만 여전히 우리는 인공지능 시스템에 어떤 보안 취약성이 있는지를 배우는 중이다.
- 오늘날 인공지능 시스템은 사건의 인과성을 추론할 수 없다. 인공지능 시스템은 현재 일어나고 있는 일에 대한 데이터를 그것이 이전에 경험한 결과와 일치시킨다.
- 인공지능 시스템은 미지의 상황(알 수 없는 상황)[9]을 안정적으로 안내할 수 없다. 실제로 이러한 시스템들은 인공지능이 훈련한 상황과 근본적으로 다른 상황을 만날 때 고장이 나고 만다.

---

9 이에 대한 반대말은 기지의 상황_역주

- 인공지능이 만드는 오류는 본질적으로 보험계리적이어서 인공지능은 "전체 모집단에 비추어 볼 때 내가 내린 이 결정이 합리적인가?"라는 식으로 생각한다고 볼 수 있다. 반면에 인간은 특정한 경우들에서 각 사례에 맞춰 "이 결정이 합리적인가?"라는 식으로 생각한다. 대부분의 사람은 이러한 구분을 이해하지 못하며 인공지능 시스템의 보험계리적인 오류를 악의에 기인한 것이라고 생각할 수 있다.

- 파이프라인 형태로 설명할 수 있는 모든 사업 시스템에 최소최대 분석이나 민감도 분석 같은 방법을 적용할 수 있다.

- 인공지능 혁명이 저절로 벌어지는 것이 아니다. 우리가 그 혁명을 만들어 내고 있으므로 우리는 대리권을 행사하고 인공지능을 가장 잘 사용하는 방법을 생각해야 한다.

출판사에서는 우리 책에 사용된 용어가 정의되어 있는지를 확인하기 위해 더 많은 노력을 기울임으로써 독자들을 돕고자 하는 정책을 펼치고 있다. 독자가 익숙하지 않은 용어를 접할 때, 그런 정책 덕분에 독자의 시간을 절약할 수 있기 때문이다.

다른 경영 서적도 그러하지만 이 책의 독자도 다양하다. 여러분이 지닌 배경에 따라서는 이 책에 사용된 대부분의 용어가 친숙한 경우도 있겠지만, 몇 가지 용어라도 정의해 준 것을 고맙게 여기게 될 수도 있다. 사용자마다 정의해 두었으면 하고 바라는 용어가 다를 수 있다. 대부분의 독자가 알고 있는 용어를 본문 속에서 정의하는 바람에 본문의 흐름을 깨는 일이 없게 하려고 나는 대부분의 용어를 이 용어집에서 따로 정의했다. 이런 용어를 처음 접한 독자를 돕기 위해 형식이나 정확성을 잃더라도 더 잘 이해할 수 있도록 정의했다.

- **강화학습**reinforcement learning : 머신러닝이라는 맥락에서 볼 때 강화학습은 일부 환경에서 얻은 장기적인 보상을 극대화할 수 있는 에이전트를 설계하는 방법을 연구한다.
- **경영과학**operations research(운용과학) : 다양한 수학적 및 분석적 방법을 사용해 더 나은 결정을 내리는 데 도움이 되는 연구 분야다. 역사적으로 경영과학은 응용수학의 한 분야로 발전했으며 머신러닝 및 인공지능보다 먼저 발전했다. 오늘날 경영과학은 종종 데이터 과학과 관련된 분야 중 하나로 간주된다.[1]
- **계리사**actuary : 정량적 방법을 사용해 사업 영역의 위험과 불확실성을 측정하는 일을 하는 경영 전문가이다. 계리사는 자격증을 소지한 자로서 그러한 상황에서 사용하기에 적합한 정량적 모형을 통해 실무자를 안내하는 전문가이다. 일반적으로 보험업계에서

---

1 우리나라에서는 경영 분야와 접목해 주로 '경영과학'으로 응용되고 있다._역주

사용되는 보험계리상의 방법은 모집단을 전체적으로 분석하고 전체 모집단에 대해 예상되는 결과에 대한 지침을 제시한다. 해당 모집단 내의 개별 결과는 매우 다양할 수 있다. 자세한 내용을 알고 싶다면 위키백과[182]를 참조하자.

- **고객 이탈**customer churn : 여러분과 하던 거래를 중단하기로 결정한 재구매 고객의 비율이다.

- **고주파 거래**high-frequency trading, HFT : 금융 시장이라는 맥락에서 볼 때 HFT는 컴퓨터 알고리즘, 대량 거래 및 낮은 지연 시간의 조합을 기반으로 하는 거래 유형이다.

- **관계형 데이터베이스 관리 시스템**relational database management system, RDBMS : 강력한 수학적 기반을 갖춘 데이터베이스 시스템이다. 이러한 기반을 '관계형 모델'이라고 한다. RDBMS는 빅데이터를 사용하지 않는 대부분의 애플리케이션에 널리 사용되며 종종 데이터 저장을 위한 기본 선택지가 된다. RDBMS는 일반적으로 SQL을 언어로 사용해 데이터베이스에 들어 있는 데이터를 조회한다.

- **기회비용**opportunity cost : 집합에 들어 있는 여러 행위 중에 한 가지 행위만 수행할 수 있는 행위 집합이 있을 때, 여러분이 그러한 행위들 중에 한 가지를 선택했다고 가정해 보자. 여러분이 취한 행위의 기회비용은 여러분이 취하지 않은 행위들 중에서 가장 가치 있는 행위를 선택했을 때의 가치에 해당한다.[186]

- **데이터 과학**data science : 다양한 정량적 알고리즘과 과학 분야들에서 비롯된 알고리즘을 사용해 데이터에서 통찰을 뽑아내는 다학제간 학문이다. 대중의 상상력을 사로잡은 그 밖의 많은 분야와 마찬가지로 데이터 과학 분야를 이루는 모든 개별 분야들이 무엇인지에 관해 보편적으로 합의된 내용은 없다. 종종 데이터 과학을 이루는 일부 분야에는 통계, 프로그래밍, 수학, 머신러닝, 경영과학 등이 포함된다.[66] 때때로 데이터 과학의 한 부분으로 밀접하게 여겨지는 분야에 생물정보학 및 정량 분석도 포함된다. 인공지능과 데이터 과학은 서로 밀접하게 겹치지만, 전통적으로 데이터 과학의 한 분야로 간주되지 않는 로봇 공학 같은 분야가 인공지능 분야에 포함되어 있기 때문에 인공지능과 데이터 과학은 서로 같은 게 아니다. 해리스Harris, 머피Murphy, 바이스만Vaisman의 저서[66]는 딥러닝이 발전하기 전까지의 데이터 과학 상태를 잘 요약한다.

- **데이터 과학자**data scientist : 데이터 과학 분야의 실무자다. 많은 자료원(이 책 포함)에서는 인공지능 실무자를 데이터 과학자로 분류한다.

- **데이터 레이크**data lake : 조직에서 사용할 수 있는 모든 데이터를 저장해 둔 단일 저장소

를 말하며, 이에 따라 분석 중에 모든 데이터를 참조할 수 있다. 데이터 레이크와 이를 구축하는 철학에 대한 논의는 고렐릭Gorelik의 책[103] 및 니덤Needham의 책[185]을 참조하자.

- **데이터 마이닝을 위한 산업 간 표준과정**cross industry standard process for data mining, CRISP-DM : 분석 및 데이터 마이닝을 위한 과정을 정의하는 표준이다. 빅데이터와 인공지능보다 앞서서 인기를 누렸다. 사업을 이해하고 나서 데이터를 이해하는 일에 대한 반복과정이다. 모델링을 위한 데이터를 준비하고 모델링을 수행한 다음에 결과를 평가한다. 결과가 만족스러우면 모델을 배포한다. 그렇지 않으면 앞서 언급한 과정을 주기적으로 반복한다. 자세한 내용을 알고 싶다면 위키백과[184]를 참조하자.

- **데이터베이스 관리자**database administrator, DBA : 데이터베이스 정비를 담당하는 전문가다. 가장 일반적으로 DBA는 RDBMS 기반 데이터베이스를 정비할 책임이 있다.

- **딥러닝**deep learning : 많은 계층에 배열된 인공신경망artificial neural networks(뉴럴넷)을 사용하는 인공지능의 하위 분야. 지난 몇 년 동안 딥러닝 알고리즘은 영상 처리, 음성 인식, 소리 인식을 포함해 눈에 잘 띄는 수많은 애플리케이션에서 성공했다. 딥러닝은 또한 최고수라 할 수 있는 사람을 뛰어넘는 수준으로 바둑을 두거나 스타크래프트 같은 다양한 게임을 해내는 인공지능 알고리즘에도 채택되었다. 부록 C에 나오는 다양한 항목[153-156] [176]을 참조하자. 딥러닝 알고리즘은 이처럼 많은 과업과 최신 뉴스에 오르내렸던 인공지능 성공 기사들에서 인간 수준에 가까운(또는 인간보다 나은) 성능을 보여 준다.

- **레이블**label : 분류라는 맥락에서 레이블은 인공지능을 훈련하는 데 사용된 데이터가 속한 범주의 이름이다.

- **린 스타트업**lean startup : 리스의 책[28]에서 설명한 용어로, 사업 운영을 위한 방법론을 말한다. 린 스타트업 방법론의 일부 원칙은 반복적인 제품 개발을 통해 사업 개발주기를 단축하고 가능한 한 빨리 시장에서 제품을 테스트하는 것이다. 원래는 스타트업이라는 맥락에서 볼 때 설명되었지만, 이 방법은 이제 모든 규모의 조직에서 광범위하게 사용된다. **최소 기능 제품** 및 **피벗**도 참조하자.

- **마인드셰어**mindshare : 몇 가지 개념, 생각, 아이디어, 제품이 얼마나 잘 알려져 있고 얼마나 자주 고려되는지를 보여 준다.

- **분류**classification : 머신러닝 맥락에서 분류란 입력 데이터가 속한 범주를 식별해 내는 일

이다. 분류할 때 쓰이는 범주는 미리 정의되어 있다. 분류는 두 계급을 대상으로 하거나(이항 분류binary classification), 여러 계급을 대상으로 할 수 있다(다항 분류multiple classification).

- 비례-적분-미분 제어기proportional-integral-derivative controller, PID controller : 위키백과[34]에 따르면,

  > PID는 산업 제어 시스템 및 지속적으로 변조된 제어를 필요로 하는 다양한 기타 애플리케이션에서 널리 사용되는 제어 루프 피드백 메커니즘이다.

  PID는 제어 중인 시스템에 대해 현재 값과 일부 과정 변수의 원하는 값 사이의 오차를 비교하고 비례, 적분, 미분이라고 하는 3개 항을 기반으로 해당 과정 변수에 보정을 적용한다. PID 컨트롤러는 다양한 제어 시스템에서 널리 사용된다.

- 비지도학습unsupervised learning : 레이블이 지정되지 않은 데이터에서도 패턴을 발견해 내는 머신러닝 유형이다. 비지도학습의 한 가지 예는 군집화다.

- 빅데이터big data : 너무 커서 단일 시스템으로는 처리하지 못하는 데이터를 말한다. 빅데이터에 대한 정의는 다양하다. 빅데이터의 일반적인 정의 중 하나는 속도Velocity(데이터 변경 빈도), 부피Volume(데이터의 크기), 다양성Variety(데이터에 있는 다양한 데이터 공급원 및 데이터 유형 가짓수) 및 진실성Veracity(데이터를 신뢰할 수 있는 정도) 같은 식으로 두문자가 V로 시작하는 용어를 기반으로 내린 것이다. 역사적으로 정의에 포함된 V의 개수는 다양했으며 초기에는 부피, 속도, 다양성만으로 빅데이터를 정의했으므로 V의 개수는 세 개였다.

- 사물 인터넷Internet of Things, IoT : 인터넷에 연결된 다양한 물리적 장치로 구성된 네트워크이다.[46] 물리적 장치의 유형은 매우 다양하며 원칙적으로 물리적 시스템에서 어떤 기능을 수행하는 것이라면 모두 사물 인터넷 장치가 될 수 있다. 사물 인터넷 장치의 예로는 스마트 온도계[36] [37]에서 커넥티드 카(인터넷에 연결된 차량) 및 커넥티드 홈(인터넷에 연결된 집)에 이르기까지 다양하다.

- 상용제품commercial-off-the-shelf, COTS : 이미 제작되어 있어서 다른 사람으로부터 구입할 수 있는 제품이다.

- 선형 응답linear response : 입력 변화에 비례하는 시스템의 반응 유형이다. 1 단위의 입력 변경으로 인해 x개의 출력 단위가 변경되는 경우에 2 단위의 입력 변경으로 인해 시스

템 출력의 $2x$ 단위가 변경된다.

- **스마트 환경**smart environment : 컴퓨터로 제어할 수 있는 환경이다. 일반적으로 많은 사물 인터넷 장치가 설치되어 있고 컴퓨터 시스템과 인공지능을 사용해 해당 장치의 동작을 제어하고 조정한다.

- **스트리밍 분석**streaming analytics : 시스템에 도달하는 순간부터 일정 기한 내에 데이터를 처리하기 위해 스트리밍 데이터에 적용되는 분석 유형이다. 스트리밍 데이터라는 것은 컴퓨터 시스템에 지속적으로 도달하는 데이터를 말한다.

- **식스시그마**Six Sigma : 조직이 업무과정을 개선하는 데 도움이 되는 일련의 방법.[21] [22] 역사적으로 식스시그마는 많은 제조 공정의 품질을 개선하는 데 사용되어 왔지만, 식스시그마와 관련된 방법들과 이행사례들은 모든 사업 분야에서 광범위하게 사용되어 왔다. 식스시그마의 실무자들은 모든 작업을 끝없는 개선 대상이 되는 과정으로 여긴다. 식스시그마는 사업 운영 분야를 개선하기 위해 데이터 및 통계 기술의 사용을 개척했다.

- **업종**business vertical : 직업(예 : 의료 서비스)이나 수요(예 : 교통) 같은 일부 공통 특성을 공유하는 특정 고객 집단을 대상으로 하는 사업군을 말한다.

- **예측 분석**predictive analytics : 과거 데이터를 사용해 미래 추세를 예측하는 분석 유형이다. 예측 분석은 다음 질문에 답한다. "다음에 무슨 일이 일어날까?"

- **응용 프로그래밍 인터페이스**application programming interface, API : 소프트웨어 시스템의 기능을 호출할 때 쓰는 방법으로, 표준화되어 있다.

- **인공지능**artificial intelligence, AI : 이 책에서 인공지능이란 '컴퓨터가 역사적으로 인간 지능이 필요한 작업을 완성할 방법을 연구하는 컴퓨터 과학 영역'으로 정의된다. 인공지능의 정의와 인공지능과 머신러닝의 관계는 여러분이 사용하는 자료의 출처에 따라 다를 수 있다. 8.1 절에서는 오늘날 산업계에서 찾을 수 있는 인공지능의 정의에 대해 자세히 설명한다.

- **자기회귀누적이동평균**autoregressive integrated moving average, ARIMA : 시계열을 분석하고 어떤 계열의 미래 값을 예측하는 통계 기법이다.[109] ARIMA는 자기회귀(회귀값 대 시계열의 이전 값), 차분값, 이동평균값을 기반으로 한다.

- **자본비용**cost of capital : 신규 사업 프로젝트를 시작하는 맥락에서 볼 때 자본비용이란 프로젝트가 가치가 있으려면 넘어서야 하는 최소 투자수익률을 말한다.

- **장단기 기억**long short-term memory, LSTM : 신경망의 특정 구조를 특징으로 하는 딥러닝 신경망 유형이다.[110] 일반적으로 시계열의 미래 값을 예측하는 데 사용된다.

- **전사적 데이터 웨어하우스**enterprise data warehouse, EDW : 기업 데이터의 보고 및 분석에 최적화된 데이터베이스 유형이다.

- **정량 분석**quantitative analysis, QA : 윌 켄턴Will Kenton에 따르면[187]

  정량 분석(QA)은 수학적 모델링과 통계적 모델링, 측정 및 연구를 사용해 행위를 이해하려는 기술이다. 정량 분석가는 수치로 주어진 현실을 표현하는 것을 목표로 한다.

- **정량 분석가**quantitative analyst(**퀀트**) : 정량 분석 실무자.[187] 퀀트가 일하는 흔한 업종으로는 주식 거래 업종과 금융 서비스 업종이 있다.

- **정확도**accuracy : 이항 분류기라고 하는 맥락에서 볼 때 정확도는 분류 알고리즘의 성공을 측정하는 기술지표다. 정확도는 올바르게 분류된 데이터양에 비례한다. 정확도 공식[181]은 다음과 같다.

$$정확도 = \frac{정확한\ 예측\ 총개수}{예측\ 총개수}$$

- **제곱근평균제곱오차**root mean square error, RMSE(**평균 제곱근 오차**) : 통계, 머신러닝, 인공지능 알고리즘의 결과를 측정하는 데 자주 사용되는 기술지표다. 알고리즘이 예측한 수량과 결과로 발생한 실제 수량 간의 차이를 측정하는 데 사용된다. RMSE는 작은 예측 오차보다 큰 예측 오차에 벌점을 더 부여한다.[188] RMSE는 다음 공식으로 정의된다.

$$RMSE = \sqrt{\frac{1}{n}\sum_{i=1}^{n}(Y_i - \hat{Y}_i)^2}$$

여기서

- n = 머신러닝 알고리즘이 값을 예측한 점의 개수
- $\hat{Y}_i$ = 머신러닝 알고리즘에 따른 점 i의 예측값
- Y_i = 점 i의 실제 값

- **제로섬 게임**zero sum game : 한 플레이어의 성공이 다른 플레이어를 희생시키는 게임이다. 제로섬 게임에서 나의 이득은 여러분의 손실이고, 그 반대의 경우도 마찬가지다.

- **지도학습**supervised learning : 알고리즘을 적용했을 때 나올 정확한 결과까지 들어 있는 학습 데이터를 제시해 모델을 훈련하는 머신러닝 유형이다. 예를 들어 이메일 메시지를 스팸이나 스팸이 아닌 범주로 분류하는 것이 알고리즘의 동작 목표라면 훈련 집합은 레이블이 지정된(즉, 스팸 메일인 것으로 알려진) 이메일 메시지들과, 스팸 메일이 아닌 것으로 알려진 이메일 메시지들로 구성된다.

- **최소 기능 제품**minimum viable product, MVP : 사업 방향이 올바른지를 알아내는 데 필요한 기능을 충분히 갖춰 고객에게 제공하는 제품[28]을 말한다.

- **최종 사용자 계약**end user license agreement, EULA : 컴퓨터 소프트웨어 사용에 관한 사용자와 회사 간의 법적 계약이다.

- **추천 엔진**recommendation engine : 사용자가 이전에 여러 항목 간에 선택한 내용을 보고 시스템이 사용자의 관심과 일치할 것으로 예상하는 새 항목을 추천하는 소프트웨어 시스템이다. 추천 엔진은 다양한 유형의 항목을 추천할 수 있다. 의류 소매점의 경우에, 항목의 예로 스웨터가 있다. 넷플릭스의 경우에, 항목의 예로 영화가 있다.

- **통합 모델링 언어**unified modeling language, UML : 시각적 다이어그램을 사용해 소프트웨어 시스템의 구조 및 동작을 설명하는 표준 방법이다. 자세한 내용을 알고 싶다면 OMG의 UML 사이트[189]를 참조하자.

- **편향–분산 상반관계**bias-variance tradeoff : 예측 알고리즘의 구조를 추적할 수 있는 성분에서 일부 예측 알고리즘의 오차를 인수분해하는 방법이다. 자세한 내용을 알고 싶다면 위키백과[183]를 참조하자.

- **피벗**pivot : 린 스타트업 방법론이라는 맥락에서 볼 때 피벗은 경영이나 전략에 대한 새로운 가설을 테스트하기 위해 설계된 구조적 경로를 수정하는 작업이다.[28]

- **훈련**training : 머신러닝 알고리즘이라는 맥락에서 볼 때 훈련은 알고리즘이 어떤 기능을 수행하기 위해 준비하는 데 필요한 단계이다. 훈련 중에 모델에 데이터가 제공되고 모델의 파라미터가 최적화된다.

- **4+1 아키텍처 뷰**architectural view : 특수한 뷰view 세트를 기반으로 소프트웨어 아키텍처를 설명하는 방법론이다. 자세한 내용을 알고 싶다면 크루첸Krutchen의 논문[85]을, 요약은 위키백과[86]를 참조하자.

- **k 평균**k-means : 원래 군집화 알고리즘 중 하나로서, k는 정수인 k개 군집 중 하나에 입력 데이터를 할당한다.

부록 B
연습문제 정답

이 부록에서는 본문 각 장에 나온 연습문제들에 대한 답을 제공한다. 질문을 참조할 수 있도록 각 장에 나왔던 질문을 다시 쓰고, 그 질문 아래에 답변을 적어 두었다.

이 책에서 다루는 자료를 더 잘 이해할 수 있게 연습문제를 꼭 풀어 보기 바란다. 이 책에 나오는 연습문제들에서는 사업과 관련된 인공지능 프로젝트들의 모범 이행사례와 빠지기 쉬운 함정을 도드라지게 드러내어 강조한다. 연습문제를 건너뛰고 싶을지라도 질문에 대한 답변을 읽는 게 바람직하다.

연습문제에는 각 장에서 다룬 적이 없던 새로운 개념이 도입되는 경우도 있겠지만, 그런 개념도 여러분에게는 이미 익숙한 것이거나, 익숙하지 않을지라도 여러분은 그런 개념을 충분히 이해할 수 있을 것이다. 이렇게 새로운 개념을 일부러 도입하고 있는데, 이럼으로써 여러분이 각 장에서 배운 기술과 개념을 새로운 경영 상황에 적용해 볼 수 있기 때문이다.

B.1 제1장 연습문제에 대한 정답

이번 절에는 제1장에서 묻는 질문에 대한 답변이 포함되어 있다. 쉽게 참조할 수 있도록 각 질문이 그 아래의 답변과 함께 반복된다.

B.1.1 단답형 질문

다음 질문에 '참' 또는 '거짓'으로 답하자.

질문 1 : 인공지능으로 상당한 돈을 벌려면 늘 많은 데이터가 필요하다.

질문 1에 대한 답 : 거짓. 만약 여러분이 해당 분석을 수행 가능한 사업 행위와 연계하는 방법을 처음으로 알아낸 사람이라면, 작은 데이터셋에 대한 간단한 분석만으로도 수익을 창출하는 데 필요한 모든 분석이 될 수 있다. 세계에서 가장 큰 헤지 펀드가 된 레이 달리오는 초기에 오늘날 구입할 수 있는 어떤 컴퓨터보다 훨씬 성능이 낮은 컴퓨터 한 대만을 사용해 필요한 분석 작업을 모두 할 수 있었다.[29] 오늘날 우리가 인공지능과 머신러닝에서 사용하는 모델들은 복잡하면서도 다양한데, 이러한 모델들을 그 정도 성능을 갖춘 컴퓨터에서 실행하기에는 부족하다.

질문 2 : 인공지능 프로젝트를 개시할 때는 적절히 사용할 기술 도구를 선택하는 일부터 해야 한다.
질문 2에 대한 답 : 거짓. 있을 법한 모든 크기의 데이터와 있을 법한 모든 사업용 애플리케이션에서 **동급 최고**가 되는 도구란 없다. 인공지능 프로젝트의 첫 번째 단계에서는 항상 해결하려는 사업 문제를 생각해야 한다.

질문 3 : 때로는 단순한 인공지능 알고리즘으로 큰 사업성과를 달성할 수 있다.
질문 3에 대한 답 : 참. 알고리즘의 기술적 우수성에 따라 돈을 버는 일이 결정되는 게 아니라 인공지능을 적용하는 사업 기회의 규모에 따라 돈을 버는 일이 결정된다. 단순한 알고리즘일지라도 다양한 상황에서 큰돈을 벌게 해 줄 수 있으며, 최고의 인공지능 알고리즘일지라도 다양한 상황에서 활용할 수 있는 사업용 제품을 만드는 방식으로는 문제를 해결할 수 없다.

질문 4 : 일부 도구를 사용해 인공지능 프로젝트를 크게 자동화할 수 있다. 이러한 도구를 사용하는 것만으로 경쟁사보다 중요하고 지속적인 우위에 설 수 있음을 보장받는다.
질문 4에 대한 답 : 거짓. 도구가 누구나 구매할 수 있는 것이라면, 그 도구는 필수품인 셈이어서 누구나 지니려 할 것이기 때문에, 그러한 도구만으로는 지속할 수 있는 경쟁 우위의 기반을 형성할 수 없다.

질문 5 : 인공지능으로 돈을 벌려면 수학이나 물리학이나 컴퓨터 과학 분야의 박사 학위가 필요하다.
질문 5에 대한 답 : 거짓. 많은 인공지능 실무자가 박사 학위를 갖고 있지 않다.

질문 6 : 모든 인공지능 박사는 인공지능으로 돈을 버는 방법을 알 수밖에 없게 된다.

질문 6에 대한 답 : 참…. 여러분이 그들을 고용하는 그 시점에서는 그들이 여러분을 위해서 돈을 번 게 아니라 자신을 위해 돈을 벌었다. 그러한 돈을 급여라고 한다. **여러분**이 돈을 벌기 위한 일과 관련해서 말하자면, 사업을 이해하게 하는 데 한계가 있는 인공지능 과정을 전공해 박사 학위를 딴 사람을 찾아내려 한다는 말을 들어 본 적이 없다.

질문 7 : 모든 인공지능 도구의 가치가 같다.

질문 7에 대한 답 : 거짓. 어떤 도구는 특정 분야에서 그 밖의 도구보다 확실히 우수하지만, 그게 가장 중시되어야 할 점은 아니다. 나는 도구가 전혀 중요하지 않다거나 어떤 한 가지 도구를 그 밖의 도구보다 우선해서 선택해야 할 사업상의 이유가 없다고 주장하는 것이 아니다. 도구 자체가 인공지능 프로젝트의 성공에 가장 중요한 것은 아니라는 점을 말하고 있는 것이다.

질문 8 : 여러분이 프로젝트 담당자여서 평가지표를 정의하는 일을 데이터 과학 팀에 맡겼다고 해 보자. 안타깝게도 데이터 과학 팀은 사업에 관한 지식이 충분하지 않아서 여러분이 이해하기 힘든 지표를 들이밀었다. 이를 '지니 계수'라고 해 보자. 데이터 과학 팀이 해당 지표를 잘 다루기만 한다면 프로젝트가 여러분의 사업에 도움이 될 것이다.

질문 8에 대한 답 : **행운을 빈다!** 이것은 여러분의 사업과의 연관성이 불분명한 기술지표를 사용하는 예이다. 따라서 지니 계수의 어떤 값이 여러분의 사업에 '좋은' 값인지가 명확하지 않다. 이제 '지니'라는 소설 속 요정 같은 이 계수를 개선하여 자신들을 대상으로 지니 계수를 측정하는 기술 팀과 다른 기준에 따라 의사결정을 내리는 사업 팀이 있다고 하자. 이 두 팀의 연계는 끊어진 셈이 되며, 따라서 프로젝트가 성공하려면 큰 행운이 따라야 한다.

B.1.2 서술형 질문 : 문제 파악

어떤 한 가지 전제적 프로젝트나 이에 뒤따르는 여러 개별 프로젝트를 진행하는 중에 취해진 행위들에 대해 간략하게 서술하는 내용이 있다고 하자. 그렇게 설명하는 상황에 대해 여러분은 어떻게 생각하는가?

질문 1 : 여러분의 팀과 다소 비슷하게 조직되어 운영되는 IT 팀에서 일하는 친구가 X라고 부르는 도구를 사용하고 Y라고 부르는 접근 방식을 써서 크게 성공했다. 그렇다면 여러분도 그런 도구와 접근 방식을 사용해야 하는가?

질문 1에 대한 답 : 여기서 자신에게 물어볼 가장 중요한 질문은 사업 문제 및 데이터가 여러분의 문제 및 데이터와 얼마나 비슷한가이다. 대답이 '매우 그렇다'이면 비슷한 도구를 사용하는 편이 더 효과적이다. 친구의 접근 방식을 모방할 때는 여러분이 당면한 문제와 아주 다른 문제에 그 해법을 복사해서 쓰게 될 수도 있다는 위험성이 도사린다.

질문 2 : 포천 100대 기업에 포함되는 X라는 회사가 페타바이트 규모의 데이터를 보유한 인프라를 구축하고 광범위한 인공지능 문제를 해결할 수 있는 다양한 도구를 구입해 인공지능에 대한 노력을 시작한다고 하자. 또한 이러한 모든 도구를 사용하고 정비하는 팀도 구성했다. 그렇다면 여러분도 동일한 도구들을 구입해야 하는가?

질문 2에 대한 답 : 여러분도 예산과 사업적 요구 사항이 동일한 포천 100대 대기업 중에 하나에서 일한다면 당연히 그렇게 하는 게 좋다. 여러분이 포천 100대 기업에서 일하지 않는 경우, 지난 몇 년 동안 우리가 인공지능에 열광하고 입증할 수 있는 사업성과를 신속하게 얻을 수 있도록 하는 압력을 여러분에게 덜 가하는 시장에 직면했었다는 점을 떠올려 보자. 여러분이 이 책을 읽고 있는 시점에서도 여전히 그런 상황인가? 전반적으로 볼 때 이런 상황에서의 문제는 여러분이 할 수 없는 것까지 감당해 낼 수 있는 사람을 흉내 내려 하고 있다는 점이다.

질문 3 : 다른 사람이 성공적으로 채택해 활용한 사례를 바탕으로 인공지능에 대한 노력을 기울여 보려고 한다고 하자. 여러분은 인공지능 경험이 있는 컨설턴트에게 산업계에서 자주 볼 수 있는 인공지능 사용 사례에 관해 질문할 수 있는가?

질문 3에 대한 답 : 물론 여러분은 그렇게 할 수 있겠지만, 여러분은 또다시 다른 사람이 한 일을 모방하려 하고 있다. 그들이 여러분과 동종 산업계에 있고 그들만의 접근 방식으로 돈을 벌고 있다면, 여러분은 기껏해야 추종자가 될 뿐이다. 같은 산업계에 속하지 않는 경우라면 이러한 접근 방식으로 수익을 창출할 수 있는지를 점검해 보자. 여기서 문제는 '그것을 하는 방법'에만 너무 많은 초점을 맞추면서, 정작 여러분이 '그것을 해야 하는지'에 관해서는 충분히 이야기하지 않고 있다는 점이다.

질문 4 : 다음 접근 방식에 있어 문제점은 무엇인가? 여러분은 인공지능의 영상 인식률이 점점 더 좋아지고 있음을 지켜보고 있다고 하자. 여러분은 올림픽 스케이트 경기 영상을 인식하고 인공지능을 적용해 점수를 산정해 내는 인공지능 프로젝트를 시작할 계획이다. 이러한 인공지능을 사용하면 심판이 점수를 매길 때까지 기다릴 필요 없이 스케이트 경기가 끝나자마자 예상 점수를 시청자에게 보여 줄 수 있다. 이 인공지능 솔루션이 다음번 올림픽이 열리기 전까지 준비되어야 한다.

질문 4에 대한 답 : 여러분이 방금 마감 시간이 제한된 인공지능 목표를 정한 셈인데, 내가 머리를 쥐어짜 봐도, 이것은 현재의 인공지능 능력 범위를 넘어선 것이다. 이런 사업을 하려면 새로운 과학적 발견이 이루어져야만 하고, 게다가 마감 시간까지 정해져 있다. 행운을 빈다.

질문 5 : 다음 내용은 좋은 생각인가? 여러분의 회사가 최종 소비자 대상 제품을 생산하지만 엄격한 규제를 받는 산업에 속해 있다고 하자. 여러분이 변경한 모든 사항을 규제 기관에 알려야 하며 변경 사항은 법적 준수 여부를 기준으로 평가된다(거의 배타적으로). 일반적인 변경 사항이 승인되는 데는 5년이나 걸린다. 여러분은 인공지능을 사용해 고객들이 인터넷에 올리는 의견과 고객 만족도를 파악할 계획이다. 이 과정을 나타내는 전문 용어는 정서 분석이다.

질문 5에 대한 답 : 여러분은 그러한 분석을 기반으로 무엇 하나라도 변경할 수 있겠는가? 그리고 여러분이 변경을 한다고 해도 그것을 승인받는 데 5년이 걸릴 것이다. 결과적으로 여러분이 어떤 행위를 하더라도 고객이 그때까지 자신이 냈던 의견을 기억이나 할까? 고객이 그때까지 관심을 기울일까? 고객 의견이 너무나 강력해서 규제를 바꾸게 하거나 규제 기관이 시행하는 정책을 마침내 바꾸게 할 수 있을 것이라고 주장할 수도 있겠지만, 여러분은 분석 결과를 실행할 수 없는 상황에서 인공지능을 사용하기로 결정했을 가능성이 있다.

질문 6 : 다음 제안에 담긴 문제가 무엇인가? 우리는 이 인공지능을 사용하면서 우리 고객의 행위 패턴을 인공지능에 집어넣을 것이고, 그러면 인공지능은 고객이 결정을 내리게 된 원인을 밝혀 줄 것이다.

질문 6에 대한 답 : 인공지능이 어떤 행위의 원인을 찾을 수 있다고 흔히들 오해하지만, 현재 기술로는 그렇게 할 수가 없다. 인공지능은 상관관계만 찾을 수 있을 뿐이다. 원인(즉, 오늘날 인공지능에서 일반적으로 사용되는 방법이 아닌 다른 방법을 써야만 알아낼 수 있는 것[24-27][151][164])을 알려면 사람이 필요하다.

질문 7 : 여러분은 사업성과를 측정하는 데 사용할 수 있는 사업지표를 정의하기가 쉽지 않은 분야에서 일하고 있다. 어떤 사람이 인공지능을 사용하고 기술지표만을 기반으로 사업상의 결정을 내리자고 제안했다고 해 보자. 이런 생각이 바람직한가?

질문 7에 대한 답 : 인공지능 기반 방법은 정량적 방법이며, 비공식적으로 말하자면, 정량적 방법이란 숫자를 연산하고 최적화하기 위한 방법이라는 의미다. 합리적인 사업지표를 정의할 수 없다면 애초에 정량적 방법을 사용해서는 안 된다. 다행히도 일반적으로 단일 숫자가 아니라면 이러한 결과의 사업 가치를 나타내는 일부 값 범위를 사용해 사업지표를 정량적으로 정의할 수 있다(예 : "이 결과는 우리에게 100만 달러에서 200만 달러에 이르는 가치가 있다").

제3장과 제4장에서는 사업지표에 대해 자세히 설명한다. 여기서 꼭 이해해야 할 점은, 적절한 궤도에 오르지 못한 데이터 과학·인공지능 프로젝트와 관련된 사업적인 냄새를 정량화하려고 한다는 점이다.

B.2   제2장 연습문제에 대한 정답

이번 절에는 제2장에서 묻는 질문에 대한 답변이 포함되어 있다. 참조하기 편하게 질문을 다시 기재한 다음에 그 아래에 답변을 써 두었다.

B.2.1   단답형 질문

다음 질문에 간단히 답해 보자.

질문 1 : 여러분의 회사에서 실패한 프로젝트에 대해 생각해 보자. 그 프로젝트에 인공지능 기반 구성요소가 이미 하나 들어 있었다고 해도 똑같은 방식으로 실패했을까?

질문 1에 대한 답 : 아마도 대답은 '그렇다'일 것이다. 여기서 나는 있을 법한 프로젝트의 어떤 큰 단면에 대해 이야기하고 있지만, 여기에 제공된 답변은 대부분의 경우에 다 적용된다. 요점은 인공지능 프로젝트가 그 밖의 흔한 프로젝트가 실패할 수 있는 방식으로 실패할 수도 있고, 인공지능 프로젝트에서만 볼 수 있는 몇 가지 방식 때문에 실패할 수도 있다는 것이다. (이러한 점을 나는 이 책 전반에 걸쳐서 설명하고 있다. 예를 들면 5.1.2 절에도 그러한 설명이 나온다.) 다시 말하지만 시스템은 인공지능 기능을 제공하는 개별 구성요소보다 더 중요하다. 제품에 인공지능을 도입하면 일반적인 소프트웨어 프로젝트의 실패를 유발하는 문제를 어떻게든 예방(또는 해결)할 수 있기를 바랄 이유가 없다.

질문 2 : 팀이 보유한 기술적 기량과 이 프로젝트에 필요한 기량 간의 격차를 이해할 수 있을 만큼 데이터 과학 및 데이터 공학에 대한 충분한 지식이 여러분에게 있는가?

질문 2에 대한 답 : 이 질문의 경우에 예나 아니요로 답하는 게 가장 바람직하다. 더 중요한 질문은 "여러분이 '아니요'라고 대답했다면 어떻게 하겠는가?"라는 것이다. 여러분의 조직에 속한 다른 사람에게 물어볼 수 있는가? 여러분을 도울 컨설턴트를 고용할 수 있는가?

질문 3 : 여러분이 팀원들과 충분히 좋은 관계를 유지하고 있고, 팀원들은 자신들이 보유한 기량의 한계를 거리낌 없이 인정하는가?

질문 3에 대한 답 : 대답이 '아니요'인 경우에 어떻게 하겠는가? 팀원이 기술 격차를 인정하고 그것을 드러낼 만큼 안심할 수 있게 하려면 어떻게 해야 하는가? 장기적으로 볼 때 이 질문은 '신뢰감을 높이려면 무엇을 해야 하는가?'라는 질문으로 귀결된다.

B.2.2 시나리오 기반 질문

설명된 시나리오에 맞춰 다음 질문에 답하자.

질문 1 : 감지·분석·반응 루프를 적용할 때 중요한 기량 중 하나는 패턴의 반응 부분에서 누가 집행할 것인지를 식별하는 것이다. 다음 시나리오들에 맞게 질문에 답해 보자. 누가 또는 무엇이 행위를 수행하고 감지·분석·반응 루프의 반응 부분을 충족하게 할 것인가?

- **시나리오 1** : 여러분은 자율 주행 자동차를 만들고 있으며, 여러분이 사용하고 있는 인공지능은 모든 조건에서 완전 자율 주행을 가능하게 할 것이다(소위 5 단계 자율 주행 차량. 다시 말하면, 운전자가 운전할 일이 없는 자동차).
- **시나리오 2** : 여러분은 고객에게 제품을 제안하는 추천 엔진을 작성하는 중이다.
- **시나리오 3** : 여러분은 집의 온도를 제어하는 스마트 온도 조절기를 조절하는 인공지능 프로그램 한 개를 작성하고 있다.

질문 1에 대한 답 :

- **시나리오 1** : 인공지능이 자동차의 모든 표준 기능을 제어하기 때문에 자동차 자체가 루프의 반응 부분을 수행하고 있다. 자동차가 수행할 수 있는 몇 가지 있을 법한 동작에는 주어진 속도 내에서 달리기, 서기, 돌기, 깜빡이 켜기, 경적 울리기가 포함된다.

- **시나리오 2** : 여러분이 추천한 대로 고객이 구매를 한다고 해 보자.
- **시나리오 3** : 이번 사례는 HVAC 시스템이다.

질문 2 : 인공지능을 사용해 새 일자리를 만든다. 여러분의 조직에서 아직 제공하지 않고 있는 신규 서비스를 제공할 수 있게 할 만한 인공지능 기능을 예로 들어 보자. (그러한 일자리가 이 연습문제의 답으로 간주되려면 해당 일자리는 인공지능을 구축하는 소프트웨어 개발 팀과는 아주 무관한 일이어야 하며, 그러한 일자리를 차지하게 된 사람이 개발 팀을 만날 가능성이 없어야 한다.)

질문 2에 대한 답 : 이것은 주관식 연습문제이므로 정답이 하나가 아닐 수 있다. 2.5.3 절에 나오는 '인공지능으로 새로운 일자리를 만든다'라는 글상자에서는 주인이 일하는 동안 인공지능을 사용해 반려동물을 돌볼 때 그러한 예를 제공한다.

질문 3 : 의료 시설에서 인공지능 알고리즘을 사용한다고 가정하자. 예를 들어 그곳이 한 대형 병원의 방사선과라고 해 보자. 영상 분류 분야에서 최고 수준에 오른 인공지능 전문가를 팀에 두고 인공지능 측면을 다루게 된 여러분은 운이 좋다. 여러분은 그 전문가가 의료 영상을 정상이나 비정상으로 분류하는 인공지능 알고리즘을 개발할 수 있을 것이라고 확신하지만, 그 전문가는 이전에 헬스케어와 관련해서 일한 적이 한 번도 없다고 해 보자. 의료에 적용할 수 있게 작동하는 인공지능 제품을 개발하기 위해 여러분이 해결해야 할 그 밖의 고려 사항은 무엇인가?

질문 3에 대한 답 : 이 질문에 대한 좋은 점은 이 규모의 프로젝트에서 고려할 사항이 너무 많아서 최소한 몇 가지 적용 가능한 사항을 거의 확실히 생각해 낼 수 있다는 것이다. 다음은 이와 같은 프로젝트에 대한 고려 사항을 적은 (하지만 완전하지는 않은) 목록이다.

- 문제를 해결하기 위해 취해야 하는 정확한 행위는 무엇인가? '문제'라는 게 의료 영상에서는 무엇을 의미하는가? 어린이와 노인의 의료 영상은 다르며, 몸매가 좋은 운동선수와 주로 앉아서 생활하는 사람 간의 의료 영상도 마찬가지로 다르다. 여러분은 건강한 사람의 의료 영상에 대해서도 의료 분석을 제공하는가, 아니면 비정상적인 의학적 상태를 찾는 데 국한된 문제인가? 여러분은 건강 상태를 정확하게 진단하는가? 그것을 다른 사람에게 알리는가? 그는 어떤 사람인가?
- 알고리즘 훈련용 데이터를 어디에서 얻을 수 있는가? 병원에서 구할 수 있는가? 데이터에 레이블을 지정해야 하는가? HIPAA[72][73]가 적용되는가?

- 환자의 이미지를 인공지능 시스템으로 어떻게 가져올까? 병원 시스템과 어떻게 연계하겠는가? 작업흐름은 무엇인가?
- 시스템이 임상 환경에서 사용하기에 충분히 신뢰할 수 있는가? 어떤 유형의 오차가 허용되는가? 정상 영상 중 10%를 문제 영상으로 잘못 분류할 수 있는가? 문제 영상을 정상 영상으로 잘못 분류할 수 있는가?
- 여러분에게 적용되는 규제 사항은 무엇인가? 규제 사항에 대한 승인이 필요한가?
- 그리고 다른 인공지능 프로젝트에 적용되는 그 밖의 모든 고려 사항(필요한 인프라, 데이터 저장 위치, 소프트웨어 개발을 위한 조직과정 및 표준 등)은 무엇인가?

질문 4 : 앞서 나온 병원 환경 사례를 여러분이 종사하는 산업계의 분류 문제에 적용해 보자. 의료 산업과 비교해 여러분이 속한 산업에 새롭게 존재하는 고려 사항은 무엇인가?

질문 4에 대한 답 : 이것은 주관식 연습문제이므로 정답이 하나가 아닐 수 있다.

질문 5 : 인간의 역할을 대체했지만 인간만큼 잘 해내지 못하고 있는 인공지능의 사례를 들어 보자.

질문 5에 대한 답 : 나라면 자동화된 음성 안내(요즘 고객 지원 부서에 전화할 때 흔히 접하는 음성 안내)를 예로 들 것 같다.

질문 6 : 보안 카메라 제조업을 하는 여러분의 회사에서는 사진 속에서 사람을 검출해 내는 인공지능 알고리즘을 개발했다. 사업 내 역할의 분류와 관련해서 이러한 인공지능 용례를 어떻게 분류할 수 있는가?

질문 6에 대한 답 : 이것은 더 큰 제품의 일부인 인공지능의 예이다. 사람을 침입자로 정확하게 인식할 수 있다는 확신과 취할 수 있는 후속 행위(예 : 경찰에 전화하기)에 따라 이것은 완전 자율형 시스템이 될 수도 있다.

질문 7 : 보험 회사에서 사고 현장의 정적 이미지를 기반으로 하여 자동차의 어느 부분이 손상되었는지를 인식할 수 있는 인공지능 프로그램을 개발했다고 하자. 이 인공지능 프로그램이 손해 사정인을 대체할 수 있는가?

질문 7에 대한 답 : 자동차 사고 현장을 찍은 사진만 있어서는 안 될 것 같다. 손해 사정인이 차량 자체를 확인해서 손상을 평가할 수 있어야 한다. 따라서 이것은 인간을 큰 비용 절감으로 대체할 수 있는 단순한 인공지능의 예가 아니며, 그렇게 사용하면 실패할 가능성이 높다. 자격을 갖춘 정비사조차도 무엇이 손상되었는지 확인하기 위해 엔진을 덮고 있는 자동차 앞쪽 뚜껑을 열어야 하는 이유가 있다. 그러나 모든 손해 사정인과 손상 부분에 적용하면 사기 탐지에 유용할 수 있다. 예를 들어 인공지능은 각 손해 사정인이 손상되지 않은 것처럼 보이는 부품을 자주 기록에 올리는 경우를 따로 표시해 두고 추가로 조사해 보라고 할 수 있다. 따라서 이러한 유형의 인공지능은 사기 예방 팀에서 일하는 직원을 도울 수 있다(또는 해당 팀에서 새로운 일자리를 창출할 수도 있다).

B.3　제3장 연습문제에 대한 정답

이번 절에는 제3장에서 묻는 질문에 대한 답변이 포함되어 있다. 참조하기 편하게 질문을 다시 기재한 다음에 그 아래에 답변을 써 두었다.

질문 1 : 여러분이 출판업계에서 일하고 있는데 종이책, 전자책, 오디오북을 동시에 배포하는 게 더 나은지 아니면 차례로 배포하는 게 더 나은지 궁금하다고 해 보자. 또한 종이책을 먼저 펴내어 배송할 수 있도록 한다면 다른 형식으로 된 책을 펴내기까지 얼마나 기다려야 할까? 이러한 구성을 염두에 두고 다음에 나오는 질문에 답해 보자. "여러분은 어떤 사업지표들을 사용해야 하는가?"

질문 1에 대한 답 : 사용할 적절한 사업지표는 특정 조직의 사업 구조에 따라 달라진다. 지표는 항상 조직에 따라 달라진다. 그러한 진술을 하는 사람이 조직을 면밀히 살펴보기 전에 '항상 지표 X 사용' 형식으로 하는 말을 의심해야 한다.

이 질문에 대한 유일한 정답은 "그때그때 다르다. 책으로 무엇을 달성하려고 하는가?"다. 다른 사람이 사용한 지표를 자신에게 적용되는지 여부와 이유를 분석하지 않은 채로 가져다 써서는 안 된다.

책 한 권의 이익총액이 가장 좋은 지표가 될 수도 있다. 일부 출판사에서 이 책의 유일한 목적을 수익을 내는 것으로 여긴다면 그럴 것이다. 그러나 자선 단체를 위한 무료 책을 펴내는 경우에 가장 좋은 지표는 '책을 읽은 결과로 모집한 새로운 자원 봉사자의 총수'일 수도 있다.

질문 2 : 사업 책임자라면 사업상의 질문과 이를 측정할 적절한 지표를 정의하자. 조직에 직접 적용할 수 없는 시나리오(예 : 자선 행위와 관련된 일부 시나리오)를 가정해 보자. 비영리 단체를 운영하는 동안 취할 수 있는 행위에 대해 생각해 보자. 제3장에서 소개한 기술을 사용해 첫 번째 가상 사업상의 질문과 성공을 측정하는 데 사용할 지표를 선택한다.

질문 2에 대한 답 : 이것은 주관식 연습문제이다.

질문 3 : 이전 실습에서 사업상의 질문을 확인했으면 수석급 인공지능 전문가와 함께 점심을 먹고 사업 문제에 대해 이야기해 본다. 연구상의 질문을 어떻게 공식화했는지 물어보자. 제3장에 설명된 과정을 사용해 답이 여러분이 취하려는 사업 행위를 지지하는지 여부를 확인하자. 그리고 점심을 먹는 동안 그러한 연구상의 질문에 답할 데이터셋을 어떻게 찾을 수 있는지에 대해 이야기하자. 그 데이터셋을 얻을 수 있다고 생각하는가?

질문 3에 대한 답 :

- 연구상의 질문의 경우에 이것은 주관식 연습문제이다.
- 연구상의 질문에 대한 데이터셋을 찾는 일은 여러분이 언급하려는 문제에 따라 분명히 달라지지만, "데이터셋을 획득할 수 있는가?"라는 질문에 대한 대답은 "아니요"인 경우가 많다. 종종 레이블이 지정된 데이터를 얻는 것이 인공지능 애플리케이션의 실질적인 장애물이 된다.
- 또한 이 가상 대화 중에 데이터셋에서 사용할 수 있는 데이터 과학 · 인공지능 · 머신러닝 방법에 대해 아무도 생각하지 않았다면, 필요한 데이터 중 일부를 놓쳤을 수 있다. 필요한 데이터와 그 양은 사용하는 인공지능 기반 방법에 따라 달라진다(반대의 경우도 마찬가지).

B.4   제4장 연습문제에 대한 정답

이번 절에는 제4장에서 묻는 질문에 대한 답변이 포함되어 있다. 참조하기 편하게 질문을 다시 기재한 다음에 그 아래에 답변을 써 두었다.

질문 1 : 여러분의 조직에서 이전에 인공지능 프로젝트를 진행해 본 적이 있다면, 일부 진행 보고서와 해당 보고서에 사용된 지표들을 살펴보고, 다음 질문에 답해 보자.

- 소프트웨어를 현재 상태 그대로 오늘 배포하면 얼마나 많은 돈을 벌거나 잃게 될까?
- 오늘 배포하기 어렵다면, 소프트웨어를 배포할 수 있게 되기 전에 얼마나 더 결과를 개선해야 할까?

- 현재보다 5% 더 나은 결과를 얻기 위해 1억 원을 더 투자해 볼 가치가 있는가?

질문 1에 대한 답 : 물론 이 연습문제에 대한 답은 프로젝트에 따라 달라진다. 그러나 이 연습문제를 풀었다면 과거 프로젝트에서 사업상의 결정의 기반이 될 수 있는 지표를 사용했는지 여부에 대한 답변을 이미 얻은 것이나 마찬가지다.

질문 2 : 이전 질문에 대한 답변을 바탕으로 삼는다고 했을 때, 여러분의 조직이 데이터를 기반으로 인공지능 프로젝트에서 결정을 내리고 있다고 생각하는가, 아니면 어떤 경우에는 직관에 따라 중요한 결정을 내려야 할 가능성이 있는가?

질문 2에 대한 답 : 오늘날 대부분의 조직은 데이터를 기반으로 인공지능 프로젝트에 대한 관리 결정을 엄밀히 내리기 위한 방식을 몇 가지씩 지니고 있다. 여러분의 조직이 같은 위치에 있어도 기분 나빠하지는 말자. 조직의 사고방식을 바꾸는 일은 언제나 알맞게 맞춰서 해야 하는 일이지만, 나는 제4장의 자료가 몇 가지 출발점을 제시하기를 바란다. 오셔로브Osherove의 저서[82] 및 코터 인터내셔널Kotter International의 웹 사이트[190]를 검토해 조직 변화를 위한 기술에 대한 더 큰 논의를 할 수도 있다.

질문 3 : 프로젝트 개시 비용이 1억 원이고 10%의 투자 수익을 창출할 수 없는 프로젝트는 조직 정책상 가치가 없는 것으로 여긴다고 가정해 보자. 사업지표가 이익인 경우에 프로젝트의 가치 임곗값은 얼마인가?

질문 3에 대한 답 : 최소 가치 임곗값은 1억 원 + 10%, 즉 1억 1,000만 원이다. 그러나 프로젝트 비용이 실제로 1억 원이 될 것이라고 확신할 수는 없으므로 여러분이 생각하는 안전 계수를 추가하자. 1억 1,000만 원으로 해야 한다. 이것은 유일한 고려 사항이 ROI인 단순화된 예이다. 많은 조직에서 '자본비용/1,000만 원'을 획득하는 데 필요한 기간도 고려해야 한다.

질문 4 : 이번 장에 나왔던 자전거 대여 예시로 돌아가자. 데이터 과학자를 프로젝트에 할당하는 데 예상되는 비용이 1,000만 원이고 각 자전거를 더 사는 비용이 대당 100만 원이다. 프로젝트에 데이터 과학자를 배정하는 데 가치가 있도록 최대 이용 시간대의 RMSE를 얼마나 개선해야 하는가?

질문 4에 대한 답 : 추가 자전거 비용이 100만 원인 경우에 데이터 과학자를 프로젝트에 할당할 가치가 있으려면 최소 1,000만 원/100만 원＝10으로 최대 이용 시간대의 RMSE를 개선할 수 있다고 믿어야 한다.

B.5   제5장 연습문제에 대한 정답

이번 절에는 제5장에서 묻는 질문에 대한 답변이 포함되어 있다. 참조하기 편하게 질문을 다시 기재한 다음에 그 아래에 답변을 써 두었다.

질문 1 : 다음에 기술하는 인공지능 프로젝트를 위한 머신러닝 파이프라인을 구성해 보자. 프로젝트에서는 고객의 의견을 받아 분석한다. 고객이 불만족스러워 보이면 고객이 떠나기로 마음먹기 전에 고객에게 연락해 고객을 진정시킬 수 있도록 경고가 표시된다. (고객의 만족 여부를 결정하는 인공지능 부분을 기술적인 용어로는 **정서 분석**sentiment analysis이라고 부른다.) 여러분에게는 정서 분석을 수행하는 인공지능 소프트웨어 라이브러리가 이미 있다. 데이터는 웹 애플리케이션인 고객 지원 시스템에 있다.

질문 1에 대한 답 :

- 이 질문에 대해서는 답으로 한 가지 이상의 결과가 허용된다. 결국 모든 경우에 가장 잘 작동하는 범용 머신러닝 파이프라인은 없다.
- 그림 B.1은 내가 시작할 머신러닝 파이프라인 하나를 보여 준다.

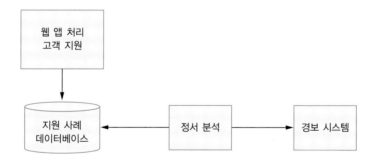

그림 B.1   고객 피드백의 정서 분석을 위한 머신러닝 파이프라인

질문 2 : 여러분의 조직에서 바로 앞에 나온 예제에 맞는 머신러닝 파이프라인을 구현한다고 가정해 보자. 파이프라인을 이루는 부분들 중에 특정 부분을 구현할 팀은 어디인가?

질문 2에 대한 답 : 대답은 조직에 따라 달라진다. 이 질문의 목표는 조직에 대해 생각하고 참여할 사람들을 시각화하는 것이다.

질문 3 : 질문 1에서 머신러닝 파이프라인의 성공을 측정하기 위해 어떤 사업지표를 사용하겠는가?

질문 3에 대한 답 :

- 이는 달성하려는 목표에 따라 달라진다. 제3장에서 언급했듯이 다른 조직의 지표를 프로젝트에 맹목적으로 이식해서는 안 된다. 이 책의 연습문제에 대한 답변에서 내가 제안한 지표도 마찬가지다.

- 달성하려는 목표가 총 고객 회전(이탈) 감소라고 가정해 보자. 분명히 이탈 감소는 이러한 사업지표 중 하나이다.

- 고객과의 미래 사업에서 수익을 극대화하려면 어떻게 해야 하는가? 정확히 측정하는 방법에 대한 몇 가지 의문점이 있지만 논의를 전개할 수 있게 과거에 반복된 사업이 미래에 반복될 사업에 대한 좋은 예측 변수라고 가정해 보자. 그런 다음에 지표는 이탈하지 않은 고객당 수익이 되며, 이는 그 자체로 이탈하지 않은 고객당 수익과 다르다. 또한 모든 고객이 동일한 가치를 지닌 것은 아니기 때문에(많은 기업에서 흔한 상황임) 이 지표에서 얻을 수 있는 결과는 이탈 감소를 통해 얻을 수 있는 결과와 많이 다르다.

질문 4 : 과거에 참여한 프로젝트에서 질문 2에 나오는 팀 간 역할 분담의 역사는 무엇이었는가? 해당 팀이 프로젝트를 성공으로 이끌었는가?

질문 4에 대한 답 :

- 물론 역사는 조직에 따라 달라진다. 가상 프로젝트(및 모든 새 프로젝트)에서 중요한 것은 "여러분이 본 어떤 역사적 패턴이 새 프로젝트에서 반복될 것 같은가?"라고 묻는 것이다.

- 잘된 것은 무엇인가? 잘되지 않은 것은 무엇인가? 새 프로젝트에 문제가 생기기 전에 잘 작동하지 않았던 문제를 해결할 수 있는가?

- 조직 구조와 작업 방식이 가상 프로젝트에 미치는 위험을 어떻게 평가하겠는가?

> **참고** 다음에 나오는 두 가지 질문(5 및 6)은 데이터 과학자를 대상으로 한 것이다. 데이터 과학에 관한 전문 지식이 없다면 두 질문을 건너뛰면 된다.

질문 5 : 인공지능 보안 제품을 설치하면서 30일 내 환불을 보장한다고 해 보자. 고객은 제품에 대한 만족도를 알아내기 위한 설문 조사에 응했으며, 제품이 설치되자마자 조사지에 나온 문항을 다 기입했다. 여러분은 고객이 제품을 반품할 것인지를 예측하는 데 관심이 있다. 토론을 하던 중에 팀은 SVM, 결정 트리, 로지스틱 회귀, 딥러닝 기반 분류를 사용해 이 문제를 해결할 수 있다고 말했다. 이런 상황에서 여러분은 딥러닝을 사용해야 하는가? 어쨌든, 딥러닝은 큰 인기를 끌고 있는 기술이고 상당한 공감을 얻고 있으며 문제를 해결할 수 있을 것이다. 아니면 그 밖의 제안 사항들 중에 하나를 사용해야 하는가?

질문 5에 대한 답 :

- 여러분은 딥러닝 기반 분류기를 사용할 수 있겠지만, 나는 보통 처음부터(아니면 두 번째로) 딥러닝 기반 분류기를 이용해 보려 하지 않는다. 여러분이 하는 조사가 수천 개의 질문으로 이루어진 괴물 같은 게 아니라면, 여러분이 조사 결과를 활용해 대규모 딥러닝 신경망을 훈련할 수 있을지는 미지수다.

- 나는 몇 가지 질문으로 이루어진 흔한 설문 조사 내용을 가지고 더 복잡한 방법으로 더 나은 결과를 뽑아낼 수 있다는 식으로 설득하지 않는다. 더 복잡한 인공지능 기반 방법을 여러분의 문제에 적용해야 하는지를 분석해 볼 수 있다(예 : 분산-편향 상반 관계 분석[183]). 그러나 나는 실용적인 측면에서 로지스틱 회귀나 결정 트리 또는 SVM 분류기와 같은 간단한 방법부터 사용해 보고는 한다. 또한 나 같으면 딥러닝 방법을 동원해 보기 전에 그레이디언트 부스팅 머신gradient boosting machine, GBM(경사도 증폭 기계)을 사용해 볼 텐데, 대부분의 경우에 테이블 형태로 된 데이터에서 어떤 식으로든 더 잘 작동한다.

질문 6 : 여러분은 질문 5에 대해 자신이 선택한 알고리즘을 사용하겠다는 식으로 답했다. 여러분이 선택한 알고리즘이 제품을 반품하는 고객을 충분히 예측하지 못했다고 가정해 보자. 더 나은 머신러닝 알고리즘을 사용해야 하는가? 이제 딥러닝 분야에서 최신이면서 최고인 방법을 사용할 때인가?

질문 6에 대한 답 :

- 여러분이 해결하려는 문제(보안 제품을 반품하는 고객)와 데이터가 서로 관련이 없을 수 있다. 설문 조사 결과는 인공지능 보안 시스템을 설치한 직후에 의무 단계로 완료된다는 점을 명심하자. 그 당시에 고객들은 시스템을 사용할 때 자신들이 시스템을 있는 그대로 좋아하는지를 알고 있을까?

- 설치 시점과 고객이 반품한 시점 사이에 시스템이 수행한 작업에 대한 데이터를 수집할 수 있는가? 이 데이터가 고객이 시스템을 반품할지 여부를 더 잘 예측할 수 있는가? 고객이 시스템을 반품할 때 그 문제에 관해 설문 조사를 할 수 있는가?
- 실용적인 인공지능 프로젝트를 진행할 때 명심해야 할 더 큰 주제를 들자면, 학술이나 캐글 경진대회[191]와 달리 여러분이 어떤 데이터를 수집할지를 여러분이 통제한다는 것이다! 여러분이 가지고 있는 데이터를 그저 주어진 데이터로 여기지 말고, 더 좋은 머신러닝 알고리즘들을 사용해야만 한다고 가정하지 말자.

B.6   제6장 연습문제에 대한 정답

이번 절에는 제6장에서 묻는 질문에 대한 답변이 포함되어 있다. 참조하기 편하게 질문을 다시 기재한 다음에 그 아래에 답변을 써 두었다. 나는 질문만 아니라 해법도 한곳에서 모두 볼 수 있도록 하고 있으며, 또한 연습문제에서 언급하는 그림도 반복한다.

그림 B.2 머신러닝 파이프라인의 예. 이 그림은 그림 6.10과 같다.

여러분은 또한 표 6.1을 참조해야 한다(편의를 위해 여기에서는 표 B.1로 반복).

표 B.1 최소최대 분석 시에 있을 법한 결과들을 요약한 내용

최소 결과 ＼ 최대 결과	최대 부분 합격	최대 부분 불합격
최소 부분 합격	머신러닝 파이프라인을 사업에 활용할 수 있다.	이런 조합은 있을 수 없다.
최소 부분 불합격	머신러닝 파이프라인을 사업에 활용하려면 개선이 필요하다.	현재 여러분이 지닌 머신러닝 파이프라인은 사업 문제를 해결하는 데 적합하지 않다.

머신러닝 파이프라인을 분석하려면 기술적 기량과 사업적 기량이 모두 필요하므로, 사업 전문가와 공학자로 팀을 구성하기 바라며, 이렇게 구성한 팀이 여기 나오는 연습문제들 중 몇 가지를 함께 풀어 보기를 바란다.

질문 1 : 표 B.1에는 최소최대의 최소 부분은 합격했지만 최대 부분이 불합격한 상황에 대한 지침이 없다. 그 이유를 설명하자.

질문 1에 대한 답 : 최소최대 분석의 최소 부분은 현재 보유하고 있는 머신러닝 파이프라인으로 달성할 수 있는 것을 반환한다. 최대 부분은 달성할 수 있는 것들 중 최고에 해당하는 것을 보여 준다. 정의에 따르면, '여러분이 할 수 있는 최선'이 여러분이 이미 했던 일보다 나쁠 수는 없다.

질문 2 : 그림 B.2에 나오는 머신러닝 파이프라인의 경우에 프로젝트를 사업에 활용할 수 있는 가치 임곗값이 10억 원이라고 가정해 보자. 최소최대 분석 결과가 다음과 같은 경우에 파이프라인을 추구할 가치가 있는지 확인한다.

- **시나리오 1** : 최소 부분은 23억 원이고 최대 부분은 230억 원이다.
- **시나리오 2** : 최소 부분은 5억 원이고 최대 부분은 10억 원이다.
- **시나리오 3** : 최소 부분은 5억 원이고 최대 부분은 20억 원이다.
- **시나리오 4** : 최소 부분은 11억 원이고 최대 부분은 9억 원이다.
- **시나리오 5** : 최소 부분은 5억 원이고 최대 부분은 9억 원이다.

질문 2에 대한 답 :

- **시나리오 1** : 최소 부분이 가치 임곗값보다 높다. 그러므로 여러분은 이미 사업에 활용할 수 있는 머신러닝 파이프라인을 지닌 것이다.
- **시나리오 2** : 나는 새로운 파이프라인이 필요하다고 말하고 싶다. 여러분의 최대 분석 결과는 가치 임곗값에 거의 도달하지 않는다. 나는 일반적으로 사업 담당자와 산업 현장 담당자로 구성된 팀이 현재 게시된 최고 결과에 도달하거나 그 이상을 달성할 가능성에 회의적이다. 나는 또한 모든 가치 임곗값의 추정값이 전적으로 목표에 부합하는지에 대해 회의적이다. 여기에는 몇 가지 안전 계수가 있어야 하며, 나는 이것이 활용할 만한 사업 파이프라인이 아니라고 가정하고 싶다.
- **시나리오 3** : 이 시나리오인 경우에, 나는 최소 파이프라인으로는 충분하지 않다고 가정하지만(안전 계수가 2를 넘는 이유를 내가 댈 수 없는 한), 나는 사업에 활용해 볼

만한 머신러닝 파이프라인을 사용해 작업하는 중이다. 나는 민감도 분석을 수행함으로써 무슨 일이 벌어질지를 확인해 보고 싶다.

- **시나리오 4** : 미안하지만, 어떻게 이런 상황이 발생했을까? 공학 팀에게 전체 분석을 반복하도록 (정중하게) 요청할 방법을 찾자. 자세한 내용은 이번 장의 질문 1에 대한 답변을 참조하자.

- **시나리오 5** : 여러분의 머신러닝 파이프라인을 사업에 활용하기 어렵다. 인공지능의 특정 영역에서 세계 최고 수준에 이른 팀이 없다면 이런 일을 해 보려고 하지도 않을 것이며, 나 또한 프로젝트가 실패할 가능성도 의식할 것이다. 그런 올스타 팀이 있더라도, 나는 먼저 더 나은 파이프라인을 구축할 수 있을지를 확인했을 것이다.

질문 3 : 여러분이 데이터 과학자나 기술 관리자라면 여러분이 선택한 기술상의 문제를 해결하고 이를 위한 머신러닝 파이프라인을 구성하자. 해당 문제를 위한 최소최대 분석의 최대 부분을 수행하자.

질문 3에 대한 답 : 이것은 주관식 연습문제이며 목표는 최소최대 분석에 사용할 도구에 대해 편안하게 생각하는 것이다.

- 해당 분야의 학술 문헌에 익숙하고 그러한 문헌을 편하게 따라 갈 수 있는가? 여러분은 그렇게 하는 대신에 전문가에게 물어보겠는가? 여러분을 도울 수 있는 전문가는 누구인가?

- 여러분의 머신러닝 파이프라인에 좋을 법한 대리자 문제는 무엇인가?

- 얼마나 많은 안전 계수가 있어야 하는가? 그 문제에 대해, 조직에서 안전 계수가 주로 기술적인 의견에 기초해야 한다고 생각하는가? 아니면 주로 위험 관리(내가 틀릴까 봐 두려워하는 정도) 결정에 기초해야 한다고 생각하는가?

질문 4 : 여러분이 데이터 과학자나 기술 관리자라면 6.4.1 절에 나오는 예제들을 보고 해당 절에 설명된 대로 최소최대 분석을 수행하자. 해당 절에 제시된 금액(단위 : 원)의 출처를 정하자. 힌트 : 수익곡선은 분류기의 품질을 측정할 때 쓰는 방법인 혼동 행렬을 바탕으로 구성한 것이다.

질문 4에 대한 답 :

- 시청에서 1년에 50회 밤샘주차를 한계로 정해 두고 있기 때문에 최악의 시나리오는 연간 51회의 불법적인 밤샘주차이다. 이 시점에서 여러분은 여전히 수익을 창출하고

있어야 한다.

- 나는 다음 공식을 사용해 결과를 계산했다.

$$(정확도 \times 적절할 때의 수익 - (1 - 정확도) \times 부적절할 때의 손실) \times 51$$

질문 5 : 6.5.5 절에 설명된 e-디스커버리 과정이 진행되는 동안 소송 비용을 절감하는 맥락에서 인공지능 사용을 어떻게 분류하겠는가? 2.5 절에서 소개한 인공지능 사용 분류를 이용한다. 이는 그림 B.3에 나와 있으며, 해당 절에서 논의된 분류법을 요약한 그림이다.

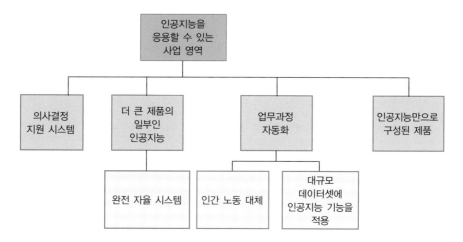

그림 B.3 사업에서 수행하는 일을 추상적으로 나눠 보는 결과에 기반한 인공지능 분류. 이 분류를 사용해 여러분이 인공지능의 도움을 받아 펼칠 수 있는 사업 행위를 유도할 수 있다. (이 그림은 그림 2.5와 같다.)

질문 5에 대한 답 :

- 6.5.5 절에 제시된 문제 공식에서 인공지능의 역할은 '소송과 관련이 없는 게 확실함'처럼 문서를 그냥 거절하는 일로만 제한된다. 여러분이 사업과정의 한 단계를 자동화하고 있으므로, 이러한 인공지능을 사용하는 일은 자동화 범주에 넣기에 가장 적합하다.

- 변호사를 돕기 위해 인공지능을 사용하는 일을 e-디스커버리의 모든 측면까지 확대한다면 이것을 의사결정 지원 시스템으로 분류하는 편이 더 낫다.

B.7   제7장 연습문제에 대한 정답

이번 절에는 제7장에서 묻는 질문에 대한 답변이 포함되어 있다. 참조하기 편하게 질문을 다시 기재한 다음에 그 아래에 답변을 써 두었다. 나는 질문만 아니라 해법도 한곳에서 모두 볼 수 있도록 하고 있으며, 또한 연습문제에서 언급하는 그림도 반복한다.

그림 B.4   머신러닝 파이프라인의 예. 이 파이프라인을 민감도 분석을 위한 동기 부여 예제로 사용한다. (독자의 편의를 위해 그림 6.10을 그대로 가져왔다.)

질문 1 : 이 질문을 통해서 여러분은 그림 B.4에 나오는 파이프라인에 대한 민감도 분석 결과를 알 수 있다. 사업지표로는 수익을 삼았고 가치 임곗값이 연간 20억 원이라고 가정한다. 최소최대 분석 결과에 따르면 최소 부분이 연간 19억 원이고 최대 부분이 연간 30억 원이다. 여러분은 민감도 분석을 수행하기로 결정한다. 민감도 분석이 필요한 이유는 무엇인가? 여러분은 한동안 모든 단계를 대상으로 모종의 작업을 했고 마침내 어떤 단계이든 개선하기가 점점 더 어려워지는 상황에 이르렀다. 민감도 분석 결과가 다음과 같은 경우에 여러분은 파이프라인의 어느 단계에 투자해야 하는지를 결정해야 한다.

- A 단계를 1% 개선하기까지 6개월이 소요된다. 여러분이 A 단계를 개선했을 때, 머신러닝 파이프라인의 전반적인 개선은 ₩1,000만/%가 된다.
- B 단계를 1% 개선하기까지 2개월이 소요된다. B 단계를 개선하면 머신러닝 파이프라인의 전반적인 개선은 ₩2억/%가 된다.
- C 단계를 1% 개선하기까지 1년이 소요된다. C 단계를 개선하면 머신러닝 파이프라인의 전반적인 개선은 ₩8억/%가 된다.
- D 단계와 E 단계를 개선해도 머신러닝 파이프라인의 결과가 눈에 띄게 개선되지 않는다. 실제로 그러한 상황이 언제 벌어지는가?

질문 1에 대한 답 :

- 최소 분석은 불합격하고 최대 분석이 합격되었으므로 여러분은 민감도 분석을 수행해야 했다. 여러분의 머신러닝 파이프라인을 있는 그대로 사업에 활용할 수는 없지만, 그렇게 할 수 있게 되기를 바란다.

- 개인적으로 나라면 B 단계를 먼저 개선하려고 하거나 자원이 있다면 B 단계와 C 단계를 동시에 개선하려고 했을 것이다. 여러분은 사업 활용 가능성에 상당히 가깝고 B 단계를 개선하는 데 걸리는 시간은 C 단계를 개선하는 데 걸리는 시간보다 훨씬 짧다. 1년 동안 많은 일이 일어날 수 있으므로 인공지능 파이프라인을 곧바로 사업에 활용할 수 있게 하자.
- 머신러닝 파이프라인의 일부 단계(예 : 이 파이프라인의 D 및 E 단계)가 파이프라인의 전반적인 결과에 별로 기여하지 못하는 경우는 흔치 않다. 각 단계가 산출해 내는 데이터가 전체 머신러닝 파이프라인에는 중요하지 않을 수도 있다. 예를 들어, 연말연시 판매 데이터는 제품에 대한 고객의 궁극적인 만족도를 예측하는 일과 관련해서는 별로 도움이 되지 않는다. 연말연시에 물건을 사는 사람이 그 물건을 직접 사용할 가능성이 적기 때문이다. 이런 경우에 해당 데이터의 품질을 개선해도 향후 고객 만족도를 예측하기 위한 머신러닝 파이프라인에는 별로 도움이 되지 않을 수 있다.

질문 2 : 이 질문을 통해서 여러분은 그림 B.4에 나오는 파이프라인에 대한 민감도 분석 결과를 알 수 있다. 수익을 사업지표로 삼았고 가치 임곗값이 연간 20억 원이라고 가정한다. 최소최대 분석 결과에 따르면 최소 부분이 연간 19억 원이고 최대 부분이 연간 30억 원이다. 여러분은 민감도 분석을 수행하기로 결정한다. 여러분은 프로토타입을 만들지도 않았고 데이터를 정리하지도 않았다. 민감도 분석 결과가 다음과 같은 경우에 여러분은 파이프라인의 어느 단계에 투자해야 하는지 결정해야 한다.

- A 단계를 2% 개선하기까지 3개월이 소요된다. 여러분이 A 단계를 개선했을 때, 머신러닝 파이프라인의 전반적인 개선은 ₩2억/%가 된다.
- B 단계를 1% 개선하기까지 2개월이 소요된다. B 단계를 개선하면 머신러닝 파이프라인의 전반적인 개선은 ₩1억/%가 된다.
- C 단계를 1% 개선하기까지 1년이 소요된다. C 단계를 개선하면 머신러닝 파이프라인의 전반적인 개선은 ₩8억/%가 된다.
- D 단계와 E 단계를 개선해도 머신러닝 파이프라인의 결과가 눈에 띄게 개선되지 않는다.

질문 2에 대한 답 :

- 여러분이 최소한의 머신러닝 파이프라인도 아직 구현하지 않았다면, 여러분의 시스템을 작고 점진적인 방식으로만 개선할 수 있다고 믿을 이유가 없다. 결국 열심히 개선

하려고 노력한 것처럼 보이지 않고, 모든 단계에서 수익이 줄어드는 상황에 직면한 것처럼 보이지 않는다.

- 결과적으로, 나는 머신러닝 파이프라인 분석에 따른 선형 응답을 가정하는 게 합리적이라고 생각하지 않는다. 나라면 이 파이프라인의 전체 범위에 걸쳐 민감도 분석을 수행하는 편을 추천할 것이다.

- 내가 이 파이프라인의 선형화가 합리적인 가정이 될 수 있는 드문 경우에 직면했다면 (예 : 내가 그것을 개선하려고 하지 않았지만 다른 많은 사람들이 시도해 보고 실패했다면), 나는 이 머신러닝 파이프라인을 신속하게 제공하는 것이 얼마나 중요한지에 따라 A 단계를 업그레이드하거나 B 단계를 업그레이드하기로 했을 것이다.

- 프로토타입 없이 최소 분석은 어떻게 완료되었는가? 추정값일 뿐인가, 아니면 상용제품을 사용했는가? 상용제품을 사용한 경우에 해당 상용제품을 사용해 파이프라인의 실증 실험을 구축할 수 없는 이유는 무엇인가? 해당 상용제품이 최소 분석을 수행하는 데 적합한가(최대 분석과 반대)? 마찬가지로 여러분은 민감도 분석을 어떻게 수행했는가?

    실증 실험 없이 최소 분석을 완료하는 상황이 있다. 그러나 실증 실험이 없는 경우에 위의 질문이 안전 계수와 결과에 대한 신뢰도에 영향을 미치기 때문에 질문해야 한다.

질문 3 : 여러분의 인공지능 프로젝트에서는 사물 인터넷 센서를 통해 차량의 소리를 관측함으로써 어떤 종류의 음색 변화가 차량의 기계적인 문제를 나타내는지를 확인할 수 있게 하려고 조사 중이다. 여러분은 150대의 차량에 센서를 달고 한 달을 기다렸다. 단 한 대의 차량에서만 기계적인 문제가 생겼다. 데이터 과학자가 한 달 간의 조사 끝에 수집된 데이터를 보고서는, 차량의 파손을 예측할 수 없으며 고장 난 차량 한 대에서 나온 데이터셋에는 데이터가 충분히 들어 있지 않다고 말한다. 이 말은 차량 파손을 예측할 수 있는 인공지능을 만들 수 없다는 뜻인가?

질문 3에 대한 답 :

- 아니다. 차량 파손을 예측할 수 있는 인공지능을 만들 수 없다는 의미는 아니다! 여러분의 팀은 단 한 번의 파손만으로는 인공지능 알고리즘을 훈련할 데이터가 충분하지 않다고 생각한다.

- 더 많은 데이터를 사용하면 성공할 수 있다. 그러나 현재 파손율로 인해 충분한 데이

터를 얻는 데 몇 년이 걸릴 수 있다.

- 이 프로젝트는 '파손에 대한 인공지능 예측이 시도되었고 불가능하다'가 아니라 '답변을 알기 위해 더 많은 데이터가 필요하다'로 분류되어야 한다. 그러나 프로젝트를 일시 중지하고 그보다 더 쉬운 프로젝트부터 시도해 보아야 한다.

질문 4 : 두 개의 머신러닝 파이프라인이 있다고 가정하자. 여러분의 사업지표는 수익이다. 가치 임곗값은 연간 100억 원으로 일정하다. 두 머신러닝 파이프라인을 두 팀이 맡아 동시에 따로 작업할 수 있다. 파이프라인 1은 연간 200억 원을, 파이프라인 2는 연간 300억 원을 제공한다. 파이프라인을 개발하는 데 드는 비용은 인공지능 프로젝트에서 예상되는 생애 수익에 비하면 적다. 여러분의 조직은 4개월 내에 파이프라인 1을 구현할 수 있고, 1년 내에 파이프라인 2를 구현할 수 있다. 두 파이프라인 중 배포해야 하는 파이프라인과 그 시기를 결정하라. 또한 이 두 파이프라인을 보여 주는 타이밍도를 그려 보라.

질문 4에 대한 답 :

- 두 파이프라인 모두 가치 임곗값을 초과하고 파이프라인의 생애 가치에 비해 팀에 드는 비용이 적으므로 두 파이프라인을 모두 배포해야 한다.
- 그림 B.5는 타이밍도를 보여 준다.

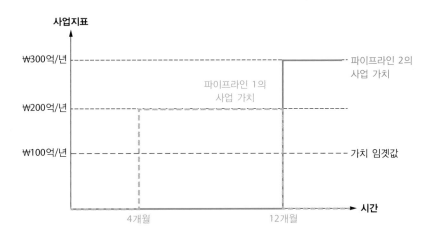

그림 B.5 제7장 연습문제 질문 4에 답하는 타이밍도

B.8　제8장 연습문제에 대한 정답

이번 절에는 제8장에서 묻는 질문에 대한 답변이 포함되어 있다. 참조하기 편하게 질문을 다시 기재한 다음에 그 아래에 답변을 써 두었다.

질문 1 : 현재 실용적으로 쓰이고 있는 인공지능이 다음에 제시된 프로젝트에도 적용되는 지를 설명해 보라.

- **시나리오 1** : 위성 이미지를 사용해 원양 컨테이너 선박의 이동과 선박 수를 추적해 단 기 소매활동과 경제활동을 예측하기
- **시나리오 2** : 지구 규모 경제 체계의 기반을 완전히 파괴할 만한 사건이 예상치 못하게 발생할 때, 물품 목록을 구성하는 물품들의 새로운 가격을 예측하기
- **시나리오 3** : 유전자 연구가 지금부터 20년 후의 의료비 지출에 끼치는 영향을 예측 하기

질문 1에 대한 답 :

- **시나리오 1** : 확실히 이 문제에 인공지능을 적용할 수 있다. 여러분은 위성 사진을 보 고 컨테이너선을 찾아낼 수 있다. 또한 이 사진으로 배의 대략적인 크기와 이동 방향 을 인식할 수 있다. 이를 통해 운송되는 상품의 양을 알 수 있다. 상품의 운송과 판매 사이에는 명확한 관계가 있으며, 글로벌화된 경제에서 상품의 운송은 소매 행위보다 우선한다.
- **시나리오 2** : 인공지능은 인과관계를 설명하지 않기 때문에 이 문제에 대해 절망적일 수 있다. 상관관계를 기반으로 하는 인공지능은 훈련된 것처럼 보이는 세계에서만 유 효하다. 이 질문은 그런 세계를 설명하지 않는다.
- **시나리오 3** : 가능성이 없다. 우리는 그러한 세상에 대한 데이터가 확실히 없다. 유전 자 연구가 어떤 결과를 낳을지 또는 그것이 의료에 어떻게 적용될지를 예측할 수 있는 지는 분명하지 않다. 또한 유전 데이터와 장래의 의료 비용 간에 어떤 인과관계가 존 재하는지를 우리가 이해하고 있는지도 분명하지 않다. 저 멀리까지 보외extrapolate(외삽, 추계결정)[1]하려는 모든 모델은 아마도 한계점을 훨씬 넘어서 보외하려 할 것이다.

질문 2 : 최근에 여러분의 조직이 인기 있는 신기술을 세 번에 걸쳐 적용하였고, 돌이켜 보

1　일정 기간의 통계를 바탕으로 그 값을 장기간에 걸쳐서 적용하는 일_역주

니 프로젝트가 성공하지 못했다는 점에 의견이 일치되었다고 해 보자. 이제, 프로젝트가 성공하지 못한 이유를 찾아보라. 그건 그렇고, 팀에 잘못된 사람들이 있었다거나 기술에 대한 경험이 충분하지 않았다는 식으로 이유를 대는 건 용납할 수 없다.

사람과 개성에 대한 토론을 피하면 기업 환경에서 나누는 대화가 더 맛깔나게 된다. 더 중요한 것은 이러한 사항들을 배척하더라도 여러분의 조직이 신기술을 평가할 때 가지고 있는 고유한 과정상의 약점이다. 목표는 다음에 신기술이 유행할 때 동일한 약점을 인식하는 것이다. 이번에는, 인공지능이 유행 기술이다.

질문 2에 대한 답 :

- 각 조직에 대한 답변은 구체적일 것이다. 이 질문의 목표는 성격이나 일회성 사건이 아니라 조직에서 사용하는 시스템에 집중하는 데 있다. 직원이 바뀐 후에도 시스템의 약점으로 인해 발생하는 문제를 볼 가능성이 있다.
- 신뢰감을 높이기 위해, 여러분이 식별한 조직 특성들을 바탕으로 삼아 반사실적 조건문 분석을 적용해 볼 수 있다. 여러분의 조직은 과거에 발생한 것과 다른 결과를 가져올 가능성이 있는 최근 변경 사항을 적용했는가?

질문 3 : 이번 장에 소개된 각 추세들(8.1 절부터 8.6 절에 이르는 각 절의 제목 형태로 예시한 추세들)에 대해 다음 질문에 답하자. 상기 추세는 표 B.2에 나열되어 있다.

표 B.2   제8장에서 소개된 추세. 이러한 추세가 여러분에게 어떤 영향을 미치는가?

8.1 절	인공지능이라는 용어의 의미는 시간에 따라 변한다.
8.2 절	물리적 시스템에서 인공지능을 사용할 때는 안전을 고려해야 한다.
8.3 절	인공지능 시스템이 현재까지는 인과관계를 설명하지 못한다.
8.4 절	인공지능 알고리즘은 일반적으로 데이터의 가변성을 고려하지 않는다.
8.5 절	인공지능 시스템의 실수는 인적 오류와 다르다.
8.6 절	AutoML이 다가오고 있다.

- 이런 추세가 현재 프로젝트에 영향을 주는가?
- 이런 추세가 일반적으로 조직에 영향을 미칠 가능성이 있는가?

- 이런 추세가 개인 경력에 영향을 미칠 가능성이 있는가?
- 여러분은 이런 추세를 어떻게 따를 것인가?
- 이런 추세가 구체화되고 있는지 여부를 어떻게 알 수 있는가?

질문 3에 대한 답 : 모든 조직에는 이러한 질문별로 구체적인 답변이 있다.

질문 4 : 여러분에게 영향을 끼치고 있지만 이번 장에서 다루지 않은 특정 인공지능 응용 분야의 추세가 있는가?

질문 4에 대한 답 : 인공지능을 사용하는 일은 아직 초기 단계에 있으며 오늘날 많은 산업계에 널리 채택되지 않았기 때문에, 거의 확실하다. 진지하고 완전한 분석을 수행했지만 여전히 산업계에 영향을 미치는 인공지능 추세를 식별하는 데 문제가 있는 경우라면, 여러분은 방금 사업 기회를 발견한 것이다. 여러분이야말로 업계에서 인공지능을 사용하는 가장 좋은 방법에 대해 진지하게 생각한 최초의 사람들 중 하나일 수 있다!

부록 C
참고문헌

1   Luftig JT, Ouellette SM, editors. Business performance excellence. Bloomsbury Academic; 2012.

2   Luftig JT. TOTAL asset utilization. Measuring Business Excellence. 1999 Jan;3(1):20-25.

3   Luftig JT. EMEN 5041 CU Boulder Fall 2011 class and post-class conversations. CU Boulder, Boulder, CO, USA; 2011 Fall.

4   Drucker P. Managing for business effectiveness. Harvard Business Review. 1963 May:53-60.

5   Strickland E. IBM Watson, heal thyself. IEEE Spectrum. 2019 Aug:24-31.

6   Zumel N, Mount J. Practical data science with R. Shelter Island, NY: Manning Publications Co; 2014.

7   Chollet F. Deep Learning with Python. Shelter Island, NY: Manning Publications; 2017.

8   Chollet F, Allaire JJ. Deep learning with R. Shelter Island, NY: Manning Publications Co; 2018.

9   Lee K-F. AI superpowers: China, Silicon Valley, and the new world order. Boston: Houghton Mifflin Harcourt; 2018.

10 Peng T. Andrew Ng says enough papers, let's build AI now! Synced. 2017 Nov 4 [cited 2019 Feb 15]. Available from: https://syncedreview.com/2017/11/04/andrew-ng-says-enough-papers-lets-build-ai-now/

11   Amazon.com, Inc. Amazon Web Services. [Cited 2019 Jul 19.] Available from: https://aws.amazon.com

12   Google, Inc. Build. Modernize. Scale. [Cited 2019 Jul 19.] Available from: https://cloud.google.com

13   Microsoft Corporation. Microsoft Azure. [Cited 2019 Jul 19.] Available from: https://azure.microsoft.com/en-us/

14   Apache Software Foundation. Apache SparkTM—Unified analytics engine for big data. [Cited 2018 Jul 4.] Available from: https://spark.apache.org/

15   Apache Software Foundation. Welcome to ApacheTM Hadoop®! [Cited 2018 Jul 4.] Available from: http://hadoop.apache.org/

16   Apache Software Foundation. Apache Flink®—Stateful computations over data streams. [Cited 2019 Jul 19.] Available from: https://flink.apache.org

17   Wikimedia Foundation. Machine Learning. Wikipedia. [Cited 2019 Jul 12.] Available from: https://en.wikipedia.org/wiki/Machine_learning

18   Techopedia. Artificial intelligence (AI). Technopedia. [Cited 2019 Jun 2.] Available from: https://www.techopedia.com/definition/190/artificial-intelligence-ai

19   Domingos P. A few useful things to know about machine learning. Communications of the ACM. 2012; 55(10):78-87.

20   Apollo 17 crew. The blue marble. 1972. Available from: https://en.wikipedia.org/w/index.php?title=The_Blue_Marble&oldid=846541979

21   ASQ. Six Sigma belts, executives and champions—What does it all mean? [Cited 2018 Jul 5.] Available from: http://asq.org/learn-about-quality/six-sigma/overview/belts-executives-champions.html

22   ASQ. Six Sigma definition—What is lean Six Sigma? [Cited 2018 Jul 5.] Available from: http://asq.org/learn-about-quality/six-sigma/overview/overview.html

23   Whitehorn M. The parable of the beer and diapers. 2006 Aug 15 [cited 2018 Jul 5]. Available from: https://www.theregister.co.uk/2006/08/15/beer_diapers/

24   ASQ. What is design of experiments (DOE)? [Cited 2018 Jul 7.] Available from: http://asq.org/learn-about-quality/data-collection-analysis-tools/overview/

design-of-experiments.html

25   Pearl J, Mackenzie D. The book of why: The new science of cause and effect. New York: Basic Books; 2018.

26   Kleinberg S. Why: A guide to finding and using causes. Beijing; Boston: O'Reilly Media; 2015.

27   Pearl J. Causality: Models, reasoning and inference. 2nd ed. Cambridge, UK; New York: Cambridge University Press; 2009.

28   Ries E. The lean startup: How today's entrepreneurs use continuous innovation to create radically successful businesses. New York: Currency; 2011.

29   Dalio R. Principles. New York: Simon and Schuster; 2018.

30   Prahalad CK, Hamel G. The core competence of the corporation. Harvard Business Review. 1990 May-Jun.

31   Richard B. Closing the strategy gap. CFO. 1996 Oct.

32   Magretta J. The most common strategy mistakes. HBS Working Knowledge. 2011 Dec 21 [cited 2019 Dec 11]. Available from: http://hbswk.hbs.edu/item/themost-common-strategy-mistakes

33   Lee RG, Dale BG. Policy deployment: An examination of the theory. International Journal of Quality & Reliability Management. 1998;15(5):520-540.

34   Wikimedia Foundation. PID controller. Wikipedia. [Cited 2017 Mar 12.] Available from: https://en.wikipedia.org/wiki/PID_controller

35   Wikimedia Foundation. History of artificial intelligence. Wikipedia. [Cited 2019 Jun 28.] Available from: https://en.wikipedia.org/wiki/History_of_artificial_intelligence

36   Nest. Create a connected home. Nest. [Cited 2018 Jul 2.] Available from: https://www.nest.com/

37   ecobee. ecobee3. [Cited 2018 Jul 2.] Available from: https://www.ecobee.com/ecobee3/

38   Wikimedia Foundation. Autonomous car. Wikipedia. [Cited 2018 Jun 30.] Available from: https://en.wikipedia.org/w/index.php?title=Autonomous_

car&oldid=848201994

39 ASQ. What is the plan-do-check-act (PDCA) cycle? ASQ. [Cited 04-Jul-2018.] Available from: http://asq.org/learn-about-quality/project-planning-tools/overview/pdca-cycle.html

40 Wikimedia Foundation. PDCA. Wikipedia. [Cited 2018 Jun 26.] Available from: https://en.wikipedia.org/w/index.php?title=PDCA

41 Wikimedia Foundation. OODA loop. Wikipedia. [Cited 2019 Jun 10.] Available from: https://en.wikipedia.org/w/index.php?title=OODA_loop

42 Ullman D. 'OO-OO-OO!' The sound of a broken OODA loop. 2007 Apr 1 [cited 2017 Jun 25]. Available from: https://www.researchgate.net/publication/268415631_OO-OO-OO_The_sound_of_a_broken_OODA_loop

43 Wikimedia Foundation. Cross-industry standard process for data mining. Wikipedia. [Cited 2019 Jul 12]. Available from: https://en.wikipedia.org/w/index.php?title=Cross-industry_standard_process_for_data_mining

44 Godfrey-Smith P. Other minds: The octopus, the sea, and the deep origins of consciousness. New York: Farrar, Straus and Giroux; 2016.

45 Brockman J. Know this: Today's most interesting and important scientific ideas, discoveries, and developments. New York, NY: Harper Perennial; 2017.

46 Wikimedia Foundation. Internet of things. Wikipedia. [Cited 2018 Jul 2]. Available from: https://en.wikipedia.org/wiki/Internet_of_things

47 Wikimedia Foundation. Nicolas-Joseph Cugnot. [Cited 2019 Jul 15]. Available from: https://en.wikipedia.org/wiki/Nicolas-Joseph_Cugnot

48 Wikimedia Foundation. History of the automobile. [Cited 2019 Jul 15]. Available from: https://en.wikipedia.org/wiki/History_of_the_automobile

49 Gulshan V, et al. Development and validation of a deep learning algorithm for detection of diabetic retinopathy in retinal fundus photographs. JAMA. 2016 Dec;316(22):2402.

50 Apple, Inc. Siri. Apple. [Cited 2019 Jul 15]. Available from: https://www.apple.com/siri/

51   Ackerman E, Guizzo E. iRobot brings visual mapping and navigation to the Roomba 980. IEEE Spectrum. 2015 Sep 16 [cited 2019 Jul 15]. Available from: https://spectrum.ieee.org/automaton/robotics/home-robots/irobot-brings-visual-mapping-and-navigation-to-the-roomba-980

52   Amazon.com, Inc. Amazon Echo & Alexa Devices. [Cited 2019 Jul 22.] Available from: https://www.amazon.com/Amazon-Echo-And-Alexa-Devices/b?node=9818 047011

53   Google, Inc. Google Home. [Cited 2019 Jul 22.] Available from: https://store.google.com/product/google_home

54   Google, Inc. Google Assistant is ready and built-in to specific speakers. Assistant. [Cited 2019 Sep 19.] Available from: https://assistant.google.com/platforms/speakers/

55   Apple, Inc. The new sound of home. [Cited 2019 Jul 22.] Available from: https://www.apple.com/homepod/

56   SAS Institute. Analytics, artificial intelligence and data management. [Cited 2019 Sep 19.] Available from: https://www.sas.com/en_us/home.html

57   International Business Machines Corporation. SPSS Software. [Cited 2019 Sep 19.] Available from: https://www.ibm.com/analytics/spss-statistics-software

58   Schmarzo B. Big data: Understanding how data powers big business. Indianapolis, IN: Wiley; 2013.

59   Schmarzo B. Big data MBA: Driving business strategies with data science. Indianapolis, IN: Wiley; 2015.

60   Wikimedia Foundation. Gradient boosting. Wikipedia. [Cited 2020 Jan 13.] Available from: https://en.wikipedia.org/wiki/Gradient_boosting.

61   Gorman B. Kaggle master explains gradient boosting. Kaggle.com. 2017 Jan 23 [cited 2017 Jun 30]. Available from: http://blog.kaggle.com/2017/01/23/a-kaggle-master-explains-gradient-boosting/

62   He K, Zhang X, Ren S, Sun J. Deep residual learning for image recognition. arXiv. 2015 Dec;arXiv:1512.03385 [cs.CV].

63   Szegedy C, et al. Going deeper with convolutions. arXiv. 2014 Sep;arXiv:1409.4842 [cs.CV].

64   Suzuki K. Overview of deep learning in medical imaging. Radiological Physics and Technology. 2017 Sep;10(3):257–273.

65   Liu Y, et al. A deep learning system for differential diagnosis of skin diseases. arXiv. 2019 Sep;arXiv:1909.05382 [eess.IV].

66   Harris HD, Murphy SP, Vaisman M. Analyzing the analyzers: An introspective survey of data scientists and their work. Beijing: O'Reilly; 2013.

67   Wikimedia Foundation. No free lunch theorem. Wikipedia. [Cited 2016 Apr 2.] Available from: https://en.wikipedia.org/wiki/No_free_lunch_theorem

68   Cloudera, Inc. Hortonworks data platform for HDInsight: Component versions. [Cited 2019 Nov 24.] Available from: https://docs.cloudera.com/HDP Documents/HDPforCloud/HDPforCloud-2.6.5/hdp-release-notes/content/ hdp_comp_versions.html

69   Wikimedia Foundation. Gap analysis. Wikipedia. [Cited 2019 Jul 10.] Available from: https://en.wikipedia.org/wiki/Gap_analysis

70   Tolstoy L; Pevear R, Volokhonsky L, translators. Anna Karenina. New York: Penguin Books; 2004.

71   Wikimedia Foundation. General Data Protection Regulation. Wikipedia. [Cited 2019 Jul 21.] Available from: https://en.wikipedia.org/wiki/General_Data_Protection_ Regulation

72   Wikimedia Foundation. Health Insurance Portability and Accountability Act. Wikipedia. [Cited 2019 Jul 21.] Available from: https://en.wikipedia.org/wiki/ Health_Insurance_Portability_and_Accountability_Act

73   U.S. Department of Health & Human Services. Summary of the HIPAA Security Rule. HHS.gov. [Cited 2019 Jul 21.] Available from: https://www.hhs.gov/ hipaa/for-professionals/security/laws-regulations/index.html

74   June Life, Inc. The do-it-all oven. [Cited 2019 Jul 15.] Available from: https:// juneoven.com/

75   Hubbard DW. How to measure anything: Finding the value of intangibles in business. 2nd ed. Hoboken, NJ: Wiley; 2010.

76   Wikimedia Foundation. Artificial general intelligence. Wikipedia. [Cited 2018 Jun 13.] Available from: https://en.wikipedia.org/w/index.php?title=Artificial_general_intelligence

77   Shani G, Gunawardana A. Evaluating recommendation systems. In: Ricci F, Rokach L, Shapira B, Kantor PB, editors. Recommender systems handbook. New York: Springer; 2011. p. 257-297.

78   Konstan JA, McNee SM, Ziegler , Torres R, Kapoor N, Riedl JT. Lessons on applying automated recommender systems to information-seeking tasks. Proceedings of the Twenty-First National Conference on Artificial Intelligence; 2006.

79   Wikimedia Foundation. Expected value of perfect information. Wikipedia. [Cited 2019 Aug 9.] Available from: https://en.wikipedia.org/wiki/Expected_value_of_perfect_information

80   ACM. SIGKDD—KDD Cup. [Cited 2018 Jul 2.] Available from: http://www.kdd.org/kdd-cup

81   Provost F, Fawcett T. Data science for business: What you need to know about data mining and data-analytic thinking. 1st ed., 2nd release. Beijing: O'Reilly; 2013.

82   Osherove R. Elastic leadership: growing self-organizing teams. Shelter Island, NY: Manning; 2017.

83   Bostrom N. Superintelligence: Paths, dangers, strategies. Oxford: Oxford University Press; 2014.

84   Bird S, Klein E, Loper E. Natural language processing with Python: Analyzing text with the natural language toolkit. Beijing; Cambridge MA: O'Reilly Media; 2009.

85   Kruchten PB. The 4 + 1 view model of architecture. IEEE Software. 1995 Nov; 12(6):42-50.

86   Wikimedia Foundation. 4 + 1 architectural view model. Wikipedia. [Cited 2017 Mar 25.] Available from: https://en.wikipedia.org/w/index.php?title=4%2B1_architectural_view_model&oldid=772138375

87 Sculley D, et al. Machine learning: The high interest credit card of technical debt. Google AI. 2014 [cited 02-Jul-2018]. Available from: https://ai.google/research/pubs/pub43146

88 Conway M. Conway's law. Datamation. 1968 Apr.

89 Wikimedia Foundation. Conway's law. Wikipedia. [Cited 2018 May 6.] Available from: https://en.wikipedia.org/w/index.php?title=Conway%27s_law&oldid=839894590

90 Dahl G. Starting simple and machine learning in meds. [Cited 2018 Jul 2.] Available from: https://soundcloud.com/talkingmachines/episode-nine-starting-simple-and-machine-learning-in-meds

91 TensorFlow. An end-to-end open source machine learning platform. TensorFlow. [Cited 2019 Jul 24.] Available from: https://www.tensorflow.org/

92 image-net.org. ImageNet. ImageNet. [Cited 2019 Jul 24.] Available from: http://www.image-net.org/

93 Apple, Inc. iOS 12. Apple. [Cited 2019 Jul 25.] Available from: https://www.apple.com/ios/ios-12/

94 Google, Inc. Android: The world's most popular mobile platform. Android. [Cited 2019 Jul 25.] Available from: https://www.android.com/

95 Fowler M. Who needs an architect? IEEE Spectrum. 2003 Oct;20(5).

96 Bass L, Clements P, Kazman R Software architecture in practice. Reading, MA: Addison-Wesley; 1998.

97 Wikimedia Foundation. Architecture tradeoff analysis method. Wikipedia. [Cited 2019 Aug 12.] Available from: https://en.wikipedia.org/w/index.php?title=Architecture_tradeoff_analysis_method&oldid=909460419

98 Poppendieck M, Poppendieck T. Lean software development: An Agile toolkit. Boston: Addison-Wesley Professional; 2003.

99 Kuhn M. The caret package. [Cited 2018 Jul 2.] Available from: http://topepo.github.io/caret/index.html

100 Meng X, Bradley J, Sparks E, Venkataraman S. ML pipelines: A new high-level API

for MLlib. Databricks. 2015 Jan 7 [cited 2019 Jul 26]. Available from: https://databricks.com/blog/2015/01/07/ml-pipelines-a-new-high-level-api-for-mllib.html

101 Google, Inc. TensorFlow Extended (TFX) is an end-to-end platform for deploying production ML pipelines. TensorFlow. [Cited 2019 Jul 26.] Available from: https://www.tensorflow.org/tfx

102 LeCun Y, Cortes C, Burges C. MNIST handwritten digit database. [Cited 2019 Jul 24.] Available from: http://yann.lecun.com/exdb/mnist/

103 Krunic V. What should your analytics organization focus on? In: Gorelik A. The enterprise big data lake: Delivering the promise of big data and data science. Sebastopol, CA: O'Reilly Media; 2019. p. 56-59.

104 Benenson R. What is the class of this image? Discover the current state of the art in objects classification. 2016 Feb 22 [cited 2017 Apr 21]. Available from: https://rodrigob.github.io/are_we_there_yet/build/classification_datasets_results

105 Domingos P. The master algorithm: How the quest for the ultimate learning machine will remake our world. New York: Basic Books; 2015.

106 Goodfellow I, Yoshua B, and Aaron C. Deep learning. Cambridge, MA: MIT Press; 2017.

107 Cortes C, Vapnik V. Support-vector networks. Machine Learning. 1995 Sep;20(3): 273-297.

108 Wikimedia Foundation. Support-vector machine. Wikipedia. [Cited 2019 Jul 26.] Available from: https://en.wikipedia.org/w/index.php?title=Support-vector_machine&oldid=906858102

109 Wikimedia Foundation. Autoregressive integrated moving average. Wikipedia. [Cited 2019 Aug 9.] Available from: https://en.wikipedia.org/w/index.php?title=Autoregressive_integrated_moving_average&oldid=908993535

110 Wikimedia Foundation. Long short-term memory. Wikipedia. [Cited 2019 Aug 9.] Available from: https://en.wikipedia.org/w/index.php?title=Long_short-term_memory&oldid=909220363

111   Bischl, B. Machine learning in R. [Cited 2019 Nov 16.] Available from: https://mlr-org.com/

112   Kuhn M, Johnson, K. Applied predictive modeling. New York: Springer; 2013.

113   Keras documentation. [Cited 2018 Jul 2.] Available from: https://keras.io/

114   Wikimedia Foundation. Minimax. Wikipedia. [Cited 2019 July 29.] Available from: https://en.wikipedia.org/wiki/Minimax

115   Wikimedia Foundation. Sensitivity analysis. Wikipedia. [Cited 2019 Jun 20.] Available from: https://en.wikipedia.org/w/index.php?title=Sensitivity_analysis&oldid=846760482

116   Loucks DP, van Beek E. Water resource systems planning and management: An introduction to methods, models, and applications. New York: Springer; 2017.

117   Saltelli A, et al. Global sensitivity analysis: The primer. Chichester, UK: John Wiley& Sons, Ltd.; 2007.

118   Agile Alliance. What is Agile software development? Agile Alliance. [Cited 2015 Jun 29.] Available from: https://www.agilealliance.org/agile101/

119   Wikimedia Foundation. Agile software development. Wikipedia. [Cited 2017 Jul 3.] Available from: https://en.wikipedia.org/w/index.php?title=Agile_software_development

120   Tucker FG, Zivan SM, Camp RC. How to measure yourself against the best. Harvard Business Review. 1987 Jan 1 [cited 2018 Jul 7]. Available from: https://hbr.org/1987/01/how-to-measure-yourself-against-the-best

121   Hu B, Chen Y, Keogh E. Time series classification under more realistic assumptions. Proceedings of the 2013 SIAM International Conference on Data Mining. 2013:578-586.

122   Wikimedia Foundation. Uncanny valley. Wikipedia. [Cited 2019 Dec 9.] Available from: https://en.wikipedia.org/wiki/Uncanny_valley

123   St. George D. Automation dependency: 'Children of the magenta'. Aviation Ideas and Discussion! [Cited 2019 Dec 9.] Available from: https://safeblog.org/2016/01/14/automation-dependency-children-of-the-magenta/

124   Derczynski L. Complementarity, F-score, and NLP evaluation. Proceedings of the Tenth International Conference on Language Resources and Evaluation (LREC'16), Portorož, Slovenia. 2016:261-266.

125   Taleb NN, Douady R. Mathematical definition, mapping, and detection of (anti) fragility. arXiv. 2012 Aug;arXiv:1208.1189 [q-fin.RM].

126   Taleb NN, Canetti E, Kinda T, Loukoianova E, Schmieder C. A new heuristic measure of fragility and tail risks: Application to stress testing. IMF Working Papers. 2012 Aug;12.

127   Taleb NN. The black swan: the impact of the highly improbable. 2nd ed. New York: Random House Trade Paperbacks; 2010.

128   Johnson K. Nvidia trains world's largest Transformer-based language model. VentureBeat. [Cited 2019 Aug 19.] Available from: https://venturebeat. com/2019/08/13/nvidia-trains-worlds-largest-transformer-based-language-model/

129   Halevy A, Norvig P, Pereira F. The unreasonable effectiveness of data. IEEE Intelligent Systems. 2009 Mar;24(2):8-12.

130   MMC Ventures. The state of AI: Divergence. 2019 [cited 2020 Jan 13]. Available from: https://www.stateofai2019.com/

131   Wikimedia Foundation. AI: Definitions. [Cited 2019 May 22.] Available from: https://en.wikipedia.org/wiki/Artificial_intelligence#Definitions

132   Poole DL, Mackworth AK, Goebel R. Computational intelligence: A logical approach. New York: Oxford University Press; 1998.

133   Kaplan A, Haenlein M. Siri, Siri, in my hand: Who's the fairest in the land? On the interpretations, illustrations, and implications of artificial intelligence. Business Horizons. 2019 Jan;62(1):15-25.

134   Wikimedia Foundation. AI effect. Wikipedia. [Cited 2019 Sep 10.] Available from: https://en.wikipedia.org/w/index.php?title=AI_effect&oldid=915081794

135   Wikimedia Foundation. Deep Blue (chess computer). Wikipedia. [Cited 2019 Sep 10.] Available from: https://en.wikipedia.org/wiki/Deep_Blue_(chess_computer)

136   Techopedia. AI: Techopedia.com. [Cited 2019 Sep 10.] Available from: https://www.techopedia.com/definition/190/artificial-intelligence-ai

137   Mnih V, et al. Playing Atari with deep reinforcement learning. arXiv. 2013 Dec; arXiv:1312.5602 [cs.LG].

138   Simonite T. When it comes to gorillas, Google Photos remains blind. WIRED. 2018 Jan 11 [cited 2018 Jul 2]. Available from: https://www.wired.com/story/when-it-comes-to-gorillas-google-photos-remains-blind/

139   Gallagher S. UK, Australia, others also ground Boeing 737 MAX after crash [Updated]. Ars Technica. 2019 Mar 12 [cited 2020 Jan 8]. Available from: https://arstechnica.com/information-technology/2019/03/another-737-max-jet-crashprompts-groundings-by-china-indonesia-ethiopia/

140   Wikimedia Foundation. Maneuvering Characteristics Augmentation System. Wikipedia. [Cited 2019 Sep 10.] Available from: https://en.wikipedia.org/w/index.php?title=Maneuvering_Characteristics_Augmentation_System&oldid=914899059

141   Leggett T. What went wrong inside Boeing's cockpit? BBC News. [Cited 2020 Jan 8.] Available from: https://www.bbc.co.uk/news/resources/idt-sh/boeing_two_deadly_crashes

142   Wikimedia Foundation. Boeing 737 MAX groundings. Wikipedia. [Cited 2020 Jan 8.] Available from: https://en.wikipedia.org/w/index.php?title=Boeing_737_MAX_groundings&oldid=934819447

143   Wikimedia Foundation. Smart city. Wikipedia. [Cited 2019 Sep 10.] Available from: https://en.wikipedia.org/wiki/Smart_city

144   Tesla Autopilot—Review including full self-driving for 2019. AutoPilot Review. 2019 Apr 23 [cited 2019 Sep 7]. Available from: https://www.autopilotreview.com/tesla-autopilot-features-review/

145   Papernot N, McDaniel P, Goodfellow I, Jha S, Celik ZB, Swami A. Practical blackbox attacks against machine learning. arXiv. 2016 Feb;arXiv:1602.02697 [cs.CR].

146 Goodfellow I, et al. Generative adversarial networks. arXiv. 2014 Jun;arXiv: 1406.2661 [stat.ML].

147 Eykholt K, et al. Robust physical-world attacks on deep learning models. arXiv. 2017 Jul;arXiv:1707.08945 [cs.CR].

148 Lei Q, Wu L, Chen P-Y, Dimakis AG, Dhillon IS, and Witbrock M. Discrete adversarial attacks and submodular optimization with applications to text classification. arXiv. 2018 Dec;arXiv:1812.00151 [cs.LG].

149 Shokri R, Stronati M, Song C, Shmatikov V. Membership inference attacks against machine learning models. arXiv. 2016 Oct;arXiv:1610.05820 [cs.CR].

150 Tramèr F, Zhang F, Juels A, Reiter MK, Ristenpart T. Stealing machine learning models via prediction APIs. arXiv. 2016 Sep;arXiv:1609.02943 [cs.CR].

151 Marcus G. Deep learning: A critical appraisal. arXiv. 2018 Jan;arXiv:1801.00631 [cs. AI].

152 Anderson C. The end of theory: The data deluge makes the scientific method obsolete. WIRED. 2008 Jun 23 [cited 2018 Jul 2]. Available from: https://www. wired.com/2008/06/pb-theory/

153 Wikimedia Foundation. AlphaGo versus Lee Sedol. Wikipedia. [Cited 2018 Jun 21.] Available from: https://en.wikipedia.org/w/index.php?title=AlphaGo_versus_ Lee_Sedol&oldid=846917953

154 DeepMind. AlphaGo. DeepMind. [Cited 2018 Jul 2.] Available from: https:// deepmind.com/research/alphago/

155 Wikimedia Foundation. AlphaGo. Wikipedia. [Cited 2019 Jul 10.] Available from: https://en.wikipedia.org/w/index.php?title=AlphaGo

156 The AlphaStar Team. AlphaStar: Mastering the real-time strategy game StarCraft II. DeepMind. [Cited 2019 Sep 9.] Available from: https://deepmind.com/blog/ article/alphastar-mastering-real-time-strategy-game-starcraft-ii

157 Caruana R, Simard P, Weinberger K, LeCun Y. The great AI debate—NIPS2017. 2017.

158 Xian Y, Schiele B, Akata Z. Zero-shot learning—The good, the bad and the ugly.

arXiv. 2017 Mar;arXiv:1703.04394 [cs.CV].

159   Wikimedia Foundation. Knowledge graph. Wikipedia. [Cited 2019 Sep 10.]
       Available from: https://en.wikipedia.org/wiki/Knowledge_Graph

160   Zhou J, et al. Graph neural networks: A review of methods and applications. arXiv.
       2018 Dec;arXiv:1812.08434 [cs.LG].

161   Zhang Z, Cui P, Zhu W. Deep learning on graphs: A survey. arXiv. 2018 Dec;
       arXiv:1812.04202 [cs.LG].

162   Sutton R. The bitter lesson. Incomplete Ideas. 2019 Mar 13 [cited 2019 Apr 8].
       Available from: http://www.incompleteideas.net/IncIdeas/BitterLesson.html

163   Wikimedia Foundation. Complex system. Wikipedia. [Cited 2018 Jul 1.] Available
       from: https://en.wikipedia.org/w/index.php?title=Complex_system&oldid=8484
       12761

164   Marcus G, Davis E. Rebooting AI: Building artificial intelligence we can trust. New
       York: Pantheon Books; 2019.

165   GPS.gov. GPS accuracy. NOAA. [Cited 2019 Sep 7] Available from: https://www.
       gps.gov/systems/gps/performance/accuracy/

166   Wikimedia Foundation. Anomaly detection. Wikipedia. [Cited 2018 May 16.]
       Available from: https://en.wikipedia.org/w/index.php?title=Anomaly_
       detection&oldid=841569898

167   Burt A. Is there a 'right to explanation' for machine learning in the GDPR? [Cited
       2019 Sep 9.] Available from: https://iapp.org/news/a/is-there-a-right-to-
       explanation-for-machine-learning-in-the-gdpr/

168   Hall P, Gill N. An introduction to machine learning interpretability. Sebastopol,
       CA: O'Reilly Media, Inc.; 2018.

169   Ribeiro MT, Singh S, Guestrin C. 'Why should I trust you?': Explaining the
       predictions of any classifier. arXiv. 2016 Feb;arXiv:1602.04938 [cs.LG].

170   Microsoft Corporation. FATE: Fairness, accountability, transparency, and ethics
       in AI. Microsoft Research. [Cited 2019 Sep 9.] Available from: https://www.
       microsoft.com/en-us/research/group/fate/

171 Pichai S. AI at Google: Our principles. Google. 2018 Jun 7 [cited 2018 Jun 30]. Available from: https://www.blog.google/technology/ai/ai-principles/

172 O'Neil C. Weapons of math destruction: How big data increases inequality and threatens democracy. New York: Crown; 2016.

173 Corbett-Davies S, Goel S. The measure and mismeasure of fairness: A critical review of fair machine learning. arXiv. 2018 Jul;arXiv:1808.00023 [cs.CY].

174 Zöller M-A, Huber MF. Benchmark and survey of automated machine learning frameworks. arXiv. 2019 Apr;arXiv:1904.12054 [cs.LG].

175 He X, Zhao K, Chu X. AutoML: A survey of the state-of-the-art. arXiv. 2019 Aug; arXiv:1908.00709 [cs.LG].

176 Silver D, et al. Mastering the game of Go with deep neural networks and tree search. Nature. 2016 Jan;529(7587):484-489.

177 Google, Inc. Cloud AutoML. Google Cloud. [Cited 2019 Sep 9.] Available from: https://cloud.google.com/automl/docs/

178 Microsoft Corporation. What is automated machine learning? Microsoft Azure. [Cited 2019 Sep 9.] Available from: https://docs.microsoft.com/en-us/azure/machine-learning/service/concept-automated-ml

179 Amazon.com, Inc. H2O.ai H2O-3 Automl Algorithm. AWS Marketplace. [Cited 2019 Sep 9.] Available from: https://aws.amazon.com/marketplace/pp/H2Oai-H2Oai-H2O-3-Automl-Algorithm/prodview-vbm2cls5zcnky

180 O'Reilly T. WTF: What's the future and why it's up to us. New York: Harper Business, an imprint of HarperCollins Publishers; 2017.

181 Google, Inc. Classification: Accuracy.. Machine Learning Crash Course. Google Developers. [Cited 2019 Sep 29.] Available from: https://developers.google.com/machine-learning/crash-course/classification/accuracy

182 Wikimedia Foundation. Actuary. Wikipedia. [Cited 2019 Sep 12.] Available from: https://en.wikipedia.org/w/index.php?title=Actuary&oldid=914560578

183 Wikimedia Foundation. Bias-variance tradeoff. Wikipedia. [Cited 2019 Jul 25.] Available from: https://en.wikipedia.org/w/index.php?title=Bias%E2%80%93

variance_tradeoff&oldid=904412736

184 Wikimedia Foundation. Cross-industry standard process for data mining. Wikipedia. [Cited 2019 Jul 12.] https://en.wikipedia.org/w/index.php?title=Cross-industry_standard_process_for_data_mining

185 Needham J. Disruptive possibilities: How big data changes everything. Beijing: O'Reilly; 2013.

186 Wikimedia Foundation. Opportunity cost. Wikipedia. [Cited 2019 Oct 7.] Available from: https://en.wikipedia.org/w/index.php?title=Opportunity_cost&oldid=916733399

187 Kenton W. Quantitative Analysis (QA) Definition. Investopedia. [Cited 2019 Oct 10.] Available from: https://www.investopedia.com/terms/q/quantitative-analysis.asp

188 Wikimedia Foundation. Mean squared error. Wikipedia. [Cited 2019 Sep 29.] Available from: https://en.wikipedia.org/wiki/Mean_squared_error

189 Object Management Group, Inc. What is UML. [Cited 2019 Sep 11]. Available from: http://uml.org/what-is-uml.htm

190 Kotter International. 8-step process. [Cited 2019 Jul 15.] Available from: https://www.kotterinc.com/8-steps-process-for-leading-change/

191 Kaggle, Inc. Kaggle: Your home for data science. Kaggle. [Cited 2018 Jul 2.] Available from: https://www.kaggle.com/

찾아보기

저자 소개

벨코 크루닉 ^{Veljko Krunic}

이 책의 저자는 데이터 과학과 빅데이터를 전문으로 하는 독립 컨설턴트이자 훈련 강사이며, 그의 고객이 인공지능을 사용해 사업성과를 내도록 돕는 일을 한다.

콜로라도 대학교에서 컴퓨터 과학을 전공해 박사 학위를 받았으며, 동 대학에서 기초공학 관리engineering management를 전공해 석사 학위도 받았다. 기초공학 관리 석사과정은 조직 효율성을 개선시키기 위한 고급 통계 방법, 응용 통계, 전략적 계획에 초점을 맞추는 학위과정이다. 또한 식스시그마 마스터블랙벨트Six Sigma Master Black Belt를 보유하고 있다.

저자는 기업 전산, 데이터 과학, 인공지능, 빅데이터 분야에서 포천 10대 기업 중 5개 기업(2019년 9월 기준), 포천 500대 기업 중 다수, 그리고 소규모 기업들을 대상으로 자문을 하거나 교육을 했다. 독립적으로 자문 사업을 펼치기 전에 그는 호튼웍스의 특수 사업부, 브이엠웨어의 스프링소스 사업부, 레드햇의 제이보스 사업부에서 근무했다. 그러한 직책들을 맡고 있을 무렵에 그는 해당 특수 사업부의 최상층 고객을 위해 진행되고 탁월한 성과를 내던 프로젝트의 핵심 기술 자문역으로 일했다.